2

20
24

Wagner José Penereiro **Armani**
Rodrigo Eduardo **Ferreira**
Diogo Cressoni **Jovetta**
Stephanie Vendemiatto **Penereiro**

DIREITO EMPRESARIAL

DIREITO DAS SOCIEDADES

Dados Internacionais de Catalogação na Publicação (CIP) de acordo com ISBD

D598
      Direito Empresarial - Direito das Sociedades / Wagner Armani ... [et al.]. - 2. ed. - Indaiatuba, SP : Editora Foco, 2024.

      368 p. : 16cm x 23cm.

      Inclui bibliografia e índice.

      ISBN: 978-65-6120-063-9

      1. Direito. 2. Direito empresarial. I. Armani, Wagner. II. Ferreira, Rodrigo Eduardo. III. Jovetta, Diogo Cressoni. IV. Penereiro, Stephanie Vendemiatto. V. Título.

2024-606

CDD 346.07   CDU 347.7

Elaborado por Vagner Rodolfo da Silva - CRB-8/9410

Índices para Catálogo Sistemático:

1. Direito empresarial 346.07

2. Direito empresarial 347.7

2

Wagner José Penereiro **Armani**
Rodrigo Eduardo **Ferreira**
Diogo Cressoni **Jovetta**
Stephanie Vendemiatto **Penereiro**

DIREITO EMPRESARIAL

DIREITO DAS SOCIEDADES

2024 © Editora Foco

Autores: Wagner José Penereiro Armani, Rodrigo Eduardo Ferreira, Diogo Cressoni Jovetta e Stephanie Vendemiatto Penereiro

Diretor Acadêmico: Leonardo Pereira

Editor: Roberta Densa

Assistente Editorial: Paula Morishita

Revisora Sênior: Georgia Renata Dias

Capa Criação: Leonardo Hermano

Imagens: Márcio Abreu e Catherine de Paula Sellan

Diagramação: Ladislau Lima e Aparecida Lima

Impressão miolo e capa: FORMA CERTA

DIREITOS AUTORAIS: É proibida a reprodução parcial ou total desta publicação, por qualquer forma ou meio, sem a prévia autorização da Editora FOCO, com exceção do teor das questões de concursos públicos que, por serem atos oficiais, não são protegidas como Direitos Autorais, na forma do Artigo 8º, IV, da Lei 9.610/1998. Referida vedação se estende às características gráficas da obra e sua editoração. A punição para a violação dos Direitos Autorais é crime previsto no Artigo 184 do Código Penal e as sanções civis às violações dos Direitos Autorais estão previstas nos Artigos 101 a 110 da Lei 9.610/1998. Os comentários das questões são de responsabilidade dos autores.

NOTAS DA EDITORA:

Atualizações e erratas: A presente obra é vendida como está, atualizada até a data do seu fechamento, informação que consta na página II do livro. Havendo a publicação de legislação de suma relevância, a editora, de forma discricionária, se empenhará em disponibilizar atualização futura.

Erratas: A Editora se compromete a disponibilizar no site www.editorafoco.com.br, na seção Atualizações, eventuais erratas por razões de erros técnicos ou de conteúdo. Solicitamos, outrossim, que o leitor faça a gentileza de colaborar com a perfeição da obra, comunicando eventual erro encontrado por meio de mensagem para contato@editorafoco.com.br. O acesso será disponibilizado durante a vigência da edição da obra.

Impresso no Brasil (3.2024) – Data de Fechamento (3.2024)

2024

Todos os direitos reservados à
Editora Foco Jurídico Ltda.
Rua Antonio Brunetti, 593 – Jd. Morada do Sol
CEP 13348-533 – Indaiatuba – SP

E-mail: contato@editorafoco.com.br
www.editorafoco.com.br

SOBRE OS AUTORES

Wagner José Penereiro Armani – Doutor em Direito Comercial pela Pontifícia Universidade Católica de São Paulo. Mestre em Direito Civil pela Universidade Metodista de Piracicaba. Professor de Direito Comercial, Processual Civil e Prática Jurídica pela Pontifícia Universidade Católica de Campinas. Escolhido como um dos advogados mais admirados pela Revista Análise: Advocacia 500. Advogado.

Rodrigo Eduardo Ferreira – Mestre em Direito Administrativo pela Pontifícia Universidade Católica de São Paulo. Especialista em Direito Tributário pela Universidade Gama Filho. Especialista em Direito Processual Civil pela Escola Paulista da Magistratura. Extensão Universitária em Contratos pela Pontifícia Universidade Católica de Campinas e em Direito Tributário pela Fundação Getúlio Vargas. Professor de Direito Constitucional, Administrativo e Tributário da Universidade São Francisco. Advogado.

Diogo Cressoni Jovetta – Doutor em Direito Comercial pela Pontifícia Universidade Católica de São Paulo. Mestre em Direito Civil pela Universidade Metodista de Piracicaba. Especialista em Direito Tributário pela Pontifícia Universidade Católica de Campinas. Professor de Direito Comercial e Direito Econômico. Advogado.

Stephanie Vendemiatto Penereiro – Doutoranda em Direito Comercial pela Faculdade de Direito da Universidade de São Paulo (USP). Mestre em Direito pela Universidade de Brasília. Graduada em Direito pela USP. Foi Chefe de Assessoria no Tribunal Administrativo do Conselho Administrativo de Defesa Econômica (Cade). Advogada.

PREFÁCIO

É com grande satisfação que lhe apresento *Direito das Sociedades*, obra dos juristas Armani, Ferreira, Jovetta e Penereiro. Um livro absolutamente didático que lhe ajudará a compreender os caminhos – ou as veredas – deste território fascinante das corporações. É uma das disciplinas mais encantadoras e está na raiz de milhões de empresas existentes no Brasil. Uma área do Direito em que se pode cuidar das pessoas, em que se pode trabalhar a bem das atividades negociais e, assim, ser partícipe desse amplo esforço pelo desenvolvimento da República. Não tenho como esconder: é minha matéria favorita e a forma como é tratada neste livro facilita – e muito! – o seu aprendizado. Uma virtude rara no ambiente dos livros didáticos; há muitos que acreditam que complicar é uma maneira de mostrar erudição ou profundidade. Uma grande besteira: facilitar é a maneira sábia de cumprir a função de ensinar.

Chamo sua atenção, logo nesta abertura, para as oportunidades que são oferecidas para quem se enevera pela boa leitura das páginas que se seguem. O Direito Societário é uma área em que o profissional jurídico não está obrigado a um raciocínio binário, construído sobre a lógica do contraditório. É um ramo que permite ir mais longe, fugindo ao comum do agir ou contestar. Seus operadores têm a oportunidade de fazer, de criar, de perceber e aproveitar sinergias, de construir soluções, alinhando-se com o trabalho de investidores, administradores e gestores que se dedicam a iniciar, erguer e manter histórias de sucesso. Isso é muito gratificante para o advogado. Extremamente. Faculta-lhe uma trajetória que oferece integração, inclusão, diversidade, organização. Um meio em que o contato humano é mais do que parte; é essência.

Não é que o Direito Societário não experimente cenários adversos, nem que dispense resiliência. A adversidade é inerente à existência; *viver é perigoso*, repete Riobaldo, personagem de Guimarães Rosa em *Grande Sertão Veredas*. A sabedoria de viver implica reconhecer que, vez ou outra, o desafio é sobreviver; não se dar por vencido, não deixar acabar: lutar. Portanto, não vou mentir: há disputas, há processos (judiciais e arbitrais), há brigas. Há varas abarrotadas de demandas e contestações, tribunais em que esperanças antagônicas se melancolizam na espera de reforma ou confirmação. É humano. O conflito é um risco inerente à vida e que recomenda aprendizado constante, exige responsabilidade: medir os passos, acautelar-se na jornada. O advogado societarista entende bem do que estou falando. Mas há um amplo espaço para erguer pontes, abrir caminhos, dialogar e proporcionar. E isso é gratificante. Dar estrutura jurídica a corporações ou, mesmo, reestruturá-las, é muito gratificante.

Eu sugiro esse olhar, essa perspectiva, para quem lê (e quem estuda) o *Direito Societário*. A área oferece a oportunidade de criação, de edificação: partindo da constituição das sociedades (simples ou empresárias; contratuais ou estatutárias), evoluindo pela organização subjacente das empresas, o que passa pela redação de plataformas normativas sobre as quais se assentam a atividade negocial. Daí a importância de ler com olhos criativos para aprender a redigir normas (cláusulas ou artigos) dos atos constitutivos, dar expressão aos acordos de sócios, regrar os investimentos (a desafiadora *engenharia de capital*), elaborar os regulamentos de atuação. Um agir advocatício que realiza na concretização dos sonhos dos sócios, na previsão de parâmetros para a superação de crises (a exemplo da conciliação e da mediação), o aprendizado das demais disciplinas que se somam na condução empresarial.

Eis uma disciplina que recomenda a empatia, terreno de profissionais apaixonados que triunfam pela utilização de seus conhecimentos como tecnologia essencial para o sucesso das corporações. Um segmento com carência aguda de especialistas e, assim, com grandes oportunidades profissionais. Há muitos que se oferecem para litigar, poucos que dominam a tecnologia jurídica indispensável para fazer. E tal tecnologia jurídica está aqui, nas páginas deste excelente livro. É recomendável voltar a atenção para o atendimento das carências corporativas do mercado brasileiro; por aqui, os conflitos surgem, muitas vezes, em razão da ignorância das normas e, assim, por uma renúncia de autorregulamentação corporativa. Nossas sociedades, simples ou empresárias, contratuais ou estatutárias, precisam de experts que lhes construam o sistema de funcionamento; não um para todas, como se toda coletividade e toda empresa fossem a mesma coisa. Uma para cada caso. Essa cultura falta e o que é preciso para atendê-la está aqui.

São muitas as histórias de corporações que, após a interferência técnica de um jurista que domina os instrumentos do Direito Societário, deram uma guinada e puderam desenvolver toda a potencialidade de seus nichos mercadológicos. Daí a necessidade de dar atenção aos institutos que são aqui explicados, amadurecendo a capacidade de os transformar em respostas: conhecimento que é meio para melhorar os mecanismos corporativos e seu desempenho, o que inclui reverter impasses que são resultado de maus arcabouços de regência normativa da sociedade. A segurança da casa – e de seus ocupantes – está na preparação da obra pelo arquiteto e pelos engenheiros. Não há boa empresa sem boa estruturação jurídica. Detalhe: isso inclui a ação de sanear o que está mal posto para, enfim, dar aos investidores um teto em que experimentem segurança e possam oferecer à comunidade seus bens e/ou serviços.

Na privatização de uma prestadora de serviços, uma companhia se uniu a gestoras de investimentos e, convencionando-se num consórcio, venceu o leilão. A boa edificação dessa parceria jurídica entre as sociedades, permitiu-lhes entrar no negócio e trabalhar em favor dos clientes, atendendo-lhes a demanda. Por trás disso há acordos e acordos que devem respeitar a Constituição e as leis. Isso é ensinado neste livro e, assim, você está ingressando nesse universo, nessa história que, reitero, é fascinante. Há tecnologia jurídica para identificar riscos e propor alternativas conciliatórias, para fazer com que a coletividade de sócios se satisfaça no contexto da corporação, permitindo o cumprimento das finalidades empresariais. Por isso é preciso estudar o que aqui é ensinado: qualificação faz a diferença. Engajamento e qualificação são as chaves da conquista: a gente pode fazer mais, quando quer, quando se dispõe. Eis a bússola para o espírito; eis a razão para o trabalho.

Há dificuldades, não vou negar. Em todas as áreas de conhecimento elas existem. Mas é bom não se esquecer que o esforço e o cansaço das veredas pelas quais o tropeiro se embrenha, em meio ao sertão, há destino bom e benfazejo. Sim, o sol lambe e queima com indecência, o avanço por vezes é lento e custoso, mas o destino compensa o trabalho: os que mais se empenham podem criar vantagens competitivas, criar demanda, compreender a oportunidade de crescimento que o aprendizado oferece. O mercado já reconhece a importância de uma estrutura corporativa bem organizada, base de uma cultura empresarial vitoriosa. É esse o caminho. A partir deste estudo pode se consolidar uma grande virada em sua carreira. *Só se sai do sertão é tomando conta dele a dentro.* Isso quem me ensinou foi outro mineiro: João Guimarães Rosa.

Boa leitura! Bom estudo! Boa caminhada. E vida boa para todos nós.

Deus nos abençoe.

Com Carinho,

Gladston Mamede

AGRADECIMENTOS

A Deus, em nome do Senhor Jesus Cristo.

A nossos pais, Wagner Sotello Armani e Marinilce Penereiro Armani, Eduardo Ferreira e Izilda B. Tonolli Ferreira, Isabel Maria Cressoni Jovetta e João Luiz Jovetta, Maria Aparecida Vendemiatto e Júlio César Penereiro.

Aos nossos irmãos Walter José Penereiro Armani, Wictor José Penereiro Armani, Renato Ferreira, Ricardo Ferreira, Danilo Jovetta e Flávia Vendemiatto Penereiro.

Aos cônjuges que impulsionam nossas vidas: Bárbara Lima dos Anjos Armani, Ariane Miola Gonçalves Ferreira, Mariana Sinatura Bassan Jovetta e Felipe Luciano Pires.

A nossos filhos Joaquim dos Anjos Armani, João Vitor Bassan Jovetta, Maria Eduarda Bassan Jovetta e Laís Catherine Gonçalves Ferreira.

Aos demais familiares que, embora sejam muitos para se nomear neste momento, sempre nos apoiaram e estão sempre presentes.

Agradecemos especialmente ao professor Dr. Gladston Mamede, pelo prefácio inspirador e fascinante.

Aos sócios do escritório Sartori Advogados, Dr. Flávio Sartori, Dr. Marcelo Sartori, Dr. Gustavo Sartori, Dr. Bruno Yohan Souza Gomes e Dr. Lucas Cesar Rossi, pela companhia e apoio na advocacia diária, agradecemos muito a parceria.

A nossa *alma mater* PUC-Campinas, a PUC-São Paulo, a Universidade São Francisco, a Universidade de Brasília e a Universidade de São Paulo, assim como aos professores e aos funcionários dessas instituições, na qual temos muitos amigos a agradecer. Entre os tantos amigos, professores da PUC-Campinas, expressamos agradecimento especial aos que foram nossos professores e que nos inspiraram a seguir a carreira acadêmica: Professores: Dr. Francisco Vicente Rossi, Dr. Luis A. Feriani, Dr. Luis A. Feriani Filho, Dr. Daniel Blikstein, Dr. Fabrício Pelóia Del'Alamo, Dr. Marcelo Hilkner Altieri, Dr. Denis Paulo Rocha Ferraz, Dr. Nivaldo Dóro Junior, Dr. André Nicolau Heinemann Filho, Dra. Lúcia Avary de Campos, Dr. José Henrique Specie, Dr. Silvio Beltramelli Neto, Dra. Maria Helena Campos de Carvalho, Dr. José Antônio Minatel, Dr. Heitor Regina, Dr. José Eduardo Queiroz Regina, Dr. Pedro Santucci, Dra. Fabiana Barros de Martins e Dr. Peter Panutto. Não temos como descrever a honra que sentimos ao coadjuvá-los.

Ao professor Dr. José Eduardo Figueiredo de Andrade Martins pela leitura e críticas que foram essenciais para aperfeiçoar esta obra.

Não podemos deixar de agradecer aos nossos orientadores de mestrado, Professores Dr. José Luiz Gavião de Almeida e Prof. Dr. Maurício Zockun e Professora Ana Frazão.

Aos demais amigos que, de alguma forma, contribuíram para que este trabalho se tornasse realidade.

Agradecemos a Editora Foco por acreditar neste projeto e por lavá-lo a todo Brasil de forma extraordinária.

E, por fim, aos nossos queridos alunos, com quem aprendemos e nos divertimos muito, vocês são a razão de existir dessa obra.

A todos, nosso sincero muito obrigado!

Os autores,

Armani, Ferreira, Jovetta e Penereiro

PRINCIPAIS ABREVIATURAS

C/A – Sociedade em Comandita por Ações

Cade – Conselho Administrativo de Defesa Econômica

CC – Código Civil

CC/1916 – Código Civil de 1916

CCom – Código Comercial

CDC – Código de Defesa do Consumidor

CF – Constituição Federal

CLT – Consolidação das Leis do Trabalho

CNAE – Classificação Nacional de Atividades Econômicas

C/S – Sociedade em Comandita Simples

CNPJ – Cadastro Nacional da Pessoa Jurídica

CTN – Código Tributário Nacional

CVM – Comissão de Valores Mobiliários

DNRC – Departamento Nacional de Registro do Comércio

DREI – Departamento de Registro Empresarial e Integração

EAOAB – Estatuto da Advocacia e a Ordem dos Advogados do Brasil

EIRELI – Empresa individual de responsabilidade limitada

EPP – Empresa de Pequeno Porte

I.E. – Inscrição Estadual

I.M. – Inscrição Municipal

INSS – Instituto Nacional de Seguridade Social

LFRE – Lei de Falência e Recuperação de Empresas

LL – Lei de Locação

LPI – Lei de Propriedade Industrial

LSA – Lei das Sociedades por Ações

LRE – Lei de Registro de Empresas

Ltda – Sociedade Limitada

ME – Microempresa

MEI – Microempreendedor individual

N/C – Sociedade em Nome Coletivo

NIC.Br – Núcleo de Informação e Coordenação do Ponto BR

NIRE – Número de Identificação do Registro de Empresas

OAB – Ordem dos Advogados do Brasil

RE – Recurso Extraordinário

REsp – Recurso Especial

SINREM – Sistema Nacional de Registro de Empresas Mercantis

S/A – Sociedade Anônima

S/C – Sociedade Civil

S/S – Sociedade Simples

STF – Supremo Tribunal Federal

STJ – Superior Tribunal de Justiça

SUSEP – Superintendência de Seguros Privados

TJ – Tribunal de Justiça

INTRODUÇÃO

Esta obra é o desdobramento da primeira que lançamos de forma independente em meados de 2019. Foi um projeto grandioso para nós e muito satisfatório diante dos *feedbacks* positivos que recebemos, não só por conta da arte da capa pelo artista internacional Márcio Abreu, mas, também, pelo conteúdo *geek* e jurídico!

Anos se passaram desde a 1ª versão do livro e, com eles, muita água passou por debaixo da ponte. Cada autor trilhou seu caminho profissional, seja como professor, advogado, escritor ou como gestor. Em que pese os rumos trilhados, todos levaram a uma intersecção comum, revisitar os textos e atualizar a obra para nova publicação, desta vez com uma das editoras jurídicas mais renomadas do país: Editora Foco.

Diante deste novo desafio, os autores uniram seus poderes para revisar, atualizar, ampliar e rediscutirem os temas propostos, em especial diante das novas regras do Direito Empresarial.

Essa comunhão de esforços resultou na divisão do primeiro livro em dois. Agora, Teoria Geral da Empresa faz parte do Livro I e Direito das Sociedades, do Livro II.

Nada muda com relação a didática adotada nos livros anteriores, pelo contrário, cremos que a didática é exatamente o que diferencia nossas obras das demais, especialmente pela linguagem simples, mesmo quando tratamos de temas complexos como o Direito das Sociedades.

Portanto, apertem os cintos e vamos: Para o alto e avante!

Os autores,

Armani, Ferreira, Jovetta e Penereiro

> *"Não importa o quanto você bate, mas sim o quanto aguenta apanhar e continuar. O quanto pode suportar e seguir em frente. É assim que se consegue vencer."*

Rocky Balboa

SUMÁRIO

SOBRE OS AUTORES... V

PREFÁCIO VII

AGRADECIMENTOS... XI

PRINCIPAIS ABREVIATURAS... XIII

INTRODUÇÃO... XV

LIVRO II
DIREITO DAS SOCIEDADES

CAPÍTULO I – DIREITO DAS SOCIEDADES.. 1

A. Introdução – Direito das sociedades.. 1

   1. Espécies de empresário 1

B. Contrato de sociedade 2

   1. Contrato de sociedade 2

   2. Natureza jurídica 5

C. Espécies de sociedade.. 6

   1. Espécies de sociedade 6

D. Elemento de empresa 10

   1. Profissional intelectual.. 10

   2. Sociedade profissional 10

   3. O elemento de empresa... 11

   4. Sociedade de advogados 15

   5. Associação de futebol.. 15

E. Distinções entre a sociedade empresária e a sociedade simples 16

   1. Distinções entre a sociedade empresária e a sociedade simples................ 16

   2. Crítica às distinções entre a sociedade empresária e a sociedade simples   21

F. Personificação 22

   1. Nascimento da sociedade 22

   2. Personificação 22

   3. Personalidade jurídica.. 23

   4. Sociedade sem registro 23

G. Desconsideração da personalidade jurídica... 24

   1. Autonomia patrimonial 24

   2. Desconsideração da personalidade jurídica... 27

   3. Requisitos da desconsideração da personalidade jurídica 32

   4. Benefício do membro ou administrador 33

   5. Eficácia episódica.. 33

   6. Inadimplemento da pessoa jurídica 33

   7. Desconsideração inversa da personalidade jurídica 34

   8. Desconsideração da personalidade jurídica e grupos empresariais 34

   9. O incidente de desconsideração da personalidade jurídica no Código de Processo Civil.. 36

   10. Decisão sobre a desconsideração da personalidade jurídica 36

H. Tipos societários.. 37

   1. Princípio da tipicidade societária.. 37

   2. Sociedade simples... 38

I. Classificação das sociedades.. 39

   1. Classificação das sociedades 39

CAPÍTULO II – SOCIEDADES NÃO PERSONIFICADAS... 45

A. Introdução – Sociedades não personificadas... 45

   1. Personalidade jurídica.. 45

   2. Nascimento da sociedade 45

B. Sociedade em comum	46
1. Falta de registro	46
2. Sociedade em comum	46
3. Ausência de tipificação societária	46
4. Sociedade de fato ou irregular	47
5. Consequências	48
C. Sociedade em conta de participação	50
1. Sociedade em conta de participação	50
2. Sócios	51
3. Patrimônio especial	52
4. Responsabilidade dos sócios	52
5. Prova de existência	52
6. Legislação fiscal	53
7. Novos sócios	53
8. Falência dos sócios	53
9. Liquidação por prestação de contas	54
CAPÍTULO III – SOCIEDADES PERSONIFICADAS	55
A. Introdução – Sociedades personificadas	55
1. Sociedades personificadas	55
2. Regras comuns	55
3. Contrato de sociedade	57
4. Personalidade jurídica	57
5. Ato constitutivo	57
6. Sociedades contratuais	58
B. Requisitos gerais de validade do contrato social	60
1. Requisitos gerais do contrato social	60
C. Requisitos específicos de validade do contrato social	63
1. Requisitos específicos de validade do contrato social	63
D. Estrutura do contrato social	64
1. Contrato social	64

2. Estrutura do contrato social	65
3. Cláusula contratuais	65
E. Preâmbulo do contrato social	66
1. Qualificação dos sócios	66
2. Sócio representado por procurador	67
3. Sócio menor	67
4. Sócio emancipado	68
5. Sócio analfabeto	68
F. Nome empresarial	68
1. Nome empresarial	68
G. Objeto social	69
1. Objeto social	69
H. Local da sede e filiais	73
1. Sede	73
2. Filial, sucursal ou agência	73
I. Tempo de duração da sociedade	76
1. Tempo de duração	76
J. Capital social	76
1. Capital social	76
2. Subscrição e integralização	77
3. Formas de contribuição para formação do capital social	78
4. Divisão em quotas	80
5. Condomínio de quotas	80
K. Administração da sociedade	81
1. Administração	81
L. Participação nos lucros e perdas sociais	82
1. Exercício social	82
M. Responsabilidade dos sócios	83
1. Responsabilidade dos sócios	83
2. Responsabilidade limitada	83

N. Visto de advogado 83

    1. Visto do advogado 83

O. Alteração do contrato social 84

    1. Alteração do contrato social 84

    2. Quórum geral 84

    3. Quórum na sociedade limitada 84

P. Consolidação do contrato social 86

    1. Consolidação do contrato social 86

CAPÍTULO IV – DIREITOS E OBRIGAÇÕES DOS SÓCIOS 89

A. Sócio 89

    1. Natureza jurídica 89

B. Obrigações dos sócios 90

    1. Exercício pessoal 90

    2. Contribuição para formação do capital social 90

    3. Participação nas perdas 92

    4. Dever de lealdade e boa-fé 92

C. Direitos dos sócios 93

    1. Participação nos lucros 93

    2. Administração geral 94

    3. Fiscalização 95

    4. Direito de retirada 96

CAPÍTULO V – SOCIEDADES CONTRATUAIS EM ESPÉCIE 97

A. Regras gerais das sociedades contratuais 97

    1. Sociedades contratuais 97

    2. Princípio da tipicidade societária 97

B. Sociedade simples 98

    1. Sociedade simples 98

C. Sociedade simples *stricto sensu* 100

    1. Regras gerais 100

2. Contrato social (art. 997, CC)	100
3. Registro	101
4. Vantagem da sociedade simples *stricto sensu*	101
5. Sociedade de pessoas	102
6. Sócios prestador de serviços	102
7. Administração	102

D. Sociedade em nome coletivo 104

1. Sociedade em nome coletivo	104
2. Responsabilidade ilimitada dos sócios	105
3. Contrato social	105
4. Administração	106
5. Dissolução	106
6. Regras supletivas	106

E. Sociedade em comandita simples 107

1. Sociedade em comandita simples	107
2. Responsabilidade dos sócios	107
3. Administração geral	108
4. Administração específica	108
5. Morte de sócios	108
6. Dissolução	108
7. Regras supletivas	109

CAPÍTULO VI – SOCIEDADE LIMITADA 111

A. Sociedade Limitada 111

1. Sociedade Limitada	111
2. Sociedade Simples Limitada	111
3. Sociedade Limitada Unipessoal (SLU)	111
4. Regras específicas	112
5. Regras supletivas	112
6. Contrato social	113

B. Responsabilidade limitada dos sócios 113

   1. Responsabilidade limitada 113

C. Quotas sociais e do capital social 115

   1. Capital social 115

   2. Formação do capital social 115

   3. Aumento do capital social 116

   4. Redução do capital social 116

   5. Princípio da intangibilidade 118

   6. Quotas sociais 118

D. Administração 120

   1. Administração específica 120

   2. Impedimentos 120

   3. Escolha dos administradores 121

   4. Termo de posse 121

   5. Prazo do mandato 122

   6. Cessação do cargo 122

   7. Poderes de administração 123

   8. Administrador estrangeiro 126

   9. Procuração 126

   10. Representação em juízo 127

   11. *Pro labore* 127

   12. Prestação de contas 127

   13. Uso do nome empresarial 128

   14. Responsabilidade do administrador 128

E. Deliberações sociais 129

   1. Administração geral 129

   2. Deliberações obrigatórias 129

   3. Assembleia ou reunião 130

   4. Convocação 131

   5. Quórum de instalação 133

   6. Representação em assembleia ou reunião 133

7. Funcionamento da assembleia ou reunião 133

8. Vinculação 134

9. Regras comuns a assembleia e reunião 134

10. Quórum de aprovação 135

11. Crítica aos quóruns qualificados da sociedade limitada 135

12. Matérias de interessa pessoal do sócio 136

13. ME e EPP 136

F. Conselho fiscal 138

1. Conselho fiscal 138

2. Órgão facultativo 138

3. Eleição dos membros do conselho fiscal 139

4. Impedimentos 139

5. Termo de posse 139

6. Funções 139

7. Indelegabilidade e responsabilidade 140

8. Auxiliares 140

G. Outros órgãos sociais 141

1. Liberdade de contratação 141

H. Sociedade Limitada Unipessoal – SLU 142

1. Sociedade limitada unipessoal 142

CAPÍTULO VII – DISSOLUÇÃO PARCIAL DAS SOCIEDADES CONTRA-TUAIS 145

A. Introdução – Dissolução parcial 145

1. Dissolução parcial ou total 145

2. Princípio da preservação da empresa 146

3. Dissolução extrajudicial ou judicial 146

B. Dissolução parcial 147

1. Evolução histórica 147

2. A expressão dissolução parcial 149

C. Dissolução parcial de sociedade contratual 152

1. Regras gerais das sociedades contratuais 152

D. Espécies de dissolução parcial das sociedades contratuais 154

    1. Direito de retirada 154

    2. Direito de recesso na sociedade limitada 157

    3. Exclusão de sócios 158

    4. Morte do sócio 164

    5. Vontade dos sócios 164

    6. Renúncia da qualidade de sócio 165

    7. Dissolução parcial *stricto sensu* 166

E. Apuração de haveres 166

    1. Apuração de haveres 166

    2. Apuração de haveres judicial ou extrajudicial 167

    3. Ação de dissolução parcial de sociedade 168

    4. Ação de apuração de haveres 168

    5. Data da resolução 169

    6. Critério da apuração de haveres 170

    7. Apuração futura 173

F. Pagamento 173

    1. Reembolso 173

    2. Cumprimento de sentença 174

    3. Juros e correção monetária 175

G. A responsabilidade do sócio após seu desligamento da sociedade 176

    1. Responsabilidade do sócio desligado 176

CAPÍTULO VIII – EXTINÇÃO DAS SOCIEDADES CONTRATUAIS 179

A. Dissolução total 179

    1. Dissolução total extrajudicial ou judicial 179

    2. Espécies de dissolução total 179

B. Liquidação e partilha 184

    1. Liquidação 184

    2. Liquidação e partilha judicial ou extrajudicial 185

CAPÍTULO IX – SOCIEDADES POR AÇÕES – LIÇÕES PRELIMINARES............ 187

A. Sociedade anônima 187

   1. Introdução 187

   2. Sociedade de capital 187

   3. Sociedade empresária... 188

   4. Nome empresarial... 189

B. Classificação da sociedade anônima.. 189

   1. Classificação 189

C. Constituição da sociedade anônima 192

   1. Constituição da sociedade anônima 192

D. Valores mobiliários... 196

   1. Valores mobiliários... 196

   2. Ações 197

   3. Debêntures.. 203

   4. Partes beneficiárias... 206

   5. Bônus de subscrição 207

   6. Nota promissória (*commercial paper*)... 207

E. Capital social... 209

   1. Capital social 209

   2. Formas de integralização.. 209

   3. Aumento do capital social 210

   4. Redução do capital social 212

F. Órgãos Sociais 213

   1. Estrutura societária 213

   2. Assembleia geral 214

   3. Conselho de Administração.. 219

   4. Diretoria.. 223

   5. Conselho Fiscal... 225

   6. Administração da sociedade anônima.. 227

   7. Responsabilidade do administrador 229

G. Acionistas.. 231

    1. Acionistas.. 231

    2. Obrigação de integralizar 231

H. Acordo de acionistas 240

    1. Acordo de acionistas 240

    2. Registro 242

I. Poder de controle 242

    1. Poder de controle... 242

    2. Classificação 242

    3. Exercício 244

    4. Responsabilidade do controlador... 245

    5. Prêmio de controle 246

J. Demonstrações financeiras 247

    1. Levantamento de balanços 247

    2. Demonstrações financeiras 247

    3. Aprovação de contas.. 248

    4. Espécies de demonstrações financeiras 248

K. Lucros, reservas e dividendos 249

    1. Lucros... 249

    2. Reservas de lucro 250

    3. Distribuição de dividendos 251

    4. Aumento do capital social 253

L. Dissolução, liquidação e extinção 253

    1. Dissolução da sociedade anônima 253

    2. Liquidação 255

    3. Extinção 256

    4. Dissolução parcial... 257

M. Sociedade em comandita por ações 259

    1. Sociedade em comandita por ações 259

CAPÍTULO X – REORGANIZAÇÃO SOCIETÁRIA....................................... 261

A. Introdução – Reorganização Societária.. 261

    1. Reorganização Societária... 261

B. Transformação 262

    1. Transformação 262

    2. Quórum deliberativo.. 262

    3. Direito dos credores 263

    4. Registro 263

C. Incorporação 263

    1. Incorporação 263

    2. Quórum deliberativo.. 265

    3. Procedimento 265

    4. Registro 266

    5. Incorporação de ações 266

D. Fusão 266

    1. Fusão 266

    2. Quórum deliberativo.. 267

    3. Procedimento 268

    4. Registro 268

E. Cisão 268

    1. Cisão... 268

    2. Quórum deliberativo.. 270

    3. Procedimento 270

F. Direito de recesso... 271

    1. Direito de recesso 271

G. Direito dos credores 273

    1. Direito dos credores 273

H. *Drop down* 275

    1. *Drop down* 275

CAPÍTULO XI – DIREITO DA CONCORRÊNCIA – INFRAÇÃO À ORDEM ECONÔMICA 277

A. Direito Antitruste 277

    1. Conceito... 277

2. Surgimento no direito norte-americano	278
3. Breve histórico da defesa da concorrência no Brasil	280
4. Princípio da Livre Concorrência	281
5. Tutela da livre concorrência na ordem econômica da Constituição Federal de 1988	282
6. Esferas Administrativa, Cível e Penal	283
6.1 *Private enforcement e public enforcement*	285
7. Sistema Brasileiro de Defesa da Concorrência: Lei 12.529/2011	285
8. Análise de Estruturas e de Condutas	286
B. Conselho Administrativo de Defesa Econômica	287
1. Atuação e finalidade	287
2. Estrutura e organização interna	287
2.1 Superintendência-Geral	287
2.2 Tribunal Administrativo	288
2.3 Departamento de Estudos Econômicos	288
2.4 Procuradoria Federal Especializada junto ao Cade	289
2.5 Ministério Público Federal junto ao Cade	289
C. Conceitos importantes para análise econômica	289
1. Modelo de concorrência perfeita	289
2. Monopólios	290
3. Oligopólios	291
4. Monopsônio	291
5. Produtos concorrentes/substitutos	291
6. Produtos verticalmente relacionados	291
7. Produtos complementares	292
8. Posição dominante	292
9. Poder de mercado	292
10. Abuso de poder econômico	293
D. Atos de Concentração	293
1. Conceito	293
2. Notificação prévia	294

	2.1 *Gun jumping*	295
3.	Requisitos de Notificação	296
	3.1 Quem precisa notificar: critérios de faturamento	296
	3.2 O que precisa ser notificado: Atos de Concentração	297
	3.3 Como notificar: ritos de análise pelo Cade	297
4.	Procedimento e tramitação	298
5.	Definição de mercado relevante	299
6.	Análise de Atos de Concentração	299
	6.1 Análise de participações resultantes	300
	6.2 Cálculos de variação de HHI	300
	6.3 Entrada e Rivalidade	301
7.	Eficiências econômicas	302
8.	Cláusula de não concorrência	302
9.	Intervenção de terceiros	303
10.	Julgamento e consumação de operações	303
11.	Remédios em concentrações	303
E. Condutas		304
1.	Mecanismos de denúncia e ritos processuais	304
2.	Condutas coordenadas	305
	2.1 Cartéis	305
	2.1.1 Características de mercado facilitadoras da colusão	305
	2.1.2 Cartéis em licitações	306
	2.1.3 Cartéis internacionais	306
	2.1.4 Padrão probatório	306
	2.1.5 Ilícito por efeitos *vs.* Ilícito pelo objeto	307
	2.2 Troca de informações concorrencialmente sensíveis	307
	2.3 Influência à adoção de conduta uniforme	308
3.	Condutas unilaterais	308
	3.1 Preços predatórios	309
	3.2 Fixação de preços de revenda	309
	3.3 Acordos de exclusividade	309
	3.4 Preços discriminatórios	309

3.5	Recusa de contratar	309
3.6	Venda casada	310
3.7	*Sham litigation*	310
4.	Sanções	310

F. Política de Leniência e Termos de Compromisso de Cessação 311

1. Acordos de Leniência e Termos de Compromisso de Cessação 311

2. Acordos de Leniência no âmbito do Cade 311

3. Termos de Compromisso de Cessação 312

4. Leniência *Plus* 312

G. Defesa da Concorrência e Direito Comercial 313

1. Relações com o Direito Societário 313

2. Direito Concorrencial e *Compliance* 313

CAPÍTULO XII – FUNDO DE INVESTIMENTO 317

A. Fundo de Investimento 317

1. Introdução 317

2. Fundo de investimento 317

3. Natureza jurídica 318

4. Fundos abertos ou fechados 319

5. Administrador 319

6. Ato constitutivo e documentos 320

7. Registro. 321

8. Aplicações 322

9. Cotistas 322

10. Assembleia de cotistas 322

11. Responsabilidades 323

REFERÊNCIAS 325

LIVRO II
DIREITO DAS SOCIEDADES

Capítulo I
DIREITO DAS SOCIEDADES

A. INTRODUÇÃO – DIREITO DAS SOCIEDADES

1. ESPÉCIES DE EMPRESÁRIO

Recapitulando, a sociedade empresária é uma espécie de empresário (gênero). Todo empreendedor deve definir seu ramo de atuação, observando os riscos que envolvem a empresa como o investimento para início e mantença da atividade, o público-alvo, os custos dos insumos, da mão de obra, dos contratos bancários, o local de exploração, o título do estabelecimento, o nome empresarial, a marca, a incidência de tributação, encargos sociais etc.[1] São diversos fatores que, em conjunto, influenciam o sucesso ou a ruína do negócio.

Após pesquisas mercadológicas para o potencial sucesso do empreendimento e definida a vontade de exercer atividade econômica organizada para produção ou circulação de bens ou serviços, o empreendedor deverá optar por qual forma exercerá sua empresa, visto que há um leque de possibilidades disponíveis.

A legislação vigente permite que o empreendedor opte dentre diversas formas para o exercício de sua empresa, sendo que tal escolha refletirá na responsabilidade pelo eventual sucesso ou insucesso da atividade.

Obviamente que ninguém gostaria de começar um negócio promissor pensando no insucesso, porém infelizmente esta via é uma entre várias que estarão pelo caminho, cabendo ao empresário se prevenir se outra não lhe restar no árduo exercício da empresa.[2]

Assim, para exploração da atividade empresária, nos moldes do artigo 966 do Código Civil, o legislador prevê a possibilidade de o empreendedor optar em exercer sua atividade econômica como pessoa física (empresário individual) ou jurídica (sociedade empresária).

---

1. Por todos: COELHO, Fábio Ulhoa. A alocação de riscos e a segurança jurídica na proteção do investimento privado. *Revista de Direito Brasileira*, São Paulo, v. 16, n. 7, p. 291-304, jan./abr. 2017.
2. Os autores entendem que a orientação jurídica de um advogado especializado em Direito Comercial é essencial para todo e qualquer empreendedor que deseje iniciar um novo negócio, podendo indicar os riscos jurídicos inerentes a atividade empresarial.

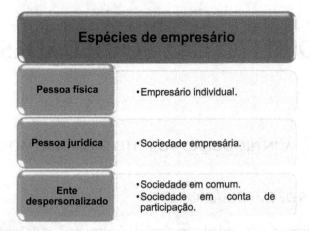

Além destas escolhas, se optar por empreender-se por meio sociedade empresária, os interessados (sócios) deverão ainda escolher um dentre os cinco tipos societários permitidos pela lei, quais sejam: nome coletivo, comandita simples, limitada, anônima ou comandita por ações.

Nos capítulos anteriores foram exploradas as características gerais do empresário (gênero) e da espécie empresário individual, as obrigações de todos os empresários para exercer regularmente sua atividade (registro, escrituração e levantamento de balanços), os bens organizados que são essenciais para exploração da empresa (estabelecimento).

Nos próximos capítulos serão analisadas as nuances da espécie sociedade empresária, suas características gerais e específicas, essenciais para o profissional que pretende se aventurar no campo do Direito Empresarial.

B. CONTRATO DE SOCIEDADE

1. CONTRATO DE SOCIEDADE

O Código Civil não conceitua sociedade, mas o contrato que a caracteriza. Nos termos artigo 981[3] celebram contrato de sociedade as pessoas que reciprocamente se obrigam a contribuir, com bens ou serviços, para o exercício de atividade econômica e a partilha, entre si, dos resultados.

---

3. Art. 981. Celebram contrato de sociedade as pessoas que reciprocamente se obrigam a contribuir, com bens ou serviços, para o exercício de atividade econômica e a partilha, entre si, dos resultados. Parágrafo único. A atividade pode restringir-se à realização de um ou mais negócios determinados.

É possível extrair do dispositivo os seguintes requisitos para o contrato de sociedade: (a) o *affectio societatis*; (b) a pluralidade de parte; (c) as obrigações recíprocas; (d) a finalidade econômica e (e) a partilha dos resultados.

a) Affectio societatis

A vontade de associação[4] – *affectio societatis*[5] –, garantida constitucionalmente (art. 5º, XX, Constituição Federal), constitui elemento subjetivo e volitivo dos sócios para se associarem, criando e impulsionando a sociedade, mediante a convergência de seus interesses para alcançar o objeto definido no contrato social.

b) Pluralidade de partes

Pluralidade de sócios é exigência de que o ente seja coletivo, formado por duas ou mais pessoas.

Todavia, com a criação da sociedade limitada unipessoal e a revogação início IV e do Parágrafo Único do artigo 1.033 do Código Civil pela Lei 14.195/2021,[6] confirmada pela MP 1.085/2021, que ainda revogou o art. 44, VI e o Título I-A do Livro II da Partes Especial do Código Civil, que tratavam da EIRELI (Empresa Individual de Responsabilidade Limitada), o requisito da pluralidade de partes para as sociedades contratuais não é mais essencial.

A manutenção da pluralidade de partes para o contrato de sociedade cabe apenas nas Sociedades por Ações. A doutrina aponta como exceções à pluralidade de partes nas Sociedade por Ações nas seguintes hipóteses: (a) a sociedade

---

4. [...] a *affectio societatis* não é pressuposto algum, nem mesmo para a manutenção da sociedade entre seus sócios ao longo de sua existência. Se o fosse, os sócios em maioria poderiam alijar os detentores da minoria do capital a qualquer tempo, impedindo-os de participar dos bons negócios que se descortinassem para o futuro [...]. O querer ou não querer ficar ou permanecer vinculado a um contrato não é uma particularidade própria do ajuste societário. Nos contratos de duração em geral (como de sociedade, locação, fornecimento), a vontade de manter o vínculo contratual é-lhes inerente, sendo autorizada a sua resolução unilateral, a qualquer tempo, quando celebrados por prazo indeterminado. (GONÇALVES NETO, Alfredo de Assis. *Lições de Direito Societário*. 2. ed. São Paulo: Juarez de Freitas, n. 24, 2004, p. 54).

5. A *affectio societatis* é formada por dois elementos: fidelidade e confiança. A fidelidade está ligada ao respeito à palavra dada, à vontade expressada por ocasião da constituição da sociedade ainda que o quadro de membros desta se tenha modificado. Já a confiança diz respeito à ligação entre os sócios, os quais devem colaborar para a realização de um interesse comum. (PROENÇA, José Marcelo Martins. A exclusão de sócio nas sociedades limitadas. In: FINKELSTEIN. Maria Eugênia Reis; PROENÇA, José Marcelo Martins (Coord.). *Direito Societário: tipos societários*. São Paulo: Saraiva, 2009, p. 188).

6. O artigo 41 da Lei 14.195/2021 transformou todas as EIRELIs em SLU – Art. 41. As empresas individuais de responsabilidade limitada existentes na data da entrada em vigor desta Lei serão transformadas em sociedades limitadas unipessoais independentemente de qualquer alteração em seu ato constitutivo. Parágrafo único. Ato do Drei disciplinará a transformação referida neste artigo.

anônima subsidiária integral (art. 251, Lei 6.404/1976), que é uma espécie de sociedade cujo único sócio é, necessariamente, uma outra sociedade que a controla; (b) a unipessoalidade incidental temporária da Sociedade Anônima, fato que ocorre com a concentração da participação societária (ações) nas mãos de único acionista por fato superveniente, mas que deve ser reconstituída a pluralidade até a próxima assembleia geral ordinária (art. 206, I, "d", LSA), sob pena de dissolução de pleno direito da sociedade e; (c) a empresa pública, cuja única sócia é a União (art. 5º, II, Decreto-Lei 200/1967).

c) Obrigações recíprocas

As obrigações recíprocas dos sócios para formação do capital social, seja com bens ou serviços, preconizam que todos são obrigados a contribuir para composição dos bens do patrimônio da sociedade.

d) Finalidade econômica

A finalidade econômica é o que distingue a sociedade das demais pessoas jurídicas de direito privado. Enquanto a conjunção de esforços pode buscar objetivos sem fins lucrativos, como no caso da associação ou entidade religiosa e, na sociedade, a finalidade econômica é condição *sine quo non* de sua definição. O objetivo da reunião de pessoas em sociedade é a partilha do lucro (dividendos). Todos os membros se reúnem visando ao sucesso do empreendimento para poder colher os frutos. Veja que a busca é o lucro, mas mesmo que essa finalidade não seja alcançada, estará caracterizado o requisito.

e) Partilha dos resultados

O derradeiro requisito do contrato de sociedade é a partilha dos resultados, consequência da finalidade econômica da sociedade. O sucesso ou insucesso do empreendimento refletir-se-á nos frutos ou nas perdas que serão partilhados entre os sócios de forma proporcional ou não à participação societária de cada um. Trata-se da consequência do princípio da inerência do risco empresarial.[7]

Se duas ou mais pessoas se reúnem para um objetivo econômico comum com partilha dos resultados, estaremos diante de uma sociedade. A principal finalidade da sociedade é o lucro.[8]

---

7. Por todos: COELHO, Fábio Ulhoa. A alocação de riscos e a segurança jurídica na proteção do investimento privado. *Revista de Direito Brasileira*. São Paulo, v. 16, p. 291-304, n. 7, jan./abr. 2017.
8. O contrato de sociedade é a convenção por via da qual duas ou mais pessoas se obrigam a conjugar seus esforços ou recursos a contribuir com bens ou serviços para a consecução de fim comum, mediante o

CAPÍTULO I • DIREITO DAS SOCIEDADES **5**

Uma comitiva constituída por humanos, elfos, *hobbits* e anões, mesmo que denominada de "sociedade",[9] cuja finalidade era auxiliar o portador do Anel em carregar seu fardo até um lugar longínquo e perigoso para destruir o artefato maligno, não poderia ser considerada uma sociedade pelo Direito Comercial pátrio, devido à falta dos elementos legais, especialmente finalidade econômica e a partilha dos resultados.

2. NATUREZA JURÍDICA

A doutrina ainda debate a natureza jurídica do contrato de sociedade. Há aqueles que defendem a natureza anticontratual (teorias anticontratualistas): teoria do ato coletivo, teoria do ato complexo, teoria do ato corporativo e teoria da instituição; e outros que defendem sua natureza contratual (teorias contratualistas): teoria do contrato bilateral e teoria do contrato plurilateral.[10] Na doutrina nacional prevalece o entendimento, ao qual nos filiamos, da teoria do contrato plurilateral, desenvolvida por Tullio Ascarelli.[11]

---

exercício de atividade econômica, e a partilhar, entre si, os resultados (CC, art. 981). Nesse contrato há uma congregação de vontades paralelas ou convergentes, ou seja, dirigidas no mesmo sentido, para a obtenção de um objetivo comum, ao passo que, nos demais contratos, os interesses das partes colidem, por serem antagônicos, de maneira que a convenção surgirá exatamente para compor as divergências. O interesse dos sócios é idêntico; por isso todos, com capitais ou atividades, se unem para lograr uma finalidade, econômica ou não. Portanto, o contrato de sociedade é o meio pelo qual os sócios atingem o resultado almejado. Por haver uma confraternização de interesses dos sócios para alcançar certo fim, todos os lucros lhes deverão ser atribuídos, não se excluindo o quinhão social de qualquer deles da compartização nos prejuízos; assim, proibida estará qualquer cláusula contratual que beneficie um dos sócios, isentando-o, p. ex., dos riscos do empreendimento, repartindo os lucros apenas com ele, excluindo-o do pagamento das despesas ou da compartização dos prejuízos etc. (*RT*, 227:261). Há, portanto, uma manifestação de vontade para que se possa constituir pessoa jurídica, para cuja validade devem ser observados os requisitos de eficácia dos negócios jurídicos. Segundo o disposto no art. 104 do Código Civil, para que o ato jurídico seja perfeito é imprescindível: agente capaz (CC, arts. 3º e 5º); objeto lícito – de modo que seriam nulas as sociedades que tivessem por objeto a fabricação de moedas falsas –, possível, determinado ou determinável, e forma prescrita ou não defesa em lei, logo, devem ser contratadas por escrito e, se for o caso, obter prévia autorização governamental para funcionarem (DINIZ, Maria Helena. *Direito de empresa. Curso de direito civil brasileiro.* São Paulo: Saraiva, 2008, 8.v., p. 302-303).

9. TOLKIEN, John Ronald Reuel. *O Senhor dos Anéis*: A Sociedade do Anel. Martins Editora. 2012.

10. BOTREL, Sérgio. Ato constitutivo das sociedades. In: COELHO, Fábio Ulhoa (Org.). *Tratado de Direito Comercial*. São Paulo: Saraiva, 2015, v. 1: introdução ao direito comercial e teoria geral das sociedades, p. 332-333.

11. Tullio Ascarelli (945; 285-332) foi quem esclareceu, pioneiramente, e em magistral lição, a natureza do contrato de sociedade como plurilateral, levando em conta seus característicos formais. Diz ele que o contrato de sociedade é plurilateral por apresentar as seguintes características: (a) possibilidade de participação de mais de duas partes; (b) todas as partes contratantes são titulares de direitos e obrigações; (c) cada parte tem obrigações, não para com a outra, mas para com todas as outras; (d) os sócios têm interesses conflitantes, tanto no momento da constituição da sociedade, como também durante a vida da sociedade, mas têm interesses coincidentes no que diz respeito à realização da finalidade comum; (e) o elemento prazo é

C. ESPÉCIES DE SOCIEDADE

1. ESPÉCIES DE SOCIEDADE

Configurado o contrato de sociedade, há de se verificar qual a espécie dela, conforme a legislação vigente. A lei civil a distribui em duas espécies de sociedade: a empresária e a simples (art. 982, CC).

Para uma sociedade ser considerada empresária é necessário que seu objeto social seja explorado empresarialmente, na forma do artigo 966 do Código Civil[12] ou que adote a forma de sociedade por ações. A sociedade que não explore sua atividade econômica daqueles explorada pela empresária ou que adote a forma de cooperativa é considerada sociedade simples (S/S)[13] (art. 982, CC[14]).

a) Sociedade empresária

Para Fábio Ulhoa Coelho[15] a sociedade empresária é uma pessoa jurídica de direito privado não estatal que explora empresarialmente seu objeto social ou a

---

importante, pois o contrato plurilateral é sempre de execução continuada, sujeitando-se ao regramento próprio de tal categoria contratual; (f) o contrato impõe a realização de um fundo comum que possibilita a realização da finalidade comum; (g) o contrato plurilateral tem a natureza aberta, permitindo a adesão de novos contratantes ou a retirada dos sócios que ingressaram na relação anteriormente; (h) os vícios de constituição decorrentes da manifestação de vontade dos contratantes do contrato plurilateral não afetam todo o contrato – como ocorre na teoria geral dos contratos –, mas, diante da pluralidade de partes, afetam apenas as manifestações viciada de determinada parte, sem atingir a totalidade do contrato (por isso, é importante distinguir os vícios que atingem a totalidade do contrato e os chamados vícios de adesão); (i) a inexecução da obrigação contratual por uma das partes contratantes não afeta a totalidade do contrato, como ocorre com os contratos bilaterais, mas apenas pode acarretar a resolução do vínculo do sócio inadimplente, mantendo-se o contrato societário; (j) os contratos plurilaterais objetivam criar uma organização, na qual há possibilidade de se deliberar por maioria, o que não se admite nos outros contratos (k) a organização constituída com o contrato social pode ser interna ou externa, dela resultando a pessoa jurídica, dotada de personalidade jurídica e patrimônio separado (CALÇAS, Manoel de Queiroz Pereira. *Sociedade limitada no novo Código Civil*. São Paulo: Atlas, 2003, p. 42).

12. Art. 966. Considera-se empresário quem exerce profissionalmente atividade econômica organizada para a produção ou a circulação de bens ou de serviços. Parágrafo único. Não se considera empresário quem exerce profissão intelectual, de natureza científica, literária ou artística, ainda com o concurso de auxiliares ou colaboradores, salvo se o exercício da profissão constituir elemento de empresa.

13. Usualmente na elaboração de Contrato Social de Sociedade Simples a ser registrado os Cartórios de Registro de Pessoas Jurídicas utiliza-se a abreviação S/S. Antes da entrada em vigor do Código Civil em 2.003 a sociedade que explorava atividade econômica civil era nomeada de Sociedade Civil e sua abreviatura era S/C.

14. Art. 982. Salvo as exceções expressas, considera-se empresária a sociedade que tem por objeto o exercício de atividade própria de empresário sujeito a registro (art. 967); e, simples, as demais. Parágrafo único. Independentemente de seu objeto, considera-se empresária a sociedade por ações; e, simples, a cooperativa.

15. COELHO, Fábio Ulhoa. *Manual de Direito Comercial*: Direito de Empresa. 25. ed. São Paulo: Saraiva, 2013, p. 140.

forma de sociedade por ações,[16] porém entendemos que esse conceito não esgota a hipótese e, por isso, acrescentamos a possibilidade da existência de sociedade sem personalidade jurídica (sociedade em comum e a sociedade em conta de participação) como empresária. (art. 982, CC[17]).

b) Sociedade simples

A sociedade que explore atividade que, legalmente, não seja considerada empresária ou que adote a forma de cooperativa, é considerada sociedade simples (S/S).[18-19]

Como verificado anteriormente ao tratar daqueles que não são considerados empresários, é possível concluir que são considerados sociedades simples: (a) as que não se enquadram no conceito de empresário (art. 966, *caput*, CC); (b) as sociedades profissionais[20] que exploram atividade intelectual sem elemento de empresa (art. 966, p. único, CC);[21] (c) as sociedades que exploram atividade rural

---

16. Neste conceito temos uma pequena observação a fazer: pelas disposições constantes no Código Civil é possível a existência de sociedade empresária sem personalidade jurídica, como Sociedade em Comum ou Conta em Participação.

17. Art. 982. Salvo as exceções expressas, considera-se empresária a sociedade que tem por objeto o exercício de atividade própria de empresário sujeito a registro (art. 967); e, simples, as demais. Parágrafo único. Independentemente de seu objeto, considera-se empresária a sociedade por ações; e, simples, a cooperativa.

18. Usualmente na elaboração de contrato social de sociedade simples, a ser registrado nos Cartórios de Registro de Pessoas Jurídicas, se utiliza a abreviação S/S (Sociedade Simples).

19. Duas são as espécies de sociedade no direito brasileiro, a simples e a empresária. A sociedade simples explora atividades econômicas sem empresarialidade (um escritório dedicado à prestação de serviços de arquitetura, por exemplo) e a sua disciplina jurídica se aplica subsidiariamente à das sociedades empresárias contratuais e às cooperativas. A sociedade empresária, por sua vez, é a que explora empresa, ou seja, desenvolve atividade econômica de produção ou circulação de bens ou serviços, normalmente sob a forma de sociedade limitada ou anônima. A mesma atividade econômica pode ser desenvolvida de modo empresarial (isto é, com uso maciço de mão de obra, investimento de vultosos capitais, aquisição ou desenvolvimento de tecnologias especiais, emprego de quantidade considerável de insumos) ou sem empresarialidade. O comércio de pescados, por exemplo, é explorado por grandes redes nacionais de supermercados e por pequenos comerciantes nos mercados municipais de cidades praianas. Enquanto os primeiros são sociedades empresárias, os últimos (a menos que sejam empresários individuais), sociedades simples (COELHO, Fábio Ulhoa. *Curso de Direito Comercial*. 15. ed. São Paulo: Saraiva, 2011, v. 2: direito de empresa, p. 31-32).

20. O termo "sociedade profissional" é utilizado no Projeto de Código Comercial para designar aquela espécie de sociedade que explorar atividade própria dos profissionais intelectuais – Art. 214. Sociedade profissional é a constituída para proporcionar o exercício em comum de profissão intelectual ou regulamentada.

21. As sociedades profissionais que exploram atividades próprias de profissionais intelectuais como medicina, arquitetura, engenharia, artes, advocacia etc. são consideradas sociedades simples pelo critério legal do parágrafo único do artigo 966 do Código Civil.

sem registro na Junta Comercial[22] (art. 971 e 984, CC);[23] e (d) as cooperativas (art. 982, p. único).[24]

Em suma, depois de destacar que a regra geral para a atividade econômica privada é a empresarialidade, sendo excepcional a atividade econômica não empresária.[25]

Cada espécie de sociedade elencada como simples possui razões distintas para serem assim consideradas. É essencial a compreensão distintiva das razões, pois não há como incluir na vala comum a sociedade profissional e a cooperativa, ou a sociedade rural não registrada na Junta Comercial.

(i) Não enquadramento. As sociedades que não se enquadram no conceito legal de empresário (art. 966, CC) não são consideradas como empresárias pelo próprio fato em si de não exercer atividade considerada empresária.

Como exemplo, entendemos que a sociedade que tenha por objeto social participar de outras sociedades (*Holding* de participação), não pode ser considerada empresária, pois não explora produção ou circulação de bens ou serviços. O mesmo pode ocorrer com a sociedade que tenha por objeto a propriedade de bens imóveis (*Holding* patrimonial pura).

(ii) Sociedade profissional. A sociedade profissional, que é aquela explora atividade própria de profissionais liberais ou autônomos (ex. médicos, advogados, artesões, enfermeiros etc.), não é considerada empresária por conta da exclusão contida no artigo 982 combinado com o artigo 966, parágrafo único, ambos do Código Civil. Não se trata propriamente de sociedade que não se enquadra no conceito legal de empresário, pois sua atividade é tão empresária quanto consta no *caput* do artigo 966 do Código Civil. A sua exclusão ocorre única e exclusivamente por força do parágrafo único do referido artigo 966.

Ocorre que a própria norma que exclui os profissionais intelectuais e a sociedade profissional de serem considerados como empresários permite a reinclusão desses agentes econômicos no conceito de empresário quando verificado o "elemento de empresa".

---

22. As sociedades que exploram o agronegócio optam pelo regime jurídico da sociedade simples ou empresária, mediante o registro na Junta Comercial de sua sede, se optar pelo regime da sociedade empresária.

23. Art. 984. A sociedade que tenha por objeto o exercício de atividade própria de empresário rural e seja constituída, ou transformada, de acordo com um dos tipos de sociedade empresária, pode, com as formalidades do art. 968, requerer inscrição no Registro Público de Empresas Mercantis da sua sede, caso em que, depois de inscrita, ficará equiparada, para todos os efeitos, à sociedade empresária.

24. A sociedade cooperativa será sempre sociedade simples, enquanto a sociedade por ações (sociedade anônima e comandita por ações) será sempre empresária, independentemente do objeto social explorado (art. 982, p. único, CC), tratando-se de exceções à regra de distinção pela análise da atividade explorada pela sociedade.

25. MACHIONI, Jarbas Andrade. Aspectos jurídicos da sociedade limitada. In: DE ALMEIDA, Marcus Elidius Michelli. *Aspectos jurídicos da sociedade limitada.* São Paulo: Quartier Latin, 2004, p. 289.

Uma banda de rock, por conta de seu objeto social – artístico – seria, pelo Direito Comercial pátrio, considerada uma sociedade simples, na espécie de sociedade profissional.

A linha limítrofe entre as espécies de sociedades, empresária e simples, encontra-se naquelas que exploram atividades próprias dos profissionais liberais ou autônomos, as quais, por conta de critério legal, nos termos do artigo 982 combinado com o artigo 966, parágrafo único, ambos do Código Civil, não são consideradas empresárias por força de lei. Assim, a sociedade profissional, dependendo de seu objeto social, pode ser considerada simples ou empresária, sujeita a verificação de ser, ou não, a atividade profissional um "elemento de empresa". O referido elemento de empresa, tão discutido na doutrina e na jurisprudência, é o fio que separa uma sociedade professional de ser considerada como simples ou empresária, o que pode sacramentar o sucesso ou o insucesso do empreendimento.

(iii) Sociedade rural. A sociedade rural pode desenvolver produção tanto para a subsistência quanto para o agronegócio, mas o legislador preferiu adotar um critério objetivo: o registro. Assim, se uma sociedade cujo objeto seja a produção rural se registrar na Junta Comercial, será empresária, se optar por não se registrar na Junta Comercial, será simples.

(iv) Cooperativa. A cooperativa é sociedade sem fim lucrativo (art. 3º, Lei 5.764/1971[26]) e, portanto, também não pode ser considerada empresária (art. 982, p. único, CC). Assim, uma operadora de plano de saúde que opte por adotar a forma associativa cooperativa, mesmo que seu objeto social seja idêntico ao de outra que opte por adotar o tipo sociedade anônima, será considerada como sociedade simples, única e exclusivamente por conta de adotar a forma cooperativa como meio de exploração de sua atividade.

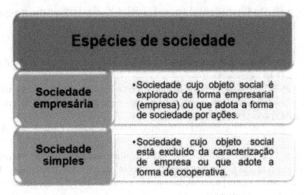

---

26. Art. 3º Celebram contrato de sociedade cooperativa as pessoas que reciprocamente se obrigam a contribuir com bens ou serviços para o exercício de uma atividade econômica, de proveito comum, sem objetivo de lucro.

D. ELEMENTO DE EMPRESA

1. PROFISSIONAL INTELECTUAL

Em princípio, no caso do exercício de atividade econômica por pessoa natural que explora profissão dita intelectual, como engenheiros, arquitetos, dentistas, médicos, advogados, artistas, atores, autores, artesões, escritores, psicólogos etc., a lei afasta a sujeição desses profissionais autônomos às regras do Direito Comercial.

Por isso, os profissionais intelectuais não se registram na Junta Comercial, sendo exato, aliás, que algumas das atividades a que se dedicam possuem regramento próprio e, por conta deste tratamento especial, há órgãos de classe que exigem registro para o exercício regular da profissão,[27] como no caso de médicos,[28] engenheiros,[29] advogados,[30] biólogos[31] etc. Esse registro, porém, não os torna empresários por força da exclusão legal do parágrafo único do artigo 966 do Código Civil já explorado neste trabalho.

2. SOCIEDADE PROFISSIONAL

A legislação, de qualquer forma, permite que os profissionais intelectuais se reúnam em sociedade para exploração da atividade típica da profissão (sociedade profissional), e essa é caracterizada como sociedade simples, não empresária (art. 982 c.c. 966, p. único. CC). E como sociedade, para adquirir personalidade jurídica, deve registrar-se no órgão competente (art. 985, CC[32]), o qual, por força de lei, é para as sociedades simples o Registro Civil das Pessoas Jurídicas; e para as empresárias, a Junta Comercial (art. 1.150, CC[33]). Excepciona-se, contudo, as

---

27. Art. 5º, XIII – é livre o exercício de qualquer trabalho, ofício ou profissão, atendidas as qualificações profissionais que a lei estabelecer.
28. BRASIL. Lei 3.268/1957 – Dispõe sobre os Conselho de Medicina, e dá outras providências.
29. BRASIL. Lei 5.194/1966 – Regula o exercício das profissões de Engenheiro, Arquiteto e Engenheiro- -Agrônomo, e dá outras providências.
30. BRASIL. Lei 8.906/1994 – Dispõe sobre o Estatuto da Advocacia e a Ordem dos Advogados do Brasil (OAB).
31. BRASIL. Lei 6.684, de 3 de setembro de 1979 – Regulamenta as profissões de Biólogo e de Biomédico, cria o Conselho Federal e os Conselhos Regionais de Biologia e Biomedicina, e dá outras providências.
32. Art. 985. A sociedade adquire personalidade jurídica com a inscrição, no registro próprio e na forma da lei, dos seus atos constitutivos (arts. 45 e 1.150).
33. Art. 1.150. O empresário e a sociedade empresária vinculam-se ao Registro Público de Empresas Mercantis a cargo das Juntas Comerciais, e a sociedade simples ao Registro Civil das Pessoas Jurídicas, o qual deverá obedecer às normas fixadas para aquele registro, se a sociedade simples adotar um dos tipos de sociedade empresária.

sociedades de advogados, cujo registro está exclusivamente a cargo do Conselho Seccional da Ordem dos Advogados do Brasil (OAB) em cuja base territorial tiver sede (art. 15, §1º, Lei 8.906/1994[34]).

Se uma sociedade explora atividade própria de profissional intelectual, sujeita-se igualmente aos regramentos da legislação especial que regulamentam a correspondente, tendo de buscar registro no respectivo órgão de classe. Assim, uma sociedade que explora atividade de profissional intelectual legalmente regulamentada, salvo a de advogado, terá de se registrar tanto no órgão de classe, quanto no Registro Civil das Pessoas Jurídicas.

Por exemplo, se uma sociedade pretende explorar atividade de engenharia, haverá necessidade de registro prévio no respectivo Conselho Regional para regularidade de sua atividade (art. 59, da Lei 5.194/1966[35]) e, também, no Registro Civil das Pessoas Jurídicas.

Como já verificado antes, o que define uma sociedade profissional como simples é a forma de exploração de seu objeto social e não os membros que a compõem, pois é possível verificar a constituição dessa espécie de sociedade simples sem que os sócios sejam profissionais intelectuais.

3. O ELEMENTO DE EMPRESA

A sociedade profissional, em decorrência do disposto na lei, é considerada como uma espécie de sociedade simples. Ocorre que o artigo 966, parágrafo único, do Código Civil, traz a possibilidade de a sociedade profissional ser considerada sociedade empresária se exercer sua atividade com elemento de empresa.[36]

Assim como ocorre na legislação italiana (art. 2.238[37]), o Código Civil brasileiro não desenvolve o conceito de elemento de empresa, deixando à doutrina

---

34. Art. 15, § 1º A sociedade de advogados e a sociedade unipessoal de advocacia adquirem personalidade jurídica com o registro aprovado dos seus atos constitutivos no Conselho Seccional da OAB em cuja base territorial tiver sede.
35. Art. 59. Lei 5.194/1966 – As firmas, sociedades, associações, companhias, cooperativas e empresas em geral, que se organizem para executar obras ou serviços relacionados na forma estabelecida nesta lei, só poderão iniciar suas atividades depois de promoverem o competente registro nos Conselhos Regionais, bem como o dos profissionais do seu quadro técnico.
36. [...] seguindo a diretriz do art. 966, parágrafo único, do Código Civil, nos casos em que o exercício da profissão intelectual dos sócios das sociedades uniprofissionais (que compõem o seu objeto social) constituir elemento de empresa, ou seja, nos casos em que as sociedades uniprofissionais explorarem seu objeto social com empresalidade (organização dos fatores de produção), elas serão consideradas empresárias (RAMOS, André Luiz Santa Cruz. *Direito empresarial esquematizado*. Rio de Janeiro: Forense; São Paulo: Método, 2010, p. 89).
37. Art. 2.238 *Rinvio Lo statuto contenente le norme relative al funzionamento della società, anche se forma oggetto di atto separato, si considera parte integrante dell'atto costitutivo e deve essere a questo allegato.*

os esforços para sua construção. A distinção, nesse ponto, entre a lei brasileira e a italiana é que, na Itália, basta que o profissional intelectual contrate colaborador ou auxiliar para ser considerado empresário,[38] enquanto, no Brasil, essa contratação não caracteriza o profissional intelectual como empresário (art. 966, p. único, CC).

a) Critério subjetivo

A parte da doutrina e jurisprudência tem para si que o elemento de empresa estaria caracterizado pela dissociação dos serviços ou produtos fornecidos por determinada pessoa da figura individual do provedor,[39] inclusive essa é a posição defendida pelo autor Diogo e Rodrigo. Assim, o profissional intelectual, que pela lei não é considerado empresário, seria reinserido na caracterização de empresário se inserir sua atividade específica em uma organização empresarial (na linguagem normativa, se for "elemento de empresa"), caso contrário, mesmo que empregue terceiros, permanecerá sujeito somente ao regime próprio de sua categoria profissional.[40] Ou seja, a regra é: o profissional liberal não é considerado empresário, porém pode ser considerado se e, somente se, alcançar o elemento de empresa (art. 966, p. único, CC).

O conceito de elemento de empresa pela ótica subjetiva faz com que seja observada a forma em que o profissional organiza sua atividade, levando em consideração o volume da atividade, se ela é desenvolvida pelo titular do negócio, pela existência ou não de outros profissionais contratados etc.

O elemento de empresa se tornaria mais evidente quando o profissional intelectual se afasta da atividade, exercendo a figura de gestor da empresa, organizando os fatores de produção, contratando outros profissionais, investindo capital, coordenando os insumos e utilizando-se do conhecimento com especialidade para organizá-la.

Seguindo a diretriz do artigo 966, parágrafo único, do Código Civil, nos casos em que o exercício da profissão intelectual dos sócios das sociedades uni-

---

38. *Diversa dalla società fra professionisti, nella quale vi è una società senza che sia svolta attività di impresa, è l'ipotesi cui fa riferimento l'art. 2238, che prevede l'applicabilità della disciplina dettata in materia di lavoro nell'impresa alle ipotesi in cui la professione intellettuale venga esercitata nell'ambito di una attività organizzata in forma di impresa. Si pensi al caso del medico che presta la propria attività lavorativa presso una casa di cura: in tale ipotesi, la disciplina dell'attività di impresa si cumula a quella propria della prestazione d'opera intellettuale.* (SAGGEE, Francesco Laviano i PEPE, Iolanda. Del Lavoro. *Codice Civile. Illustrato con dottrina, giurisprudenza, schemi, mappe e materiali*, p. 1291-1758, 2010, p. 1371).
39. FINKELSTEIN, Maria Eugênia. *Manual de direito empresarial*. 8. ed. rev., ampl. e reform. São Paulo: Atlas, 2016, p. 18.
40. COELHO, Fábio Ulhoa. *Comentários à Nova Lei de Falências e de Recuperação de Empresas*. São Paulo: Saraiva, 2005, p. 24.

CAPÍTULO I • DIREITO DAS SOCIEDADES **13**

profissionais (que compõem o seu objeto social) constituir elemento de empresa, ou seja, nos casos em que as sociedades uniprofissionais explorarem seu objeto social com empresalidade (organização dos fatores de produção), elas serão consideradas empresárias.[41]

A massificação das relações de consumo permite o desenvolvimento de sociedades profissionais em sentido estrito (impessoais), como ocorre na medicina, na qual o consumidor (paciente) pode procurar um profissional no meio de um catálogo do plano de saúde que o assiste. O mesmo ocorre com outras profissões neste mercado em que o preço, muitas vezes, é mais importante do que a qualidade profissional, sem embargo das críticas que essa afirmação possa gerar.

b) Critério objetivo

Em posição diferente, defende o autor Wagner, que a essência do conceito buscado é a constatação de que a atividade intelectual, de natureza científica, literária ou artística, deixou de ser o exclusivo objeto da atividade explorada pela sociedade e tornou-se apenas mais um componente da organização empresarial, um elemento da empresa,[42] ou seja, a atividade tornar-se-ia impessoal, sem que o consumidor buscasse o profissional intelectual por trás da atividade, mas sim pela empresa.

À primeira vista, o *elemento de empresa* parece tratar-se de um fator novo a ser adicionado à atividade que preenche os requisitos necessários para qualificar-se como empresarial. Contudo, se devemos somar um elemento, o denominado "elemento de empresa", às características da atividade empresarial, não pode este elemento ter o mesmo conteúdo daquele ao qual deve ser somado.[43]

Nessa linha de raciocínio,[44] uma sociedade que exercer atividade típica de profissional intelectual será considerada simples, porém, se essa atividade for apenas um dos elementos explorados pela pessoa jurídica, sendo sua especifi-

---

41. RAMOS, André Luiz Santa Cruz. *Direito empresarial esquematizado*. Rio de Janeiro: Forense; São Paulo: Método, 2010, p. 89.

42. Elemento de empresa significa que, quando o exercido da atividade intelectual vier a integrar, se torna parte da empresa, o sujeito que a exercita ganha natureza empresarial. Ou seja, nas situações em que a profissão de natureza intelectual se torna apenas uma parte de uma atividade econômica organizada, o explorador desta atividade será considerado empresário (SILVA, Fernando Cândido da. *Sociedade Simples*: da natureza jurídica ao tipo societário. São Paulo: LCTE, 2009, p. 32).

43. LIPPERT, Marcia Mallmann. *O 'elemento de empresa' como fator de reinclusão das atividades de natureza científica, literária ou artística na definição das atividades empresariais*. Faculdade de Direito da Universidade Federal do Rio Grande do Sul: Porto Alegre, 2009, p. 129.

44. Enunciado 194 da III Jornada de Direito Civil coordenada pelo Conselho da Justiça Federal. – Os profissionais liberais não são considerados empresários, salvo se a organização dos fatores da produção for mais importante que a atividade pessoal desenvolvida.

cidade absorvida pelas demais atividades que organizam a produção de bens e serviços, a sociedade será considerada como empresária.[45]

Uma sociedade simples apresentaria elemento de empresa quando, por si só, seu objeto social fosse utilizado como fator de organização do trabalho de terceiros, explorando atividade própria de profissional intelectual dentro de sua atividade econômica numa clara organização dos meios de produção inerentes a empresa.

Por exemplo: uma pessoa jurídica que se constituiu para o exercício da atividade intelectual própria da medicina, mantendo uma clínica na qual atuam seus sócios, médicos de diversas especialidades da área da saúde, com o auxílio de colaboradores – enfermeiros, assistentes, secretárias, dentre outros –, fazendo com que o seu negócio (a clínica médica) seja procurado precipuamente pela atividade intelectual, será uma sociedade simples, e não empresária, por desenvolver exclusivamente atividade intelectual própria do profissional de medicina.

Todavia, se essa pessoa jurídica contrata inúmeros outros médicos e profissionais de saúde, diversificando o seu objeto, que se sobrepõe ao aspecto apenas intelectual, como ocorre em um hospital, estaremos diante de uma sociedade empresária, por conta da atividade profissional ser absorvida e encarada como um dos elementos da empresa. Nessa última hipótese, os sócios são mais importantes para o negócio como organizadores da atividade como um todo do que simplesmente como médicos, consultando, clinicando etc.

O diferenciador entre a sociedade simples e a sociedade empresária está na forma de exploração da atividade e não nos membros que a compõem como sócios, pois o conceito de interesse é objetivo, e não personalíssimo. Tanto que uma sociedade profissional de engenharia, mesmo que todos os seus sócios sejam engenheiros, pode explorar atividade empresarial de construção civil, considerada como empresarial, e assim ser considerada por conta do elemento de empresa.

Enunciado 195 da III Jornada de Direito Civil coordenada pelo Conselho da Justiça Federal. – A expressão "elemento de empresa" demanda interpretação econômica, devendo ser analisada sob a égide da absorção da atividade intelectual, de natureza científica, literária ou artística, como um dos fatores da organização empresarial.

45. Pelo artigo 966, o trabalhador intelectual não é empresário, mas, logo em seguida, aponta uma exceção no parágrafo único: salvo se o exercício da profissão constituir elemento de empresa. Isto significa que o trabalho exercido pelo profissional for um dos fatores de produção, fator esse que será combinado com os outros, para constituir a atividade empresarial. O trabalho intelectual é apenas um dos componentes do produto oferecido ao mercado pela empresa, mas não o produto ou serviço em si mesmo. O trabalho intelectual exercido por sócios de uma empresa não é o produto ou serviço dela, mas uma parcela, um fator de produção considerando-se produto da empresa e não de seus sócios (ROQUE, Sebastião José. *Da sociedade simples*. São Paulo: Ícone, 2011, p. 52).

Nessa linha de entendimento é o artigo 221 do Projeto de Código Comercial[46] que dispõe acerca da necessidade da sociedade profissional ter por objeto apenas aquele relacionado à referida profissão, exceto se permitido pelo órgão a ela relacionado.

4. SOCIEDADE DE ADVOGADOS

Escapa a esse figurino a sociedade de prestação de serviços de advocacia, que norma legal expressamente qualifica como sociedade simples (art. 15, Lei 8.906/1994[47]), impedindo o registro e o funcionamento daquelas que apresentem forma ou características de sociedade empresária (art. 16, Lei 8906/1994[48]). A proibição se estende a qualquer outra atividade além da de advocacia, pois deve constar no pacto social, como objeto único, a prestação de serviços de advocacia, conquanto "podendo especificar o ramo de direito a que a sociedade se dedicará" (art. 2º, II, do Provimento 112/2006 do Conselho Federal da Ordem dos Advogados do Brasil[49]). Ora, se é vedada à sociedade prestar serviços diferentes daqueles que sejam puramente advocacia, ou seja, explorar outra atividade que não seja essa, é evidente que somente pode ser considerada como sociedade simples, pois não poderia haver, nessa situação, elemento de empresa.

5. ASSOCIAÇÃO DE FUTEBOL

Em que pese associação ser uma pessoa jurídica sem fins lucrativo e não ser uma espécie ou tipo de sociedade, o legislador incluiu a possibilidade de associação que desenvolva atividade futebolística em caráter habitual e profissional, caso em que, com a inscrição, será considerada empresária, para todos os efeitos (art. 971, p. único, CC).

---

46. Art. 221. O objeto da sociedade profissional não pode compreender outras atividades, além das relacionadas à profissão regulamentada a que se dedicam seus sócios, salvo se o permitir, e nos limites que estabelecer, o órgão de controle e fiscalização profissional.
47. Art. 15. Os advogados podem reunir-se em sociedade simples de prestação de serviços de advocacia ou constituir sociedade unipessoal de advocacia, na forma disciplinada nesta Lei e no regulamento geral.
48. Art. 16. Não são admitidas a registro nem podem funcionar todas as espécies de sociedades de advogados que apresentem forma ou características de sociedade empresária, que adotem denominação de fantasia, que realizem atividades estranhas à advocacia, que incluam como sócio ou titular de sociedade unipessoal de advocacia pessoa não inscrita como advogado ou totalmente proibida de advogar.
49. Art. 2º O Contrato Social deve conter os elementos e atender aos requisitos e diretrizes indicados a seguir:
II – o objeto social, que consistirá, exclusivamente, no exercício da advocacia, podendo especificar o ramo do direito a que a sociedade se dedicará.

Entretanto, uma associação que desenvolva atividade futebolística em caráter habitual e profissional, sem a inscrição na Junta Comercial, não é considerada sociedade simples, mas mantém sua característica de associação.

Permitir a uma associação que desenvolva atividade futebolística ser considerada empresária, é uma opção legislativa para uma espécie de pessoa jurídica de esporte e está de acordo com a criação da Sociedade Anônima de Futebol criada pela Lei 14.193/2021.

E. DISTINÇÕES ENTRE A SOCIEDADE EMPRESÁRIA E A SOCIEDADE SIMPLES

1. DISTINÇÕES ENTRE A SOCIEDADE EMPRESÁRIA E A SOCIEDADE SIMPLES

Quando da exploração da atividade econômica por meio de sociedade, a lei cria a dicotomia entre sociedade simples e sociedade empresária, sendo que a doutrina traz como principais diferenças práticas: (i) o órgão de registro para obtenção da personalidade jurídica; (ii) a escrituração dos livros empresariais; e (iii) a sujeição às normas da Lei de Falências e de Recuperação de Empresas (LFRE).[50]

Tais distinções foram destacadas em parecer elaborado por Arnaldo Wald[51] para o Instituto de Registro de Títulos e Documentos e de Pessoas Jurídicas do Brasil: (i) a instituição de registros diferenciados para a inscrição dos atos constitutivos dessas sociedades – Registro Civil de Pessoas Jurídicas (arts. 998 e 1.000) para as sociedades simples, e Registro Público de Empresas Mercantis (arts. 967, 969, 985 e 1.150) para as sociedades empresárias, este último de trâmite bem mais complexo do que o primeiro; (ii) a aplicabilidade da lei de falências e recuperação de empresas somente a empresários e sociedades empresárias por eles instituídas, por força do artigo 2.037 do Código Civil, enquanto, por outro lado, as sociedades simples e seus sócios sujeitam-se às normas, mais brandas, da insolvência civil; (iii) a obrigatoriedade de adoção, por empresários e sociedades empresárias, de um sistema de escrituração contábil (arts. 1.179 a 1.195) contendo regras bastante estritas que pelas repercussões fiscais que ensejam, representam

---

50. SILVA, Fernando Cândido da. *Sociedade Simples*: da natureza jurídica ao tipo societário. São Paulo: LCTE Editora, 2009. MACHIONI, Jarbas Andrade. Aspectos jurídicos da sociedade limitada. In: DE ALMEIDA, Marcus Elidius Michelli. *Aspectos jurídicos da sociedade limitada*. São Paulo: Quartier Latin, 2004, p. 285-295.

ROQUE, Sebastião José. *Da sociedade simples*. São Paulo: Ícone, 2011, p. 24-30.

51. WALD, Arnaldo. *Das sociedades simples e empresárias*. Questões relacionadas ao regime jurídico da sociedade simples e seu registro. Disponível em: http://www.irtdpjbrasil.com.br/NEWSITE/ParecerWald.pdf. Acesso em: 25 jul. 2016.

CAPÍTULO I • DIREITO DAS SOCIEDADES **17**

induvidosos ônus para seus destinatários. Às sociedades simples não determina o Código a aplicação de tais regras, o que representa uma vantagem das sociedades simples frente ao sistema contábil imposto às sociedades empresárias; e (iv) a possibilidade de adoção do tipo sociedade simples pela sociedade que seja simples em razão da sua natureza, o que a tornaria uma sociedade simples pura.

Em nossa opinião, as principais diferenças são: (a) o órgão de registro; (b) a escrituração e; (c) a aplicação da Lei de Falência e Recuperação de Empresas.

a) Órgão de registro

Com relação ao órgão de registro, quando verificado que, na sociedade, se exerce atividade profissional intelectual como elemento de empresa, deve providenciar-se a conversão da sociedade simples em sociedade empresarial, mediante a alteração contratual pertinente, que, averbada no Registro Civil, será arquivada, com a consolidação do contrato social, na Junta Comercial da sede.

b) Escrituração

No caso da escrituração, de há muito não se verifica distinção prática entre as sociedades simples e empresárias, pois os livros têm tratamento em diversas legislações (trabalhista, previdenciárias, fiscal etc.), sem diferenciação entre as espécies de sociedades, exceto quanto ao livro Diário, único efetivamente obrigatório aos empresários (art. 1.179[52] e 1.180,[53] do Código Civil), se não qualificados como ME (Microempresa) ou EPP (Empresa de Pequeno Porte).

Nessa situação, bastaria que a sociedade simples convertida em sociedade empresária passasse a escriturar o livro Diário para adequar-se à legislação civil.[54]

c) Sujeição a Lei de Falência e Recuperação de Empresas (LFRE)

A consequência prática mais relevante da caracterização da atividade de sociedade simples, que o exercício de profissão intelectual constituir elemento

---

52. Art. 1.179. O empresário e a sociedade empresária são obrigados a seguir um sistema de contabilidade, mecanizado ou não, com base na escrituração uniforme de seus livros, em correspondência com a documentação respectiva, e a levantar anualmente o balanço patrimonial e o de resultado econômico. § 1º Salvo o disposto no art. 1.180, o número e a espécie de livros ficam a critério dos interessados. § 2º É dispensado das exigências deste artigo o pequeno empresário a que se refere o art. 970.

53. Art. 1.180. Além dos demais livros exigidos por lei, é indispensável o Diário, que pode ser substituído por fichas no caso de escrituração mecanizada ou eletrônica. Parágrafo único. A adoção de fichas não dispensa o uso de livro apropriado para o lançamento do balanço patrimonial e do de resultado econômico.

54. Ou seja, no que diz respeito à força probante dos documentos em geral, há muito nada havia de especial que protegesse os mercadores. A regalia antes concedida exclusivamente aos comerciantes sobre os livros mercantis esta abolida desde 1974, com o início da vigência do Código de Processo Civil (FORGIONI, Paula Andrea. *A evolução do direito comercial brasileiro*: da mercancia ao mercado. 3. ed. rev., atual. e ampl. São Paulo: Ed. RT, 2016, p. 83.

de empresa, é, de certa forma, a aplicação dos benefícios da Lei de Falência e Recuperação de Empresas (Lei 11.101/2005 – LFRE).

A vigente Lei de Falência e Recuperação de Empresas é de aplicação exclusiva aos agentes econômicos caracterizados como empresários (art. 1º, LFRE[55]) e, portanto, de sua abrangência afastados estão o profissional autônomo e as sociedades simples.[56]

Nos casos de insolvência do profissional autônomo ou sociedade profissional, não há a possibilidade da busca do benefício da recuperação de empresas, nem seu o credor não pode iniciar execução concursal pela via falimentar, devendo agir pelo procedimento da insolvência civil ainda regulado pelo Código de Processo Civil de 1973 (art. 1.052, CPC[57]).[58]

---

55. Art. 1º Esta Lei disciplina a recuperação judicial, a recuperação extrajudicial e a falência do empresário e da sociedade empresária, doravante referidos simplesmente como devedor.

56. Sociedade Simples – Pedido de Recuperação Judicial distribuído e plano aprovado pela assembleia de credores – Credor instituição financeira que se opõe ao tratamento dado aos juros, prazo de carência e deságio – Extinção do processo de recuperação judicial sem exame de mérito de ofício – Ausência das condições da ação – Extinção de ofício. Dispositivo: extinguiram o processo de recuperação judicial sem resolução de mérito, com fundamento nos arts. 1º e 48, caput, da Lei 11.101/2005 e 485, VI do CPC15. (TJ-SP – AI: 20542589620188260000 SP 2054258-96.2018.8.26.0000, Relator: Ricardo Negrão, Data de Julgamento: 22.10.2018, 2ª Câmara Reservada de Direito Empresarial, Data de Publicação: 23.10.2018).

57. Art. 1.052. Até a edição de lei específica, as execuções contra devedor insolvente, em curso ou que venham a ser propostas, permanecem reguladas pelo Livro II, Título IV, da Lei no 5.869, de 11 de janeiro de 1973.

58. Estão sujeitos à falência, em princípio, os devedores exercentes de atividade econômica de forma empresarial, isto é, os empresários. A diferença entre os empresários e os demais exercentes de atividade econômica não reside no tipo de atividade explorada, mas na forma com que a exploram. Muitas atividades de produção ou circulação de bens ou serviços podem ser exploradas empresarialmente ou não. Tanto o peixeiro instalado em sua pequena banca na praia, onde trabalha com seus familiares, como a rede multinacional de supermercados, comercializam pescados. Aquele, porém, o faz sem empresarialidade, isto é, sem organizar a atividade por meio de investimento de considerável capital, contratação de expressiva mão de obra e emprego de tecnologia sofisticada; ele não é empresário. Já o supermercado explora o mesmo comércio por uma organização necessariamente empresarial.

Para sujeitar-se à falência é necessário explorar atividade econômica de forma empresarial. Disso resulta que não se submetem à execução concursal, de um lado, quem não explora atividade econômica nenhuma e, de outro, quem o faz sem empresarialidade. Quem não produz nem faz circular bens ou serviços, assim, nunca terá sua falência decretada, nem poderá beneficiar-se de qualquer tipo de recuperação judicial ou extrajudicial. É o caso, por exemplo, da associação beneficente, fundação, funcionário público, aposentado, assalariado etc. Estes sujeitos de direito, mesmo que estejam com dificuldades para honrar suas dívidas, não se submetem à execução concursal falimentar. Quando insolventes, decreta-se sua insolvência civil. Também não terá nunca sua falência decretada o exercente de atividade econômica civil, não empresarial, como as sociedades simples, as cooperativas, o agricultor familiar cuja atividade rural não tenha cunho empresarial, o artesão e o prestador de serviços que exercem suas atividades preponderantemente com o trabalho próprio e de familiares, o profissional liberal e as sociedades de profissionais liberais. Nessas hipóteses, o devedor insolvente submete-se ao regime da insolvência civil, tal como ocorre com os não exercentes de atividade econômica. Não têm eles, assim, direito à recuperação judicial ou extrajudicial e devem, para ver extintas suas obrigações, quitar a totalidade do devido (COELHO, Fábio Ulhoa. *Comentários à Lei de Falências e de recuperação de empresas*. 8. ed. São Paulo: Saraiva, 2011, p. 277).

CAPÍTULO I • DIREITO DAS SOCIEDADES

19

Todavia, ao constituir atividade de natureza intelectual um elemento de empresa, o profissional autônomo ou sociedade profissional que a exercem serão qualificados como empresários e, dessa maneira, eventualmente submetidos ao regime falimentar.[59] Na mesma linha, há precedentes para o deferimento de pedido de recuperação de empresas para a sociedade simples em que, no caso concreto, se constatou presente o elemento de empresa.[60]

Mesmo não tendo sido identificada a presença do elemento de empresa, houve já caso atípico, conformado por uma sociedade simples, cujo pedido de recuperação judicial foi deferido e não impugnado pelos credores no início do procedimento, tendo o E. Tribunal de Justiça do Estado de São Paulo mantido o benefício, pelo princípio do fato consumado.[61]

A discussão sobre a legitimidade ativa de agentes econômicos não empresários para pedido de recuperação judicial ganha massa crítica quando encontramos

---

59. Apelação cível. Direito comercial. Ação de falência. Sociedade civil que tem por objeto intermediação de fornecimento de refeições. Dívida instrumentalizada por nota promissória oriunda de contrato de financiamento de capital de giro, devidamente protestada. Natureza comercial/empresarial da sociedade. Irrelevância do registro no cartório civil. Impontualidade demonstrada. Falência decretada. Recurso provido. I. O fato de a Apelada ter por objeto social a intermediação do fornecimento de refeições com intuito de lucro, exercendo tal atividade com habitualidade e profissionalidade, havendo a previsão, em seu ato constitutivo, da distribuição de lucros e perdas proporcionalmente às cotas sociais de cada sócio, tudo isso a transforma numa verdadeira sociedade comerciante/empresária. II. Não se caracteriza uma sociedade civil (ou sociedade simples na nomenclatura adotada pelo Código Civil atual) uma pessoa jurídica que contraia um empréstimo no valor de R$ 250.000,00 (duzentos e cinquenta mil reais) para servir apenas à movimentação financeira do negócio objeto de seu contrato social. III. O simples fato de a Apelada ter se autodenominado de sociedade civil, com registro de seus atos constitutivos no Cartório de Registro Civil das Pessoas Naturais e das Pessoas Jurídicas, é indiferente à sua caracterização como sociedade comercial/empresária, pois o que importa é o seu objeto social. Enunciados 198 e 199 da III Jornada de Direito Civil coordenada pelo Conselho da Justiça Federal. IV. uma vez caracterizada a impontualidade da Apelada, e não tendo sido alegada qualquer das matérias de defesa elencadas no art. 4º da lei de regência, não resta outra alternativa a não ser decretar a sua falência (Estado do Espírito Santo. Tribunal de Justiça do Estado do Espírito Santo. Apelação 24990137887 – ES, Relator: Catharina Maria Novaes Barcellos, Data de Julgamento: 02.06.2009, Quarta Câmara Cível, DJe 04.08.2009).

60. Recuperação Judicial. Decisão que a converteu em insolvência civil, sob o fundamento de que a requerente se trata de sociedade simples e não empresária. Grau de organização da sociedade que deve ser levado em conta para sua classificação. Caso concreto que demonstra que, a despeito da autodenominação como sociedade simples, a agravada se organiza como sociedade empresária. Existência de inúmeros credores e passivo elevado discussão. Complexidade estrutural que tem grande importância no procedimento de insolvência. Diante das peculiaridades presentes, mostra-se mais adequado o procedimento da recuperação judicial. Agravo provido (Estado de São Paulo. Tribunal de Justiça do Estado de São Paulo. Agravo de Instrumento 01709595320138260000 – SP, Relator: Francisco Loureiro, Data de Julgamento: 06.02.2014, 1ª Câmara Reservada de Direito Empresarial, DJe 07.02.2014).

61. Recuperação judicial permitida a uma sociedade simples (de enfermagem) há quatro anos Pedido, agora, de um dos credores, no sentido de extinguir o que se fez em virtude de não ser possível aplicar o regime da Lei 11.101/2005 à sociedade simples (Súmula 49, do Tribunal de Justiça) Incidência da teoria do fato consumado, mantendo o que se realizou, por ser mais produtivo em termos de desenvolvimento social. Não provimento (ESTADO DE SÃO PAULO. Tribunal de Justiça do Estado de São Paulo. Agravo de Instrumento 0087069-56.2012.8.26.0000 – SP, Relator: Enio Zuliani, Data de Julgamento: 26.06.2012, 1ª Câmara Reservada de Direito Empresarial, DJe 29.06.2012).

casos de deferimento do processamento da recuperação judicial de associações[62] e associações de futebol.[63]

---

62. Direito Empresarial. Recuperação judicial de associação e instituto sem fins lucrativos, entidade mantenedora da Universidade Cândido Mendes. Aplicação da Lei federal 11.101/2005, arts. 1º e 2º. Lei de Recuperação Judicial e Falências, acolhendo-se o entendimento de se tratar de associação civil com fins econômicos, sociais e acadêmicos. Decisão do Juízo singular, em sede de despacho liminar positivo, que deferiu o processamento da recuperação judicial, nomeou administrador judicial e determinou a suspensão de todas as ações ou execuções contra os requerentes, nos termos e com as ressalvas constantes do inciso III do sobredito dispositivo legal, entre outras providências pertinentes, e antecipou os efeitos do *stay period* para a data do protocolo da petição inicial. Recurso do Ministério Público. Pretensão de reforma do julgado sob a tese de que associações civis sem fins lucrativos, de cunho filantrópico, não se enquadram no disposto no art. 1º da Lei de Recuperação Judicial e Falências, por não se constituírem em sociedades empresárias, tampouco estarem inscritas no Registro Público de Empresas Mercantis, entre outros fundamentos. Pedido de efeito suspensivo indeferido neste recurso incidental. No ponto principal do recurso o seu acolhimento parcial. A mera interpretação literal do disposto no inciso II do art. 52 da Lei federal 11.101/2005, Lei de Recuperação Judicial, no sentido de excluir as associações sem fins lucrativos, não pode subsistir em face da prevalência do direito fundamental da liberdade econômica, tão cara ao Estado Democrático de Direito implantado pela Constituição da Republica de 5 de outubro de 1988. O critério da legalidade estrita como fonte única do Direito, como a muitos parecia na vigência do art. 126 do Código de Processo Civil e do art. 4º da redação original da Lei de Introdução às Normas do Direito Brasileiro, foi ultrapassado pelo disposto no art. 8º do Código de Processo Civil: ¿Ao aplicar o ordenamento jurídico, o juiz atenderá aos fins sociais e às exigências do bem comum, resguardando e promovendo a dignidade da pessoa humana e observando a proporcionalidade, a razoabilidade, a legalidade, a publicidade e a eficiência¿. O critério da legalidade, se inicial ao processo hermenêutico, não o esgota, pois há de se levar em conta o conjunto do ordenamento jurídico e os valores que inspiram a aplicação do Direito. O cerne da questão não está, pois, na natureza jurídica do agente econômico, se mercantil ou não, mas no impacto da atividade por ele empreendida, nos aspectos culturais, econômicos, sociais e educativos. Ainda que formalmente registrada como associação civil, a entidade de ensino, a toda evidência, desempenha atividade econômica lucrativa, que repercute jurídica e economicamente. Como salientado pelos demandantes, em sua petição inicial, a concepção moderna da atividade empresária se afasta do formalismo, da letra fria da Lei, para alcançar a autêntica natureza da atividade objetivamente considerada. Ainda que no aspecto formal a mantenedora da Universidade Cândido Mendes se apresente como associação civil, formato que assumiu desde a sua formação, há mais de 100 anos, desempenha atividade empresária, ao teor do disposto no art. 966 do Código Civil, por realizar atividade econômica organizada para a produção ou circulação de bens ou serviços, atuando na área da Educação em nível superior, gerando empregos, bens culturais e arrecadação para o Estado, exercendo assim a sua função social. Destaque-se que a falta do registro na Junta Comercial não pode ser obstáculo para o deferimento da recuperação. O que está em debate é a qualidade de empresária da recorrente quando da apresentação do pedido de recuperação, e não a regularidade de seus atos constitutivos, os quais apenas refletem a forma de sua organização jurídica, que atendeu plenamente o que prescrevia a ordem jurídica no início do século XX. Para a garantia da continuidade das atividades do Grupo, sem quaisquer interrupções dos serviços educacionais, necessária se faz que haja êxito na recuperação judicial, com o cumprimento das finalidades indicadas no art. 47 da LREF, ou seja, a manutenção da fonte produtora, do emprego dos trabalhadores e dos interesses dos credores. Constitui direito fundamental da ordem econômica, como decorre do respectivo título do texto constitucional, o direito de empresa de organizar os fatores de produção, em atividade lícita, o que não se submete a restrições sem razoabilidade do legislador ordinário que, declaradamente, na lei regente da espécie, incluiu ou excluiu outros agentes econômicos. Reforma da decisão impugnada tão somente para que seja nomeado Administrador Judicial pelo Juízo nos termos do previsto no Ato Executivo Conjunto 53/2013 deste Tribunal de Justiça. Precedentes: REsp 1.004.910/RJ, 4ª Turma, Rel. Ministro Fernando Gonçalves, j. 18.03.2008; Agravo de Instrumento 1.134.545 – RJ (2008/0275183-4), rel. Min. Fernando Gonçalves, decisão publicada em 12.06.2009. Provimento parcial do recurso (TJ-RJ – AI: 00315155320208190000, Relator: Des(a). Nagib Slaibi Filho, Data de Julgamento: 02.09.2020, Sexta Câmara Cível, Data de Publicação: 15.10.2020).

63. Recuperação judicial – Pedido ajuizado por clube de futebol, que ostenta a natureza jurídica de associação civil – Deferimento do processamento do procedimento concursal – Observância das regras especiais in-

2. CRÍTICA ÀS DISTINÇÕES ENTRE A SOCIEDADE EMPRESÁRIA E A SOCIEDADE SIMPLES

Entendemos que a principal distinção prática entre os agentes econômicos (empresário x não empresário) é a aplicação das regras da Lei de Falência e Recuperação de Empresa.

Na mesma linha critica o professor Requião ao destacar que "(...) *a principal especificidade da unificação do Direito Privado seria a da aplicação da Lei de Falências aos demais agentes do mercado, advertindo, todavia, que a unificação se nos afigura, todavia, tímida. Tornar-se-á uma unificação ilusória. É feita, a exemplo de seu paradigma italiano, pela metade. Ficará o direito brasileiro, a prevalecer o sistema adotado pelo governo, no meio do caminho. E isso porque enquanto a Falência permanecer como instituto eminentemente comercialista, é impossível a unificação, em toda natural extensão da palavra".*[64]

Rachel Sztajn, da mesma forma questiona: "*Por que a separação entre organizações empresárias e não empresárias, quando todas são destinadas ao exercício de atividades econômicas e partilha de resultados? Que benefício há em manter, e a repetição, conquanto enfadonha é necessária, a antiga distinção entre atividades comerciais e civis? Mais simples seria excluir a aplicação de certas normas às empresas civis, como, por exemplo, a falência, e unificar, acolhendo todas as atividades econômicas organizadas sob a égide da empresa. Com isso, a distinção entre sociedades (de fins econômicos) e associação (de finalidade não econômicas) que vier a exercer a empresa a adoção de um dos tipos previstos no Código Civil".*[65]

Ora, se ambas as espécies de sociedade (empresária e simples) são agentes econômicos e exercem atividade negocial voltada ao mercado, não há razão lógica para a distinção feita pelo legislador, portanto o melhor entendimento da unificação do Direito Privado seria a permissão da aplicação da Lei de Falência e Recuperação de Empresa para todos os agentes econômicos, excluindo apenas aqueles que exercem atividade sem fins econômicos (associações, entidades religiosas, fundações, cooperativas etc.).

---

sertas nos arts. 13, inciso II e 25 da Lei 14.193/2021 – Foi facultada, expressamente, em caráter excepcional, a possibilidade de um clube organizado para a promoção do futebol profissional, diante da especificidade da atividade esportiva em crise, requerer a concessão de recuperação judicial – A constituição de uma sociedade anônima de futebol não pode ser exigida como uma condição para o ajuizamento do pedido, tal qual a promoção de prévio registro perante Junta Comercial – Legitimidade ativa presente – Decisão mantida – Recurso desprovido. (TJ-SP – AI: 20611227720238260000 Campinas, Relator: Fortes Barbosa, Data de Julgamento: 19.05.2023, 1ª Câmara Reservada de Direito Empresarial, Data de Publicação: 19.05.2023).

64. REQUIÃO, Rubens. *Notas sobre o projeto do Código de Obrigações* (Projeto 3.264/65). Curitiba: Universidade do Paraná, 1966, p. 19.

65. SZTAJN, Rachel. *Teoria Jurídica da Empresa*: atividade empresária e mercados. 2. ed. São Paulo: Atlas, 2010, p. 124.

F. PERSONIFICAÇÃO

1. NASCIMENTO DA SOCIEDADE

Presentes os elementos do contrato de sociedade, quais: (i) o *affectio societatis*; (ii) a pluralidade ou não de parte; (iii) as obrigações recíprocas; (iv) a finalidade econômica e (v) a partilha dos resultados (art. 981, CC[66]), nasce a sociedade, porém ainda sem personalidade jurídica própria.

2. PERSONIFICAÇÃO

Para a sociedade ser considerada pessoa jurídica é necessário o registro do ato constitutivo no órgão competente (art. 985, CC[67]), sendo a inscrição no Registro Público de Empresas Mercantis, o qual fica a cargo das Juntas Comerciais, para as sociedades empresárias; e no Registro Civil das Pessoas Jurídicas, para sociedade simples (art. 998, CC[68]), conforme o artigo 1.150 do Código Civil,[69] exceto a cooperativa, cujo registro ocorre nas Juntas Comerciais (art. 32, II, *a*, Lei 8934/1994[70]) e a sociedade de advogados e a sociedade unipessoal de advocacia que adquirem personalidade jurídica com o registro aprovado dos seus atos constitutivos no Conselho Seccional da OAB em cuja base territorial tiver sede (art. 15, § 1º, Lei 8.906/1994 – Estatuto da Advocacia e a Ordem dos Advogados do Brasil[71]).

---

66. Art. 981. Celebram contrato de sociedade as pessoas que reciprocamente se obrigam a contribuir, com bens ou serviços, para o exercício de atividade econômica e a partilha, entre si, dos resultados. Parágrafo único. A atividade pode restringir-se à realização de um ou mais negócios determinados.

67. Art. 985. A sociedade adquire personalidade jurídica com a inscrição, no registro próprio e na forma da lei, dos seus atos constitutivos (arts. 45 e 1.150).

68. Art. 998. Nos trinta dias subsequentes à sua constituição, a sociedade deverá requerer a inscrição do contrato social no Registro Civil das Pessoas Jurídicas do local de sua sede. § 1º O pedido de inscrição será acompanhado do instrumento autenticado do contrato, e, se algum sócio nele houver sido representado por procurador, o da respectiva procuração, bem como, se for o caso, da prova de autorização da autoridade competente. § 2º Com todas as indicações enumeradas no artigo antecedente, será a inscrição tomada por termo no livro de registro próprio, e obedecerá a número de ordem contínua para todas as sociedades inscritas.

69. Art. 1.150. O empresário e a sociedade empresária vinculam-se ao Registro Público de Empresas Mercantis a cargo das Juntas Comerciais, e a sociedade simples ao Registro Civil das Pessoas Jurídicas, o qual deverá obedecer às normas fixadas para aquele registro, se a sociedade simples adotar um dos tipos de sociedade empresária.

70. Art. 32. O registro compreende: II – O arquivamento: a) dos documentos relativos à constituição, alteração, dissolução e extinção de firmas mercantis individuais, sociedades mercantis e cooperativas.

71. Art. 15. Os advogados podem reunir-se em sociedade simples de prestação de serviços de advocacia ou constituir sociedade unipessoal de advocacia, na forma disciplinada nesta Lei e no regulamento geral. § 1º A sociedade de advogados e a sociedade unipessoal de advocacia adquirem personalidade jurídica com o registro aprovado dos seus atos constitutivos no Conselho Seccional da OAB em cuja base territorial tiver sede.

CAPÍTULO I • DIREITO DAS SOCIEDADES **23**

3. PERSONALIDADE JURÍDICA

Personalidade jurídica é a aptidão genérica, a capacidade de adquirir direito e obrigações ou deveres na ordem civil. Para Clóvis Beviláqua é a "aptidão, reconhecida pela ordem jurídica a alguém, para exercer direitos e contrair obrigações".[72]

A partir do registro, a sociedade conquistará personalidade jurídica própria e será sujeito de direito autônomo de seus sócios (art. 49-A, CC[73]), portanto, passará a ter (i) titularidade negocial, podendo realizar negócios, assumir direitos e obrigações; (ii) titularidade processual, podendo ser parte processual (ativa ou passiva); (iii) responsabilidade patrimonial, com patrimônio próprio, inconfundível e incomunicável, em regra,[74] com o patrimônio individual de cada um de seus sócios.[75]

Assim, ao tratarmos do empresário individual, foi utilizado como exemplo a figura de um super-herói e seu alter ego que, como concluído, são a mesma pessoa física.

Diferentemente, seria a sociedade Empresas Wayne, que, devidamente registrada na Junta Comercial, seria uma pessoa jurídica, constituída pelos sócios Bruce Wayne, Lucius Fox e outros.

4. SOCIEDADE SEM REGISTRO

O registro não é requisito para caracterização do empresário,[76] ou seja, mesmo que não haja registro daquele que exerce a atividade econômica organizada

---

72. GONÇALVES, Carlos Roberto. *Direito Civil Brasileiro: Parte Geral*. 6. ed. São Paulo: Saraiva, 2011, v. 1. p. 70.
73. Art. 49-A. A pessoa jurídica não se confunde com os seus sócios, associados, instituidores ou administradores. Parágrafo único. A autonomia patrimonial das pessoas jurídicas é um instrumento lícito de alocação e segregação de riscos, estabelecido pela lei com a finalidade de estimular empreendimentos, para a geração de empregos, tributo, renda e inovação em benefício de todos.
74. Ressalva feita por conta da existência no ordenamento da Teoria da Desconsideração da Personalidade Jurídica, aplicada para responsabilizar diretamente os sócios, por meio da constrição de seus bens pessoais.
75. Entende-se por pessoa jurídica o ente incorpóreo que, como as pessoas físicas, pode ser sujeito de direitos. Não se confundem, assim, as pessoas jurídicas com as pessoas físicas que deram lugar ao seu nascimento; pelo contrário, delas se distanciam, adquirindo patrimônio autônomo e exercendo direitos em nome próprio. Por tal razão, as pessoas jurídicas têm nome particular, como as pessoas físicas, domicílio e nacionalidade; podem estar em juízo, como autoras ou como rés, sem que isso se reflita na pessoa daqueles que a constituíram. Finalmente, têm vida autônoma, muitas vezes superior às das pessoas que as formaram; em alguns casos, a mudança de estado dessas pessoas não se reflete na estrutura das pessoas jurídicas, podendo, assim, variar as pessoas físicas que lhe deram origem, sem que esse fato incida no seu organismo. É o que acontece com as sociedades institucionais ou de capitais, cujos sócios podem mudar de estado ou ser substituídos sem que se altere a estrutura social (REQUIÃO, Rubens. *Curso de direito comercial*. São Paulo: Forense, 1998. p. 204).
76. Enunciado 198 do Conselho de Estudos Jurídicos do Conselho de Justiça federal. – A inscrição do empresário na Junta Comercial não é requisito para a sua caracterização, admitindo-se o exercício da

para produção ou circulação de bens ou de serviços (empresa), seja individualmente (empresário individual) ou coletivamente (sociedade), será considerado empresário e responderá pelas consequências da falta de registro.

Ocorre que na falta do registro, a sociedade, seja empresária ou simples, será considerada como sociedade em comum[77] que é aquela que não teve seu ato constitutivo inscrito no órgão competente e rege-se pelas disposições específicas dos artigos 986 a 990 do Código Civil. Se a sociedade não se registrou, não há que se falar em tipo societário para essa situação e, assim, descartado qualquer benefício que os tipos societários concederiam a determinadas situações.

Nesse sentido, mesmo que os sócios tenham a intenção de constituir uma sociedade de responsabilidade limitada, inclusive elaborando um contrato social com as disposições desse tipo societário, sem o registro não existirá sociedade limitada, mas, sim, sociedade em comum, sujeita à aplicação de suas regras específicas.

Para constituição eficaz de uma sociedade, é necessário que seu ato constitutivo seja levado a registro no órgão competente (Junta Comercial, o Cartório de Registro de Pessoas Jurídicas ou a Ordem dos Advogados). O ato constitutivo das sociedades contratuais é denominado "contrato social"; e das sociedades institucionais, "estatuto social", cujas especificidades serão estudadas nessa obra.

G. DESCONSIDERAÇÃO DA PERSONALIDADE JURÍDICA

1. AUTONOMIA PATRIMONIAL

É certo que o direito brasileiro segue a máxima de que, para cada pessoa existe patrimônio único (art. 91, CC[78]), sendo que o devedor responde, para o cumprimento de suas obrigações, com todos os seus bens presentes e futuros, salvo as restrições estabelecidas em lei (art. 789, CPC[79]).

Em regra, não existe limite para a responsabilidade patrimonial do devedor, sendo que, quando acionado judicialmente para o cumprimento de determinada obrigação, o devedor responderá com todos os bens presentes ou futuros de seu

---

empresa sem tal providência. O empresário irregular reúne os requisitos do art. 966, sujeitando-se às normas do Código Civil e da legislação comercial, salvo naquilo em que forem incompatíveis com a sua condição ou diante de expressa disposição em contrário.

77. A sociedade em comum também é conhecida por sociedade irregular ou sociedade de fato.

78. Art. 91. Constitui universalidade de direito o complexo de relações jurídicas, de uma pessoa, dotadas de valor econômico.

79. Art. 789. O devedor responde com todos os seus bens presentes e futuros para o cumprimento de suas obrigações, salvo as restrições estabelecidas em lei.

patrimônio (art. 831, CPC[80]), excetuando aqueles impenhoráveis e inalienáveis (art. 832, CPC[81]).

Fato é que, se uma pessoa, seja ela natural ou jurídica, contrair uma determinada obrigação consubstanciada em título executivo e se tornar inadimplente, ela pode ser acionada judicialmente para o cumprimento da obrigação (art. 786 CPC[82]), sendo que todos os bens de seu patrimônio estarão sujeitos à execução, e aptos a sofrer expropriação para buscar satisfazer o crédito do exequente.

Não há diferença essencial entre a responsabilidade patrimonial de uma pessoa natural, jurídica ou entidade despersonalizada, a distinção refere-se a autonomia patrimonial no caso da pessoa jurídica em relação aos seus membros, ou seja, em caso de inadimplemento de uma obrigação da pessoa jurídica os seus membros, em regra, não respondem por essa obrigação (art. 49-A, CC[83] e art. 795, CPC[84]).

Não há confusão entre a pessoa jurídica e seus membros, pois são sujeitos de direito distintos, cada qual com seus próprios direitos e deveres. E essa distinção é de suma importância.

A limitação de responsabilidade do empresário é uma das grandes construções da cultura humana, sem a qual, talvez, a revolução industrial não se realizaria conforme a conhecemos. Conforme Harari: *"A Peugeot pertence a um gênero particular de ficção jurídica, chamado "empresas de responsabilidade limitada". A ideia por trás de tais empresas está entre as invenções mais engenhosas de toda a humanidade. O homo sapiens viveu sem elas por milênios. Durante a maior parte história que se tem registro, a propriedade só poderia pertencer a seres humanos de carne e osso, do tipo que anda sobre duas pernas e tem cérebro grande. Se na França do século XIII Jean abrisse uma oficina para fabricação de vagões, ele próprio seria*

---

80. Art. 831. A penhora deverá recair sobre tantos bens quantos bastem para o pagamento do principal atualizado, dos juros, das custas e dos honorários advocatícios.

81. Art. 832. Não estão sujeitos à execução os bens que a lei considera impenhoráveis ou inalienáveis.

82. Art. 786. A execução pode ser instaurada caso o devedor não satisfaça a obrigação certa, líquida e exigível consubstanciada em título executivo. Parágrafo único. A necessidade de simples operações aritméticas para apurar o crédito exequendo não retira a liquidez da obrigação constante do título.

83. Art. 49-A. A pessoa jurídica não se confunde com os seus sócios, associados, instituidores ou administradores. Parágrafo único. A autonomia patrimonial das pessoas jurídicas é um instrumento lícito de alocação e segregação de riscos, estabelecido pela lei com a finalidade de estimular empreendimentos, para a geração de empregos, tributo, renda e inovação em benefício de todos.

84. Art. 795. Os bens particulares dos sócios não respondem pelas dívidas da sociedade, senão nos casos previstos em lei. § 1º O sócio réu, quando responsável pelo pagamento da dívida da sociedade, tem o direito de exigir que primeiro sejam excutidos os bens da sociedade. § 2º Incumbe ao sócio que alegar o benefício do § 1º nomear quantos bens da sociedade situados na mesma comarca, livres e desembargados, bastem para pagar o débito. § 3º O sócio que pagar a dívida poderá executar a sociedade nos autos do mesmo processo. § 4º Para a desconsideração da personalidade jurídica é obrigatória a observância do incidente previsto neste Código.

o negócio. Se um vagão por ele fabricado parasse de funcionar uma semana após a compra, o comprador insatisfeito processaria Jean pessoalmente. Se Jean tomasse emprestadas mil moedas de ouro para abrir sua oficina e o negócio falisse, ele teria de pagar o empréstimo vendendo sua propriedade privada – sua casa, sua vaca, sua terra. Talvez até precisasse vender seus filhos como escravos. Se não pudesse honrar sua dívida, poderia ser jogado na prisão pelo Estado ou ser escravizado por seus credores. Ele era totalmente responsável, de maneira ilimitada, por todas as obrigações assumidas por sua oficina.

Se tivesse vivido naquela época, você provavelmente pensaria duas vezes antes de abrir um negócio próprio. E, com efeito, essa situação jurídica desencorajava o empreendedorismo. As pessoas tinham medo de começar novos negócios e assumir riscos econômicos. Dificilmente parecia valer a pena correr o risco de sua família acabar totalmente destituída. Foi por isso que as pessoas começaram a imaginar coletivamente a existência de empresas de responsabilidade limitada. Tais empresas eram legalmente independentes das pessoas que as fundavam, ou investiam dinheiro nelas, ou as gerenciavam. Ao longo dos últimos séculos, essas empresas se tornaram os principais agentes na esfera econômica.[85]

Ás vezes, no nosso país, a boa técnica jurídica não prevalece, e todos temos a impressão de que voltamos ao século XIII, por isso é importante ressaltar a importância desse engenhosa invenção, que é afirmada mais adiante pelo mesmo autor, ao explicar a revolução industrial:

Por que o complexo militar-industrial-científico floresceu na Europa, e não na Índia? Quando a Grã-Bretanha saiu na frente, porque a França, a Alemanha e os Estados Unidos logo seguiram seus passos, enquanto a China ficou para trás? Quando a distância entre as nações industriais e não industriais se tornou um fator político e econômico óbvio, por que a Rússia, a Itália e a Áustria conseguiram superá-la, enquanto a Pérsia, o Egito e o Império Otomano não? Afinal, a tecnologia da primeira onda industrial era relativamente simples. Era assim tão difícil para os chineses ou os otomanos projetar motores a vapor, fabricar metralhadoras e construir ferrovias? (...) Os chineses e os persas não careciam de invenções tecnológicas como os motores a vapor (que podiam ser comprados ou copiados livremente). Eles careciam dos valores, dos mitos, do aparato jurídico e das estruturas sociopolíticas que levaram séculos para se formar e amadurecer no Ocidente e que não podiam ser copiadas e internalizadas rapidamente.[86]

---

85. HARARI, Yuval Noah. Sapiens. *Uma breve história da humanidade*. 48. ed. Porto Alegre, RS: L&PM, 2019. p. 38.

86. HARARI, Yuval Noah. Sapiens. *Uma breve história da humanidade*. 48. ed. Porto Alegre, RS: L&PM, 2019. p. 291.

Isso mostra o quanto é necessário, criar em nosso país uma cultura que valorize e faça cumprir a boa técnica jurídica, ou estaremos fadados ao atraso econômico e social.

Extremamente salutar, portanto, que a Declaração de Direitos de Liberdade Econômica trouxe com o parágrafo único do artigo 49-A, do Código Civil, a justificativa para existência da regra da separação patrimonial: "*A autonomia patrimonial das pessoas jurídicas é um instrumento lícito de alocação e segregação de riscos, estabelecido pela lei com a finalidade de estimular empreendimentos, para a geração de empregos, tributo, renda e inovação em benefício de todos.*"

A regra de nosso direito, portanto, é que o credor de uma pessoa jurídica não o é de seus membros e vice-versa.

2. DESCONSIDERAÇÃO DA PERSONALIDADE JURÍDICA[87]

A teoria da desconsideração da personalidade jurídica surgiu com objetivo de coibir a utilização temerária, fraudulenta e abusiva da autonomia patrimonial existente entre a pessoa jurídica e seus membros ou administradores.

Por essa teoria, permite-se que em situações excepcionais o credor busque o patrimônio pessoal dos membros, administradores ou de outras sociedades que se utilizaram maliciosamente da pessoa jurídica com o objetivo claro de prejudicar terceiros. Assinala-se que, com a aplicação dessa teoria, não se pretende anular a personalidade jurídica, mas, tão somente, afastá-la em situações-limite, onde seja comprovada a sua utilização em desconformidade com o ordenamento jurídico e mediante fraude.[88]

Assim, pela teoria da desconsideração, o juiz pode deixar de aplicar as regras de separação patrimonial entre sociedade e sócios, ignorando a existência da pessoa jurídica em um caso concreto, porque é necessário coibir a fraude perpetrada graças à manipulação de tais regras.

Não seria possível a coibição se respeitada a autonomia da sociedade. Note-se, a decisão judicial que desconsidera a autonomia da sociedade não desfaz o seu ato constitutivo, não o invalida, nem importa a sua dissolução. Trata-se, apenas e rigorosamente, de suspensão episódica da eficácia desse ato. Quer dizer,

---

87. ARMANI. Wagner José Penereiro. JOVETTA. Diogo Cressoni. *Teoria e Prática da Desconsideração da Personalidade Jurídica no Brasil – Piercing the corporate veil*. São Paulo: Editora AJF, 2019.

88. BERTOLDI, Marcelo M. *Curso avançado de Direito Comercial*. 4. ed. rev., atual. e ampl. São Paulo: Ed. RT, 2008, p. 150.

a constituição da pessoa jurídica produz efeitos apenas no caso em julgamento, permanecendo válida e inteiramente eficaz para os outros fins.[89]

O instituto remonta ao direito inglês sendo que nos Estados Unidos a teoria se manteve como doutrina judicial alheia à consagração normativa. Para compreender corretamente o uso de tal instituto no direito anglo americano é necessário destacar que se tratam de decisões sob o sistema de *equity*. Os recursos em *equity* não se consideram como "direito" do peticionário, mas uma espécie de privilégio ou concessão, que implica em um ato discricionário do Poder Judiciário. Na análise das questões sob o sistema de *equity* permite-se uma ampla valoração das circunstâncias fáticas envolvidas no litígio de modo que essas circunstâncias "não jurídicas" influenciam a decisão.

Por exemplo: os juízes estariam mais propensos a desconsiderar a personalidade jurídica em casos de responsabilidade extracontratual do que naqueles de descumprimento de contratos, em virtude da menor proteção que possuem os credores de relações extracontratuais. De fato, enquanto uma entidade financeira ou um credor devem ser diligentes na concessão de crédito e na realização de negócios jurídicos amparando-se contra a eventualidade da inadimplência contratual, a diligência não é uma possibilidade para o credor de responsabilidade extracontratual – como quem é atropelado – de forma que este seria carecedor de alguma proteção adicional ao recebimento da justa reparação na medida em que mesmo sua prudência na circunstância que o vitimou não poderia lhe assegurar a reparação do eventual prejuízo. Ademais, esse credor de responsabilidade extracontratual não busca nenhuma vantagem pecuniária de sua relação com a sociedade personalizada, ao contrário do que ocorre com aqueles que com ela contratam.

As sociedades com capital em bolsa constituem outro caso notório de situação extrajurídica a influenciar o litígio. Não se tem nota de decisão que tenha desconsiderado personalidade jurídica para atrair a responsabilidade de acionistas de companhias abertas. Francisco Reyes afirma corretamente que "*[...] quanto menor for o número de acionistas, maiores são as possibilidades de que se decida judicialmente uma extensão de responsabilidade*".[90]

Conforme o sistema de *equity*, a análise dessas e de outras circunstâncias faz com que a jurisprudência americana seja bastante inconstante quanto à aplicação do instituto jurídico, apesar das tentativas doutrinárias de sistematização.

---

89. COELHO, Fábio Ulhoa. *Curso de Direito Comercial*: Direito de Empresa. 16. ed. São Paulo: Saraiva, 2012, v. II. p. 63.

90. REYES, Francisco. *Direito Societário Americano* – Estudo Comparativo. São Paulo: Quartier Latin, 2013. p. 217.

Todavia, esse modo de ser é compatível com a doutrina judicial, com ausência de normas positivas para a aplicação da teoria, com o sistema anglo americano de *equity* e principalmente com um sistema maduro de precedentes judiciais a orientar a aplicação ou não aplicação do instituto, conforme casos concretos anteriormente julgados.

No Brasil, o precursor do estudo foi o professor Rubens Requião no ensaio "*Abuso de direito e fraude através da personalidade jurídica (Disregard Doctrine)*",[91] publicado na Revista do Tribunais em 1969. Como o próprio título denuncia o professor Rubens Requião tratou de introduzir o instituto estrangeiro ao direito pátrio. Outros autores contribuíram para a divulgação da teoria, prevalecendo a visão do critério objetivo de Fábio Konder Comparato,[92] com a positivação da teoria no art. 50 no Código Civil.

a) Previsão legal

A hipótese normativa geral para a aplicação da teoria da desconsideração de personalidade jurídica está estampada no artigo 50 do Código Civil.[93]

---

91. REQUIÃO, Rubens. Abuso de direito e fraude através da personalidade jurídica *(disregard doctrine)*. *Revista dos Tribunais*. São Paulo: Ed. RT, v. 410, p 12-24, 1969.
92. Prevista em linhas gerais na clássica obra de COMPARATO, Fábio Konder. *O poder de controle na sociedade anônima*. 3. ed. Rio de Janeiro: Forense, 1983.
93. Art. 50. Em caso de abuso da personalidade jurídica, caracterizado pelo desvio de finalidade ou pela confusão patrimonial, pode o juiz, a requerimento da parte, ou do Ministério Público quando lhe couber intervir no processo, desconsiderá-la para que os efeitos de certas e determinadas relações de obrigações sejam estendidos aos bens particulares de administradores ou de sócios da pessoa jurídica beneficiados direta ou indiretamente pelo abuso. § 1º Para os fins do disposto neste artigo, desvio de finalidade é a utilização da pessoa jurídica com o propósito de lesar credores e para a prática de atos ilícitos de qualquer natureza. § 2º Entende-se por confusão patrimonial a ausência de separação de fato entre os patrimônios, caracterizada por: I – cumprimento repetitivo pela sociedade de obrigações

Além do disposto no artigo 50 do Código Civil, a doutrina cita outras hipóteses legais especificas em que os membros ou administradores da pessoa jurídica respondem pelas obrigações inadimplidas por ela, como no caso do artigo 135, III, do Código Tributário Nacional (Lei 5.172/1966[94]), do artigo 28 do Código de Defesa do Consumidor[95] (Lei 8.078/1990[96]), do artigo 34 da Lei Antitruste (Lei 12.529/2011[97]), do artigo 4º da Lei do Meio ambiente (Lei 9.605/1998[98]), e a aplicação subsidiária na Justiça do Trabalho.[99]

Para correta aplicação da Teoria da Desconsideração da Personalidade Jurídica, o operador do direito deve verificar qual a relação material existente entre o credor e o devedor. Por exemplo, se a relação é de consumo, deve ser aplicada a regra do artigo 28 do Código de Defesa do Consumidor e não a do artigo 50 do Código Civil, ou seja, deve ser aplicada a regra específica do caso concreto e, na omissão, se aplica a regra geral do artigo 50 do Código Civil.

---

do sócio ou do administrador ou vice-versa; II – transferência de ativos ou de passivos sem efetivas contraprestações, exceto os de valor proporcionalmente insignificante; e III – outros atos de descumprimento da autonomia patrimonial. § 3º O disposto no caput e nos §§ 1º e 2º deste artigo também se aplica à extensão das obrigações de sócios ou de administradores à pessoa jurídica. § 4º A mera existência de grupo econômico sem a presença dos requisitos de que trata o caput deste artigo não autoriza a desconsideração da personalidade da pessoa jurídica. § 5º Não constitui desvio de finalidade a mera expansão ou a alteração da finalidade original da atividade econômica específica da pessoa jurídica.

94. Art. 135. São pessoalmente responsáveis pelos créditos correspondentes a obrigações tributárias resultantes de atos praticados com excesso de poderes ou infração de lei, contrato social ou estatutos: III – os diretores, gerentes ou representantes de pessoas jurídicas de direito privado.

95. Enunciado 9 da 1ª Jornada de Direito Comercial – Quando aplicado às relações jurídicas empresariais, o art. 50 do Código Civil não pode ser interpretado analogamente ao art. 28, § 5º, do CDC ou ao art. 2º, § 2º, da CLT.

96. Art. 28. O juiz poderá desconsiderar a personalidade jurídica da sociedade quando, em detrimento do consumidor, houver abuso de direito, excesso de poder, infração da lei, fato ou ato ilícito ou violação dos estatutos ou contrato social. A desconsideração também será efetivada quando houver falência, estado de insolvência, encerramento ou inatividade da pessoa jurídica provocados por má administração. § 1º (Vetado). § 2º As sociedades integrantes dos grupos societários e as sociedades controladas, são subsidiariamente responsáveis pelas obrigações decorrentes deste código. § 3º As sociedades consorciadas são solidariamente responsáveis pelas obrigações decorrentes deste código. § 4º As sociedades coligadas só responderão por culpa. § 5º Também poderá ser desconsiderada a pessoa jurídica sempre que sua personalidade for, de alguma forma, obstáculo ao ressarcimento de prejuízos causados aos consumidores.

97. Art. 34. A personalidade jurídica do responsável por infração da ordem econômica poderá ser desconsiderada quando houver da parte deste abuso de direito, excesso de poder, infração da lei, fato ou ato ilícito ou violação dos estatutos ou contrato social. Parágrafo único. A desconsideração também será efetivada quando houver falência, estado de insolvência, encerramento ou inatividade da pessoa jurídica provocados por má administração.

98. Art. 4º Poderá ser desconsiderada a pessoa jurídica sempre que sua personalidade for obstáculo ao ressarcimento de prejuízos causados à qualidade do meio ambiente.

99. ARMANI, Wagner J. P.; JUNIOR SUPIONI, Claudemir. O incidente de desconsideração da personalidade jurídica e sua aplicação na justiça do trabalho. *Revista de Direito do Trabalho*, São Paulo, ano 42, n. 42, jul./ago. 2016.

Neste ponto, vale destacar que as situações postas na lei, na jurisprudência e na doutrina nem sempre utilizam o instituto de forma técnica, pois há situações em que o mero inadimplemento é considerado como causa da desconsideração e consequente responsabilidade dos sócios e/ou administradores por dívidas da pessoa jurídica, sem análise da existência ou não da fraude ou de hipótese normativa, como no caso da aplicação do instituto pela Justiça do Trabalho.[100] Outrossim, no caso específico do artigo 135, III, do Código Tributário Nacional (CTN), trata-se de responsabilidade tributária de terceiro, sendo que esse tema não será aprofundado nessa obra.[101] Veja-se que tanto a teoria da desconsideração da personalidade jurídica quanto os dispositivos legais que preveem a desconsideração da personalidade jurídica não são novos, e sua utilização no direito estrangeiro e pátrio é corrente. No entanto, esta sedimentação da teoria e da legislação não pautou o uso prático ou à própria jurisprudência, que é abertamente denunciada por inúmeros juristas como casuística, aleatória e errática em sua aplicação.

A doutrina chega a afirmar que o uso prático da teoria chega a ameaçar a própria viabilidade da personalidade jurídica como instrumento para limitação de riscos empresariais o que significa um desestímulo ao empreendedorismo. Necessário lembrar que pela ordem econômica prevista em nossa Constituição incumbe a iniciativa privada produzir e oferecer os bens e serviços demandados pela sociedade. Pouco empreendedorismo significa menor concorrência entre os agentes econômicos e menor concorrência significa produtos e serviços piores e mais caros. A doutrina pátria é especialmente ferina quanto às decisões judiciais que como fundamento, de forma indistinta e atécnica, aplicam a teoria de desconsideração na simples hipótese de a pessoa jurídica devedora não ter bens, responsabilizando os sócios e/ou administradores; ou ainda das decisões que tratando de grupos societários aplicam a desconsideração embasados na mera coincidência de pessoas (ou de grupamentos familiares) no quadro societário para imputar responsabilidade a sociedades que nenhuma relação têm com o débito originário da demanda.

Nesse sentido, a Declaração de Direitos de Liberdade Econômica alterou o artigo 50 do Código Civil "(...) *de maneira a garantir que aqueles empreendedores que não possuem condições muitas vezes de litigar até as instâncias superiores pos-*

---

100. Enunciado 9 da 1ª Jornada De Direito Comercial – Quando aplicado às relações jurídicas empresariais, o art. 50 do Código Civil não pode ser interpretado analogamente ao art. 28, § 5º, do CDC ou ao art. 2º, § 2º, da CLT.

101. Sobre o tema, os autores Diogo e Wagner elaboraram um parecer em nome da faculdade de direito da PUC-Campinas no Incidente de Resolução de Demandas Repetitivas – IRDR 0017610-97.2016.4.03.0000 admitido pelo Tribunal Regional Federal da 3ª Região em sessão de julgamento realizada em 08.02.2017.

sam também estar protegidos contra decisões que não reflitam o mais consolidado entendimento". Essa afirmação não é dos autores, mas da exposição de motivos que justificou a alteração, sendo certo que há críticas sobre as novas regras desse instituto, conforme se verá oportunamente.

Por isso, a jurisprudência deve ser vigilante. A correta intenção de atribuir às realidades econômicas peso maior ao das estruturas jurídicas, ainda que voltado à proteção de interesses de terceiros, não significa que esteja livre de uma autorização legal para criação de regras judiciarias sobre a matéria. O ordenamento jurídico brasileiro qualifica e regula consequências jurídicas para grupos, agremiações e organizações sem personificação e possui arcabouço legal para lidar com situações excepcionais (como aliás descrevemos logo abaixo), fora da legalidade não há solução.

3. REQUISITOS DA DESCONSIDERAÇÃO DA PERSONALIDADE JURÍDICA

Para a aplicação da desconsideração da personalidade jurídica, é necessário estar presente, no caso concreto, o abuso da personalidade jurídica mediante fraude ao princípio da autonomia patrimonial, caracterizado pelo desvio de finalidade ou pela confusão patrimonial.

a) Desvio de finalidade

O desvio de finalidade é a utilização da pessoa jurídica com o propósito de lesar credores e para a prática de atos ilícitos de qualquer natureza (art. 50, § 1º, CC), acrescente-se ao conceito legal também atos contrários ao objeto social. Todavia, não constitui desvio de finalidade a mera expansão ou a alteração da finalidade original da atividade econômica específica da pessoa jurídica (art. 50, § 5º, CC).

b) Confusão patrimonial

Entende-se por confusão patrimonial a ausência de separação de fato entre os patrimônios, caracterizada por: (i) cumprimento repetitivo pela sociedade de obrigações do sócio ou do administrador ou vice-versa; (ii) transferência de ativos ou de passivos sem efetivas contraprestações, exceto os de valor proporcionalmente insignificante; e (iii) outros atos de descumprimento da autonomia patrimonial (art. 50, § 2º, CC).

Assim, a confusão patrimonial se dá quando os membros da pessoa jurídica ou seus administradores se utilizam, de forma indevida, da autonomia patrimonial existente entre eles, misturando o patrimônio do sócio com o patrimônio da pessoa jurídica.

Cabe crítica ao inciso I do artigo 50, § 2º, do Código Civil, especialmente a necessidade de se verificar a confissão patrimonial apenas quando a realização de *atos repetitivos*, pois pode um único ato esgotar todo ativo da pessoa jurídica e, assim, ser necessário o uso da desconsideração da personalidade jurídica para salvaguardar os credores.

4. BENEFÍCIO DO MEMBRO OU ADMINISTRADOR

Pela nova redação do *caput* do artigo 50 do Código Civil, há agora a necessidade de se verificar, para o deferimento da desconsideração da personalidade jurídica, o benefício, direto ou indireto, do administrador ou membro da pessoa jurídica com a prática do abuso. Em tese, não se pode conceber prejudicar administrador ou membro que não tenha se beneficiado do ato que ensejou a desconsideração da personalidade jurídica. Ocorre que, pode ocorrer do ato ser praticado por determinado administrador e/ou membro, mas o benefício ser auferido por outro. Nesse caso, entendemos que aquela que praticou o ato, mesmo não tenha se beneficiado, poderá responder pela desconsideração da personalidade jurídica.

5. EFICÁCIA EPISÓDICA

A desconsideração da personalidade jurídica é episódica, não tem o condão de extinguir a pessoa jurídica, mas apenas de ignorar a separação patrimonial existente entre ela e seus membros no caso concreto, permitindo que o credor satisfaça seu crédito com bens do patrimônio dos membros da pessoa jurídica ou de seus administradores nos casos autorizados pela lei.

Por ser episódica, a desconsideração determina que um caso concreto não se estende a outros processos, devendo cada credor procurar seu direito e demonstrar os requisitos legais para ter a tutela pretendida perante o Poder Judiciário.

6. INADIMPLEMENTO DA PESSOA JURÍDICA

A responsabilização dos membros ou dos seus administradores pelas obrigações imputáveis à pessoa jurídica, em regra, não encontra amparo tão somente na mera demonstração de insolvência para o cumprimento de suas obrigações (Teoria menor da desconsideração da personalidade jurídica). Faz-se necessário para tanto, ainda, ou a demonstração do desvio de finalidade – compreendido como o ato intencional dos sócios em fraudar terceiros com o uso abusivo da personalidade jurídica –, ou a demonstração da confusão patrimonial – subentendida como a inexistência, no campo dos fatos, de separação patrimonial do patrimônio da pessoa jurídica ou de seus sócios, ou, ainda, dos haveres de diversas pessoas jurídicas –, conforme acórdão proferido pelo Superior Tribunal de Justiça no Recurso Especial 1200850 – SP, 2009/0051930-0 e confirmação na doutrina.[102]

7. DESCONSIDERAÇÃO INVERSA DA PERSONALIDADE JURÍDICA

A desconsideração da personalidade jurídica não é útil apenas para que os membros da pessoa jurídica ou seus administradores sejam responsáveis pelos débitos da pessoa jurídica, mas também para a análise inversa do instituto, ou seja, ser possível atingir os bens da pessoa jurídica por dívidas pessoais de um de seus membros ou administrador, desde que preenchidos os requisitos legais já analisados. Assim, o disposto no *caput* do artigo 50 do Código Civil e nos seus parágrafos também se aplica à extensão das obrigações de sócios ou de administradores à pessoa jurídica (art. 50, § 3º, CC).

Nesse sentido a desconsideração inversa da personalidade jurídica caracteriza-se pelo afastamento da autonomia patrimonial da sociedade para, contrariamente do que ocorre na desconsideração da personalidade propriamente dita, atingir o ente coletivo e seu patrimônio social, de modo a responsabilizar a pessoa jurídica por obrigações de um de seus membros ou administrador. (REsp 1236916 RS 2011/0031160-9).

8. DESCONSIDERAÇÃO DA PERSONALIDADE JURÍDICA E GRUPOS EMPRESARIAIS

A mera existência de grupo econômico sem a presença dos requisitos do artigo 50 Código Civil não autoriza, por si só, a desconsideração da personalidade da pessoa jurídica (art. 50, § 4º, CC). A exploração de atividades econômicas por meio de estruturas societárias grupadas, ocorre por diversos motivos. O direito brasileiro reconhece a existência de grupos de direito (265 a 268, LSA) e grupos

---

102. Ora, pela teoria da desconsideração, o juiz pode deixar de aplicar as regras de separação patrimonial entre sociedade e sócios, ignorando a existência da pessoa jurídica em um caso concreto, porque é necessário coibir a fraude perpetrada graças à manipulação de tais regras. Não seria possível a coibição se respeitada a autonomia da sociedade. Note-se, a decisão judicial que desconsidera a autonomia da sociedade não desfaz o seu ato constitutivo, não o invalida, nem importa a sua dissolução. Trata-se, apenas e rigorosamente, de suspensão episódica da eficácia desse ato. Quer dizer, a constituição da pessoa jurídica não produz efeitos apenas no caso em julgamento, permanecendo válida e inteiramente eficaz para os outros fins (COELHO, Fábio Ulhoa. *Curso de direito comercial*: direito de empresa. 16. ed. São Paulo: Saraiva, 2012, v. II, p. 63).

de fato (arts. 243 a 250, LSA e 1.097 a 1.101, CC). Dentro da organização do grupo societário as sociedades podem ser consideradas reciprocamente (uma para com a outra) como controladas (subordinadas a uma sociedade controladora) ou coligadas, podendo ser caracterizadas pelo controle (art. 1.098, CC) de filiação (art. 1.099, CC) e de participação (art. 1.100, CC). Dessa forma o agrupamento societário pode ser visto de forma horizontal, entre sociedades em iguais condições de subordinação e possibilidade de coordenação econômica e verticalmente onde existe entre as sociedades possibilidade de vínculo de subordinação hierárquica e econômica.

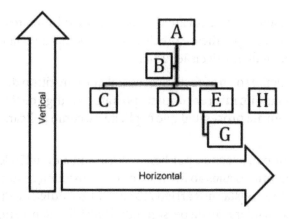

Pelas regras jurídicas de nosso ordenamento cada uma das sociedades responde isoladamente pelas próprias obrigações. Sociedades subordinadas ou coordenadas não respondem umas pelas obrigações das outras unicamente pelos vínculos de coordenação ou subordinação existentes, faz-se necessário para a aplicação do artigo 50 do Código Civil a verificação dos requisitos previstos pela lei.

E, ao contrário, do que possa parecer esta regra é protetiva dos interesses de terceiros. Veja-se o exemplo: O banco "H" (na ilustração acima) após rigorosa análise do patrimônio da sociedade "E" realiza para esta empréstimo bancário. Se for autorizado que os credores da sociedade "D" executem o patrimônio da sociedade "E" sem a ocorrência de desvio de finalidade ou confusão patrimonial, o banco "H" terá sua garantia esvaziada e será prejudicado. O banco na hipótese seria penalizado por confiar nas leis brasileiras.

Para que seja possível a desconsideração da personalidade jurídica entre o grupo empresarial citado seria necessária a existência de confusão patrimonial entre as entidades, como por exemplo: "A" passa a pagar os débitos de "B", "C" envia dinheiro à "D" sem razão negocial, "D" utiliza para fabricação de seus produtos o estoque que foi adquirido e encontra-se registrado como propriedade de "E" etc.

Sem confusão patrimonial dificilmente haverá possibilidade de desconsideração entre sociedades horizontalmente coligadas. Todavia, entre as sociedades verticalmente organizadas a ingerência da sociedade controladora sobre a sociedade controlada pode caracterizar desvio de finalidade ato abusivo que ofensivo à autonomia da personalidade jurídica, autorizando a desconsideração da personalidade jurídica da sociedade controlada.

9. O INCIDENTE DE DESCONSIDERAÇÃO DA PERSONALIDADE JURÍDICA NO CÓDIGO DE PROCESSO CIVIL

Além da presença dos requisitos legais para o acolhimento da desconsideração da personalidade jurídica, é preciso que essa situação seja verificada pelo Poder Judiciário, mediante decisão judicial.

E era exatamente sob o aspecto processual que o instituto da desconsideração da personalidade jurídica era omisso, pois até o Código de Processo Civil de 2015, não havia norma processual que explicitasse como aplicar, no processo, a norma material.

O Legislador pátrio achou por bem colocar fim à omissão legislativa com relação às normas processuais ao instituto da desconsideração da personalidade jurídica, passando a constar nos artigos 133 a 137 do Código de Processo Civil o incidente de desconsideração da personalidade jurídica dentre uma das formas de intervenção de terceiro, cuja análise será feita em momento oportuno, quando tratarmos do Direito Processual Empresarial.

10. DECISÃO SOBRE A DESCONSIDERAÇÃO DA PERSONALIDADE JURÍDICA

A principal consequência do acolhimento do pedido do pedido de desconsideração é a extensão dos efeitos de certas e determinadas relações de obrigações da pessoa jurídica aos seus bens particulares (art. 50, CC), estando sujeitos à execução os bens do responsável nos casos de desconsideração da personalidade jurídica (art. 790, VII, CPC[103]).

Assim, acolhido o pedido de desconsideração da personalidade jurídica, haverá então duas consequências: (i) a responsabilização patrimonial dos membros da pessoa jurídica e/ou seus administradores de modo a atingir seus bens

---

103. Art. 790. São sujeitos à execução os bens: (...) VII – do responsável, nos casos de desconsideração da personalidade jurídica.

(ou o contrário, em caso da desconsideração inversa); e (ii) a caracterização de fraude à execução (art. 137, CPC[104]).

Resta claro que, com a decisão que desconsidera a personalidade jurídica, haverá uma extensão da responsabilidade patrimonial aos demais responsáveis pelo cumprimento da obrigação, cujos bens do patrimônio poderão ser alvo de execução.[105]

H. TIPOS SOCIETÁRIOS

1. PRINCÍPIO DA TIPICIDADE SOCIETÁRIA

Quando pessoas se unem para explorar uma atividade econômica por meio de sociedade, devem escolher o tipo societário que será adotado pela pessoa jurídica a ser criada mediante o registro de seu ato constitutivo no órgão competente, um reflexo da regra da tipicidade societária.

O registro é essencial para a aquisição da personalidade jurídica, de modo que, na sua falta, a sociedade será considerara como sociedade em comum (art. 986, CC). Se a sociedade não se registrou, não há que se falar em tipo societário, ficando, assim, descartado qualquer benefício que os tipos societários concederiam a determinadas situações.

a) Tipos de sociedade empresária

Se a sociedade for da espécie empresária, deverá constituir-se segundo um dos tipos societários regulados nos artigos 1.039 a 1.092 do Código Civil ou na Lei 6.404/1976 – Lei das Sociedades por Ações (LSA), quais sejam: (i) sociedade em nome coletivo; (ii) sociedade em comandita simples; (iii) sociedade limitada; (iv) sociedade anônima e; (iv) sociedade em comandita por ações.

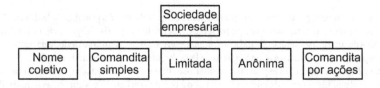

---

104. Art. 137. Acolhido o pedido de desconsideração, a alienação ou a oneração de bens, havida em fraude de execução, será ineficaz em relação ao requerente.
105. CÂMARA, Alexandre Freitas. Do incidente de desconsideração da personalidade jurídica. In: NERY, Nelson Junior; NERY, Rosa Maria de Andrade. *Comentários ao Código de Processo Civil*. São Paulo: Ed. RT, 2015, p. 436.

(b) Tipos de sociedade simples. Já se a espécie da sociedade for simples, *poderá* constituir-se segundo um dos tipos societários regulados nos artigos 1.039 a 1.092 do Código Civil, neste caso: (i) sociedade em nome coletivo; (ii) sociedade em comandita simples; (iii) sociedade limitada; (iv) cooperativa; ou (v) não o fazendo, subordinando-se às normas que lhe são próprias (sociedade simples *stricto sensu*[106]).

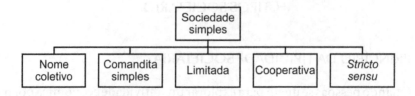

2. SOCIEDADE SIMPLES

O direito societário brasileiro tem como espinha dorsal a sociedade simples e os demais tipos societários utilizarão, em regra, suas normas de forma supletiva. Ao tratar o tema dessa forma, temos que a sociedade simples pode ser considerada uma espécie de sociedade, quando analisada em confronto com a sociedade empresária (art. 982, CC[107]), ou, quando não adotar nenhum tipo societário, poderá ser regida por suas próprias regras. Se não adotado nenhum tipo societário pela sociedade simples, esta será denominada de sociedade simples pura ou *stricto sensu*.

A opção de uma sociedade simples por um dos tipos societários autorizados pelo artigo 983[108] do Código Civil, não a descaracterizará dessa qualidade. Para que uma sociedade simples perca essa característica é necessário verificar o elemento de empresa, passando a ser considerada uma sociedade empresária.

---

106. Tema interessante, porém que não será abordado neste trabalho, é a possibilidade de criação de uma sociedade sem o correspondente tipo societário discriminado pelo Código Civil. Entendemos que a escolha de um tipo societário é condição *sine qua non* para o registro da sociedade na Junta Comercial, se empresária, ou no Cartório de Registro de Pessoas Jurídicas, se sociedade simples.
107. Art. 982. Salvo as exceções expressas, considera-se empresária a sociedade que tem por objeto o exercício de atividade própria de empresário sujeito a registro (art. 967); e, simples, as demais. Parágrafo único. Independentemente de seu objeto, considera-se empresária a sociedade por ações; e, simples, a cooperativa.
108. Art. 983. A sociedade empresária deve constituir-se segundo um dos tipos regulados nos arts. 1.039 a 1.092; a sociedade simples pode constituir-se de conformidade com um desses tipos, e, não o fazendo, subordina-se às normas que lhe são próprias. Parágrafo único. Ressalvam-se as disposições concernentes à sociedade em conta de participação e à cooperativa, bem como as constantes de leis especiais que, para o exercício de certas atividades, imponham a constituição da sociedade segundo determinado tipo.

CAPÍTULO I • DIREITO DAS SOCIEDADES   **39**

Por exemplo, uma sociedade profissional que ao optar por qualquer dos tipos societários, não descaracterizará a sua natureza de sociedade simples pois, como visto, o que diferencia a sociedade empresária da simples é a forma de exploração de seu objeto social, e não o seu tipo societário.[109]

Também o Código Comercial Projetado esclarece a situação declarando, em seu artigo 215,[110] a permissão da sociedade profissional adotar qualquer tipo societário, exceto se houver vedação de lei especial ou regulamento da profissão, como ocorre no artigo 16 da Lei 8.906/1994, que interdita àquela que explora a prestação de serviços advocatícios de adotar tipo societário (art. 16, Lei 8.906/1994[111]).

I. CLASSIFICAÇÃO DAS SOCIEDADES

1. CLASSIFICAÇÃO DAS SOCIEDADES

Classificar tem por finalidade facilitar o estudo de determinado tema por meio da distribuição em categorias de conjuntos de regras por meio de um método. A doutrina comercial tem por praxe a classificação das sociedades nos seguintes segmentos: (i) quanto ao ato constitutivo e dissolução; (ii) quanto às condições de alienação da participação societária; (iii) quanto à responsabilidade dos sócios pelas obrigações sociais; (iv) quanto a nacionalidade.

a) Quanto ao ato constitutivo e dissolução

A classificação quanto ao ato constitutivo e dissolução leva em consideração o instrumento utilizado para formalização da constituição da sociedade e qual o

---

109. A regra contida no art. 983 é bastante clara. Empreendimentos "comerciais" são empresas e devem, quando organizados como sociedades, adotar forma comercial, i.e., uma das tradicionais estruturas desenvolvidas para o tráfico comercial. Empreendimentos "não comerciais" podem adotar quaisquer das formas, mas isso não implica sua qualificação como empresa.

A criação de sociedades de contadores (CPAs) sob a estrutura de uma sociedade de responsabilidade limitada não significa que o empreendimento será considerado empresarial. Nem a organização nem o tipo legal são suficientes, per se, para definir a empresa ou o empreendimento comercial.

Conclusão: uma simples tradução, se feita de maneira inadequada, permite interpretações incorretas, criando externalidades e efeitos de segunda ordem. (SZTAJN, Rachel. O que se perdeu na tradução. *Revista de Direito Mercantil, Econômico e Financeiro*, São Paulo, n. 153-154, p. 12, jan. 2010).

110. Art. 215. Salvo quando expressamente não for permitida pela lei ou regulamento da profissão, a sociedade profissional adotará qualquer um dos tipos societários previstos no artigo 112.

111. Art. 16. Não são admitidas a registro nem podem funcionar todas as espécies de sociedades de advogados que apresentem forma ou características de sociedade empresária, que adotem denominação de fantasia, que realizem atividades estranhas à advocacia, que incluam como sócio ou titular de sociedade unipessoal de advocacia pessoa não inscrita como advogado ou totalmente proibida de advogar.

regime jurídico será utilizado em caso de encerramento da pessoa jurídica. Por esse aspecto, a sociedade se divide em contratuais ou institucionais.

(i) Sociedades contratuais. As sociedades contratuais são aquelas cujo ato constitutivo é o contrato social e que as regras de dissolução estão postas no Código Civil, e são dessa espécie a sociedade em nome coletivo, a sociedade em comandita simples e a sociedade limitada.

(ii) Sociedades institucionais. Já as sociedades institucionais são tratadas na Lei das Sociedade por Ações (Lei 6.404/1976), cujo ato constitutivo é o estatuto social, possuindo características próprias que serão tratadas nesse curso. A sociedade anônima e a sociedade em comandita por ações são as sociedades institucionais, cujas normas de constituição e dissolução estão contidas na referida Lei das Sociedades por Ações.

b) Quanto às condições de alienação da participação societária

A classificação quanto às condições de alienação da participação societária trata da distinção entre a necessidade ou não da concordância dos demais sócios para venda das quotas e/ou ações para terceiros estranhos a sociedade.

(i) Sociedade de pessoas. As sociedades cuja venda das quotas para terceiro estranho ao quadro social dependem da anuência dos demais sócios são chamadas de "Sociedade de Pessoas", pois a figura particular da pessoa que titulariza uma parte da sociedade é importante para a atividade, Em outras palavras, pode-se dizer que as características pessoais dos sócios e seus relacionamentos, entre si ou com terceiros, importam mais ao negócio que o capital investido

(ii) Sociedade de capital. As sociedades que dispensam anuência dos demais sócios para alienação da participação societária são chamadas de "Sociedade de Capital", sendo livre à venda da participação societária para terceiros. Nesses casos, a maior relevância da participação societária está no potencial econômico do sócio, no investimento que realiza, pouco ou nada importando suas características pessoais.

As sociedades em nome coletivo e comandita simples são de pessoas (art. 1.003, CC[112]), enquanto a sociedade anônima e comandita por ações são sempre de capital.

A sociedade limitada é, em regra, uma sociedade de pessoas, pois nos termos do artigo 1.057 do Código Civil: *Na omissão do contrato, o sócio pode ceder sua*

---

112. Art. 1.003. A cessão total ou parcial de quota, sem a correspondente modificação do contrato social com o consentimento dos demais sócios, não terá eficácia quanto a estes e à sociedade.

CAPÍTULO I • DIREITO DAS SOCIEDADES **41**

quota, total ou parcialmente, a quem seja sócio, independentemente de audiência dos outros, ou a estranho, se não houver oposição de titulares de mais de um quarto do capital social, ou seja, se o contrato social não prever regra própria, a alienação de quotas depende da anuência dos demais sócios e a sociedade será de pessoas, porém o contrato social poderá dispor da livre comercialização da participação societária e, portanto, nesse caso a sociedade será de capital.

c) Quanto à responsabilidade dos sócios pelas obrigações sociais

A classificação quanto à responsabilidade dos sócios pelas obrigações sociais revela-se uma das mais relevantes, pois trata diretamente do risco envolvendo o empreendedor (sócio) pelo negócio.

A partir da constituição regular da sociedade com o registro no órgão competente tem-se a criação de uma nova pessoa jurídica, um sujeito de direito com personalidade jurídica própria distinta dos membros que compõe a sociedade.

Devido a essa regra, como vimos quando tratamos do registro, a sociedade passa a ter capacidade de firmar negócios em seu nome e a responder por suas obrigações, inclusive com os bens de seu patrimônio pelas dívidas sociais.[113] Todavia, a questão passa a se tornar tortuosa quando os bens da sociedade não são suficientes para adimplir com as obrigações sociais e, por isso, os credores buscarão os bens do patrimônio dos sócios.

Inicialmente, devemos esclarecer que a responsabilidade dos sócios perante as obrigações sociais, independentemente do tipo societário, será sempre subsidiária a responsabilidade da sociedade, ou seja, somente poderão ser atingidos os bens particulares dos sócios após executados os bens da sociedade.[114] Respeitada a regra da responsabilidade subsidiária, devemos analisar em quais hipóteses os sócios irão responder pelas dívidas sociais e como será a relação entre os sócios quando ocorrer essa possibilidade.

(i) Responsabilidade ilimitada. A responsabilidade ilimitada dos sócios pelas dívidas sociais ocorre na sociedade em nome coletivo, conforme dita o artigo 1.039 do Código Civil: *"Somente pessoas físicas podem tomar parte na sociedade em nome coletivo, respondendo todos os sócios, solidária e ilimitadamente, pelas obrigações sociais"*, ou seja, o credor, após executar os bens da sociedade, se não restarem bens para quitação das obrigações sociais executadas, poderá executar

---

113. Art. 1.022. A sociedade adquire direitos, assume obrigações e procede judicialmente, por meio de administradores com poderes especiais, ou, não os havendo, por intermédio de qualquer administrador.
114. Art. 1.024. Os bens particulares dos sócios não podem ser executados por dívidas da sociedade, senão depois de executados os bens sociais.

os bens dos sócios. O credor poderá optar por executar um sócio, alguns ou todos, pois serão considerados os sócios devedores solidários.[115]

(ii) Responsabilidade limitada. A responsabilidade limitada ocorre na sociedade limitada e anônima. Para sua compreensão devemos analisar a formação do capital social e sua integralização. É obrigação de todo sócio contribuir, na forma e prazo previstos, para formação do capital social (art. 1.004, CC[116]). Ao elaborarem o ato constitutivo, os sócios devem constar a participação de cada sócio no capital social, e o modo de realizá-la, especificando a forma (bens, crédito ou dinheiro) e o momento (à vista ou a prazo). Quando o sócio se obriga a contribuir para a formação do capital social ele está subscrevendo sua participação (obrigação de transferência do bem, crédito ou dinheiro para o patrimônio da sociedade), que será realizada com o cumprimento da obrigação mediante a efetiva transferência do bem, crédito ou dinheiro à sociedade constituída, operação chamada de integralização.

O limite da responsabilidade dos sócios é igual ao valor das quotas ou ações com que subscreveram no contrato social[117] ou estatuto social,[118] porém não integralizaram, logo, se o capital social estiver totalmente integralizado, os sócios da sociedade limitada ou anônima, em regra, não responderão por dívidas sociais. Ocorrendo a responsabilização por capital não integralizado, vige a regra da responsabilidade subsidiária do sócio por dívidas da pessoa jurídica, eis que enquanto existir bens no patrimônio social, os bens dos sócios não poderão ser alcançados.

---

115. Art. 275. O credor tem direito a exigir e receber de um ou de alguns dos devedores, parcial ou totalmente, a dívida comum; se o pagamento tiver sido parcial, todos os demais devedores continuam obrigados solidariamente pelo resto.
116. Art. 1.004. Os sócios são obrigados, na forma e prazo previstos, às contribuições estabelecidas no contrato social, e aquele que deixar de fazê-lo, nos trinta dias seguintes ao da notificação pela sociedade, responderá perante esta pelo dano emergente da mora.
117. Art. 1.052. Na sociedade limitada, a responsabilidade de cada sócio é restrita ao valor de suas quotas, mas todos respondem solidariamente pela integralização do capital social. § 1º A sociedade limitada pode ser constituída por 1 (uma) ou mais pessoas. § 2º Se for unipessoal, aplicar-se-ão ao documento de constituição do sócio único, no que couber, as disposições sobre o contrato social.
118. Art. 1º A companhia ou sociedade anônima terá o capital dividido em ações, e a responsabilidade dos sócios ou acionistas será limitada ao preço de emissão das ações subscritas ou adquiridas.

Existe uma distinção entre a responsabilidade limitada na sociedade limitada e na anônima. Naquela, os sócios respondem solidária e limitadamente pelo capital subscrito e não integralizado, enquanto nessa o acionista responde isoladamente pela sua falta de integralização.

Do exposto, caso o capital social da sociedade limitada ou anônima esteja totalmente integralizado, em regra, os credores da sociedade somente poderão executar os bens do patrimônio dela, sem alcançar os dos sócios. Por esse motivo, sob o ponto de vista dos credores da sociedade, a concessão de crédito à sociedade limitada ou anônima deve ser acompanhada de um cálculo sobre o risco empresarial, eis que somente os bens do patrimônio social serão objeto dessa garantia pelo pagamento da dívida contraída. Nesse contexto, o credor utiliza-se de juros elevados, procurando uma compensação em caso de perda, ou exigências de garantias pessoais dos sócios, mediante fiança ou aval. É muito comum que instituições financeiras, franqueadores e credores em geral submetam a finalização do negócio à assinatura de uma Carta de Fiança ou à aposição de um aval no título de crédito ou a constituição de hipoteca ou a exigência de fiador idôneo em contratos. O procedimento objetiva proteger o crédito, já o patrimônio pessoal de cada sócio, em regra, não irá satisfazer o crédito concedido à sociedade limitada ou anônima.

(iii) Responsabilidade mista. Por fim, há ainda as sociedades cuja responsabilidade dos sócios pelas obrigações sociais pode ser ilimitada ou limitada dependendo da categoria em que o sócio se enquadra. As sociedades em comandita simples e comandita por ações são consideradas de responsabilidade mista. A sociedade em comandita simples é composta por duas categorias de sócios: (a) os comanditados, pessoas físicas, responsáveis solidária e ilimitadamente pelas obrigações sociais; e (b) os comanditários, de responsabilidade limitada somente pelo valor de sua quota (art. 1.045, CC[119]). Já a sociedade comandita por ações é composta por acionistas que respondem limitadamente pelo valor das ações que subscreveu e não integralizou, como na sociedade anônima e, doutro lado, os acionistas diretores que responde subsidiária e ilimitadamente pelas obrigações da sociedade (art. 1.091, CC[120] e art. 282, LSA[121]).

---

119. Art. 1.045. Na sociedade em comandita simples tomam parte sócios de duas categorias: os comanditados, pessoas físicas, responsáveis solidária e ilimitadamente pelas obrigações sociais; e os comanditários, obrigados somente pelo valor de sua quota.

120. Art. 1.091. Somente o acionista tem qualidade para administrar a sociedade e, como diretor, responde subsidiária e ilimitadamente pelas obrigações da sociedade.

121. Art. 282. Apenas o sócio ou acionista tem qualidade para administrar ou gerir a sociedade, e, como diretor ou gerente, responde, subsidiária mas ilimitada e solidariamente, pelas obrigações da sociedade.

d) Quanto a nacionalidade

A classificação quanto a nacionalidade tem por finalidade distinguir as sociedades nacionais das estrangeiras.

(i) Sociedade nacional. É nacional a sociedade organizada de conformidade com a lei brasileira e que tenha no País a sede de sua administração (art. 1.126 CC[122]), enquanto estrangeira é aquela sociedade que não preenche os dois requisitos para ser considerada nacional.

(ii) Sociedade estrangeira. A sociedade estrangeira, qualquer que seja o seu objeto, não pode, sem autorização do Poder Executivo, funcionar no País, ainda que por estabelecimentos subordinados, podendo, todavia, ressalvados os casos expressos em lei, ser acionista de sociedade anônima brasileira (art. 1.134, CC[123]).

---

122. Art. 1.126. É nacional a sociedade organizada de conformidade com a lei brasileira e que tenha no País a sede de sua administração. Parágrafo único. Quando a lei exigir que todos ou alguns sócios sejam brasileiros, as ações da sociedade anônima revestirão, no silêncio da lei, a forma nominativa. Qualquer que seja o tipo de sociedade, na sua sede ficará arquivada cópia autêntica do documento comprobatório da nacionalidade dos sócios.

123. Art. 1.134. A sociedade estrangeira, qualquer que seja o seu objeto, não pode, sem autorização do Poder Executivo, funcionar no País, ainda que por estabelecimentos subordinados, podendo, todavia, ressalvados os casos expressos em lei, ser acionista de sociedade anônima brasileira. § 1º Ao requerimento de autorização devem juntar-se: I – prova de se achar a sociedade constituída conforme a lei de seu país; II – inteiro teor do contrato ou do estatuto; III – relação dos membros de todos os órgãos da administração da sociedade, com nome, nacionalidade, profissão, domicílio e, salvo quanto a ações ao portador, o valor da participação de cada um no capital da sociedade; IV – cópia do ato que autorizou o funcionamento no Brasil e fixou o capital destinado às operações no território nacional; V – prova de nomeação do representante no Brasil, com poderes expressos para aceitar as condições exigidas para a autorização; VI – último balanço. § 2º Os documentos serão autenticados, de conformidade com a lei nacional da sociedade requerente, legalizados no consulado brasileiro da respectiva sede e acompanhados de tradução em vernáculo.

Capítulo II
SOCIEDADES NÃO PERSONIFICADAS

A. INTRODUÇÃO – SOCIEDADES NÃO PERSONIFICADAS

1. PERSONALIDADE JURÍDICA

A sociedade adquire personalidade jurídica com a inscrição, no registro próprio e na forma da lei, dos seus atos constitutivos (art. 985, CC[1]). Ocorre que o nascimento da sociedade não está ligado com o registro, mas sim com a presença dos requisitos do contrato de sociedade (art. 981, CC[2]).

2. NASCIMENTO DA SOCIEDADE

O nascimento da sociedade se caracteriza com a reunião de pessoas que, reciprocamente, se obrigam a contribuir, com bens ou serviços, para o exercício de atividade econômica e a partilha, entre si, dos resultados (art. 981, CC). Nesse momento, não está constituída a pessoa jurídica, pois para personalidade jurídica é necessário o registro do ato constitutivo da sociedade no órgão competente.

Assim, são momentos distintos o *nascimento da sociedade* e sua *personificação*, sendo que nem sempre ocorre esse segundo ato, pois os sócios podem se reunir em sociedade e não cumprir a obrigação de se registrar.

A sociedade na situação de não registro é chamada de "sociedade não personificada". O Código Civil trata de duas espécies de sociedade não personificada: (i) a sociedade em comum e (ii) a sociedade em conta de participação.

---

1. Art. 985. A sociedade adquire personalidade jurídica com a inscrição, no registro próprio e na forma da lei, dos seus atos constitutivos (arts. 45 e 1.150).
2. Art. 981. Celebram contrato de sociedade as pessoas que reciprocamente se obrigam a contribuir, com bens ou serviços, para o exercício de atividade econômica e a partilha, entre si, dos resultados. Parágrafo único. A atividade pode restringir-se à realização de um ou mais negócios determinados.

B. SOCIEDADE EM COMUM

1. FALTA DE REGISTRO

A sociedade em comum é caracterizada por uma situação de fato reconhecida pelo direito e é tratada pelas normas dos artigos 986 a 990 do Código Civil.

Os sócios se reúnem em sociedade, porém não providenciam o registro do ato constitutivo no órgão competente e, por isso, a sociedade não adquire personalidade jurídica distinta de seus sócios.

O instituto da pessoa jurídica é uma técnica de separação patrimonial. Os membros dela não são titulares dos direitos e obrigações imputados à pessoa jurídica. Tais direitos e obrigações formam um patrimônio distinto do correspondente aos direitos e obrigações imputados a cada membro da pessoa jurídica.[3]

2. SOCIEDADE EM COMUM

Pelo texto do artigo 986 do Código Civil,[4] temos a impressão de que o legislador considerou a hipótese da sociedade em comum de forma a compreender o período de organização, entre o nascimento da sociedade e seu registro, afinal é de se imaginar que esses momentos não sejam concomitantes, por primeiro os sócios se organizam, combinando os pormenores do negócio, contratando advogado e contador, locando um espaço etc. para, posteriormente, regularizam a situação mediante a formalização do ato constitutivo e seu respectivo registro. Ocorre que não há de se olvidar que nem sempre é a intenção dos sócios o registro da sociedade, seja por negligência ou desconhecimento das partes da obrigação legal, sendo que também nesses casos se aplicam as regras da sociedade em comum, apesar da distinção doutrinária entre as hipóteses.

3. AUSÊNCIA DE TIPIFICAÇÃO SOCIETÁRIA

A sociedade em comum não é um tipo societário, tanto que não está arrolada dentre os tipos previstos no artigo 983 do Código Civil. A tipificação societária decorre do registro. A sociedade em comum pode ser caracterizada tanto no caso de explorar atividade empresária ou não, logo tanto as sociedades empresárias quanto as simples não registradas serão consideradas sociedades em comum.

---

3. COELHO, Fábio Ulhoa. *Curso de direito civil*: parte geral. 5. ed. São Paulo: Saraiva, 2012, v. 1, p. 247.
4. Art. 986. Enquanto não inscritos os atos constitutivos, reger-se-á a sociedade, exceto por ações em organização, pelo disposto neste Capítulo, observadas, subsidiariamente e no que com ele forem compatíveis, as normas da sociedade simples.

4. SOCIEDADE DE FATO OU IRREGULAR

Parte da doutrina tem denominada a sociedade em comum como sinônimo de sociedade de fato ou irregular.[5]

Outras distinguem essas últimas, sendo caracterizada sociedade de fato como aquela que foi formada, mas não tem instrumentalizado seu ato constitutivo enquanto como irregular aquela que possui instrumento escrito registrado, porém com alguma irregularidade. Pontes de Miranda[6] e Rubens Requião,[7] afirmam que são sociedades de fato aquelas que não possuem ato constitutivo escrito, ao passo que as sociedades irregulares possuiriam tal ato constitutivo escrito, mas não o levariam ao registro necessário para a aquisição da personalidade jurídica.

Preferimos a posição de Marcelo Andrade Féres que em sua tese de doutoramento, após refletir sobre o tema, conclui que a sociedade em comum é aquela em formação com contrato escrito pendente de registro, a sociedade de fato é aquela verbal ou com contrato escrito, mas sem aptidão de ser registrado e, por fim, a sociedade irregular é aquela que o contrato já foi registrado, porém com alguma irregularidade, conforme o quadro didático apresentado em sua obra:[8]

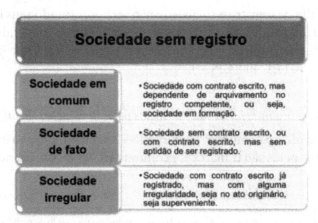

---

5. COELHO, Fábio Ulhoa. *Manual de Direito Comercial*: Direito de Empresa. 25. ed. São Paulo: Saraiva, 2013.
6. MIRANDA, Pontes de. *Tratado de direito privado*. 3. ed. São Paulo: Ed. RT, 1984, v. 49, p. 59.
7. REQUIÃO, Rubens. *Curso de direito comercial*. 23. ed. São Paulo: Saraiva, 1998, v. 1, p. 353.
8. FÉRES, Marcelo Andrade, *Sociedade em Comum*: disciplina jurídica e institutos afins. São Paulo: Saraiva, 2011, p. 95.

5. CONSEQUÊNCIAS

Independentemente da classificação acima, não há distinção com relação as consequências advindas dessa situação fática. Dessa maneira, a falta de registro, com ou sem contrato escrito, traz as seguintes consequências à sociedade:

a) Ilegitimidade para pedir falência de outro empresário

A sociedade em comum carece de legitimidade para pedido de falência de outro empresário, nos termos do artigo 97, §1º, da Lei de Falência e de Recuperação de Empresas;[9]

b) Ilegitimidade para pedido de sua recuperação judicial

A falta de regularidade no exercício da empresa, nos termos dos artigos 48[10] e 51, V,[11] ambos da Lei de Falência e Recuperação de Empresas, impede que a sociedade em comum busque sua recuperação judicial.

c) Escrituração

Com a falta de registro a sociedade não terá escriturado seus livros e, por consequência, não poderá usufruir dos efeitos probatórios, podendo, inclusive, ter contra si decisão judicial de se admitir verdadeira a alegação cuja prova dependesse do livro (art. 400, CPC[12]);

d) Responsabilidade ilimitada dos sócios pelas obrigações sociais

Na sociedade em comum os bens e as dívidas constituem patrimônio especial, do qual os sócios são titulares em comum (art. 988,[13] CC), sendo que esses

---

9. Art. 97. Podem requerer a falência do devedor: § 1º O credor empresário apresentará certidão do Registro Público de Empresas que comprove a regularidade de suas atividades.
10. Art. 48. Poderá requerer recuperação judicial o devedor que, no momento do pedido, exerça regularmente suas atividades há mais de 2 (dois) anos e que atenda aos seguintes requisitos, cumulativamente:
11. Art. 51. A petição inicial de recuperação judicial será instruída com: V – certidão de regularidade do devedor no Registro Público de Empresas, o ato constitutivo atualizado e as atas de nomeação dos atuais administradores.
12. Art. 400. Ao decidir o pedido, o juiz admitirá como verdadeiros os fatos que, por meio do documento ou da coisa, a parte pretendia provar se: I – o requerido não efetuar a exibição nem fizer nenhuma declaração no prazo do art. 398; II – a recusa for havida por ilegítima. Parágrafo único. Sendo necessário, o juiz pode adotar medidas indutivas, coercitivas, mandamentais ou sub-rogatórias para que o documento seja exibido.
13. Art. 988. Os bens e dívidas sociais constituem patrimônio especial, do qual os sócios são titulares em comum.

bens sociais respondem pelos atos de gestão praticados por qualquer dos sócios, salvo pacto expresso limitativo de poderes, que somente terá eficácia contra o terceiro que o conheça ou deva conhecer (art. 989, CC[14]).

Assim, quando um sócio contrai obrigações em nome da sociedade, todos os sócios responderão pelas obrigações sociais de forma solidária entre si e subsidiariamente com os bens em comum, exceto aquele que contratou em nome da sociedade que responderá diretamente, sem poder opor o benefício de ordem pelas obrigações sociais (art. 900[15] c.c. 1.024,[16] CC e art. 75, IX, CPC[17]).

Quando a declaração de existência da sociedade em comum estiver em discussão em juízo, importante a regra do artigo 987 do Código Civil, pois traz norma de direito processual probatório, ao declarar que *os sócios, nas relações entre si ou com terceiros, somente por escrito podem provar a existência da sociedade, mas os terceiros podem prová-la de qualquer modo*. Tal norma é de suma importância para, com a declaração da existência da sociedade em comum, os sócios ou terceiros, responsabilizarem todos os sócios pelas obrigações sociais.

e) Não poderá participar de licitações

Há impedimento legal da sociedade em comum contratar com o Poder Público (art. 66, Lei 14.133/2021[18]) e;

f) Cadastros fiscais

Com a ausência de registro, estará impedido de realizar os cadastros fiscais (Cadastro Nacional de Pessoas Jurídicas – CNPJ; Inscrição Estadual – I.E. e Inscrição Municipal – I.M.) e inscrição no Instituto Nacional da Seguridade Social (INSS).

---

14. Art. 989. Os bens sociais respondem pelos atos de gestão praticados por qualquer dos sócios, salvo pacto expresso limitativo de poderes, que somente terá eficácia contra o terceiro que o conheça ou deva conhecer.
15. Art. 990. Todos os sócios respondem solidária e ilimitadamente pelas obrigações sociais, excluído do benefício de ordem, previsto no art. 1.024, aquele que contratou pela sociedade.
16. Art. 1.024. Os bens particulares dos sócios não podem ser executados por dívidas da sociedade, senão depois de executados os bens sociais.
17. Art. 75. Serão representados em juízo, ativa e passivamente: IX – a sociedade e a associação irregulares e outros entes organizados sem personalidade jurídica, pela pessoa a quem couber a administração de seus bens.
18. Art. 66. A habilitação jurídica visa a demonstrar a capacidade de o licitante exercer direitos e assumir obrigações, e a documentação a ser apresentada por ele limita-se à comprovação de existência jurídica da pessoa e, quando cabível, de autorização para o exercício da atividade a ser contratada.

C. SOCIEDADE EM CONTA DE PARTICIPAÇÃO

1. SOCIEDADE EM CONTA DE PARTICIPAÇÃO

O Código Civil trata de outra sociedade sem personalidade jurídica, além da sociedade em comum, chamada de *sociedade em conta de participação* que, na realidade, possui regramento próprio por se tratar de um contrato de investimento comum.[19]

Definidas as sociedades empresárias como pessoas jurídicas, seria incorreto considerar a conta de participação uma espécie destas. Embora a maioria da doutrina conclua em sentido oposto, a conta de participação, a rigor, não passa de um contrato de investimento comum, que o legislador, impropriamente, denominou

---

19. BRANCHER, Paulo M.R. Sociedade em Conta de Participação. In: COELHO, Fabio Ulhoa (Coord.). *Tratado de Direito Comercial*. São Paulo: Saraiva, 2015, v. 2. Tipos societários, sociedade limitada e sociedade anônima, p. 33.

sociedade. Suas marcas características, que a afastam da sociedade empresária típica, são a despersonalização (ela não é pessoa jurídica) e a natureza secreta (seu ato constitutivo não precisa ser levado a registro na Junta Comercial). Outros de seus aspectos também justificam não a considerar uma sociedade: a conta de participação não tem necessariamente capital social, liquida-se pela medida judicial de prestação de contas e não por ação de dissolução de sociedade, e não possui nome empresarial.[20]

2. SÓCIOS

Na sociedade em conta de participação (SCP), há duas espécies de sócios: (i) sócio ostensivo e (ii) partícipe.

a) Sócio ostensivo

O sócio ostensivo é aquele que age em nome da sociedade, como seu representante e administrador, realizando os negócios sociais em seu próprio nome e exclusiva responsabilidade.

b) Sócio partícipe

O sócio participe funciona como investidor, sem participar ativamente na realização dos negócios, mas participando dos resultados (art. 991, CC[21]). É também conhecido por sócio oculto, pois o partícipe não se apresenta como representante da sociedade em conta de participação e, portanto, estaria "oculto" na operação. Se o terceiro que contratar com o ostensivo conhecer o partícipe, isso não descaracterizará sua posição na sociedade em conta de participação.

A conta de participação permite a terceiros (sócios partícipes), "sócios" em um determinado empreendimento, participar de uma conta específica (patrimônio especial), direcionada exclusivamente para a consecução desse empreendimento.

---

20. COELHO, Fábio Ulhoa. *Curso de direito civil*: parte geral. 5. ed. São Paulo: Saraiva, 2012, v. 2, p. 478.
21. Art. 991. Na sociedade em conta de participação, a atividade constitutiva do objeto social é exercida unicamente pelo sócio ostensivo, em seu nome individual e sob sua própria e exclusiva responsabilidade, participando os demais dos resultados correspondentes. Parágrafo único. Obriga-se perante terceiro tão somente o sócio ostensivo; e, exclusivamente perante este, o sócio participante, nos termos do contrato social.

3. PATRIMÔNIO ESPECIAL

A contribuição do sócio participante constitui, com a do sócio ostensivo, patrimônio especial, objeto da conta de participação relativa aos negócios sociais, mas essa especialização patrimonial somente produz efeitos em relação aos sócios (art. 994, CC[22]).

4. RESPONSABILIDADE DOS SÓCIOS

Assim, perante o terceiro somente o sócio ostensivo responderá pelas obrigações sociais com os bens do patrimônio especial e seus bens particulares, se for o caso, pois o sócio partícipe não aparece na concretização do negócio, cabendo ao ostensivo apenas se voltar em face do partícipe na forma contratada. Sem prejuízo do direito de fiscalizar a gestão dos negócios sociais, o sócio participante não pode tomar parte nas relações do sócio ostensivo com terceiros, sob pena de responder solidariamente com este pelas obrigações em que intervier (art. 993, p. único, CC[23]).

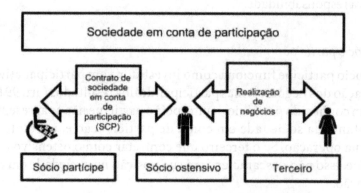

5. PROVA DE EXISTÊNCIA

A forma de constituição da sociedade em conta de participação é livre, independe de qualquer formalidade, e pode provar-se sua existência por todos

---

22. Art. 994. A contribuição do sócio participante constitui, com a do sócio ostensivo, patrimônio especial, objeto da conta de participação relativa aos negócios sociais. § 1º A especialização patrimonial somente produz efeitos em relação aos sócios.
23. Art. 993, Parágrafo único. Sem prejuízo do direito de fiscalizar a gestão dos negócios sociais, o sócio participante não pode tomar parte nas relações do sócio ostensivo com terceiros, sob pena de responder solidariamente com este pelas obrigações em que intervier.

os meios de direito (art. 992, CC[24]), sendo que seu ato constitutivo produz efeito somente entre os sócios, e a eventual inscrição de seu instrumento em qualquer registro não confere personalidade jurídica à sociedade (art. 993, CC[25]), por isso de sua natureza ser essencialmente uma sociedade sem personalidade jurídica.

6. LEGISLAÇÃO FISCAL

Em que pese a lei civil tratar a sociedade em conta de participação como uma espécie de sociedade sem personalidade jurídica, para os efeitos da legislação do imposto de renda, elas se equiparam a pessoas jurídicas (art. 7º, Decreto-Lei 2.303/1986[26]) e, portanto, devem cadastrar-se no Cadastro Nacional das Pessoas Jurídicas (CNPJ).

7. NOVOS SÓCIOS

Salvo estipulação em contrário, o sócio ostensivo não pode admitir novo sócio sem o consentimento expresso dos demais (art. 995, CC[27]).

8. FALÊNCIA DOS SÓCIOS

A falência do sócio ostensivo acarreta a dissolução da sociedade e a liquidação da respectiva conta, cujo saldo constituirá crédito quirografário. E no caso da falência do sócio participante, o contrato social fica sujeito às normas que regulam os efeitos da falência nos contratos bilaterais do falido (art. 994, CC[28]).

---

24. Art. 992. A constituição da sociedade em conta de participação independe de qualquer formalidade e pode provar-se por todos os meios de direito.
25. Art. 993. O contrato social produz efeito somente entre os sócios, e a eventual inscrição de seu instrumento em qualquer registro não confere personalidade jurídica à sociedade.
26. Art. 7º Equiparam-se a pessoas jurídicas, para os efeitos da legislação do imposto de renda, as sociedades em conta de participação. Parágrafo único. Na apuração dos resultados dessas sociedades, assim como na tributação dos lucros apurados e dos distribuídos, serão observadas as normas aplicáveis às demais pessoas jurídicas.
27. Art. 995. Salvo estipulação em contrário, o sócio ostensivo não pode admitir novo sócio sem o consentimento expresso dos demais.
28. Art. 994. A contribuição do sócio participante constitui, com a do sócio ostensivo, patrimônio especial, objeto da conta de participação relativa aos negócios sociais. § 1º A especialização patrimonial somente produz efeitos em relação aos sócios. § 2º A falência do sócio ostensivo acarreta a dissolução da sociedade e a liquidação da respectiva conta, cujo saldo constituirá crédito quirografário. § 3º Falindo o sócio participante, o contrato social fica sujeito às normas que regulam os efeitos da falência nos contratos bilaterais do falido.

9. LIQUIDAÇÃO POR PRESTAÇÃO DE CONTAS

Aplica-se à sociedade em conta de participação, subsidiariamente e no que com ela for compatível, o disposto para a sociedade simples, e a sua liquidação rege-se pelas normas relativas à prestação de contas, na forma da lei processual (art. 996, CC[29]). No caso de existir mais de um sócio ostensivo, as respectivas contas serão prestadas e julgadas no mesmo processo (art. 996, p. único, CC).

---

29. Art. 996. Aplica-se à sociedade em conta de participação, subsidiariamente e no que com ela for compatível, o disposto para a sociedade simples, e a sua liquidação rege-se pelas normas relativas à prestação de contas, na forma da lei processual. Parágrafo único. Havendo mais de um sócio ostensivo, as respectivas contas serão prestadas e julgadas no mesmo processo.

Capítulo III
SOCIEDADES PERSONIFICADAS

A. INTRODUÇÃO – SOCIEDADES PERSONIFICADAS

1. SOCIEDADES PERSONIFICADAS

No capítulo anterior foram tratadas as sociedades sem personalidade jurídica, especificamente as sociedades em comum e a em conta de participação. Nesse capítulo e nos próximos serão tratadas as sociedades personificadas, ou seja, que foram devidamente registradas no órgão competente.

Para a estruturação das sociedades personificadas, o Código Civil optou por tratar das regras gerais das sociedades contratuais e deixar a cargo da Lei das Sociedades por Ações (Lei 6.404/1976) as disposições acerca das sociedades institucionais (sociedade anônima e comandita por ações).

2. REGRAS COMUNS

Cabe lembrar que o instituto das sociedades está inserido no Livro II – Do Direito de Empresa do Código Civil, porém de forma atécnica o legislador preferiu estruturar as sociedades contratuais a partir da sociedade simples, ou seja, não empresária.

Como visto, a distinção entre sociedade simples e empresária está, em regra, no objeto social explorado, sendo empresária a sociedade que tem por objeto o exercício de atividade própria de empresário sujeito a registro e, simples, as demais (art. 982, CC[1]).

A expressão *sociedade simples* é equívoca pois pode ser utilizada tanto para significar (a) uma espécie de sociedade, diferenciando-se da sociedade empresá-

---

1. Art. 982. Salvo as exceções expressas, considera-se empresária a sociedade que tem por objeto o exercício de atividade própria de empresário sujeito a registro (art. 967); e, simples, as demais. Parágrafo único. Independentemente de seu objeto, considera-se empresária a sociedade por ações; e, simples, a cooperativa.

ria, quanto (b) como um conjunto de regras gerais para as sociedades contratuais; ou (c) como regra específica daquelas sociedades simples que não optaram por um tipo societário específico (sociedade simples *stricto sensu*).

a) Sociedade simples como espécie de sociedade (art. 982, CC[2])

Em que pese a unificação parcial do Direito Privado ocorrida com vigência do Código Civil, o legislador preferiu distinguir as espécies de sociedade entre empresária e simples. A sociedade simples, dentro dessa sistemática, se encaixa como uma espécie de sociedade que se distingue da sociedade empresária.

b) Sociedade simples como conjunto de regras gerais para sociedades contratuais

A sociedade simples prevista entre o artigo 997 a 1.038 do Código Civil traz um conjunto de regras que será usado supletivamente na omissão de regras específicas aos tipos societários. São regras estruturais do Direito Societário aplicáveis para todos os tipos de sociedades contratuais, cabendo a cada tipo societário as regras específicas que se sobressaem em caso de conflito com as gerais. Em suma, tratando-se de sociedade contratual, no caso de omissão de regra específica do tipo societário correspondente, subsidiariamente aplicam-se as regras gerais da sociedade simples (art. 1.040,[3] art. 1.046[4] e art. 1.053,[5] CC).

Assim, para poder verificar como proceder na aplicação da norma, o jurista deve verificar o tipo societário adotado e checar as regras específicas para aquele tipo societário e, havendo omissão de regra própria, deve-se verificar as normas das sociedades simples.

A exceção encontra-se na sociedade do tipo limitada que poderá, a escolha dos sócios, utilizar-se supletivamente as normas da sociedade anônima ao invés da sociedade simples, desde que conste essa disposição expressamente no contrato social (art. 1.053, p.u.,[6] CC).

---

2. Art. 982. Salvo as exceções expressas, considera-se empresária a sociedade que tem por objeto o exercício de atividade própria de empresário sujeito a registro (art. 967); e, simples, as demais. Parágrafo único. Independentemente de seu objeto, considera-se empresária a sociedade por ações; e, simples, a cooperativa.
3. Art. 1.040. A sociedade em nome coletivo se rege pelas normas deste Capítulo e, no que seja omisso, pelas do Capítulo antecedente.
4. Art. 1.046. Aplicam-se à sociedade em comandita simples as normas da sociedade em nome coletivo, no que forem compatíveis com as deste Capítulo.
5. Art. 1.053. A sociedade limitada rege-se, nas omissões deste Capítulo, pelas normas da sociedade simples.
6. Art. 1.053, Parágrafo único. O contrato social poderá prever a regência supletiva da sociedade limitada pelas normas da sociedade anônima.

c) Sociedade simples sem tipo societário

A sociedade simples *stricto sensu* seria aquela em que os sócios não optaram por adotar nenhum tipo societário específico para sua regência. Nessa hipótese há maior liberdade na elaboração das cláusulas contratuais, pois o contrato social deverá seguir apenas aquelas que são essenciais ao contrato social.

3. CONTRATO DE SOCIEDADE

Cabe também lembrar que a caracterização da sociedade independe de formalidade própria, pois basta verificar o preenchimento dos requisitos dispostos no artigo 981 do Código Civil[7] para se deparar com o contrato de sociedade, que são: (i) o *affectio societatis*; (ii) a pluralidade de partes; (iii) as obrigações recíprocas; (iv) a finalidade econômica e (v) a partilha dos resultados.

Apenas no caso da sociedade limitada unipessoal, não haveria a pluralidade de partes, pois essa sociedade é constituída por apenas um sócio.

4. PERSONALIDADE JURÍDICA

Contudo, para que a sociedade tenha personalidade jurídica própria é necessário o seu registro no órgão competente. Para que registro seja realizado é necessário que os sócios formalizem um documento escrito que preencha os requisitos postos na lei (art. 1.150, CC[8]). São duas as espécies de ato constitutivo: (i) o contrato social e; (ii) o estatuto social.

5. ATO CONSTITUTIVO

O contrato social é o instrumento utilizado para as sociedades contratuais, como na sociedade simples, na em nome coletivo, na comandita simples e na limitada, enquanto o estatuto social é utilizado nos casos de sociedades institucionais, como a anônima e comandita por ações.

Neste primeiro momento serão analisadas apenas as sociedades contratuais e, após, trataremos das sociedades institucionais, portanto o foco, a partir deste ponto, será no contrato social, deixando o estatuto social para estudo futuro das Sociedades por Ações (Capítulo IX).

---

7. Art. 981. Celebram contrato de sociedade as pessoas que reciprocamente se obrigam a contribuir, com bens ou serviços, para o exercício de atividade econômica e a partilha, entre si, dos resultados.
8. Art. 1.150. O empresário e a sociedade empresária vinculam-se ao Registro Público de Empresas Mercantis a cargo das Juntas Comerciais, e a sociedade simples ao Registro Civil das Pessoas Jurídicas, o qual deverá obedecer às normas fixadas para aquele registro, se a sociedade simples adotar um dos tipos de sociedade empresária.

6. SOCIEDADES CONTRATUAIS

As sociedades contratuais são pessoas jurídicas decorrentes da união de pessoas, sejam físicas ou jurídicas, para a consecução de um determinado objetivo, ou seja, para exercer atividade civil ou empresária. Nesse sentido, tal união necessita de regulamentação para que a sociedade possa existir em harmonia e possuir regras a serem seguidas para o satisfatório andamento da atividade. É justamente no ponto das regras que surge o contrato social, documento fundamental para a existência de uma sociedade personificada.

No contrato social serão inseridas as disposições acordadas entre os sócios que irão reger a atividade que se pretende desenvolver. A doutrina jurídica costuma classificar as sociedades contratuais em pessoas e sociedades de capital. De fato, a definição desse enquadramento decorre de uma análise no documento constituinte da sociedade, verificando-se a vontade dos sócios.

Embora a classificação não tenha razão de ser na vida prática, vale a ela fazer menção. Sociedade de pessoas é aquela na qual as características pessoais de cada sócio importam mais para o sucesso do empreendimento do que o dinheiro investido, como no caso da atividade de programação de computador, em que o conhecimento e a capacidade do sócio irão influenciar o destino da sociedade. De outro lado, a sociedade de capital é aquela em que a contribuição material oferecida pelos sócios é mais importante do que suas características particulares em relação ao negócio.

Sob outra ótica, analisando a forma de alienação da participação societária, a sociedade será classificada como de pessoas quando a cessão da participação societária depender da anuência dos demais sócios, ou seja, estes podem impedir a entrada de terceiros no quadro societário, esta classificação leva em consideração que as atividades desenvolvidas pelos sócios são preponderantes para execução do objeto social e, por isso, um novo sócio poderia prejudicar o desenvolvimento da atividade empresarial. Será de capital a sociedade quando a cessão da participação societária for livre, possibilitando a entrada de novos sócios no quadro societária sem anuência dos demais, ou seja, não se leva em consideração a pessoa do sócio, mas a capacidade de investimento, o capital absorvido pela sociedade.

Fica evidente, portanto, a relevância do contrato social, eis que assuntos como cessão de quotas, morte dos sócios, entre outros, são cláusulas contratuais resultantes da vontade dos sócios que determinarão a maior importância para o sucesso do empreendimento sendo a pessoa do sócio ou o capital por ele investido.

Tendo em vista a natureza contratual da sociedade, uma boa negociação na formação do ato constitutivo oferece condições para que os sócios façam valer as condições pactuadas e tenham garantias que pretendem.

O contrato social é inspirado em normas do direito contratual, mas por ele não é totalmente regido. Nos contratos em geral as cláusulas só podem sofrer alterações com a concordância de todos os presentes no instrumento, ao contrário do que ocorre com o contrato social, o qual pode ser alterado ainda que alguns de seus integrantes não concordem com o novo dispositivo, dependendo das regras postas na lei ou no contrato.

A sua celebração e registro no órgão competente faz nascer, além de direitos e obrigações entre os sócios, um novo sujeito de direito, a pessoa jurídica, que também terá direitos e obrigações para com seus integrantes. Por isso, muitas vezes a própria sociedade poderá voltar-se judicialmente contra um de seus sócios.[9]

É ampla a possibilidade de se socorrer à teoria geral dos contratos para resolver questões das sociedades contratuais. Contudo, tais normas não podem ir em detrimento dos ditames do direito societário. Da teoria geral dos contratos tem-se o princípio da autonomia da vontade, o princípio da relatividade, entre outros. Um exemplo é o caso do sucessor do sócio que não está obrigado a permanecer na sociedade apenas pelo recebimento das quotas em herança, podendo exigir sua dissolução parcial. Exemplo do princípio da relatividade seria o caso de o sucessor não poder ser impedido de obter a apuração de haveres em razão de uma cláusula qualquer do contrato, pois o instrumento não pode obrigar quem dele não faz parte. A exceção é o caso do legado, em que o autor do legado condiciona a sucessão ao acatamento do disposto no contrato.

Ao tomar decisões, cada sócio interfere de modo proporcional às quotas que possui no negócio. Não importa o número de sócios, mas sim a contribuição de cada um para o montante formador do capital social. Assim, o possuidor de mais da metade do capital representa, sozinho, a vontade que prevalece em decisão social, excetuando-se com razão aquelas em que a lei estabeleça quórum qualificado.[10]

Sendo assim, antes do ingresso na sociedade, os sócios minoritários devem resguardasse de possíveis abusos dos majoritários, negociando cláusulas contratuais que tragam maior equilíbrio para a relação. Trata-se do único trunfo do minoritário, pois assinando o instrumento, acaba a chance de condicionar sua participação na pessoa jurídica.

---

9. Por isso, pode-se afirmar que o principal efeito do contrato social de sociedade é a constituição de um sujeito de direito, uma pessoa jurídica, totalmente distinta dos sócios que a criaram, com personalidade jurídica, autonomia patrimonial, nome empresarial e domicílio próprio (CALÇAS, Manoel de Queiroz Pereira. *Sociedade Limitada no Novo Código Civil*. São Paulo: Atlas, 2003, p. 43).

10. São diversos quóruns qualificados previstos na lei, pois existem situações que o legislador buscou proteger os sócios minoritários, como o é o caso de alteração de cláusulas do contrato social de sociedade limitada, cuja previsão é da necessidade da vontade de 75% dos sócios – arts. 1.071, V c.c. 1.076, I, do Código Civil.

Talvez a principal das cláusulas para interesse do minoritário seria exigir unanimidade ou quórum qualificado para alteração contratual. Esta pode trazer, por exemplo, um aumento do capital do capital em que o minoritário não tem dinheiro para subscrever, ocasionando a diluição de sua participação. Além disso, a alteração pode mudar a natureza da sociedade, excluir direito de pró-labore, piorar as condições de reembolso, entre outras. Outro exemplo é o do majoritário administrador da sociedade que, já possuindo uma remuneração satisfatória, aprova sozinho reinvestimentos dos lucros deixando sem direitos os demais integrantes. Pelo menos contra tais fatos os sócios minoritários devem se proteger, exigindo sua concordância para alterar qualquer dispositivo que trata desses assuntos.

Por fim, o acesso a informações gerenciais do negócio deve ser garantia de qualquer sócio. Além do direito de examinar livros, demonstrações contábeis e prestação de contas, é preciso obter informações que mostrem a regularidade dos atos praticados, como cópias de extrato bancário, contratos firmados acima de determinado valor etc.

Portanto, fica claro que a falta de um exame detalhado no contrato social pode trazer futuros desentendimentos nas relações sociais, haja visto que nas sociedades contratuais, ao contrário das sociedades institucionais, a constituição dando-se por contrato permite maior flexibilização e negociação anterior.

Com essa explanação inicial, essa obra buscará tratar das regras gerais das sociedades e, posteriormente, tratar das regras específicas de cada tipo societário.

B. REQUISITOS GERAIS DE VALIDADE DO CONTRATO SOCIAL

1. REQUISITOS GERAIS DO CONTRATO SOCIAL

O contrato social, sendo instrumento legal, constituidor de direitos e obrigações, deve conter os requisitos de validade de qualquer ato jurídico celebrado, nos termos do artigo 104 do Código Civil.[11]

a) Capacidade civil dos sócios

A capacidade civil do ato constitutivo é analisada pelo prisma dos sócios que irão constituir a sociedade, visto que a não há de se falar em capacidade da pessoa jurídica.

---

11. Art. 104. A validade do negócio jurídico requer: I – agente capaz; II – objeto lícito, possível, determinado ou determinável; III – forma prescrita ou não defesa em lei.

Logo, é exigida a capacidade dos sócios com um dos requisitos para que seja válido o contrato social. Todavia, tal requisito não impede que o incapaz seja sócio de uma sociedade, desde que o sócio relativamente incapaz deve ser assistido e o absolutamente incapaz deve ser representado por seus representantes legais e, ainda, que o capital esteja totalmente integralizado. No entanto, não poderá o sócio incapaz receber a atribuição de administrador, função exclusiva de integrantes capazes para os atos da vida civil, sejam sócios ou não, nos termos do parágrafo 3º do Artigo 974 do Código Civil.[12]

As pessoas jurídicas, nacionais ou estrangeiras, possuem plena capacidade para atuarem na condição de sócias, excetuando alguns casos em que a lei, amparada por disposição constitucional, limite a presença de estrangeiros na sociedade, como as sociedades destinadas ao exercício da atividade de radiodifusão.

(i) Sociedade conjugal. Faculta-se aos cônjuges contratar sociedade, entre si ou com terceiros, desde que não tenham casado no regime da comunhão universal de bens, ou no da separação obrigatória (art. 977, CC[13]). Trata-se de uma condição para evitar fraude ao direito de família, especialmente ao regime de bens adotado pelo casal.[14]

b) Objeto lícito

O segundo requisito geral de validade do contrato é o objeto lícito, sendo nula a sociedade contratada para explorar atividade ilícita, impossível ou cujo objeto social não seja determinado ou determinável.[15] Assim, é necessário que esteja expresso no contrato a atividade objetivada pela união dos sócios, não

---

12. Art. 974. § 3º O Registro Público de Empresas Mercantis a cargo das Juntas Comerciais deverá registrar contratos ou alterações contratuais de sociedade que envolva sócio incapaz, desde que atendidos, de forma conjunta, os seguintes pressupostos: I – o sócio incapaz não pode exercer a administração da sociedade; II – o capital social deve ser totalmente integralizado; III – o sócio relativamente incapaz deve ser assistido e o absolutamente incapaz deve ser representado por seus representantes legais.

13. Art. 977. Faculta-se aos cônjuges contratar sociedade, entre si ou com terceiros, desde que não tenham casado no regime da comunhão universal de bens, ou no da separação obrigatória.

14. Agravo interno no recurso especial. Ação anulatória. Casamento em regime de comunhão universal de bens. Constituição de sociedade com terceiros por um dos cônjuges. Art. 977 do cc. Possibilidade. Precedentes. Agravo interno desprovido. 1. A interpretação do art. 977 do Código Civil permite concluir pela inexistência de impedimento legal para que alguém casado sob o regime de comunhão universal ou de separação obrigatória participe, sozinho, de sociedade com terceiro, sendo a restrição apenas de participação dos cônjuges casados sob tais regimes numa mesma sociedade. Precedentes. 2. Agravo interno desprovido. (AgInt no REsp 1.721.600/CE, relator Ministro Marco Aurélio Bellizze, Terceira Turma, julgado em 30.09.2019, DJe de 04.10.2019).

15. Enunciado 11 da Junta Comercial do Estado de São Paulo sobre Sociedade Limitada – O objeto social não poderá ser ilícito, impossível, indeterminado ou indeterminável, ou contrário aos bons costumes, à ordem pública ou à moral.

sendo permitida, por exemplo, a execução de crimes, a venda de mercadorias inexistentes etc.

Pelo artigo 116 da Lei 6.015/1.973[16] não poderão ser registrados os atos constitutivos de pessoas jurídicas, quando o seu objeto ou circunstâncias relevantes indiquem destino ou atividades ilícitos ou contrários, nocivos ou perigosos ao bem público, à segurança do Estado e da coletividade, à ordem pública ou social, à moral e aos bons costumes.

c) Forma legal

A forma mais adequada é a escrita pois é a necessária para se levar a registro no órgão de registro da sociedade, podendo ser feito por instrumento público ou particular.

(i) Instrumento público. Para elaboração do contrato social por instrumento público, os sócios devem se dirigir ao cartório e o oficial reduz a termo suas vontades. Mesmo com a elaboração do contrato dessa forma, os sócios devem levar o instrumento público a registro no órgão competente para obtenção da personalidade jurídica.

(ii) Instrumento particular. O instrumento será particular quando preparado sem o uso de cartório. A minuta, geralmente na prática, é elaborada por advogado ou contabilista, exteriorizando a vontade dos sócios. Ainda que um dos sócios esteja integralizando sua quota com bem imóvel, o instrumento particular pode ser utilizado, desde que o contrato tenha uma cláusula de identificação do imóvel e a outorga do cônjuge no próprio instrumento quando esta for necessária. Assim como ocorre no contrato social formalizado por instrumento público, para obtenção da personalidade jurídica, é necessário o registro do respectivo instrumento contratual no órgão competente.

(iii) Contrato oral. Vale lembrar que sociedades contratadas oralmente não possuem personalidade jurídica própria e são consideradas irregulares e somente terceiros prejudicados e de boa-fé podem prová-las para aplicar a responsabilidade solidária, ou seja, a existências das chamadas sociedades em comum só valem para assegurar direitos de terceiros.

---

16. Art. 116. Não poderão ser registrados os atos constitutivos de pessoas jurídicas, quando o seu objeto ou circunstâncias relevantes indiquem destino ou atividades ilícitos ou contrários, nocivos ou perigosos ao bem público, à segurança do Estado e da coletividade, à ordem pública ou social, à moral e aos bons costumes. Parágrafo único. Ocorrendo qualquer dos motivos previstos neste artigo, o oficial do registro, de ofício ou por provocação de qualquer autoridade, sobrestará no processo de registro e suscitará dúvida para o Juiz, que a decidirá.

CAPÍTULO III • SOCIEDADES PERSONIFICADAS

63

Nessa hipótese, não pode o sócio demandar os demais ou a sociedade para fazer valer seus direitos societários e não pode opor ao interesse de terceiro a existência dela para o seu benefício. Na verdade, a sociedade contratada oralmente não pode ser levada a registro no órgão competente e, funcionando sem o mesmo ou antes dele, a instituição será sempre irregular, não podendo, além das consequências à pessoa dos sócios, beneficiar-se da limitação da responsabilidade, pedir falência de outro empresário, matricular-se no INSS etc., como já visto.

C. REQUISITOS ESPECÍFICOS DE VALIDADE DO CONTRATO SOCIAL

1. REQUISITOS ESPECÍFICOS DE VALIDADE DO CONTRATO SOCIAL

Além dos requisitos gerais comuns a todos os atos jurídicos validamente praticados, conta o contrato social com mais dois específicos: (i) a contribuição dos sócios para formação do capital social e (ii) participação nos resultados. Os requisitos específicos do contrato social decorrem do próprio contrato de sociedade.

a) Contribuição dos sócios para formação do capital social

Para consecução dos objetivos comuns perseguidos pelos sócios é necessário que todos contribuam para formação do patrimônio comum que será o combustível para sociedade desenvolver suas atividades e, assim, colher os frutos da empresa. São faces da mesma moeda.

Assim, para que o sócio participe da sociedade é necessário que contribua para formação do capital social, na forma e prazo previstos no contrato social, que reflete as negociações firmadas entre os sócios (art. 1.004, CC[17]).

E, contribuindo para formação do capital social da sociedade, os sócios passam também a participar dos resultados do exercício da atividade, se positivo o sócio terá direito, em situações específicas que serão abordadas futuramente, os lucros por meio do recebimento de dividendos, mas se negativo os sócios também responderam pelas perdas sociais (art. 1.007, CC[18]).

---

17. Art. 1.004. Os sócios são obrigados, na forma e prazo previstos, às contribuições estabelecidas no contrato social, e aquele que deixar de fazê-lo, nos trinta dias seguintes ao da notificação pela sociedade, responderá perante esta pelo dano emergente da mora. Parágrafo único. Verificada a mora, poderá a maioria dos demais sócios preferir, à indenização, a exclusão do sócio remisso, ou reduzir-lhe a quota ao montante já realizado, aplicando-se, em ambos os casos, o disposto no § 1º do art. 1.031.
18. Art. 1.007. Salvo estipulação em contrário, o sócio participa dos lucros e das perdas, na proporção das respectivas quotas, mas aquele, cuja contribuição consiste em serviços, somente participa dos lucros na proporção da média do valor das quotas.

b) Participação nos resultados

A participação no resultado social será, em regra, proporcional a participação dos sócios no capital social, ou seja, quanto mais o sócio contribuir para o capital social, mais ele participará dos resultados, positivo ou negativo. Os sócios podem ainda estipular participação desproporcional a participação societária, mas tal disposto deve estar expressamente acordado no contrato social ou em ata de assembleia ou reunião.

Como visto a legislação permite a distribuição desproporcional do resultado entre os sócios por vontade dos sócios, dissociando da relação desta com a participação societária, porém veta expressamente cláusula que exclua o sócio de participar dos lucros e das perdas (art. 1.008, CC[19]).

D. ESTRUTURA DO CONTRATO SOCIAL

1. CONTRATO SOCIAL

O contrato social (art. 997, CC[20]) não se confunde com o contrato de sociedade (art. 981, CC[21]). Enquanto o contrato de sociedade é caracterizado pela reunião entre os sócios para o exercício de uma atividade econômica e partilha dos resultados, o contrato social é o instrumento escrito necessário para o registro de sociedade contratual no órgão competente. Nenhum órgão de registro, seja a Junta Comercial, o Cartório de Registro de Pessoas Jurídicas ou a Ordem dos Advogados do Brasil, chancelará a constituição da pessoa jurídica sem instrumento contratual escrito apto a registro.

---

19. Art. 1.008. É nula a estipulação contratual que exclua qualquer sócio de participar dos lucros e das perdas.
20. Art. 997. A sociedade constitui-se mediante contrato escrito, particular ou público, que, além de cláusulas estipuladas pelas partes, mencionará: I – nome, nacionalidade, estado civil, profissão e residência dos sócios, se pessoas naturais, e a firma ou a denominação, nacionalidade e sede dos sócios, se jurídicas; II – denominação, objeto, sede e prazo da sociedade; III – capital da sociedade, expresso em moeda corrente, podendo compreender qualquer espécie de bens, suscetíveis de avaliação pecuniária; IV – a quota de cada sócio no capital social, e o modo de realizá-la; V – as prestações a que se obriga o sócio, cuja contribuição consista em serviços; VI – as pessoas naturais incumbidas da administração da sociedade, e seus poderes e atribuições; VII – a participação de cada sócio nos lucros e nas perdas; VIII – se os sócios respondem, ou não, subsidiariamente, pelas obrigações sociais. Parágrafo único. É ineficaz em relação a terceiros qualquer pacto separado, contrário ao disposto no instrumento do contrato.
21. Art. 981. Celebram contrato de sociedade as pessoas que reciprocamente se obrigam a contribuir, com bens ou serviços, para o exercício de atividade econômica e a partilha, entre si, dos resultados. Parágrafo único. A atividade pode restringir-se à realização de um ou mais negócios determinados.

2. ESTRUTURA DO CONTRATO SOCIAL

O contrato social segue a sistemática dos contratos em geral, com preâmbulo, as disposições/cláusulas contratuais e o fecho. O preâmbulo é a oportunidade para identificação e qualificação das partes, enquanto as disposições são as cláusulas que regerão a instituição. Segundo o Departamento de Registro Empresarial e Integração (DREI), o contrato social deve conter no mínimo os seguintes elementos: título, preâmbulo, corpo do contrato com as cláusulas obrigatórias e facultativas e o fecho. As cláusulas obrigatórias também são chamadas de essenciais e são de caráter indispensável para o registro da sociedade no órgão competente. As cláusulas facultativas regulam relações entre os sócios e podem não existir e mesmo assim não obstar que o instrumento seja levado a registro.

Se firmado por instrumento particular, o contrato social não poderá conter emendas, rasuras e entrelinhas, admitida, porém, nesses casos, ressalva expressa no corpo do próprio documento, com assinatura das partes. Portanto, qualquer dessas anormalidades deve estar ressalvada com conhecimento de todos os que do contrato fazem parte para que ele não sofra acusações de irregularidade. Nos instrumentos particulares não deverá ser utilizado o verso das folhas, e o texto deve estar grafado em cor azul ou preta, obedecidos os padrões de indelebilidade e nitidez para permitir sua reprografia, microfilmagem ou digitação. Esse é justamente o objetivo do registro: disponibilizar a terceiros interessados o acesso ao documento que, por sua vez, precisa estar claro e nítido para oferecer condições de conhecimento.

3. CLÁUSULA CONTRATUAIS

As cláusulas contratuais essenciais ou obrigatórias são aquelas descritas no artigo 997 do Código Civil: (i) nome, nacionalidade, estado civil, profissão e residência dos sócios, se pessoas naturais, e a firma ou a denominação, nacionalidade e sede dos sócios, se jurídicas; (ii) denominação,[22] objeto, sede e prazo da sociedade; (iii) capital da sociedade, expresso em moeda corrente, podendo compreender qualquer espécie de bens, suscetíveis de avaliação pecuniária; (iv) a quota de cada sócio no capital social, e o modo de realizá-la; (v) as prestações a que se obriga o sócio, cuja contribuição consista em serviços; (vi) as pessoas naturais incumbidas da administração da sociedade, e seus poderes e atribuições; (vii) a participação de cada sócio nos lucros e nas perdas; (viii) se os sócios respondem, ou não, subsidiariamente, pelas obrigações sociais.

---

22. Em que pese a lei utilizar apenas "denominação", a nome da sociedade poderá ser designado por "firma" ou "denominação", dependendo do tipo societário.

a) Cláusulas essenciais

Além das cláusulas previstas no artigo 997, dependendo do tipo societário surgem novas cláusula essenciais e, portanto, o responsável pela elaboração do instrumento contratual deve se atentar as regras gerais e específicas da sociedade a ser constituída par redação do documento a ser levado a registro no órgão competente.

b) Cláusulas facultativas

As cláusulas facultativas podem ser diversas, sendo mais comum algumas como: (i) aquelas que disciplinam reuniões entre os sócios; (ii) regência supletiva da sociedade pelas normas das sociedades por ações; (iii) previsão de exclusão de sócio por justa causa; (iv) autorização para pessoa não sócia ser administrador; (v) instituição de conselho fiscal; (vi) regulamentação de pró-labore; (vii) falecimento de sócios e consequências; (viii) reembolso; (ix) entre tantas outras possíveis.

O fecho do contrato social deverá possuir a localidade e a data de sua celebração, os nomes dos sócios e suas respectivas assinaturas, além do nome, número da carteira de identidade e respectivas assinaturas das testemunhas e do advogado.

E. PREÂMBULO DO CONTRATO SOCIAL

1. QUALIFICAÇÃO DOS SÓCIOS

O preâmbulo do contrato deve conter o nome e a qualificação dos sócios (art. 997, I, CC) e seus eventuais representantes e o tipo jurídico da sociedade, se for o caso.

a) Sócio pessoa natural

Sendo pessoa física o sócio, brasileiro ou estrangeiro, mas domiciliado no Brasil, o instrumento deve trazer o nome civil por extenso, a nacionalidade, naturalidade, estado civil e o regime de bens se for casado, profissão, documento de identidade com o número e órgão expedidor (RG), o número de inscrição no Cadastro de Pessoa Física no Ministério da Fazenda (CPF/MF) e endereço residencial completo. Para o sócio residente no exterior exige-se o documento identificador do estrangeiro e todos os elementos do residente no país, excetuando-se somente a naturalidade.

b) Sócio pessoa jurídica

Sendo o sócio pessoa jurídica com sede no Brasil, deve ser qualificada com informações como o nome empresarial, nacionalidade, endereço da sede, número de identificação do registro de empresas (NIRE) ou número de inscrição no Cartório competente e número de inscrição no Cadastro Nacional de Pessoas Jurídicas no Ministério da Fazenda (CNPJ/MF). Se for sócio pessoa jurídica com sede no exterior, deve informar também o tipo jurídico da sociedade e o procurador nomeado no Brasil por meio de procuração com firma reconhecida por notário e consularizada no Consulado do Brasil no país de origem da sociedade estrangeira, com poderes para receber citação (art. 1.134, § 2º, CC[23]), que fica dispensada no caso dos documentos públicos oriundos dos países signatários da Convenção sobre a Eliminação da Exigência de Legalização de Documentos Públicos Estrangeiros, celebrada em Haia, em 5 de outubro de 1961, aprovada pelo Decreto Legislativo 148, de 6 de julho de 2015 e promulgada pelo Decreto 8.660, 29 de janeiro de 2016. Todos os instrumentos em língua estrangeira, além de cumprir essas exigências, devem ser traduzidas por um tradutor matriculado em qualquer Junta Comercial, quando estiver em idioma estrangeiro e, ainda, os documentos devem ser registrados em cartório de registro de títulos e documentos do art. 130, § 6º, da Lei 6.015, de 31 de dezembro de 1973.[24] Por fim, se o sócio for Fundo de Investimento em Participações – FIP, deve constar a denominação do Fundo, número de inscrição no Cartório competente, Cadastro Nacional de Pessoas Jurídicas no Ministério da Fazenda (CNPJ/MF) do Fundo, qualificação do administrador, contendo nome empresarial, endereço completo e CNPJ e qualificação diretor ou sócio-gerente responsável pela administração.

2. SÓCIO REPRESENTADO POR PROCURADOR

Nos casos em que o sócio for representado, deverá ser indicada a condição e qualificação do representante, seguida sempre à qualificação do sócio representado, juntado ao processo o respectivo instrumento de mandato com firma reconhecida.

3. SÓCIO MENOR

O sócio maior de 16 (dezesseis) anos e menor de 18 (dezoito) anos, considerado como relativamente incapaz, deve ser assistido, enquanto o menor de 16

---

23. Art. 1.134. § 2º Os documentos serão autenticados, de conformidade com a lei nacional da sociedade requerente, legalizados no consulado brasileiro da respectiva sede e acompanhados de tradução em vernáculo.
24. Art. 130. Estão sujeitos a registro, no Registro de Títulos e Documentos, para surtir efeitos em relação a terceiros: § 6º todos os documentos de procedência estrangeira, acompanhados das respectivas traduções, para produzirem efeitos em repartições da União, dos Estados, do Distrito Federal, dos Territórios e dos Municípios ou em qualquer instância, juízo ou tribunal.

(dezesseis) anos, por ser considerado absolutamente incapaz, deve ser representado, nos termos do Código Civil.

4. SÓCIO EMANCIPADO

O menor de 18 anos e maior de 16 anos pode receber a emancipação e com isso tornar-se capaz para os atos da vida civil. Se for este o caso do sócio, a prova da emancipação deverá ser arquivada em separado simultaneamente com o contrato social sempre que seu fundamento foi o casamento, a concessão pelos pais, o exercício de emprego público efetivo, a colação de grau em curso de ensino superior ou o estabelecimento civil ou comercial pela existência de relação de emprego, desde que, em função deles, o menor com 16 anos completos tenha adquirido economia própria.

5. SÓCIO ANALFABETO

Se o sócio for analfabeto deve ser explicitado, além daqueles dados citados, também o nome e a qualificação completa do procurador constituído, com poderes específicos, por instrumento público.

F. NOME EMPRESARIAL

1. NOME EMPRESARIAL

O nome empresarial é o elemento que identifica a sociedade, denominando e a individualizando perante as outras existentes.

Como visto, considera-se nome empresarial a firma ou a denominação adotada, de conformidade com a Lei, para o exercício de empresa (art. 1.155, CC), ou seja, é a identificação utilizada pelo empresário quando se apresenta nas relações de fundo econômico (ex. qualificação em contrato de locação no qual constará o nome empresarial e não o nome civil do empresário individual ou sócio de sociedade contratante).

O contrato social deve conter o nome empresarial que será utilizado pela sociedade no giro de suas atividades (art. 997, II, CC).[25]

---

25. A firma ou razão social, quando não individualizar todos os sócios, pessoas físicas, conterá nome ou firma de um deles; quando se adotar a denominação, composta de expressão fantasia, deve-se quando possível dar a conhece o objetivo da sociedade. Omitida da firma ou da denominação a palavra "limitada", serão havidos como solidaria e ilimitadamente responsáveis os administradores e os que fizerem

Ainda, a sociedade poderá optar por utilizar o número de inscrição no Cadastro Nacional da Pessoa Jurídica (CNPJ) como nome empresarial, seguido da partícula identificadora do tipo societário ou jurídico, quando exigida por lei (art. 35-A, LRE[26]).

G. OBJETO SOCIAL

1. OBJETO SOCIAL

O objeto social deverá ser descrito com precisão e clareza, indicando as atividades a serem desenvolvidas pela sociedade, sendo vedada a inserção de termos estrangeiros, exceto quando não houver termo correspondente em português ou já incorporado no vernáculo nacional (art. 997, II, CC). Por precisão e clareza deve-se entender a indicação de gêneros e correspondentes espécies de atividades, como por exemplo o comércio (gênero) de automóveis (espécie), a indústria (gênero) de laticínios (espécie), prestação de serviços (gênero) de transportes rodoviários (espécie) etc.

A despeito de ser comum denominar-se objetivo social no contrato social, a expressão é posta de forma equivocada. O objetivo da sociedade é sempre a obtenção de lucro e crescimento do negócio. O objeto é a atividade a que o empreendimento se destina, figurando como uma discriminação daquilo que será trabalhado e exercido para a sociedade.

Foi visto que o objeto lícito é um dos requisitos de validade do instrumento constituidor da sociedade. A verdade é que o objeto não pode ser ilícito, impossível, indeterminado ou indeterminável, ou contrário aos bons costumes, à ordem pública ou à moral (Enunciado 11 JUCESP[27]). Imperioso destacar que, nos termos do artigo 982 do Código Civil, a sociedade será considerada empresária ou simples dependendo, em regra, da forma de exploração da atividade.

---

uso da firma social ou da denominação, e como se vê essa responsabilidade, no caso, não atinge aos demais sócios, mas apenas os que usarem de firma social irregular, e os sócios gerentes (REQUIÃO, Rubens. *Curso de Direito Comercial*. 26 ed. São Paulo, 2005. v. 1, p. 490).

26. Art. 35-A. O empresário ou a pessoa jurídica poderá optar por utilizar o número de inscrição no Cadastro Nacional da Pessoa Jurídica (CNPJ) como nome empresarial, seguido da partícula identificadora do tipo societário ou jurídico, quando exigida por lei. (Incluído pela Lei 14.195, de 2021).

27. A adjetivação empresarial não enseja dúvidas: pode ser objeto da sociedade limitada, qualquer atividade de fim lucrativo, mas não qualquer empresa, somente a atividade que não afronte a lei, não contrarie a ordem pública ou os bons costumes. Em outros termos, o objetivo lucro deve ser buscado mediante empresa juridicamente lícita e moralmente adequada. A lei não se comenta com a simples legalidade do objeto, reclama sua conformação ética (FAZZIO JUNIOR, Waldo. *Sociedades Limitadas*. São Paulo: Ed. Atlas S.A, 2003).

Por exemplo, na sociedade do tipo limitada, aquela que explorar atividade econômica civil, será considerada "Sociedade Simples Limitada", enquanto aquela que explorara atividade empresária será "Sociedade Empresária Limitada".

A sociedade que explorar atividade intelectual, de natureza científica, literária, ou artística, e que tenha como elemento de empresa as referidas atividades, ao requerer seu arquivamento na Junta Comercial, deverá declarar expressamente no instrumento, que explora atividade econômica empresarial organizada, sendo, portanto, uma sociedade empresária, nos termos do artigo 966 *caput* e parágrafo único e artigo 982 do Código Civil (Enunciado 34 JUCESP).

A sociedade que se destina à atividade da advocacia deve arquivar seus atos constitutivos na Ordem dos Advogados do Brasil, sendo vedado o seu arquivamento na Junta Comercial. Contudo, uma sociedade de advogados não adotará a forma de sociedade limitada e não poderá uma limitada qualquer conter tal atividade em seu objeto por causa de uma restrição da ética forense, pela qual a sociedade de advogados não pode exercer outra atividade (Lei 8.906/94 – Estatuto da Advocacia e a Ordem dos Advogados do Brasil).

Por fim, é permitido pela legislação que a sociedade seja criada para realização de um ou mais negócios determinados, como no caso das Sociedades de Propósito Específico (SPE), nos termos do artigo 981, parágrafo único, do Código Civil.[28]

a) Classificação Nacional de Atividades Econômicas (CNAE)[29]

A CNAE é a classificação oficialmente adotada (i) pelo Sistema Estatístico Nacional na produção de estatísticas por tipo de atividade econômica, e (ii) pela Administração Pública, na identificação da atividade econômica em cadastros e registros de pessoa jurídica.

Ao prover uma base padronizada para a coleta, análise e disseminação das estatísticas relativas à atividade econômica, a CNAE permite ampliar a comparabilidade entre as estatísticas econômicas provenientes de distintas fontes nacionais, e das estatísticas do País no plano internacional.

No sistema estatístico, a CNAE é usada na produção e disseminação de informações por tipo de atividade econômica nas estatísticas econômicas e socioeconômicas.

No âmbito da Administração Pública, o processo de unificação dos códigos de atividades começou em 1995 com a adoção da CNAE pelos órgãos gestores de

---

28. Art. 981. Parágrafo único. A atividade pode restringir-se à realização de um ou mais negócios determinados.
29. Disponível em: https://concla.ibge.gov.br/. Acesso em 05 out. 2019.

cadastros e registros no nível federal. A extensão para as áreas estaduais e municipais teve início em 1998, após a adaptação da CNAE às necessidades da atuação dos órgãos governamentais nas três esferas, via o detalhamento de subclasses, então denominadas CNAE-Fiscal5.

Com a revisão 2007, a estrutura hierárquica da CNAE 2.0 incorpora o detalhamento das subclasses, passando a ser definida em cinco níveis: seções, divisões, grupos, classes e subclasses. O quinto nível hierárquico – as subclasses – deixa de ter na denominação a referência ao uso fiscal (CNAE-Fiscal), permanecendo, contudo, como um detalhamento para uso específico pela Administração Pública. Na definição das subclasses, o objetivo de prover os cadastros de pessoa jurídica da Administração Pública com a identificação mais detalhada da atividade econômica sobrepõe-se aos critérios de definição das categorias de uma classificação de atividades econômicas para fins estatísticos. A documentação específica do detalhamento das subclasses é objeto de publicação própria (IBGE, Classificação Nacional de Atividades Econômicas – CNAE – versão 2.0 – Subclasses para uso da Administração Pública).

O uso dos códigos da CNAE para outros fins que não sejam o da identificação da atividade econômica do agente econômico, como, por exemplo, para determinar o campo de aplicação de leis, regulamentos ou contratos por órgãos da administração pública ou quaisquer outras entidades, em função de regras ou necessidades que lhes são próprias, é da estrita responsabilidade do órgão ou entidade em questão.

Assim, como a Administração Pública tem usado a CNAE para fins de aplicação de leis ou regulamentos, é imperativo que a atividade econômica descrita na CNAE esteja compreendida dentre o objeto social da sociedade.

O objeto social deverá indicar as atividades a serem desenvolvidas pelo empresário, podendo ser descrito por meio de códigos integrantes da estrutura da Classificação Nacional de Atividades Econômicas – CNAE. É vedada a inscrição na Junta Comercial de empresário cujo objeto inclua a atividade de advocacia. Não se admite que a descrição do objeto seja feita exclusivamente por CNAE genérico (4789-0/99 Comércio varejista de outros produtos não especificados anteriormente, por exemplo), salvo se ele estiver em conjunto com outros que permitam a identificação da atividade, caso em que não poderão ser solicitadas informações adicionais.

b) Crítica ao objeto social

O autor Diogo crítica a obrigatoriedade da sociedade ter de declarar sua finalidade por meio de seu objeto social, posição contrária ao coautores Wagner e Rodrigo. Para o professor Diogo: Os seus cultores defendem que o objeto social é o bem jurídico sobre qual o consenso das partes se assenta, e que a utilidade de tal conceito pode ser vista sobre vários aspectos como a disciplina do contrato, a segurança jurídica, a capacidade de agir da sociedade e a gestão do risco empresarial.

A legislação o também atribui grande importância ao objeto social exigindo por exemplo que seja detalhado[30] e possibilitando a retirada de sócio quando ocorrer a mudança de seu objeto.[31]

Por exemplo, os norte-americanos começaram a redigir as disposições dos estatutos e dos *by-laws*, do modo mais geral possível, para evitar que os administradores praticassem atos ultra vires ao mesmo tempo que a jurisprudência considerava que o objeto social englobava uma série de atividades acessórias. Esse movimento em "pinça" reduziu enormemente a quantidade de atos *ultra vires* possíveis.

Atualmente o direito americano admite que as companhias possam ser constituídas com o propósito de *"engaging in any lawful business"*.[32] Ou seja, realizar qualquer atividade lícita. Ressalte-se que a ausência de objeto social não causou nenhum prejuízo aos países que seguiram os Estados Unidos, redigindo suas leis segundo o *Uniform Limited Liability Companie Act* e o *Model Business Corporation Act*.

Em verdade, o consenso das partes ao fundar uma sociedade empresária se assenta na realização de uma atividade de forma coletiva, qualquer que ela seja, e a sociedade com sua capacidade jurídica plena pode sim realizar qualquer negócio jurídico lícito.

As ultrapassadas teorias que visam valorizar e até tornar ainda mais específico e restrito o objeto social, prestam devoção inexplicável à teoria da especialidade e em verdade pregam um formalismo inútil e seu inevitável acompanhante: a burocracia inútil.

Diogo acredita que a permissão legislativa à fixação de um objeto social amplo é um ponto forte dos países que adotaram tal possibilidade para conferir dinamismo à suas economias e seria extremamente salutar ao nosso país.

Como destaca Wagner, tal posição, entretanto, deve ser tratada com cautela. Veja, por exemplo, que a simples liberação da declaração do objeto social da

---

30. Art. 2º § 2º. O estatuto social definirá o objeto de modo preciso e completo.
31. Art. 136, VI, 137 e 109 da LSA.
32. Uniform Limited Liability Companie Act, Section 108, (b) e Model Business Coporation Act, section 3.01 e 3.04.

pessoa jurídica permitiria que o administrador(es) e/ou sócio(s) majoritário(s) mudassem a finalidade da sociedade sem a concordância dos demais membros e sem que esse tivesse direito de recesso, já que a finalidade social não estaria declarada formalmente no ato constitutivo. Ademais, existem outras regras que seriam atingidas por essa posição, como, por exemplo: (a) no caso de responsabilidade dos sócios e/ou administrador por desvio de finalidade na desconsideração da personalidade jurídica; (b) na exploração por 3 (três) anos para o requisito da ação renovatória; (iii) na participação em licitações específicas para a atividade explorada pela sociedade etc.[33]

H. LOCAL DA SEDE E FILIAIS

1. SEDE

O endereço completo da sede da sociedade deverá ser indicado no contrato social, contendo tipo e nome do logradouro, número, complemento, bairro ou distrito, município, unidade federativa e CEP (art. 997, II, CC).

2. FILIAL, SUCURSAL OU AGÊNCIA

Havendo filiais, sucursais ou agências já na constituição da sociedade, o endereço completo de cada uma delas deverá ser indicado de maneira que se possa distingui-las.

O empresário que instituir sucursal, filial ou agência, em lugar sujeito à jurisdição de outro Registro Público de Empresas Mercantis, neste deverá também inscrevê-la, com a prova da inscrição originária (art. 1.000, CC[34]).

---

33. Prof. Diogo: Conforme este livro "*O desvio de finalidade ocorre quando os membros da pessoa jurídica e/ou seus administradores agem de forma contrária à lei, praticando atos ilegais ou contrariando o contrato social.*" Um objeto social amplo não traria nenhum prejuízo a esta disposição. Lembre-se que os sócios em todos os países citados *podem* restringir o objeto social. O que defendo é que exista a possibilidade dos sócios escolherem não o fazer, assim o fazendo dispensariam previamente, em decorrência de sua escolha, a possibilidade do recesso aventada pelo prof. Wagner. Nas licitações o nobre objetivo de proteger o poder público foi corrompida, em verdade e na prática a restrição dos objetos sociais facilita que as mesmas sejam "dirigidas". A norma sobre a continuidade na ação renovatória não seria afetada por um objeto social amplo, pois visa verificar no processo uma situação de fato etc.

34. Art. 1.000. A sociedade simples que instituir sucursal, filial ou agência na circunscrição de outro Registro Civil das Pessoas Jurídicas, neste deverá também inscrevê-la, com a prova da inscrição originária. Parágrafo único. Em qualquer caso, a constituição da sucursal, filial ou agência deverá ser averbada no Registro Civil da respectiva sede.

Em qualquer caso, a constituição do estabelecimento secundário deverá ser averbada no Registro Público de Empresas Mercantis da respectiva sede (art. 1.000, p. único, CC).

Filiais, sucursais ou agências são expressões que, para a lei, são sinônimas e significam o desdobramento do estabelecimento do empresário.

Quando constar do contrato social a informação de existências de filiais, é obrigatória a indicação dos respectivos endereços completos. Não é obrigatório informar sobre destaque de capital e objeto para cada filial. Essas informações são, entretanto, aceitáveis desde que não ultrapassem os limites do capital social, ou seja, a soma do capital das filiais não pode ultrapassar o total do capital social descrito no contrato.

Sendo o objeto social da filial igual ao da matriz em sua totalidade, sua citação não é obrigatória, mas se a filial exercer atividade não realizada pela matriz, tal diferença deve ser colocada no contrato, mesmo seja somente uma parcela do objeto.

É interessante que o contrato contenha uma cláusula na qual permite expressamente a abertura de filiais em qualquer parte do território nacional.

A sociedade limitada que optar por desdobrar seu estabelecimento utilizará a mesma firma ou denominação para matriz e filial, respondendo todos os bens da pessoa jurídica perante a obrigação contraída com terceiros, independente se foi contraída pela matriz ou filial, visto tratar-se do mesmo sujeito de direito.

Tal afirmação segue a máxima do direito brasileiro de que para cada pessoa existe patrimônio único, sendo que a sociedade limitada devedora responde, para o cumprimento de suas obrigações contraídas pela matriz ou filiais, com todos os seus bens presentes e futuros, salvo as restrições estabelecidas em lei.

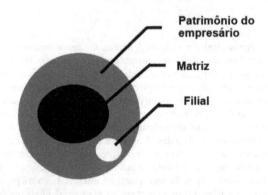

a) Crítica ao endereço da sociedade

Prof. Diogo crítica a exigência legal de indicação de endereço da sociedade, por ele a teoria da empresa, com o centro na atividade explorada pelo empresário, no "fazer", admite, portanto, que a atividade empresarial seja realizada em qualquer lugar. Nada poderia se opor mais à moderna sociedade, absolutamente móvel e conectada do que a exigência, burocrática e sem sentido, de que a atividade empresarial seja realizada em algum ou alguns lugares predefinidos, cuja eventual alteração de endereço demandará grande trabalho do empresário e imenso desperdício de tempo e dinheiro em burocracia inútil, como a alteração nos órgãos de registro e fiscais.

O único motivo pertinente pelo qual alguém pode defender a necessidade de um endereço para a sociedade é o fato de ela ter de receber citação e demais notificações. Ora, para essa finalidade qualquer endereço é suficiente, como por exemplo o endereço do administrador ou do sócio declarado no contrato social.

No direito americano tanto a sede como o procurador nomeado a receber citação, intimações e notificações da sociedade é declinado como o endereço do escritório de advocacia por ela contratado.[35] Ainda, tratando-se de pessoa jurídica seria salutar que qualquer correspondência enviada para o endereço declinado pelo empresário fosse presumida como recebida, independentemente de quem o recebeu, como já ocorre com as citações dos processos judiciais (arts. 242, § 1°[36] e 248, § 2°, CPC[37]). É ainda desnecessário que o empresário decline no ato constitutivo qual é o real endereço que realiza suas atividades, o que traz desburocratização e flexibilidade à atividade empresarial.

De forma contrária, os coautores Rodrigo e Wagner entendem pela essencialidade de apontar o endereço da sociedade, tanto da sede quanto da matriz, pois auxilia a localização da sociedade e de seus administradores, o que se justifica por conta do cumprimento das obrigações da sociedade e por questão processual (competência, citação, intimações etc.).

---

35. REYES, Francisco. *Direito Societário Americano* – Estudo Comparativo. São Paulo: Quartier Latin, 2013. p 190.

36. Art. 242. A citação será pessoal, podendo, no entanto, ser feita na pessoa do representante legal ou do procurador do réu, do executado ou do interessado. § 1° Na ausência do citando, a citação será feita na pessoa de seu mandatário, administrador, preposto ou gerente, quando a ação se originar de atos por eles praticados.

37. Art. 248. Deferida a citação pelo correio, o escrivão ou o chefe de secretaria remeterá ao citando cópias da petição inicial e do despacho do juiz e comunicará o prazo para resposta, o endereço do juízo e o respectivo cartório; § 2° Sendo o citando pessoa jurídica, será válida a entrega do mandado a pessoa com poderes de gerência geral ou de administração ou, ainda, a funcionário responsável pelo recebimento de correspondências.

I. TEMPO DE DURAÇÃO DA SOCIEDADE

1. TEMPO DE DURAÇÃO

O contrato social deve também conter uma cláusula que determine o tempo de duração da sociedade (art. 997, II, CC). Deverá ser indicada a data de término do prazo se este for determinado, ou declarado expressamente que o prazo da sociedade é indeterminado. A falta de indicação do prazo de término não causa presunção de ser indeterminado o prazo, eis que o assunto é cláusula essencial do instrumento que constitui sociedade e necessário para que se possa efetuar o registro no órgão competente.

a) Tempo indeterminado

Orienta-se que o prazo de uma sociedade deva ser sempre indeterminado, exceto quando houver motivos que encaminhem para a determinação do prazo.

b) Tempo determinado

É prevista a dissolução da sociedade com o vencimento do prazo de duração, salvo se, vencido este e sem oposição de sócio, não entrar a sociedade em liquidação, caso em que se prorrogará por tempo indeterminado (art. 1.033, I, CC[38]). Ocorre que com a expiração do prazo e a continuidade da atividade sem comunicação a Junta Comercial, a sociedade será considerada irregular e, com isso, se submeterá as disposições das sociedades em comum, como, por exemplo, a responsabilidade ilimitada dos sócios pelas obrigações da sociedade.

Para não recair nos malefícios da irregularidade por expiração do prazo, os sócios devem arquivar alteração contratual antes do fim do prazo de duração da sociedade, ampliando esse ou torná-lo indeterminado.

J. CAPITAL SOCIAL

1. CAPITAL SOCIAL

O capital social é o valor monetário representativo das contribuições a quem são obrigados os sócios para constituição da sociedade (art. 997, III, CC). Como

---

38. Art. 1.033. Dissolve-se a sociedade quando ocorrer: I – o vencimento do prazo de duração, salvo se, vencido este e sem oposição de sócio, não entrar a sociedade em liquidação, caso em que se prorrogará por tempo indeterminado.

visto a contribuição para formação do capital social é requisito específico de validade do contrato social. Os sócios são obrigados, na forma e prazo previstos, às contribuições estabelecidas no contrato social (art. 1.004, CC[39]).

2. SUBSCRIÇÃO E INTEGRALIZAÇÃO

Quando o sócio se obriga a contribuir para a formação do capital social ele está subscrevendo sua participação (obrigação de transferência do bem, crédito ou dinheiro para o patrimônio da sociedade na forma e momento contratado), que será realizada com o cumprimento da obrigação mediante a efetiva transferência do bem, crédito ou dinheiro à sociedade, operação chamada de integralização. O capital social deve estar expresso e determinado no contrato social, agregando-se aos sócios distintamente o montante que subscrevem. A expressão "subscrever" significa obrigar-se no contrato por aquela quantia perante a sociedade, ou seja, um sócio de uma sociedade limitada subscrevendo R$ 1.000,00 (um mil reais), deverá, no ato da assinatura ou posteriormente, transferir essa quantia para o patrimônio da sociedade. Essa transferência da quantia para a sociedade é chamada de "integralização" e sua falta traz sérias consequências, não só para o sócio remisso (aquele que não integralizou o capital), mas também para os demais.[40]

---

39. Art. 1.004. Os sócios são obrigados, na forma e prazo previstos, às contribuições estabelecidas no contrato social, e aquele que deixar de fazê-lo, nos trinta dias seguintes ao da notificação pela sociedade, responderá perante esta pelo dano emergente da mora.
40. (...) essa destinação pode se dar de forma imediata, com o sócio subscrevendo e integralizando suas quotas no momento da constituição da sociedade, ou então o sócio pode subscrever parte do capital e integralizá-lo posteriormente em uma única ou em várias prestações, conforme constar do contrato social. O capital social deve obrigatoriamente ser estipulado no contrato social e expresso em moeda nacional (BERTOLDI, Marcelo. *Curso avançado de direito comercial*. 3. ed. São Paulo. Ed. RT, 2006. p. 197).

3. FORMAS DE CONTRIBUIÇÃO PARA FORMAÇÃO DO CAPITAL SOCIAL

É obrigação de todo sócio contribuir, na forma e prazo previstos, para formação do capital social. Ao elaborarem o contrato social, os sócios devem constar no instrumento a quota de cada um no capital social, e o modo de realizá-la (art. 997, IV, CC), especificando a forma (prestação de serviços, bens, crédito ou dinheiro) e o momento (à vista ou a prazo). O capital da sociedade, expresso em moeda corrente, podendo compreender qualquer espécie de bens, suscetíveis de avaliação pecuniária (art. 997, III, CC).

a) Integralização em bens

Bens de propriedade do sócio, materiais ou imateriais, poderão ser utilizados para integralização de capital. Quaisquer bens poderão receber esse destino, desde que suscetíveis de avaliação em dinheiro. É justamente essa avaliação que estará presente no instrumento determinando o número de quotas capaz de adquirir.

No caso de bens imóveis, o contrato social, público ou particular, deverá conter sua descrição, identificação, área, dados relativos à sua titulação, bem como o número de sua matrícula no Registro Imobiliário. Importante observar que, sendo casado o sócio que contribui com bens imóveis, a anuência do cônjuge deverá estar presente no próprio instrumento, exceto se o regime de bens do casamento for o da separação absoluta (Enunciado 27 da JUCESP). Sendo incapaz o sócio que pretende contribuir para o capital com bens imóveis, a integralização ficará sujeita a autorização judicial, eis que não existindo esta, a integralização não se deu e o bem ainda pertence ao incapaz (art. 1.748, IV, CC).

Quando a integralização é feita por bens, os sócios respondem solidariamente pela exata estimação de bens conferidos ao capital social até o prazo de cinco anos da data do registro da sociedade (art. 1.055, § 1º, CC[41]), porém somente o sócio que transferiu domínio, posse ou uso, responde pela evicção (art. 1.005, CC[42]).

---

41. Enunciado 12 da 1ª Jornada De Direito Comercial – A regra contida no art. 1.055, § 1º, do Código Civil deve ser aplicada na hipótese de inexatidão da avaliação de bens conferidos ao capital social; a responsabilidade nela prevista não afasta a desconsideração da personalidade jurídica quando presentes seus requisitos legais.
42. Art. 1.055. O capital social divide-se em quotas, iguais ou desiguais, cabendo uma ou diversas a cada sócio. § 1º Pela exata estimação de bens conferidos ao capital social respondem solidariamente todos os sócios, até o prazo de cinco anos da data do registro da sociedade. § 2º É vedada contribuição que consista em prestação de serviços.

b) Integralização em crédito

Já na integralização por meio de transferência de crédito, o sócio que transferir crédito responde solvência do devedor (art. 1.005, CC).

c) Integralização com prestação de serviços

O sócio, cuja contribuição consista em serviços, não pode, salvo convenção em contrário, empregar-se em atividade estranha à sociedade, sob pena de ser privado de seus lucros e dela excluído (art. 1.006, CC[43]). Para a sociedade limitada é vedada contribuição que consista em prestação de serviços (art. 1.055, §2º, CC[44]), o que é permitido nos demais tipos societários e, se assim ocorrer, no contrato deve constar as prestações a que se obriga o sócio, cuja contribuição consista em serviços (art. 997, V, CC).

d) Integralização em quotas de outra sociedade[45]

Por fim, o capital social poderá ser integralizado com quotas sociais de outra sociedade. Para que isso ocorra apresentar-se-á em documento apenso e apartado ao protocolado, instrumento de alteração contratual modificando o quadro societário da sociedade cujas quotas foram conferidas para integralizar o capital social, consignando a saída do sócio e ingresso da sociedade que passa a ser titular das quotas (Enunciado 18 JUCESP).

Também dependerá de autorização, não mais judicial, mas do Poder Legislativo, a participação no capital social de uma sociedade por empresas públicas ou sociedades de economia mista. A autorização legislativa, em cada caso, deverá acompanhar a subscrição e integralização da quantia.

e) Dinheiro

De todas as formas possíveis para formalização do contrato social, a em espécie, moeda corrente, é a mais utilizada. O sócio transfere à sociedade a

---

43. Art. 1.006. O sócio, cuja contribuição consista em serviços, não pode, salvo convenção em contrário, empregar-se em atividade estranha à sociedade, sob pena de ser privado de seus lucros e dela excluído.

44. Art. 1.055. O capital social divide-se em quotas, iguais ou desiguais, cabendo uma ou diversas a cada sócio. § 1º Pela exata estimação de bens conferidos ao capital social respondem solidariamente todos os sócios, até o prazo de cinco anos da data do registro da sociedade. § 2º É vedada contribuição que consista em prestação de serviços.

45. Enunciado 18 da 1ª Jornada De Direito Comercial – O capital social da sociedade limitada poderá ser integralizado, no todo ou em parte, com quotas ou ações de outra sociedade, cabendo aos sócios a escolha do critério de avaliação das respectivas participações societárias, diante da responsabilidade solidária pela exata estimação dos bens conferidos ao capital social, nos termos do art. 1.055, § 1º, do Código Civil.

quantia subscrita no momento previsto no contrato social, adimplindo com sua obrigação de integralização.

4. DIVISÃO EM QUOTAS

Nas sociedades contratuais o capital social é dividido em quotas e cada sócio, conforme a quantia que contribui para o surgimento do negócio, possui um número delas. Embora na prática o mais utilizado seja considerar todas as quotas de igual valor, cabendo uma ou diversas a cada sócio, podem ser de valor desigual e os sócios as possuirão conforme o capital subscrito, visto que a integralização pode ser realizada posteriormente (art. 1.055, CC[46]).

Uma observação a ser feita para o momento de redigir o contrato é que as quotas sejam especificadas também por percentuais respectivos a cada integrante da sociedade. Muitas vezes esse cuidado não é tomado e a dificuldade para extrair-se o "quantum" um sócio possui a mais que o outro é grande, necessitando até de cálculos demorados.

5. CONDOMÍNIO DE QUOTAS

As quotas são indivisas, mas admite-se um condomínio sobre elas e o representante dessa copropriedade deve estar qualificado no próprio instrumento (art. 1.056 CC[47]).

No caso de condomínio de quota, os direitos a ela inerentes somente podem ser exercidos pelo condômino representante, ou pelo inventariante do espólio de sócio falecido (art. 1.056, §1º, CC), sendo que os condôminos de quota indivisa respondem solidariamente pelas prestações necessárias à sua integralização (art. 1.056, § 2º, CC).

Há impedimento à integralização a prazo do capital na hipótese em que a sociedade possuir sócio incapaz. Nesta hipótese o sócio relativamente incapaz deve ser assistido e o absolutamente incapaz deve ser representado por seus representantes legais e, ainda, que o capital esteja totalmente integralizado. No entanto, não poderá o incapaz sócio na limitada receber a atribuição de administrador,

---

46. Art. 1.055. O capital social divide-se em quotas, iguais ou desiguais, cabendo uma ou diversas a cada sócio.

47. Art. 1.056. A quota é indivisível em relação à sociedade, salvo para efeito de transferência, caso em que se observará o disposto no artigo seguinte. § 1º No caso de condomínio de quota, os direitos a ela inerentes somente podem ser exercidos pelo condômino representante, ou pelo inventariante do espólio de sócio falecido. § 2º Sem prejuízo do disposto no art. 1.052, os condôminos de quota indivisa respondem solidariamente pelas prestações necessárias à sua integralização.

função exclusiva de integrantes capazes para os atos da vida civil, sejam sócios ou não (art. 974, §3º, CC[48]).

A possibilidade de integralizar o capital subscrito não confere ao sócio a possibilidade de ingressar na sociedade sem nenhum patrimônio a transferir, contando com lucros que eventualmente auferirá e serão usados para que seja formada sua participação societária. Não poderá ser indicada como forma de integralização do capital a sua realização com lucros futuros. Não tendo bens ou direitos, a pessoa deve trabalhar na sociedade e por conta disso receber uma remuneração capaz de formar um montante para que ingresse na condição de sócio. O contrato não pode prever, por exemplo, que o sócio integralizará uma parcela dos lucros anuais da sociedade até completar determinada quantia.

K. ADMINISTRAÇÃO DA SOCIEDADE

1. ADMINISTRAÇÃO

Tratando a sociedade de pessoa jurídica, entidade moral constituída única e exclusivamente por autorização legal, necessário se faz que um ser humano, pessoa natural, exteriorize a expressão de vontade da sociedade, por isso da necessidade da existência da administração. No contrato social deve constar como será a forma de administração indicando as pessoas naturais incumbidas da função descrevendo seus poderes e atribuições (art. 997, VI, CC).

Antes chamada de gerência, a administração da sociedade é o órgão formado por pessoa(s) física(s) cuja atribuição é gerenciar a sociedade e manifestar a vontade da pessoa jurídica. Reitera-se que o incapaz está impedido de exercer a administração. No mundo corporativo é comum valer-se da expressão diretor ou gerente para designar as pessoas que exercem a administração, caberá a sociedade optar pela expressão mais comum em seu ramo, por conveniência de seus sócios e parceiros. O capítulo do contrato social que cuidar da administração deve deixar claro quantas e quais pessoas exercem a direção do negócio e as respectivas atribuições de cada um, pois em caso contrário terceiros não poderão saber se a sociedade está contratando validamente. É possível em sociedades mais complexas uma distribuição da administração por atribuições, ficando

---

48. Art. 974.§ 3º O Registro Público de Empresas Mercantis a cargo das Juntas Comerciais deverá registrar contratos ou alterações contratuais de sociedade que envolva sócio incapaz, desde que atendidos, de forma conjunta, os seguintes pressupostos: I – o sócio incapaz não pode exercer a administração da sociedade; II – o capital social deve ser totalmente integralizado; III – o sócio relativamente incapaz deve ser assistido e o absolutamente incapaz deve ser representado por seus representantes legais.

DIREITO EMPRESARIAL: DIREITO DAS SOCIEDADES • Armani, Ferreira, Jovetta e Penereiro

cada diretor com uma área do negócio e com as tarefas descritas no contrato ou no ato separado de eleição.

Administração pode ser genérica ou específica. A administração genérica é exercida por todos os sócios em deliberação por meio de assembleia ou reunião de sócios (art. 1.010, CC[49]), enquanto a administração específica é exercida pelo representante legal nomeado pela sociedade ou ato apartado (art. 1.011, CC[50]).

L. PARTICIPAÇÃO NOS LUCROS E PERDAS SOCIAIS

1. EXERCÍCIO SOCIAL

A data de encerramento do exercício social é o fechamento da contabilidade da sociedade, que anualmente fecha balanço contábil ou, em alguns casos, não chega a tanto pelo tamanho do negócio, mas está obrigada a demonstrar contabilmente os lucros ou prejuízos auferidos no período. Nesse ponto, o contrato deve apontar como será a participação de cada sócio nos lucros e nas perdas (art. 997, VII, CC).

A maioria das sociedades preferem, até mesmo para maior facilidade dos profissionais de contabilidade que estão acostumados a encerrar as demonstrações contábeis ao fim do ano civil, coincidir o encerramento social com o dia 31 de dezembro de cada ano. É mais comum o fim do exercício não coincidente com o ano civil no caso de sociedades multinacionais, geralmente Sociedades por Ações, as quais preferem encerrar seus exercícios contábeis ao mesmo tempo que sua matriz no exterior ou um mês antes, para que a matriz no exterior possa registrar os lucros advindos das filiais.

No fim do exercício social será apurado os eventuais lucros ou perdas da sociedade. Extrai-se dos artigos 1006, 1007 e 1008, todos do Código Civil, que não é per-

---

49. Art. 1.010. Quando, por lei ou pelo contrato social, competir aos sócios decidir sobre os negócios da sociedade, as deliberações serão tomadas por maioria de votos, contados segundo o valor das quotas de cada um. § 1º Para formação da maioria absoluta são necessários votos correspondentes a mais de metade do capital. § 2º Prevalece a decisão sufragada por maior número de sócios no caso de empate, e, se este persistir, decidirá o juiz. § 3º Responde por perdas e danos o sócio que, tendo em alguma operação interesse contrário ao da sociedade, participar da deliberação que a aprove graças a seu voto.

50. Art. 1.011. O administrador da sociedade deverá ter, no exercício de suas funções, o cuidado e a diligência que todo homem ativo e probo costuma empregar na administração de seus próprios negócios. § 1º Não podem ser administradores, além das pessoas impedidas por lei especial, os condenados a pena que vede, ainda que temporariamente, o acesso a cargos públicos; ou por crime falimentar, de prevaricação, peita ou suborno, concussão, peculato; ou contra a economia popular, contra o sistema financeiro nacional, contra as normas de defesa da concorrência, contra as relações de consumo, a fé pública ou a propriedade, enquanto perdurarem os efeitos da condenação. § 2º Aplicam-se à atividade dos administradores, no que couber, as disposições concernentes ao mandato.

CAPÍTULO III • SOCIEDADES PERSONIFICADAS | **83**

mitida a exclusão do sócio na repartição dos lucros ou prejuízos. Qualquer pretensão em determinar essa exclusão será considerada nula e não produzirá efeitos válidos.

M. RESPONSABILIDADE DOS SÓCIOS

1. RESPONSABILIDADE DOS SÓCIOS

Deverá constar expressamente do contrato social uma cláusula mencionando como será a responsabilidade dos sócios que a compõe (art. 997, VIII, CC). Nas sociedades típicas, como visto quando da classificação das sociedades, resta clara qual a responsabilidade dos sócios por dívidas da sociedade, devendo a cláusula reproduzir essa disposição legal do Código Civil referente ao tipo societário adotado, ou seja, o disposto no artigo 1.039 para sociedade em nome coletivo, no artigo 1.045 para sociedade em comandita simples e no artigo 1.052 para sociedade limitada.

2. RESPONSABILIDADE LIMITADA

Na prática, como a sociedade limitada é o tipo societário mais utilizado, no contrato social deve-se constar que a responsabilidade de cada sócio é restrita ao valor de suas respectivas quotas, mas todos respondem solidariamente pela integralização do capital social (art. 1.052, CC). Essa cláusula retrata a própria caracterização da sociedade limitada, dado que seu maior diferencial em relação aos demais tipos societários é a limitação da responsabilidade do sócio ao valor do capital social. O encargo da solidariedade quanto à integralização decorre da própria lei e deve ser mencionado, sendo que sua falta não afasta tal presunção a recair sobre os sócios.

N. VISTO DE ADVOGADO

1. VISTO DO ADVOGADO

Em que pese não constar como clausula obrigatória do contrato social na regra geral do artigo 997 do Código Civil, pelo artigo 1º, § 2º, do Estatuto da Ordem dos Advogados do Brasil,[51] o documento deverá conter o visto de advogado, com

---

51. Art. 1º. § 2º Os atos e contratos constitutivos de pessoas jurídicas, sob pena de nulidade, só podem ser admitidos a registro, nos órgãos competentes, quando visados por advogados.

a indicação do nome por extenso e número de inscrição na Seccional da Ordem dos Advogados do Brasil.

Fica dispensado o visto de advogado no contrato social de sociedade que, juntamente com o ato de constituição, apresentar declaração de enquadramento como Microempresa ou Empresa de Pequeno Porte (art. 9º, §2º, Lei Complementar 123/2006[52]).

O. ALTERAÇÃO DO CONTRATO SOCIAL

1. ALTERAÇÃO DO CONTRATO SOCIAL

Como a sociedade é um ente moral, existente apenas devido a autorização legislativa, constituída por outras pessoas, pode acontecer de os sócios pretenderem alterar suas disposições, tal modificação é realizada mediante instrumento chamado de "alteração contratual".

A alteração contratual é o instrumento jurídico necessário para modificar o contrato social, incluindo, modificando ou alterando as cláusulas existentes por vontade dos sócios ou por ordem judicial.

A alteração do contrato social por vontade dos sócios depende de deliberação em reunião ou assembleia, na qual será abordado o ponto a ser modificado, respeitando os quóruns legais.

2. QUÓRUM GERAL

No caso das sociedades simples, nome coletivo e comandita simples, as modificações do contrato social, que tenham por objeto matéria das cláusulas obrigatórios indicadas no artigo 997 do Código Civil, dependem do consentimento de todos os sócios, já as demais cláusulas podem ser decididas por maioria absoluta de votos, se o contrato não determinar a necessidade de deliberação unânime (art. 999, CC).

3. QUÓRUM NA SOCIEDADE LIMITADA

A sociedade limitada, a alteração do contrato social, independentemente da espécie da cláusula a ser alterada, seja ela obrigatória ou facultativa, a deliberação

---

52. Art. 9º, § 2º Não se aplica às microempresas e às empresas de pequeno porte o disposto no § 2º do art. 1º da Lei no 8.906, de 4 de julho de 1994.

depende da aprovação dos sócios que representem a maioria do capital social (arts. 1.071, V, e 1.076, II, CC).

Todavia, caso não tenham os sócios incluído no contrato social regra de unanimidade,[53] o sócio que não concordar com a alteração contratual poderá exercer seu direito de retirada nos trinta dias subsequentes à reunião, devendo constar na ata de deliberação a dissidência do sócio que pretende se retirar (art. 1.077, CC[54]).

Anote-se que a lei, ao contrário do que seria o mais desejável, não guardou correspondência entre as hipóteses em que se exige a unanimidade da vontade dos sócios ou quórum qualificado de três quartos para eficácia da alteração contratual e as hipóteses em que o registro da alteração pode ser feito com a assinatura apenas do sócio ou sócios representantes da maioria social. Com efeito, são coisas distintas e discerníveis a deliberação da alteração contratual e o registro do respectivo instrumento. Assim, o direito, por vezes, dispensa a assinatura de todos os sócios no instrumento de alteração que só poderia ter sido deliberada pela unanimidade e, também, exige, às vezes, a assinatura de todos os sócios no instrumento de alteração contratual para cuja deliberação é suficiente a maioria qualificada. Uma exigência não interfere na outra.

Para que a alteração contratual seja registrada, independentemente do quórum exigido por lei para a sua deliberação, é necessária apenas a assinatura no instrumento respectivo de sócio ou sócios titulares da maioria do capital social. A assinatura de todos os sócios da sociedade contratual somente é exigível se o próprio contrato contiver cláusula restritiva de alteração por simples maioria (art. 35, VI, LRE[55]).

Ainda, como dito, assim como o contrato social pode ser formalizado em instrumento público ou particular, dependendo da vontade dos sócios, a alteração pode ser instrumentalizada de ambas as formas, não sendo vinculada àquela usada para o contrato, ou seja, se o contrato for por instrumento público, a alteração poderá ser tanto por público quanto por particular, dependendo da vontade dos sócios.

Obviamente que devido ao custo para formalizar o instrumento público em cartório, os sócios preferem utilizar-se de instrumento particular.

---

53. Nas sociedades em que um ou mais sócios majoritários detenham o poder de controle, podendo, sem a anuência dos minoritários, alterar o contrato social, podem os minoritários, como exigência para ingressarem na sociedade, exigir clausula de unanimidade para alteração contratual. Com a existência desta cláusula o contrato somente poderá ser alterado com a anuência de todos os sócios. É uma forma de proteção ao minoritário.

54. Art. 1.077. Quando houver modificação do contrato, fusão da sociedade, incorporação de outra, ou dela por outra, terá o sócio que dissentiu o direito de retirar-se da sociedade, nos trinta dias subsequentes à reunião, aplicando-se, no silêncio do contrato social antes vigente, o disposto no art. 1.031.

55. COELHO, Fábio Ulhoa. *Manual de Direito Comercial: Direito de Empresa*. 25. ed. São Paulo: Saraiva, 2013, p. 165-166.

P. CONSOLIDAÇÃO DO CONTRATO SOCIAL

1. CONSOLIDAÇÃO DO CONTRATO SOCIAL

O contrato social não interessa somente às partes envolvidas no negócio ou ao órgão de registro, é ele um instrumento de interesse geral para qualquer pessoa que tenha alguma relação com a sociedade, seja uma relação comercial, de consumo, de emprego etc. O contrato social representa um documento capaz de identificar todos os aspectos legais de uma pessoa jurídica e demonstrar sua qualificação melhor do que qualquer outro documento ou cadastro. É nele, por exemplo, que as pessoas que contratarão com a sociedade poderão analisar se esta está contratando validamente, ou seja, se a representação da sociedade está sendo exercida pelo seu real administrador, pois só assim seriam válidas as obrigações contraídas pela entidade.

Ocorre que, por vezes, o contrato social necessita ser alterado para que a sociedade possa prosseguir com sua existência, cedendo a vontade dos sócios e adequando-se às novas situações que surgirem. Essas alterações podem ser pouco importantes como a simples mudança do endereço da sede, ou de grande relevância, como a troca do administrador, a alienação de todas as quotas a outros sócios que ingressam, entre tantas outras que chamarão a atenção de todos aqueles que de alguma forma negociam com a sociedade.

A estrutura de uma alteração contratual é simples, bastando o preâmbulo e as cláusulas expressando o que está sendo alterado em relação ao contrato original. Não há nenhum problema em ler o contrato social e depois tomar conhecimento de uma ou duas cláusulas alteradas.

Contudo, a situação começa a se complicar nas sociedades antigas, com anos e até décadas de existência, muitas vezes trazendo dezenas de alterações contratuais que ocasionaram tamanha mudança no contrato original que dele mesmo praticamente não vigora mais nada.

Nesses casos, para se tomar conhecimento da qualificação total da sociedade seria necessário ler o contrato original e ir seguindo em ordem cronológica pelas alterações contratuais até chegar na última, atualizando em um rascunho ou na memória as disposições contratuais daquela empresa. Imaginando, por exemplo, um gerente de banco, que para conceder o empréstimo e abrir a conta corrente bancária deve analisar o contrato, verifica-se que seria extremamente penoso analisar o instrumento original e uma série de posteriores alterações a fim de saber exatamente o que vigora nas disposições contratuais daquela instituição.

Objetivando solucionar esse problema, a prática jurídica desenvolveu a chamada consolidação do contrato social. Significa essa consolidação uma atualização do instrumento constituinte e regedor da sociedade. Quando se procede uma alteração contratual, a consolidação do contrato vem em seguida, anexada ao mesmo instrumento e levada juntamente a arquivamento. Trata-se de uma atualização pelo fato de ser efetivada quando, após a alteração que provocou a mudança de uma determinada cláusula, o contrato social é escrito novamente, respeitando-se a alteração, ou seja, a cláusula alterada é posta na redação do contrato da forma como vigora no momento, e não mais da forma como vigorava anteriormente.

A consolidação, sendo feita sempre a cada alteração contratual, dispensa a análise do contrato original, além de solucionar o problema das várias e seguidas alterações que bloqueiam o elo da sociedade atual com a antiga no momento de seu surgimento. O procedimento de consolidar o contrato a cada alteração propicia para terceiros que necessitarão dos atos constitutivos da sociedade uma facilidade muito grande na análise da mesma, e consequentemente um andamento melhor para o mercado e a vida comercial cotidiana.

Sob esse ponto de vista, a lei deixa a desejar quando não obriga a alteração contratual ser acompanhada da consolidação para efetuar-se o seu registro. O arquivamento de qualquer alteração deveria possuir o pressuposto de junto ser arquivada a consolidação do contrato social. Assim, a todos que necessitassem de uma análise sobre o instrumento constituinte da sociedade, haveria o benefício de ser preciso ler e buscar um único documento, já com as informações atualizadas desde o início da atividade.

Logicamente, a única exceção seria para o instrumento arquivado que busca a extinção da sociedade, caso em que perderia a razão de ser a atualização do contrato social.

Embora vários advogados e contabilistas não respeitem a existência da consolidação e não a realizam após as alterações, ela é muito usada no meio jurídico e com todos os créditos que merece, eis que deveria figurar como uma obrigação decorrente de lei, obrigando a todos os profissionais realizá-la, e não mais deixando a regulamentação de uma sociedade espalhada por vários documentos soltos em arquivos e no próprio tempo, os quais dependeriam de uma exaustiva leitura para se concluir identicamente ao que se conclui após ler a última alteração com o contrato convalidado.

Capítulo IV
DIREITOS E OBRIGAÇÕES DOS SÓCIOS

A. SÓCIO

1. NATUREZA JURÍDICA

O sócio é uma figura *sui generis*[1] no campo do direito, pois nenhuma outra figura jurídica se aproxima de sua qualidade perante a sociedade e os demais sócios. Em verdade o sócio é uma entidade de direito sobre o qual em razão de sua posição jurídica possui uma gama de direitos e deveres preestabelecidos.[2] Pode ser sócios pessoa física ou jurídica, dependendo do tipo societário adotado pela sociedade.

De forma alguma o sócio poderá ser denominado "dono" ou "sócio proprietário" da sociedade, o sócio exerce direito de propriedade sobre as quotas ou ações, mas não sobre a sociedade que é uma pessoa (jurídica) para todos os fins de direito. Entre os sócios, e cada sócio e a sociedade há vínculos jurídicos criados pelo contrato social e pelo registro que conferem personalidade jurídica a sociedade.

Os direitos e obrigações do sócio perante a sociedade e os demais sócios começam imediatamente com seu ingresso no quadro social, e terminam com sua saída (art. 1.001, CC[3]). Com relação a terceiros, o sócio, admitido em socie-

---

1. COELHO, Fábio Ulhoa, *Manual de Direito Comercial: Direito de Empresa*. 25. ed. São Paulo: Saraiva, 2013, p. 167.
2. A complexidade de disciplina da sociedade anônima põe em evidência, parece-me, a impossibilidade de identificar os direitos do sócio em "um só" direito, seja real, seja obrigacional. Pode-se, antes, encarar na posição de sócio uma "posição", um pressuposto, um status do qual – verificados demais requisitos, diversos nos vários casos – decorrem, de um lado, deveres (em relação à integralização das ações) e, de outro lado, direitos de caráter patrimonial (por exemplo, o direito ao dividendo, o direito à quota de liquidação) e não patrimonial (por exemplo, o direito de informação, o direito de participar da assembleia) e poderes (como o de votar em assembleia); direitos e poderes extrapatrimoniais, por seu turno, contribuem a tutelar o direitos patrimoniais do acionista". ASCARELLI, Tullio. *Os problemas das sociedades anônimas e direito comparado*. São Paulo: Quorum, 2008. p. 491.
3. Art. 1.001. As obrigações dos sócios começam imediatamente com o contrato, se este não fixar outra data, e terminam quando, liquidada a sociedade, se extinguirem as responsabilidades sociais.

dade já constituída, não se exime das dívidas sociais anteriores à admissão (art. 1.025, CC[4]).

Os vínculos criados entre as partes que participam da relação societária existem direitos e deveres mútuos que devem ser analisados para melhor posicionamento da figura do sócio.

B. OBRIGAÇÕES DOS SÓCIOS

1. EXERCÍCIO PESSOAL

Quando as pessoas decidem se associar e constituir a sociedade, os vínculos societários formados têm caráter pessoal, não podendo o sócio ser substituído no exercício das suas funções, sem o consentimento dos demais sócios, expresso em modificação do contrato social (art. 1.002, CC[5]).

Em regra, as pessoas se reúnem em sociedade por um vínculo pessoal, sendo contrário aos interesses de cada sócio permitir que terceiro, não sócio, participe da sociedade como se sócio fosse ao revés da vontade dos demais. Por isso, a lei exige que, para terceiro ser representante de sócio, todos os demais concordem com isso.

2. CONTRIBUIÇÃO PARA FORMAÇÃO DO CAPITAL SOCIAL

Pelo próprio conceito de contrato de sociedade, é inerente a obrigação dos sócios em contribuir, com bens ou serviços, para o exercício da atividade econômica. Todos os sócios devem, na forma e prazo previstos, proceder às contribuições estabelecidas no contrato social (art. 1.004, CC[6]).

Quando os sócios firmam o contrato social é decidido qual será a contribuição de cada um para formação do capital social, sendo subscrita a obrigação que deverá ser cumprida pelo sócio, constando a forma e o momento da con-

---

4. Art. 1.025. O sócio, admitido em sociedade já constituída, não se exime das dívidas sociais anteriores à admissão.
5. Art. 1.002. O sócio não pode ser substituído no exercício das suas funções, sem o consentimento dos demais sócios, expresso em modificação do contrato social.
6. Art. 1.004. Os sócios são obrigados, na forma e prazo previstos, às contribuições estabelecidas no contrato social, e aquele que deixar de fazê-lo, nos trinta dias seguintes ao da notificação pela sociedade, responderá perante esta pelo dano emergente da mora. Parágrafo único. Verificada a mora, poderá a maioria dos demais sócios preferir, à indenização, a exclusão do sócio remisso, ou reduzir-lhe a quota ao montante já realizado, aplicando-se, em ambos os casos, o disposto no § 1º do art. 1.031.

CAPÍTULO IV • DIREITOS E OBRIGAÇÕES DOS SÓCIOS **91**

tribuição. Nesse momento o sócio apenas se compromete com a obrigação de integralização do capital social.

Quando ocorrer o vencimento da obrigação na forma e prazos estipulados, o sócio deve cumprir o prometido, integralizando sua participação na formação do capital social.

a) Sócio remisso

O sócio que deixa de cumprir com a obrigação de integralizar sua parte no capital social, é chamado de remisso, e deverá purgar a mora, nos trinta dias seguintes ao da notificação pela sociedade, respondendo perante esta pelo dano emergente da mora (art. 1.004, CC).

(i) Interpelação. Note-se que a lei exige a notificação, ainda que a obrigação tenha sido firmada à termo pelas partes. Ou seja, o simples vencimento não consubstancia a mora, em exceção à regra das obrigações a termo cristalizada no brocado *dies interpellat pro homine*. Assim, mesmo com vencimento certo, o sócio não será remisso se não for intimado para purgar a mora em 30 (trinta) dias.

Verificada a mora pela não realização, na forma e no prazo, da integralização da quota pelo sócio remisso, os demais sócios devem se reunir e deliberar se irão cobrar judicialmente o devedor, se irão excluir o sócio remisso ou se irão reduzir-lhe sua participação societária ao montante já realizado.

(ii) Cobrança do remisso. Tomada a decisão, poderá a sociedade utilizar-se de ação de execução de título extrajudicial para cobrar o sócio remisso, cujo contrato social será o título executivo extrajudicial (art. 784, II, CPC).[7] Com a execução a sociedade poderá cobrar o valor líquido e certo previsto no contrato, com adição de juros e correção monetária e eventual multa contratualmente prevista para a hipótese de não integralização. Nesse caso, não haverá a redução do capital social e o sócio remisso continuará vinculado a sociedade.

Caso a não integralização resulte em prejuízos maiores pela sociedade, como possíveis danos materiais estes também podem ser cobrados por ação autônoma.

(iii) Exclusão do remisso. No caso dos demais sócios decidirem pela exclusão do sócio remisso ou a redução de sua quota ao montante já integralizado, deverão elaborar uma alteração contratual que reflita a decisão tomada em assembleia ou reunião, sendo arquivado no órgão competente em processos distintos e simultaneamente, a ata da reunião ou assembleia e a alteração contratual mencionada.

---

7. Art. 784. São títulos executivos extrajudiciais: II - a escritura pública ou outro documento público assinado pelo devedor;

(iv) Redução da participação societária do remisso. Em ambos os casos, o capital social sofrerá a correspondente redução, salvo se os demais sócios suprirem o valor da quota (parágrafo único do art. 1.004, c/c parágrafo único do art. 1.031 do CC). Poderão também os sócios, excluindo o titular, tomar a quota para si ou transferi-la a terceiros (art. 1.058 do CC[8]).

3. PARTICIPAÇÃO NAS PERDAS

Outra obrigação do sócio, também reflexa do contrato de sociedade, é a participação nas perdas sociais na proporção das respectivas quotas (art. 1.007, CC[9]), podendo o contrato social prever participação desproporcional, mas sendo vetada cláusula que exclua qualquer sócio de participar das perdas (art. 1.008, CC[10]).

O limite da responsabilidade do sócio dependerá do tipo societário adotado pela sociedade e, portanto, importante averiguar em cada caso como se dará a responsabilidade pelas perdas sociais.

4. DEVER DE LEALDADE E BOA-FÉ

Em voga no hodierno direito comercial os princípios próprios que o diferencia dos demais ramos do direito privado, dentre eles se destacam os princípios da boa-fé objetiva e da lealdade entre os sócios.[11] O sócio deve agir com lealdade e diligência nas relações societárias existentes evitando-se praticar atos que destoam com o espírito do contrato de sociedade. Inclusive a lei traz grave consequência em caso de o sócio não cumprir desses deveres com a possibilidade de sua exclusão por justo motivo decorrente de falta grave.[12]

---

8. Art. 1.058. Não integralizada a quota de sócio remisso, os outros sócios podem, sem prejuízo do disposto no art. 1.004 e seu parágrafo único, tomá-la para si ou transferi-la a terceiros, excluindo o primitivo titular e devolvendo-lhe o que houver pago, deduzidos os juros da mora, as prestações estabelecidas no contrato mais as despesas.

9. Art. 1.007. Salvo estipulação em contrário, o sócio participa dos lucros e das perdas, na proporção das respectivas quotas, mas aquele, cuja contribuição consiste em serviços, somente participa dos lucros na proporção da média do valor das quotas.

10. Art. 1.008. É nula a estipulação contratual que exclua qualquer sócio de participar dos lucros e das perdas.

11. Assim, a construção do contrato plurilateral permite que se atenda também ao princípio da preservação da empresa, pelo qual, sempre que possível há que se manter a empresa como organismo econômico produtor de riquezas, tendo em vista os inúmeros interesses envolvidos, como dos trabalhadores, do fisco e dos consumidores. Ademais, há que se atentar para a função social que a sociedade desempenha, equacionando os interesses da sociedade, dos sócios que saem da sociedade, ou seus herdeiros, e dos sócios que permanecem (TOMAZETTE, Marlon. *Curso de direito empresarial: teoria geral e direito societário*. 3. ed. São Paulo: Atlas, 2011. v. 1, p. 312-313).

12. A expressão falta grave é – e deve ser – ampla. Embora tenha sido estabelecida por meio de lei, seu plano é o do direito disciplinar, no qual não se fazem necessárias situações tipificadas, mas comportamentos

CAPÍTULO IV • DIREITOS E OBRIGAÇÕES DOS SÓCIOS | **93**

C. DIREITOS DOS SÓCIOS

1. PARTICIPAÇÃO NOS LUCROS

Inerente ao contrato de sociedade é direito do sócio participar dos lucros da sociedade (art. 1.007, CC).

A distribuição dos lucros, assim como ocorre com a perdas sociedade, pode ser proporcional participação societária, que é a modalidade mais comum, mas pode ser acordado diversamente entre os sócios, atribuindo uma distribuição que não tenha relação com a quantidade de quotas sociais.

Um exemplo é distribuir o lucro de acordo com a receita gerada por cada um, muito comum na sociedade cujo objeto seja a prestação de serviço. Preferindo os sócios ligar a distribuição do resultado às respectivas quotas de cada integrante, não precisam expressamente determinar no instrumento, pois o silêncio do regime, conforme artigo 1.007 do Código Civil, presume a participação nos lucros na proporção das respectivas quotas.

Diferentemente do *pro labore*, que remunera a contribuição à administração da pessoa jurídica, a distribuição de lucros para os sócios é chamada de dividendos pelo fato do lucro total ser dividido pelo número de cotas e distribuído – via de regra – conforme essa proporção.

Na omissão do contrato social não é obrigatória a distribuição de lucros aos sócios. Muitas vezes o saldo positivo alcançado no exercício social poderá ser destinado para outras fontes, dependendo das decisões tomadas pelos sócios em deliberação.

Neste sentido, o lucro para ser destinado a (i) capitalização da sociedade, (ii) a reserva ou (iii) pagamento de dividendos; cabendo aos sócios decidirem em reunião ou assembleia, por voto da maioria, se o contrato não dispor de quórum diferenciado, qual o destino do lucro percebido no fim do exercício social.[13]

O dividendo representa a distribuição de parte do lucro entre os sócios, deixando os respectivos valores a pertencer ao patrimônio da sociedade.

---

que, não importa qual seja sua configuração, caracterizem grave desrespeito aos deveres que podem ser tidos como inerentes à manutenção de uma sociedade. [...] Para além das previsões estatutárias, um amplo leque de possibilidades se define, como atos que caracterizem desrespeito à *affectio societatis* (designadamente a concorrência desleal com a sociedade), prática – ou tentativa – de crimes dolosos que tenham a sociedade ou qualquer dos sócios como vítima, improbidade (mesmo sem caracterização de ato ilícito) etc. (MAMEDE, Gladston. *Direito empresarial brasileiro*: direito societário: sociedades simples e empresárias. 4. ed. São Paulo: Atlas, 2010, v. 2, p. 155-156).

13. O contrato social pode dispor que a sociedade apure os lucros com periodicidade diversa da anual, como periodicidade trimestral ou mensal.

A destinação do lucro para reservas significa permanecer o valor no patrimônio da sociedade, visando posterior distribuição na forma de dividendos ou ainda fazer frente à outra despesa ou contingência que a sociedade venha a ter.

Já a capitalização representa a integração do respectivo valor ao capital social, aumentando-o. Importante salientar que via de regra o capital social é irredutível de modo que tal atribuição deverá ser permanente.

Nas duas últimas hipóteses, reserva e capitalização, o lucro permanece no patrimônio social, enquanto na primeira o valor deixa o patrimônio da sociedade e é transferido para o dos sócios.

Na sociedade anônima (S/A) parte do lucro deve ser destinado obrigatoriamente ao pagamento de dividendos, em cada exercício social, na forma estabelecida no estatuto ou, se este for omisso, a importância determinada de acordo com as normas postas no artigo 202 da Lei das Sociedades por Ações, porém na lei civil não há nenhuma previsão semelhante para obrigar a distribuição de lucros entre os sócios de uma sociedade contratual.[14]

2. ADMINISTRAÇÃO GERAL

Administração da sociedade pode ser genérica ou específica. A administração genérica é exercida por todos os sócios em deliberação por meio de assembleia ou reunião de sócios (art. 1.010, CC[15]), enquanto a administração específica é exercida pelo administrador, representante legal nomeado pela sociedade ou ato apartado (art. 1.011, CC[16]).

---

14. Em razão de um complexo mecanismo jurídico de regulação das relações no interior da sociedade limitada, se o contrato social contiver cláusula mencionando, em termos genéricos, que o resultado será a destinação deliberada pelos sócios, isso dará ensejo a que prevaleça, sempre, a vontade do majoritário. Ora, este poderá entender que o melhor para a limitada é o aumento da liquidez de suas disponibilidades e, em decorrência, decidir reinvestir na sociedade, anos sucessivos, todos os lucros. Evidentemente, tal destinação de resultados importa não distribuição aos sócios de nenhum dinheiro. Para garantia, o minoritário deve negociar, antes de assinar o contrato social, uma cláusula estipulando a distribuição anual entre os sócios de um percentual mínimo do lucro líquido da sociedade. (COELHO, Fabio Ulhoa, *Curso de Direito Comercial*. 19. ed. São Paulo: Saraiva, 2015, v. 2: direito de empresa, p. 394-395).

15. Art. 1.010. Quando, por lei ou pelo contrato social, competir aos sócios decidir sobre os negócios da sociedade, as deliberações serão tomadas por maioria de votos, contados segundo o valor das quotas de cada um. § 1º Para formação da maioria absoluta são necessários votos correspondentes a mais de metade do capital. § 2º Prevalece a decisão sufragada por maior número de sócios no caso de empate, e, se este persistir, decidirá o juiz. § 3º Responde por perdas e danos o sócio que, tendo em alguma operação interesse contrário ao da sociedade, participar da deliberação que a aprove graças a seu voto.

16. Art. 1.011. O administrador da sociedade deverá ter, no exercício de suas funções, o cuidado e a diligência que todo homem ativo e probo costuma empregar na administração de seus próprios negócios. § 1º Não podem ser administradores, além das pessoas impedidas por lei especial, os condenados a pena que vede, ainda que temporariamente, o acesso a cargos públicos; ou por crime falimentar, de prevaricação, peita ou suborno, concussão, peculato; ou contra a economia popular, contra o sistema

CAPÍTULO IV • DIREITOS E OBRIGAÇÕES DOS SÓCIOS | **95**

A participação nas deliberações sociais e, consequentemente, a participação na administração genérica, é um direito do sócio, cujas decisões serão tomadas proporcionalmente a participação societária de cada sócio, ou seja, quanto maior a quantidade de quotas, maior a ingerência do sócio sobre o destino da sociedade.

3. FISCALIZAÇÃO

O direito de fiscalização está previsto no artigo 1.020 do Código Civil[17] que assegura aos sócios o recebimento dos administradores das contas justificadas de sua administração, e apresentar-lhes o inventário anualmente, bem como o balanço patrimonial e o de resultado econômico.

Ainda, salvo estipulação que determine época própria,[18] o sócio pode, a qualquer tempo,[19] examinar os livros e documentos, e o estado de caixa e carteira da sociedade (art. 1.021, CC[20]).

---

financeiro nacional, contra as normas de defesa da concorrência, contra as relações de consumo, a fé pública ou a propriedade, enquanto perdurarem os efeitos da condenação. § 2º Aplicam-se à atividade dos administradores, no que couber, as disposições concernentes ao mandato.

17. Art. 1.020. Os administradores são obrigados a prestar aos sócios contas justificadas de sua administração, e apresentar-lhes o inventário anualmente, bem como o balanço patrimonial e o de resultado econômico.

18. Por fim, o sócio minoritário não deve entrar em sociedade limitada de cujo contrato social não conste expressa previsão de acesso à informações gerenciais do negócio. O principal instrumento para o minoritário se defender de abusos da maioria é a informação. Sem saber como a empresa está sendo conduzida, em seus detalhes, ele não pode sequer municiar seu advogado, se for necessário responsabilizar o majoritário. Claro que a lei assegura aos sócios, em geral, o acesso aos livros da sociedade e às demonstrações contábeis, assim como o direito à prestação de contas pela administração (arts. 1.020 e 1.021, CC e arts. 105 e 133, I e II, LSA). Ocorre, contudo, que esse conjunto de informações (suficiente para o exame das condições gerais do desenvolvimento do negócio) nem sempre basta ao efetivo controle da economicidade e regularidade dos atos praticados na gerência da sociedade. O sócio minoritário, portanto, deve assegurar, por via contratual, que lhe seja enviada, todo mês, cópia do extrato bancário das contas de depósito em nome da sociedade, dos contratos (acima de determinado valor) firmados em nome dela e de outros documentos importantes. As informações que se podem extrair da consulta a esses instrumentos, comparando-se com as fornecidas pelas demonstrações contábeis e pela escrituração dos livros mercantis, permitem a fiscalização mais próxima e eficiente da gestão da empresa (COELHO, Fabio Ulhoa. *Curso de Direito Comercial*. 19. ed. São Paulo: Saraiva, 2015, v. 2: direito de empresa, p. 395).

19. A expressão "a qualquer tempo" pode trazer imensos inconvenientes. As sociedades costumam fazer apurações mensais, tanto para seu controle gerencial interno quanto para a elaboração de obrigações tributarias acessórias. Exigir que a sociedade realize levantamentos em periodicidade menor para satisfazer um determinado sócio pode desviar a sociedade de sua atividade, e causar-lhe grande prejuízo.

20. No texto legal a palavra caixa assume a acepção contábil, ou seja, representa as disponibilidades em dinheiro da sociedade. A carteira por sua vez refere-se a clássica linguagem comercial e significa o conjunto de vendas realizadas. De fato, o acesso a apenas esses documentos com adição do balanço patrimonial e do demonstrativo de resultados do exercício é insuficiente para atender a uma fiscalização eficaz da sociedade pelo sócio, motivo pelo qual a expressão "estado de caixa e carteira" deve ser entendido pelo intérprete moderno como a totalidade da documentação que possa ser útil ao exercício do direito de fiscalização dos sócios.

4. DIREITO DE RETIRADA

Como a Constituição Federal assegura o direito de ninguém se associar ou permanecer associado sem vontade, é previsto o direito do sócio em retirar-se da sociedade nos termos da lei ou do contrato.

Além dos casos previstos na lei ou no contrato, qualquer sócio pode retirar-se da sociedade; se de prazo indeterminado, mediante notificação aos demais sócios, com antecedência mínima de 60 (sessenta) dias; se de prazo determinado, provando judicialmente justa causa (art. 1.029, CC[21]).

Na sociedade limitada, além das hipóteses de retirada do artigo 1.029 do Código Civil, o sócio poderá retirar-se quando não concordar com alteração do contrato social, fusão da sociedade, incorporação de outra, ou dela por outra, nos 30 (trinta) dias subsequentes à reunião, devendo constar na ata de deliberação a dissidência do sócio que pretende se retirar (art. 1.077, CC[22]).

---

21. Art. 1.029. Além dos casos previstos na lei ou no contrato, qualquer sócio pode retirar-se da sociedade; se de prazo indeterminado, mediante notificação aos demais sócios, com antecedência mínima de sessenta dias; se de prazo determinado, provando judicialmente justa causa. Parágrafo único. Nos trinta dias subsequentes à notificação, podem os demais sócios optar pela dissolução da sociedade.
22. Art. 1.077. Quando houver modificação do contrato, fusão da sociedade, incorporação de outra, ou dela por outra, terá o sócio que dissentiu o direito de retirar-se da sociedade, nos trinta dias subsequentes à reunião, aplicando-se, no silêncio do contrato social antes vigente, o disposto no art. 1.031.

Capítulo V
SOCIEDADES CONTRATUAIS EM ESPÉCIE

A. REGRAS GERAIS DAS SOCIEDADES CONTRATUAIS

1. SOCIEDADES CONTRATUAIS

As sociedades contratuais estão compreendidas no Código Civil e podem ou não adotar os tipos societários predeterminados na lei. A regra é que os sócios optem, no momento da elaboração do contrato social, por um dos tipos societários, porém a legislação dá opção de não se adotar tipo societário no caso de sociedade simples. Tal faculdade não ocorre no caso de sociedade empresária que somente pode ser regularmente constituída e registrada na Junta Comercial quando adotado um dos tipos societários previstos em lei. Essa necessidade de utilizar-se de um tipo societário traduz-se no princípio da tipicidade das sociedades empresárias (art. 983, CC[1]).

2. PRINCÍPIO DA TIPICIDADE SOCIETÁRIA

Quando pessoas se unem para explorar uma atividade econômica por meio de sociedade empresária, devem escolher o tipo societário que será adotado pela pessoa jurídica a ser criada mediante o registro de seu ato constitutivo no órgão competente, um reflexo da regra da tipicidade societária para aquelas que são consideradas empresárias.

O registro é essencial para a aquisição da personalidade jurídica, de modo que, na sua falta, a sociedade será considerara como sociedade em comum. Se

---

1. Art. 983. A sociedade empresária deve constituir-se segundo um dos tipos regulados nos arts. 1.039 a 1.092; a sociedade simples pode constituir-se de conformidade com um desses tipos, e, não o fazendo, subordina-se às normas que lhe são próprias. Parágrafo único. Ressalvam-se as disposições concernentes à sociedade em conta de participação e à cooperativa, bem como as constantes de leis especiais que, para o exercício de certas atividades, imponham a constituição da sociedade segundo determinado tipo.

a sociedade não se registrou, não há que se falar em tipo societário, ficando, assim, descartado qualquer benefício que os tipos societários concederiam a determinadas situações.

a) Tipos de sociedade empresária

Se a sociedade for da espécie empresária, *deverá* constituir-se segundo um dos tipos societários regulados nos artigos 1.039 a 1.092 do Código Civil ou na Lei 6.404/1976 – Lei das Sociedades por Ações (LSA), quais sejam: (i) sociedade em nome coletivo; (ii) sociedade em comandita simples; (iii) sociedade limitada; (iv) sociedade anônima e; (iv) sociedade em comandita por ações.

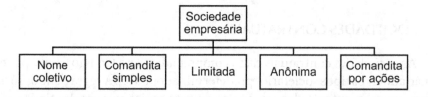

b) Tipos de sociedade simples

Já se a espécie da sociedade for simples, *poderá* constituir-se segundo um dos tipos societários regulados nos artigos 1.039 a 1.092 do Código Civil, neste caso: (i) sociedade em nome coletivo; (ii) sociedade em comandita simples; (iii) sociedade limitada; (iv) cooperativa; ou (v) não o fazendo, subordinando-se às normas que lhe são próprias (sociedade simples *stricto sensu*).

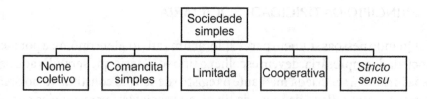

B. SOCIEDADE SIMPLES

1. SOCIEDADE SIMPLES

A expressão *sociedade simples* é equívoca pois pode ser utilizada tanto para significar (i) uma espécie de sociedade, diferenciando-se da sociedade empresária, quanto (ii) como um conjunto de regras gerais para as sociedades contratuais

CAPÍTULO V • SOCIEDADES CONTRATUAIS EM ESPÉCIE 99

ou; (iii) para aquelas sociedades simples que não optam por outro tipo, usando as regras que lhes são próprias.

a) Sociedade simples como espécie de sociedade (art. 982, CC[2])

Em que pese a unificação do Direito Privado ocorrida com vigência do Código Civil, o legislador preferiu distinguir as espécies de sociedade entre empresária e simples. A sociedade simples, dentro dessa sistemática, se encaixa como uma espécie de sociedade que se distingue da sociedade empresária.

b) Sociedade simples como conjunto de regras gerais para sociedades contratuais

A sociedade simples prevista entre o artigo 997 a 1.038 do Código Civil traz um conjunto de regras que será usado supletivamente na omissão de regras específicas aos tipos societários. São regras estruturais do Direito Societário aplicáveis para todos os tipos de sociedades contratuais, cabendo a cada tipo societário as regras específicas que se sobressaem em caso de conflito com as gerais. Em suma, tratando-se de sociedade contratual, no caso de omissão de regra específica do tipo societário correspondente, subsidiariamente aplicam-se as regras gerais da sociedade simples (art. 1.040,[3] art. 1.046[4] e art. 1.053,[5] CC).

Assim, para poder verificar como proceder na aplicação da norma, o jurista deve verificar o tipo societário adotado e checar as regras específicas para aquele tipo societário e, havendo omissão de regra própria, deve-se verificar as normas das sociedades simples.

A exceção encontra-se na sociedade do tipo limitada que poderá, a escolha dos sócios, utilizar-se supletivamente as normas da sociedade anônima ao invés da sociedade simples, desde que conste essa disposição expressamente no contrato social (art. 1.053, p. único, CC[6]).

---

2. Art. 982. Salvo as exceções expressas, considera-se empresária a sociedade que tem por objeto o exercício de atividade própria de empresário sujeito a registro (art. 967); e, simples, as demais. Parágrafo único. Independentemente de seu objeto, considera-se empresária a sociedade por ações; e, simples, a cooperativa.
3. Art. 1.040. A sociedade em nome coletivo se rege pelas normas deste Capítulo e, no que seja omisso, pelas do Capítulo antecedente.
4. Art. 1.046. Aplicam-se à sociedade em comandita simples as normas da sociedade em nome coletivo, no que forem compatíveis com as deste Capítulo.
5. Art. 1.053. A sociedade limitada rege-se, nas omissões deste Capítulo, pelas normas da sociedade simples.
6. Art. 1.053, Parágrafo único. O contrato social poderá prever a regência supletiva da sociedade limitada pelas normas da sociedade anônima.

c) Sociedade simples sem tipo societário

A sociedade simples *stricto sensu* seria aquela em que os sócios não optaram por adotar nenhum tipo societário para sua regência. Nessa hipótese há maior liberdade na elaboração das cláusulas contratuais, pois o contrato social deverá seguir apenas aquelas que são essenciais ao contrato social.

C. SOCIEDADE SIMPLES *STRICTO SENSU*

1. REGRAS GERAIS

A sociedade simples em sentido estrito são aquelas que não adotam tipo societário e, por isso, subordina-se às normas que lhe são próprias (art. 983, CC), constantes entre os artigos 997 a 1.038 do Código Civil, que são as normas gerais as sociedades contratuais.

2. CONTRATO SOCIAL (ART. 997, CC[7])

São cláusulas essenciais ao registro do contrato social da sociedade simples: (i) nome, nacionalidade, estado civil, profissão e residência dos sócios, se pessoas naturais, e a firma ou a denominação, nacionalidade e sede dos sócios, se jurídicas; (ii) denominação,[8] objeto, sede e prazo da sociedade; (iii) capital da sociedade, expresso em moeda corrente, podendo compreender qualquer espécie de bens, suscetíveis de avaliação pecuniária; (iv) a quota de cada sócio no capital social, e o modo de realizá-la; (v) as prestações a que se obriga o sócio, cuja contribuição consista em serviços; (vi) as pessoas naturais incumbidas da administração da sociedade, e seus poderes e atribuições; (vii) a participação de cada sócio nos

---

7. Art. 997. A sociedade constitui-se mediante contrato escrito, particular ou público, que, além de cláusulas estipuladas pelas partes, mencionará: I – nome, nacionalidade, estado civil, profissão e residência dos sócios, se pessoas naturais, e a firma ou a denominação, nacionalidade e sede dos sócios, se jurídicas; II – denominação, objeto, sede e prazo da sociedade; III – capital da sociedade, expresso em moeda corrente, podendo compreender qualquer espécie de bens, suscetíveis de avaliação pecuniária; IV – a quota de cada sócio no capital social, e o modo de realizá-la; V – as prestações a que se obriga o sócio, cuja contribuição consista em serviços; VI – as pessoas naturais incumbidas da administração da sociedade, e seus poderes e atribuições; VII – a participação de cada sócio nos lucros e nas perdas; VIII – se os sócios respondem, ou não, subsidiariamente, pelas obrigações sociais. Parágrafo único. É ineficaz em relação a terceiros qualquer pacto separado, contrário ao disposto no instrumento do contrato.

8. Em que pese a lei utilizar apenas "denominação", a nome da sociedade poderá ser designado por "firma" ou "denominação", dependendo do tipo societário.

lucros e nas perdas; (viii) se os sócios respondem, ou não, subsidiariamente, pelas obrigações sociais.

3. REGISTRO

Nos trinta dias subsequentes à sua constituição, a sociedade deverá requerer a inscrição do contrato social no Registro Civil das Pessoas Jurídicas do local de sua sede. O pedido de inscrição será acompanhado do instrumento autenticado do contrato, e, se algum sócio nele houver sido representado por procurador, o da respectiva procuração, bem como, se for o caso, da prova de autorização da autoridade competente (Art. 998, CC[9]). A inscrição tomada por termo no livro de registro próprio, e obedecerá a número de ordem contínua para todas as sociedades inscritas.

Enquanto não inscrito o contrato social no Registro Civil das Pessoas Jurídica, a sociedade será regida pelas normas da sociedade em comum (art. 986, CC).

4. VANTAGEM DA SOCIEDADE SIMPLES *STRICTO SENSU*

Essa espécie de sociedade não pode explorar atividade empresária, pois somente a sociedade simples, não empresária (art. 992, CC), é que pode se valer da liberdade de dispor de suas cláusulas contratuais sem se limitar as disposições dos tipos societários. Lembrando que a sociedade empresária deve necessariamente adotar um tipo societário (art. 983, CC).

A relevância dessa possibilidade, da sociedade simples não adotar tipo societário, é a possibilidade de o contrato dispor livremente se os sócios respondem, ou não, subsidiariamente, pelas obrigações sociais[10] (art. 997, VIII, CC), pois os tipos societários já trazem qual será a responsabilidade dos sócios perante as obrigações contraídas pela sociedade.

---

9. Art. 998. Nos trinta dias subsequentes à sua constituição, a sociedade deverá requerer a inscrição do contrato social no Registro Civil das Pessoas Jurídicas do local de sua sede. § 1º O pedido de inscrição será acompanhado do instrumento autenticado do contrato, e, se algum sócio nele houver sido representado por procurador, o da respectiva procuração, bem como, se for o caso, da prova de autorização da autoridade competente. § 2º Com todas as indicações enumeradas no artigo antecedente, será a inscrição tomada por termo no livro de registro próprio, e obedecerá a número de ordem contínua para todas as sociedades inscritas.

10. Enunciado 10 da 1ª Jornada De Direito Comercial – Nas sociedades simples, os sócios podem limitar suas responsabilidades entre si, à proporção da participação no capital social, ressalvadas as disposições específicas.

5. SOCIEDADE DE PESSOAS

Como se trata de uma sociedade de pessoas, o sócio não pode ceder suas cotas a terceiro sem o consentimento dos demais sócios. Concordando os sócios pela cessão de quotas, o terceiro ingressará na sociedade em substituição ao sócio cedente, devendo a nova composição societária ser expressa em alteração contratual (art. 1.002, CC[11]). A cessão total ou parcial de quota, sem a correspondente modificação do contrato social com o consentimento dos demais sócios, não terá eficácia quanto a estes e à sociedade (art. 1.003, CC[12]). Até dois anos depois de averbada a modificação do contrato, responde o cedente solidariamente com o cessionário, perante a sociedade e terceiros, pelas obrigações que tinha como sócio (art. 1.003, parágrafo único, CC).

6. SÓCIOS PRESTADOR DE SERVIÇOS

Além dos direitos e obrigações pertinentes a qualquer sócio, aquele, cuja contribuição consista em serviços, não pode, salvo convenção em contrário, empregar-se em atividade estranha à sociedade, sob pena de ser privado de seus lucros e dela excluído (art. 1.006, CC[13]).

7. ADMINISTRAÇÃO

A sociedade simples será administrada de forma geral por meio de todos os sócios que deliberam em assembleia ou reunião. Quando, por lei ou pelo contrato social, competir aos sócios decidir sobre os negócios da sociedade, as deliberações serão tomadas por maioria de votos, contados segundo o valor das quotas de cada um (art. 1.010, CC[14]). Prevalece a decisão sufragada por maior número de sócios no caso de empate, e, se este persistir, decidirá o juiz.

---

11. Art. 1.002. O sócio não pode ser substituído no exercício das suas funções, sem o consentimento dos demais sócios, expresso em modificação do contrato social.
12. Art. 1.003. A cessão total ou parcial de quota, sem a correspondente modificação do contrato social com o consentimento dos demais sócios, não terá eficácia quanto a estes e à sociedade. Parágrafo único. Até dois anos depois de averbada a modificação do contrato, responde o cedente solidariamente com o cessionário, perante a sociedade e terceiros, pelas obrigações que tinha como sócio.
13. Art. 1.006. O sócio, cuja contribuição consista em serviços, não pode, salvo convenção em contrário, empregar-se em atividade estranha à sociedade, sob pena de ser privado de seus lucros e dela excluído.
14. Art. 1.010. Quando, por lei ou pelo contrato social, competir aos sócios decidir sobre os negócios da sociedade, as deliberações serão tomadas por maioria de votos, contados segundo o valor das quotas de cada um. § 1º Para formação da maioria absoluta são necessários votos correspondentes a mais de metade do capital. § 2º Prevalece a decisão sufragada por maior número de sócios no caso de empate, e, se este persistir, decidirá o juiz. § 3º Responde por perdas e danos o sócio que, tendo em alguma operação interesse contrário ao da sociedade, participar da deliberação que a aprove graças a seu voto.

CAPÍTULO V • SOCIEDADES CONTRATUAIS EM ESPÉCIE **103**

A administração específica, ou seja, a representação legal, é exercida por uma ou mais pessoas naturais indicadas pelos sócios para realizar negócio em nome da sociedade. A administração da sociedade, nada dispondo o contrato social, compete separadamente a cada um dos sócios (art. 1.013, CC[15]). Todavia, é indicado que o contrato social ou ato separado indique precisamente quem são os administradores da sociedade e seus poderes para evitar dúvidas com relação a representação legal.

É possível a nomeação de mais de um administrador agindo em conjunto ou separadamente. Nos atos de competência conjunta de vários administradores, torna-se necessário o concurso de todos, salvo nos casos urgentes, em que a omissão ou retardo das providências possa ocasionar dano irreparável ou grave (art. 1.014, CC[16]). Se a administração competir separadamente a vários administradores, cada um pode impugnar operação pretendida por outro, cabendo a decisão aos sócios, por maioria de votos (art. 1.013, § 1º, CC).

Também é permitido limitar os poderes dos administradores, sendo que no silêncio do contrato, os administradores podem praticar todos os atos pertinentes à gestão da sociedade; não constituindo objeto social, a oneração ou a venda de bens imóveis depende do que a maioria dos sócios decidir (art. 1.015, CC[17]).

Ao administrador é vedado fazer-se substituir no exercício de suas funções, sendo-lhe facultado, nos limites de seus poderes, constituir mandatários da sociedade, especificados no instrumento os atos e operações que poderão praticar (art. 1.018, CC[18]).

Os administradores são obrigados a prestar aos sócios contas justificadas de sua administração, e apresentar-lhes o inventário anualmente, bem como o

---

15. Art. 1.013. A administração da sociedade, nada dispondo o contrato social, compete separadamente a cada um dos sócios. § 1º Se a administração competir separadamente a vários administradores, cada um pode impugnar operação pretendida por outro, cabendo a decisão aos sócios, por maioria de votos. § 2º Responde por perdas e danos perante a sociedade o administrador que realizar operações, sabendo ou devendo saber que estava agindo em desacordo com a maioria.

16. Art. 1.014. Nos atos de competência conjunta de vários administradores, torna-se necessário o concurso de todos, salvo nos casos urgentes, em que a omissão ou retardo das providências possa ocasionar dano irreparável ou grave.

17. Art. 1.015. No silêncio do contrato, os administradores podem praticar todos os atos pertinentes à gestão da sociedade; não constituindo objeto social, a oneração ou a venda de bens imóveis depende do que a maioria dos sócios decidir. Parágrafo único. O excesso por parte dos administradores somente pode ser oposto a terceiros se ocorrer pelo menos uma das seguintes hipóteses: I – se a limitação de poderes estiver inscrita ou averbada no registro próprio da sociedade; II – provando-se que era conhecida do terceiro; III – tratando-se de operação evidentemente estranha aos negócios da sociedade.

18. Art. 1.018. Ao administrador é vedado fazer-se substituir no exercício de suas funções, sendo-lhe facultado, nos limites de seus poderes, constituir mandatários da sociedade, especificados no instrumento os atos e operações que poderão praticar.

balanço patrimonial e o de resultado econômico (Art. 1.020, CC[19]). Os administradores devem apresentar, dentro de 4 (quatro) meses após o término do exercício social, a prestação de contas de sua administração aos sócios que, em assembleia ou reunião, deliberarão sobre a aprovação.

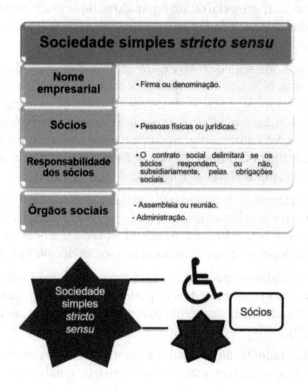

D. SOCIEDADE EM NOME COLETIVO

1. SOCIEDADE EM NOME COLETIVO

A sociedade em nome coletivo é um tipo societário que pode ser adotado tanto por aquela que explora atividade empresarial ou simples (art. 982 c.c. 983, CC), podendo ser constituída apenas pessoas físicas, respondendo todos os sócios, solidária e ilimitadamente, pelas obrigações sociais. Sem prejuízo da responsabilidade perante terceiros, podem os sócios, no ato constitutivo, ou por

---

19. Art. 1.020. Os administradores são obrigados a prestar aos sócios contas justificadas de sua administração, e apresentar-lhes o inventário anualmente, bem como o balanço patrimonial e o de resultado econômico.

unânime convenção posterior, limitar entre si a responsabilidade de cada um (art. 1.039, CC[20]).

2. RESPONSABILIDADE ILIMITADA DOS SÓCIOS

Por conta da responsabilidade ilimitada dos sócios por obrigações da sociedade, esse tipo societário é pouco utilizado na prática, sendo que existem apenas 973 em todo Brasil, conforme dados do Painel de dados de Registro de Empresas.[21]

Mesmo com pouca relevância, a sociedade em nome coletivo se mantém prevista na lei, assim como a sociedade em comandita simples, por questões históricas.[22]

3. CONTRATO SOCIAL

O contrato deve mencionar, além das cláusulas essenciais de toda sociedade contratual, o nome empresarial que necessariamente será a firma social (art. 1.041, CC[23]).

---

20. Art. 1.039. Somente pessoas físicas podem tomar parte na sociedade em nome coletivo, respondendo todos os sócios, solidária e ilimitadamente, pelas obrigações sociais. Parágrafo único. Sem prejuízo da responsabilidade perante terceiros, podem os sócios, no ato constitutivo, ou por unânime convenção posterior, limitar entre si a responsabilidade de cada um.

21. Disponível em: https://www.gov.br/empresas-e-negocios/pt-br/mapa-de-empresas/painel-mapa-de--empresas. Acesso em: 16 dez. 2023.

22. Note-se que nesse caso a ilimitação da responsabilidade dos sócios é característica destacada do tipo societário, razão pela qual ela se aplica de imediato, e independe de constatação de fraudes, abusos, aplicação de sanções etc. O parágrafo único admite até que os sócios estabeleçam, entre eles, percentuais de responsabilidade, fato que não afeta a relação com terceiros, que poderão cobrar os sócios solidariamente pela integralidade da dívida.

    Os sócios (e seus respectivos patrimônios) são, assim, verdadeiros garantidores das dívidas sociais e, por consequência, se submetem a situações tais como a prevista no artigo 81 da Lei de Falências e Recuperação de Empresas (Lei 11.101/05):

    Art. 81. A decisão que decreta a falência da sociedade com sócios ilimitadamente responsáveis também acarreta a falência destes, que ficam sujeitos aos mesmos efeitos jurídicos produzidos em relação à sociedade falida e, por isso, deverão ser citados para apresentar contestação, se assim o desejarem.

    Logo, em caso de declaração de falência da sociedade em nome coletivo, por equiparação seus sócios também estarão submetidos aos efeitos da falência, havendo imediata vinculação de seus patrimônios.

    Outra evidência do grau elevado de vinculação dos sócios à sociedade, dada a ilimitação de sua responsabilidade patrimonial, reside no fato de o Código Civil, em seu artigo 1.157, somente admitir a essas sociedades o uso de firma social para composição do nome empresarial, de modo que a nomenclatura evidencie os sócios componentes do quadro social, garantidores secundários que são das obrigações da sociedade.

    Nesse caso da sociedade em nome coletivo, embora a responsabilidade dos sócios seja subsidiária em relação à sociedade, é possível afirmar que, de forma indireta, eles assumem a integralidade do risco das atividades empresariais, de modo que, para os credores, além do próprio patrimônio social, os patrimônios individuais também representam uma garantia de pagamento. (GAGGINI, Fernando Schwarz. *A Responsabilidade dos Sócios nas Sociedades Empresárias*. LEUD – Livraria e Editora Universitária de Direito. 2013. p. 71-72).

23. Art. 1.041. O contrato deve mencionar, além das indicações referidas no art. 997, a firma social.

4. ADMINISTRAÇÃO

É vedado terceiro ser representante legal da sociedade em nome coletivo, competindo a administração exclusivamente a sócios, sendo o uso da firma, nos limites do contrato, privativo dos que tenham os necessários poderes (art. 1.042, CC[24]).

5. DISSOLUÇÃO

A sociedade em nome coletivo se dissolve de pleno direito por qualquer das causas gerais enumeradas previstas para sociedade simples e, se empresária, também pela declaração da falência (art. 1.044, CC[25]).

6. REGRAS SUPLETIVAS

Na omissão de regras específicas previstas entre os artigos 1.039 a 1.044 do Código Civil, aplica-se, no que couber, as normas gerais da sociedade simples (art. 1.040, CC[26]).

---

24. Art. 1.042. A administração da sociedade compete exclusivamente a sócios, sendo o uso da firma, nos limites do contrato, privativo dos que tenham os necessários poderes.
25. Art. 1.044. A sociedade se dissolve de pleno direito por qualquer das causas enumeradas no art. 1.033 e, se empresária, também pela declaração da falência.
26. Art. 1.040. A sociedade em nome coletivo se rege pelas normas deste Capítulo e, no que seja omisso, pelas do Capítulo antecedente.

E. SOCIEDADE EM COMANDITA SIMPLES

1. SOCIEDADE EM COMANDITA SIMPLES

O tipo societário em comandita simples pode ser adotado por sociedade simples ou empresária (art. 982 c.c. 983, CC), sendo que nesse tipo societário há duas categorias de sócios os comanditados, pessoas físicas, responsáveis solidária e ilimitadamente pelas obrigações sociais; e os comanditários, obrigados somente pelo valor de sua quota (art. 1.045, CC[27]). O contrato deve discriminar os comanditados e os comanditários.

Assim como ocorre na sociedade em nome coletivo, a sociedade em comandita simples é pouco utilizado na prática, sendo que existem apenas 51 em todo Brasil, conforme dados do Painel de dados de Registro de Empresas.[28]

2. RESPONSABILIDADE DOS SÓCIOS

Pela natureza da sociedade em comandita simples, há duas categorias de sócios, o comanditado com responsabilidade ilimitada pelas obrigações sociais e o comanditário, com responsabilidade limitada.[29]

---

27. Art. 1.045. Na sociedade em comandita simples tomam parte sócios de duas categorias: os comanditados, pessoas físicas, responsáveis solidária e ilimitadamente pelas obrigações sociais; e os comanditários, obrigados somente pelo valor de sua quota. Parágrafo único. O contrato deve discriminar os comanditados e os comanditários.
28. Disponível em: https://www.gov.br/empresas-e-negocios/pt-br/mapa-de-empresas/painel-mapa-de--empresas. Acesso em: 16 dez. 2023.
29. Os sócios comanditados, portanto, são garantidores ilimitados das obrigações sociais, visto que seus patrimônios individuais respondem, solidariamente e ilimitadamente, por todas as obrigações não suportadas pelo patrimônio social. Também aqui, a vinculação da totalidade do patrimônio dos sócios comanditados é característica do tipo societário, não exigindo a presença de fraude ou aplicações de sanções ou ainda de desconsideração de personalidade jurídica. Têm eles, portanto, responsabilidade equivalente à dos sócios das sociedades em nome coletivo, inclusive com as mesmas repercussões falimentares mencionadas anteriormente.

    Os sócios comanditários, por sua vez, têm sua responsabilidade limitada exclusivamente ao valor de sua quota para composição do capital social. Desta forma, enquanto não integralizado o capital, o limite de responsabilidade que se pode exigir do comanditário é o saldo restante a realizar. Uma vez totalmente integralizada a quota, cessa a responsabilidade subsidiária, devendo os credores voltar-se contra o patrimônio dos sócios comanditados, que não usufruem do mesmo benefício. Em termos falimentares, nota-se aqui relevante distinção de situação, visto que os comanditários não se submetem aos efeitos falimentares como ocorre com os comanditados, nos termos do artigo 81 da Lei 11.101/05.

    Nessa situação, é possível afirmar que os sócios comanditados assumem, de forma indireta, o risco do negócio como um todo, enquanto os comanditários ficam resguardados, no sentido de ter sua responsabilidade limitada, em regra, ao valor de suas quotas na sociedade.

    Entretanto, a limitação da responsabilidade do comanditário é benefício que pode ser suspenso em caso de descumprimento das regras do tipo societário. Nesse sentido, a contrapartida do benefício

3. ADMINISTRAÇÃO GERAL

Ambas as categorias de sócios participam da administração geral da sociedade, participando em iguais condições das deliberações em assembleia ou reunião (art. 1.047, CC[30]). Aos comanditados cabem os mesmos direitos e obrigações dos sócios da sociedade em nome coletivo (art. 1.046, p. único, CC[31]).

4. ADMINISTRAÇÃO ESPECÍFICA

Todavia, a representação legal da sociedade em comandita simples compete apenas aos sócios comanditados, não podendo o comanditário praticar qualquer ato de gestão, nem ter o nome na firma social, sob pena de ficar sujeito às responsabilidades de sócio comanditado (art. 1.047, CC). Pode o comanditário ser constituído procurador da sociedade, para negócio determinado e com poderes especiais (art. 1.047, parágrafo único, CC).

5. MORTE DE SÓCIOS

No caso de morte de sócio comanditário, a sociedade, salvo disposição do contrato, continuará com os seus sucessores, que designarão quem os represente (Art. 1.050, CC[32]). Enquanto no caso de morte de sócio comanditado, em regra, liquidar-se-á sua quota (art. 1.028, CC[33]).

6. DISSOLUÇÃO

Além das demais formas de dissolução de sociedade contratual (art. 1.044, CC), a sociedade em comandita simples dissolve-se de pleno direito quando

---

patrimonial é a impossibilidade de atuar como administrador, de modo que a infração a essa regra submete o comanditário às mesmas responsabilidades do comanditado, vide artigo 1.047 do Código Civil. (GAGGINI, Fernando Schwarz. *A Responsabilidade dos Sócios nas Sociedades Empresárias*. LEUD – Livraria e Editora Universitária de Direito. 2013. p. 72-73).

30. Art. 1.047. Sem prejuízo da faculdade de participar das deliberações da sociedade e de lhe fiscalizar as operações, não pode o comanditário praticar qualquer ato de gestão, nem ter o nome na firma social, sob pena de ficar sujeito às responsabilidades de sócio comanditado. Parágrafo único. Pode o comanditário ser constituído procurador da sociedade, para negócio determinado e com poderes especiais.

31. Art. 1.046. Aplicam-se à sociedade em comandita simples as normas da sociedade em nome coletivo, no que forem compatíveis com as deste Capítulo. Parágrafo único. Aos comanditados cabem os mesmos direitos e obrigações dos sócios da sociedade em nome coletivo.

32. Art. 1.050. No caso de morte de sócio comanditário, a sociedade, salvo disposição do contrato, continuará com os seus sucessores, que designarão quem os represente.

33. Art. 1.028. No caso de morte de sócio, liquidar-se-á sua quota, salvo: I – se o contrato dispuser diferentemente; II – se os sócios remanescentes optarem pela dissolução da sociedade; III – se, por acordo com os herdeiros, regular-se a substituição do sócio falecido.

por mais de cento e oitenta dias perdurar a falta de uma das categorias de sócio (art. 1.051, CC). Na falta de sócio comanditado, os comanditários nomearão administrador provisório para praticar, durante o período referido no inciso II e sem assumir a condição de sócio, os atos de administração (art. 1.051, parágrafo único, CC[34]).

7. REGRAS SUPLETIVAS

Aplicam-se à sociedade em comandita simples as normas da sociedade em nome coletivo no que forem compatíveis com as regras específicas (art. 1.046, CC).

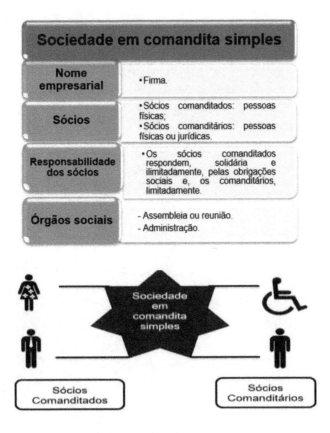

---

34. Art. 1.051. Dissolve-se de pleno direito a sociedade: I – por qualquer das causas previstas no art. 1.044; II – quando por mais de cento e oitenta dias perdurar a falta de uma das categorias de sócio. Parágrafo único. Na falta de sócio comanditado, os comanditários nomearão administrador provisório para praticar, durante o período referido no inciso II e sem assumir a condição de sócio, os atos de administração.

Capítulo VI
SOCIEDADE LIMITADA

A. SOCIEDADE LIMITADA

1. SOCIEDADE LIMITADA

A sociedade limitada é o tipo societário mais utilizado no direito brasileiro por conta do limite de responsabilidade do sócio por obrigações da sociedade. Em 16.12.2023 contavam registradas 6.499.117 em todo território brasileiro, conforme dados do Painel de dados de Registro de Empresas.[1] Por se tratar de sociedade contratual, o tipo limitada pode ser utilizado tanto por sociedade empresária quanto por sociedade simples, dependendo exclusivamente da atividade explorada pela pessoa jurídica constituída (arts. 982 c. c. 983, CC).

2. SOCIEDADE SIMPLES LIMITADA

É comum utilizar a expressão "Sociedade Simples Limitada" e a abreviação "S/S" para designar a sociedade do tipo limitada que explora atividade econômica que não é considerada como empresária, como no caso de uma sociedade profissional que adotou o tipo limitada.

3. SOCIEDADE LIMITADA UNIPESSOAL (SLU)[2]

A Declaração de Direitos de Liberdade Econômica introduziu a figura da sociedade limitada unipessoal (art. 1.052, CC[3]), possibilitando a constituição de

---

1. Disponível em: https://www.gov.br/empresas-e-negocios/pt-br/mapa-de-empresas/painel-mapa-de--empresas. Acesso em: 16 dez. 2023
2. O artigo 41 da Lei 14.195/2021 transformou todas as EIRELIs em SLU – Art. 41. As empresas individuais de responsabilidade limitada existentes na data da entrada em vigor desta Lei serão transformadas em sociedades limitadas unipessoais independentemente de qualquer alteração em seu ato constitutivo. Parágrafo único. Ato do Drei disciplinará a transformação referida neste artigo.
3. Art. 1.052. Na sociedade limitada, a responsabilidade de cada sócio é restrita ao valor de suas quotas, mas todos respondem solidariamente pela integralização do capital social. § 1º A sociedade limitada pode ser constituída por 1 (uma) ou mais pessoas. § 2º Se for unipessoal, aplicar-se-ão ao documento de constituição do sócio único, no que couber, as disposições sobre o contrato social.

sociedade limitada por uma única pessoa, titular da totalidade do capital cuja responsabilidade é limitada ao capital integralizado, resguardando o patrimônio da pessoa que a constituir.

A doutrina já tem utilizado a expressão "SLU" para tratar da Sociedade Limitada Unipessoal, porém vale destacar que a SLU não é um novo tipo societário, mas tão somente uma sociedade limitada com apenas um sócio, aplicando-se as mesmas regras da sociedade limitada constituída de forma coletiva, com mais de um sócio.

4. REGRAS ESPECÍFICAS

A sociedade limitada, atualmente, está disciplinada por normas específicas contidas entre os artigos 1.052 e 1.087 do Código Civil.

5. REGRAS SUPLETIVAS

Caso existam omissões nas normas específicas da sociedade limitada, subsidiariamente deve-se utilizar as regras das sociedades simples. Todavia, é permitido aos sócios estipularem por meio de cláusula no contrato social a regência supletiva pela Lei das Sociedades por Ações (Lei 6.404/1976) (art. 1.053, CC[4]).

Assim, quando surgir uma questão para ser analisada sobre sociedade limitada, o operador do direito deverá buscar a resposta nas normas específicas da sociedade limitada compreendidas entre os artigos 1.052 e 1.087 do Código Civil, porém se não localizar a resposta nas regras específicas deverá analisar o contrato social para verificar onde consultar a regra supletiva, se nas regras da sociedade simples ou da Lei das Sociedades por Ações.

A utilização das regras supletivas da Lei de Sociedades por Ações permite a Sociedade Limitada utilizar-se de alguns institutos daquela lei como, por exemplo, as regras para Conselho de Administração, emissão de debentures, quotas em tesourara, quotas preferenciais etc.

---

4. Art. 1.053. A sociedade limitada rege-se, nas omissões deste Capítulo, pelas normas da sociedade simples.
   Parágrafo único. O contrato social poderá prever a regência supletiva da sociedade limitada pelas normas da sociedade anônima.

6. CONTRATO SOCIAL

Por ser uma sociedade contratual o ato constitutivo da sociedade limitada é o contrato social que para ser registrado deve preencher, no que couber, as cláusulas essenciais do artigo 997, do Código Civil (art. 1.054, CC[5]).

Ocorre que, por conta de suas especificidades, o contrato social da sociedade limitada deve conter outras disposições específicas para ser registrado no órgão competente. Trata-se de reflexo da norma dos artigos 1.053 e 1.054, ambos do Código Civil, que disciplina que para regularidade da sociedade limitada se deve aplicar suas normas específicas e, na omissão, as regras gerais das sociedades contratuais.

B. RESPONSABILIDADE LIMITADA DOS SÓCIOS

1. RESPONSABILIDADE LIMITADA

Caracteriza a sociedade limitada por aquela em que a responsabilidade de cada sócio é restrita (limitada) ao valor de suas quotas, mas todos respondem solidariamente pela integralização do capital social (art. 1.052, CC[6]).

É obrigação de todo sócio contribuir, na forma e prazo previstos, para formação do capital social (art. 1.004, CC). Ao elaborarem o contrato social, os sócios devem constar no instrumento a quota de cada um no capital social, e o modo de realizá-la (art. 997, IV, CC), especificando a forma (bens, crédito ou dinheiro) e o momento (à vista ou a prazo).

Quando o sócio se obriga a contribuir para a formação do capital social ele está subscrevendo sua participação consistente na obrigação de transferência do bem, crédito ou dinheiro para o patrimônio da sociedade na forma e momento especificados, que será realizada com o cumprimento da obrigação mediante a efetiva transferência do bem, crédito ou dinheiro à sociedade limitada, operação chamada de integralização.

O limite da responsabilidade dos sócios é igual ao valor das quotas com que subscreveram no contrato social, porém que não integralizaram. Logo, se o capital

---

5. Art. 1.054. O contrato mencionará, no que couber, as indicações do art. 997, e, se for o caso, a firma social.
6. Art. 1.052. Na sociedade limitada, a responsabilidade de cada sócio é restrita ao valor de suas quotas, mas todos respondem solidariamente pela integralização do capital social. § 1º A sociedade limitada pode ser constituída por 1 (uma) ou mais pessoas. § 2º Se for unipessoal, aplicar-se-ão ao documento de constituição do sócio único, no que couber, as disposições sobre o contrato social.

social estiver totalmente integralizado, os sócios, em regra, não responderão por dívidas da sociedade limitada.

Reiteramos a máxima que, em regra, para cada pessoa existe patrimônio único, logo a sociedade limitada, como pessoa jurídica, possui patrimônio próprio, autônomo ao patrimônio de cada sócio (pessoa física ou jurídica) que a compõe. Não há confusão patrimonial entre os sócios e a sociedade, são sujeitos distintos, com seus próprios direitos e deveres. O credor de um sócio não o é da sociedade limitada e vice-versa.

Veja-se, como salientamos aos discorrer sobre a personalidade jurídica e a possibilidade de sua desconsideração, separação patrimonial e a noção de responsabilidade limitada são importantíssimas, embora não sejam absolutas.

Caso algum sócio não cumpra a obrigação subscrita no contrato social, ou por inadimplemento ou pelo fato que não se operar o vencimento da obrigação subscrita, todos os sócios, e não só o inadimplente, responderão pelo valor da quota não integralizada (art. 1.052, CC). Certo é o direito de regresso que terão contra o remisso, mas se o capital não estiver totalmente integralizado o risco existe enquanto esse não se completar.

Como a simples análise do contrato social não oferece certeza a respeito da integralização, um comprovante de cumprimento da obrigação deve ser retido pelo sócio, como uma cópia da guia de depósito bancário, cópia da escritura pública etc., podendo a realização ser demonstrada pelo registro contábil da sociedade.

Entretanto, ocorrendo a responsabilização por capital não integralizado, vige a regra da responsabilidade subsidiária do sócio por dívidas da pessoa jurídica (art. 1.024, CC[7]), eis que enquanto existir bens no patrimônio social, os bens dos sócios não poderão ser alcançados. Assim, os sócios só deverão arcar com a obrigação do sócio remisso quando a sociedade limitada não puder mais fazê-lo por falta de bens em seu patrimônio.

Do exposto, caso o capital social da sociedade limitada esteja totalmente integralizado, em regra, os credores da sociedade somente poderão executar os bens do patrimônio dela, sem alcançar os dos sócios.

Por esse motivo, sob o ponto de vista dos credores da sociedade, a concessão de crédito à sociedade limitada deve ser acompanhada de um cálculo sobre o risco empresarial, eis que somente os bens do patrimônio social serão objeto dessa garantia pelo pagamento da dívida contraída. Nesse contexto, o credor uti-

---

7. Art. 1.024. Os bens particulares dos sócios não podem ser executados por dívidas da sociedade, senão depois de executados os bens sociais.

liza-se de juros, procurando uma compensação em caso de perda, ou exigências de garantias pessoais dos sócios, mediante fiança ou aval. É muito comum que instituições financeiras, franqueadores e credores em geral submetam a finalização do negócio à assinatura de uma Carta de Fiança ou à aposição de um aval no título de crédito ou a constituição de hipoteca ou a exigência de fiador idôneo em contratos. O procedimento objetiva proteger o crédito, já o patrimônio pessoal de cada sócio, em regra, não irá satisfazer o crédito concedido à sociedade limitada.

Devido ao princípio da autonomia patrimonial e sendo distinta a personalidade jurídica da sociedade e de seus membros (sócios), o credor pessoal de um sócio não terá direito de afetar o patrimônio da sociedade, porém o credor particular de sócio pode, na insuficiência de outros bens do devedor, fazer recair a execução sobre o que a este couber nos lucros da sociedade, ou na parte que lhe tocar em liquidação (art. 1.026, CC), cuja consequência será a exclusão de pleno direito do sócio cuja quota tenha sido liquidada. Trata-se de mera constrição de bens e direitos sem afetar a sociedade.

Por fim, cabe relembrar que a regra de limitação de responsabilidade é exceptuada quando da ocorrência das hipóteses de desconsideração da personalidade jurídica reconhecida em juízo por meio do incidente de desconsideração previsto no Código de Processo Civil (art. 130 a 137, CPC).

C. QUOTAS SOCIAIS E DO CAPITAL SOCIAL

1. CAPITAL SOCIAL

Como visto, o capital social é o valor monetário representativo das contribuições a quem são obrigados os sócios para constituição da sociedade (art. 997, III, CC) e durante o exercício da atividade mediante aumento do capital social. O capital social é representado e dividido em quotas, iguais ou desiguais, cabendo uma ou diversas a cada sócio (art. 1.055, CC[8]).

2. FORMAÇÃO DO CAPITAL SOCIAL

Na sociedade limitada, os sócios podem integralizar o capital social por meio de dinheiro, bens ou créditos, sendo vedada contribuição que consista em

---

8. Art. 1.055. O capital social divide-se em quotas, iguais ou desiguais, cabendo uma ou diversas a cada sócio. § 1º Pela exata estimação de bens conferidos ao capital social respondem solidariamente todos os sócios, até o prazo de cinco anos da data do registro da sociedade. § 2º É vedada contribuição que consista em prestação de serviços.

prestação de serviços (art. 1.055, § 2º, CC). No contrato social, deve constar exatamente aquilo que será utilizado pelo sócio para sua contribuição para formação do capital social e, consequentemente, para aquisição de suas quotas.[9]

Durante o curso regular da sociedade, pode ocorrer modificações no capital social, com a troca de sócios por cessão de quotas, a mudança na quantidade da participação societária dos sócios por cessão de quotas entre os sócios, o aumento do capital social por ingresso de novos recursos ou a diminuição do capital social por razões próprias.

3. AUMENTO DO CAPITAL SOCIAL

No caso de ingresso de novos recursos provenientes dos sócios integrantes do quadro social ou de ingressantes, haverá o correspondente aumento do capital social mediante deliberação por maioria do capital social e a correspondente alteração do contrato social (art. 1.081, CC[10]). Até trinta dias após a deliberação, terão os sócios preferência para participar do aumento, na proporção das quotas de que sejam titulares, podendo o referido direito ser cedido consoante a regra do artigo 1.057 do Código Civil. Decorrido o prazo da preferência, e assumida pelos sócios, ou por terceiros, a totalidade do aumento, haverá reunião ou assembleia dos sócios, para que seja aprovada a modificação do contrato.

4. REDUÇÃO DO CAPITAL SOCIAL

Diferentemente do que ocorre com o aumento do capital social, no qual basta a vontade dos sócios com o ingresso de novos recursos, a redução somente será possível se depois de integralizado houver perdas irreparáveis ou se demonstrado ser excessivo em relação ao objeto da sociedade (art. 1.082, CC[11]).

---

9. Enunciado 12 da 1ª Jornada De Direito Comercial – A regra contida no art. 1.055, § 1º, do Código Civil deve ser aplicada na hipótese de inexatidão da avaliação de bens conferidos ao capital social; a responsabilidade nela prevista não afasta a desconsideração da personalidade jurídica quando presentes seus requisitos legais.

10. Art. 1.081. Ressalvado o disposto em lei especial, integralizadas as quotas, pode ser o capital aumentado, com a correspondente modificação do contrato. § 1º Até trinta dias após a deliberação, terão os sócios preferência para participar do aumento, na proporção das quotas de que sejam titulares. § 2º À cessão do direito de preferência, aplica-se o disposto no caput do art. 1.057. § 3º Decorrido o prazo da preferência, e assumida pelos sócios, ou por terceiros, a totalidade do aumento, haverá reunião ou assembleia dos sócios, para que seja aprovada a modificação do contrato.

11. Art. 1.082. Pode a sociedade reduzir o capital, mediante a correspondente modificação do contrato: I – depois de integralizado, se houver perdas irreparáveis; II – se excessivo em relação ao objeto da sociedade.

CAPÍTULO VI • SOCIEDADE LIMITADA

a) Perdas irreparáveis

No caso da redução por perdas irreparáveis, a redução do capital será realizada com a diminuição proporcional do valor nominal das quotas, tornando-se efetiva a partir da averbação, no órgão competente de registro, da ata da assembleia que a tenha aprovado (art. 1.083, CC[12]).

b) Capital social excessivo

No caso de ser demonstrado que o capital social é excessivo em relação ao objeto da sociedade, a redução do capital será feita restituindo-se parte do valor das quotas aos sócios, ou dispensando-se as prestações ainda devidas, com diminuição proporcional, em ambos os casos, do valor nominal das quotas (art. 1.084, CC[13]).

Devido ao interesse de terceiros, especialmente os credores da sociedade, para redução do capital social por ser excessivo em relação ao objeto social (art. 1.082, II, CC) deverá ser efetuada a publicação da ata que aprovar a deliberação no órgão oficial da União ou do Estado, conforme o local da sede da sociedade e em jornal de grande circulação (art. 1.152, § 1º, CC).

No prazo de noventa dias, contado da data da publicação da ata da assembleia ou reunião que aprovar a redução, o credor quirografário, por título líquido anterior a essa data, poderá opor-se ao deliberado (art. 1.084, § 1º, CC), sendo que a redução somente se tornará eficaz se, no prazo estabelecido, não for impugnada, ou se provado o pagamento da dívida ou o depósito judicial do respectivo valor (art. 1.084, § 2º, CC). Somente depois de satisfeitas essas condições é que o órgão de registro poderá deferir o registro da ata que tenha aprovado a redução do capital social (art. 1.084, § 3º, CC).

---

12. Art. 1.083. No caso do inciso I do artigo antecedente, a redução do capital será realizada com a diminuição proporcional do valor nominal das quotas, tornando-se efetiva a partir da averbação, no Registro Público de Empresas Mercantis, da ata da assembleia que a tenha aprovado.

13. Art. 1.084. No caso do inciso II do art. 1.082, a redução do capital será feita restituindo-se parte do valor das quotas aos sócios, ou dispensando-se as prestações ainda devidas, com diminuição proporcional, em ambos os casos, do valor nominal das quotas. § 1º No prazo de noventa dias, contado da data da publicação da ata da assembleia que aprovar a redução, o credor quirografário, por título líquido anterior a essa data, poderá opor-se ao deliberado. § 2º A redução somente se tornará eficaz se, no prazo estabelecido no parágrafo antecedente, não for impugnada, ou se provado o pagamento da dívida ou o depósito judicial do respectivo valor. § 3º Satisfeitas as condições estabelecidas no parágrafo antecedente, proceder-se-á à averbação, no Registro Público de Empresas Mercantis, da ata que tenha aprovado a redução.

5. PRINCÍPIO DA INTANGIBILIDADE

Pelo princípio da intangibilidade do capital social, os sócios serão obrigados à reposição dos lucros e das quantias retiradas, a qualquer título, ainda que autorizados pelo contrato, quando tais lucros ou quantia se distribuírem com prejuízo do capital (art. 1.059, CC). O objetivo desse dispositivo é impedir que os sócios se beneficiem da distribuição de lucros em prejuízo dos credores, pois são os bens integrantes do patrimônio da sociedade e, portanto, também aqueles que integram o capital social que garantem o adimplemento das obrigações sociais.

6. QUOTAS SOCIAIS

O capital social é fracionado em quotas, iguais ou desiguais. Isso significa dizer que o contrato social pode criar quotas desiguais, seja com relação ao valor de cada quota ou seja de direitos preferenciais que determinada quota trará ao seu titular. Caberá à criatividade dos sócios a classificação das quotas desiguais, uma vez que a lei não traz nenhuma referência de como se daria essa distinção.[14]

Uma possibilidade dessa desigualdade, por exemplo, é a criação de quotas com valores desiguais. Por exemplo, em uma sociedade cujo capital social fosse de R$ 100.000,00 (cem mil reais), poderia haver uma quota de R$ 90.000,00 (noventa mil reais) e duas de R$ 5.000,00 (cinco mil reais). Veja que essa diferenciação de valores de quotas não mudaria a proporção da participação societária, útil às deliberações sociais, pois essa relação se dá pela divisão do capital social e valor monetário da(s) quota(s) detida(s) por cada sócio. Evidente que essa diferenciação quantitativa não traz benefício prático e, portanto, pouco usual na prática jurídica. Outra possibilidade, seria adotar direitos preferenciais, como se faz nas ações ordinárias das sociedades anônimas fechadas.[15]

a) Cessão de quotas

Na omissão do contrato, o sócio pode ceder sua quota, total ou parcialmente, a quem seja sócio, independentemente de audiência dos outros, ou a estranho, se não houver oposição de titulares de mais de um quarto do capital social, sendo

---

14. (...) atento a essa realizado, o Código Civil de 2002 facultou a criação de sociedade limitada com quotas de valores iguais e desiguais, sem lhe impor qualquer distinção, cabendo uma ou diversas a cada sócio, consoante o determinar o contrato social (art. 1.055). (GONÇALVES NETO, Alfredo de Assis. *Direito de Empresa*: comentários aos artigos 966 a 1.195 do Código Civil. 6. ed. São Paulo: Ed. RT, 2016, p. 382).

15. Ver Capítulo IX – Sociedade por Ações.

que a cessão terá eficácia quanto à sociedade e terceiros a partir da averbação do respectivo instrumento, subscrito pelos sócios anuentes (art. 1.057, CC[16]).

O sócio ingressante (cessionário), admitido em sociedade já constituída, não se exime das dívidas sociais anteriores à admissão (art. 1.025, CC[17]), porém o sócio cedente responde solidariamente com o cessionário, perante a sociedade e terceiros, pelas obrigações que tinha como sócio até dois anos depois de averbada a modificação do contrato (art. 1.003, parágrafo único, CC[18]).

A cessão de quotas não se confunde com a alienação do estabelecimento (contrato de trespasse). Na cessão de quotas relaciona-se a configuração existente entre os sócios da sociedade ocorrendo mudança no quadro societário e/ou na participação societária dos sócios, enquanto no trespasse não há alteração societária, mas a transferência do estabelecimento que compõe o patrimônio da pessoa jurídica para outro empresário.

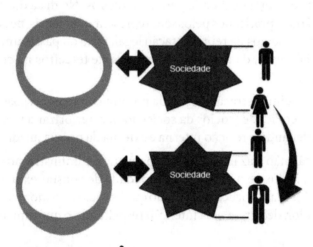

No exemplo acima, a sócia 👤 cedeu todas as suas quotas para o novo sócio 👤 com a anuência dos demais, respeitando a regrado do artigo 1.057 do Código

---

16. Art. 1.057. Na omissão do contrato, o sócio pode ceder sua quota, total ou parcialmente, a quem seja sócio, independentemente de audiência dos outros, ou a estranho, se não houver oposição de titulares de mais de um quarto do capital social. Parágrafo único. A cessão terá eficácia quanto à sociedade e terceiros, inclusive para os fins do parágrafo único do art. 1.003, a partir da averbação do respectivo instrumento, subscrito pelos sócios anuentes.
17. Art. 1.025. O sócio, admitido em sociedade já constituída, não se exime das dívidas sociais anteriores à admissão.
18. Art. 1.003. A cessão total ou parcial de quota, sem a correspondente modificação do contrato social com o consentimento dos demais sócios, não terá eficácia quanto a estes e à sociedade. Parágrafo único. Até dois anos depois de averbada a modificação do contrato, responde o cedente solidariamente com o cessionário, perante a sociedade e terceiros, pelas obrigações que tinha como sócio.

Civil e, consequentemente, a sócia cedente 🜨 retirou-se da sociedade e o novo sócio passou a integrar o quadro societário, passando a deter direitos e obrigações como sócio.

D. ADMINISTRAÇÃO

1. ADMINISTRAÇÃO ESPECÍFICA

A sociedade limitada é administrada por uma ou mais pessoas naturais[19] designadas no contrato social ou em ato separado (art. 1.060, CC[20]). O ato apartado no qual se pode designar um ou mais administradores é a ata de deliberação de assembleia ou reunião que deve ser, necessariamente, arquivada no órgão de registro para ter validade perante terceiros. No dia a dia da sociedade os atos de gestão são praticados pelos seus representantes legais, pessoas naturais incumbidas pelos sócios da representação legal, ativa ou passivamente, judicial ou extrajudicialmente, da pessoa jurídica perante terceiros na condução dos negócios sociais.

Incumbe à administração, formada por uma ou mais pessoas naturais indicadas pela coletividade (sócios da sociedade), exteriorizar a vontade do ente coletivo, coordenando a relação interna e externa da pessoa jurídica.

A legislação não traz impedimento para que a administração seja exercida por não-sócio, inclusive não há obrigatoriedade de constar expressamente no contrato social essa autorização, bastando que os sócios, no momento da escolha do administrador, declarem essa intenção respeitando o quórum legal.

2. IMPEDIMENTOS

Não podem ser administradores, além das pessoas impedidas por lei especial, os condenados a pena que vede, ainda que temporariamente, o acesso a cargos públicos; ou por crime falimentar, de prevaricação, peita ou suborno, concussão, peculato; ou contra a economia popular, contra o sistema financeiro nacional,

---

19. A maioria da doutrina entende, assim como os autores, pelo impedimento de pessoa jurídica ser administradora de uma sociedade, inclusive esse entendimento foi exteriorizado na Instrução Normativa 38 da DREI – Manual de Registro – Sociedade Limitada: 1.2.23.4 – Administrador – pessoa jurídica – A pessoa jurídica não pode ser administradora.

20. Art. 1.060. A sociedade limitada é administrada por uma ou mais pessoas designadas no contrato social ou em ato separado. Parágrafo único. A administração atribuída no contrato a todos os sócios não se estende de pleno direito aos que posteriormente adquiram essa qualidade.

contra as normas de defesa da concorrência, contra as relações de consumo, a fé pública ou a propriedade, enquanto perdurarem os efeitos da condenação (art. 1.011, § 1º, CC[21]). O administrador designado no instrumento ou em documento anexo, deve declarar que não está incurso em nenhum dos crimes que vede a exploração de atividade empresarial, nos moldes do Código Civil, art. 1011 § 1º (Enunciado 33 JUCESP).

3. ESCOLHA DOS ADMINISTRADORES

A escolha dos administradores depende de deliberação de sócios por quórum de maioria tratando-se de administrador sócio enquanto nomeação de não sócio dependerá de aprovação de dois terços dos sócios, enquanto o capital não estiver integralizado, e de mais da metade do capital social, no mínimo, após a integralização (art. 1.061 CC[22]). Se a designação do administrador for por ato separado dependerá dos votos correspondentes a mais de metade do capital social (arts. 1.071, II[23] e 1.076, II, CC[24]).

4. TERMO DE POSSE

O administrador designado em ato separado investir-se-á no cargo mediante termo de posse no livro de Atas da Administração, porém se o termo não for assinado nos trinta dias seguintes à designação, esta se tornará sem efeito (art. 1.062, CC).[25] Nos dez dias seguintes ao da investidura, deve o administrador requerer seja averbada sua nomeação no registro competente, mencionando o

---

21. Art. 1.011. § 1º Não podem ser administradores, além das pessoas impedidas por lei especial, os condenados a pena que vede, ainda que temporariamente, o acesso a cargos públicos; ou por crime falimentar, de prevaricação, peita ou suborno, concussão, peculato; ou contra a economia popular, contra o sistema financeiro nacional, contra as normas de defesa da concorrência, contra as relações de consumo, a fé pública ou a propriedade, enquanto perdurarem os efeitos da condenação.
22. Art. 1.061. A designação de administradores não sócios dependerá da aprovação de, no mínimo, 2/3 (dois terços) dos sócios, enquanto o capital não estiver integralizado, e da aprovação de titulares de quotas correspondentes a mais da metade do capital social, após a integralização.
23. Art. 1.071. Dependem da deliberação dos sócios, além de outras matérias indicadas na lei ou no contrato: II – a designação dos administradores, quando feita em ato separado.
24. Art. 1.076. Ressalvado o disposto no art. 1.061, as deliberações dos sócios serão tomadas: II – pelos votos correspondentes a mais da metade do capital social, nos casos previstos nos incisos II, III, IV, V, VI e VIII do caput do art. 1.071 deste Código.
25. Art. 1.062. O administrador designado em ato separado investir-se-á no cargo mediante termo de posse no livro de atas da administração. § 1º Se o termo não for assinado nos trinta dias seguintes à designação, esta se tornará sem efeito. § 2º Nos dez dias seguintes ao da investidura, deve o administrador requerer seja averbada sua nomeação no registro competente, mencionando o seu nome, nacionalidade, estado civil, residência, com exibição de documento de identidade, o ato e a data da nomeação e o prazo de gestão.

seu nome, nacionalidade, estado civil, residência, com exibição de documento de identidade, o ato e a data da nomeação e o prazo de gestão.

5. PRAZO DO MANDATO

O administrador pode ter mandato por prazo determinado ou indeterminado, sendo que vencido o prazo, necessária a renovação do mandato (recondução) ou a escolha do substituto e sua respectiva averbação no registro competente.

6. CESSAÇÃO DO CARGO

O exercício do cargo de administrador cessa pela renúncia, pela destituição, em qualquer tempo, do titular, ou pelo término do prazo se, fixado no contrato ou em ato separado, não houver recondução (art. 1.063 CC[26]).

A cessação do exercício do cargo de administrador deve ser averbada no registro competente, mediante requerimento apresentado nos dez dias seguintes ao da ocorrência (art. 1.063, § 2º, CC).

a) Renúncia

A renúncia é o ato unilateral pelo qual o administrador decide retirar-se do cargo, devendo informar sua decisão para a sociedade. A renúncia de administrador torna-se eficaz, em relação à sociedade, desde o momento em que esta toma conhecimento da comunicação escrita do renunciante; e, em relação a terceiros, após a averbação e publicação (art. 1.063, § 3º, CC).

b) Destituição

A destituição ocorre pela deliberação dos sócios que, em conjunto, decidem pela retirada do administrador do cargo. Tratando-se de sócio nomeado administrador no contrato, sua destituição somente se opera pela aprovação de titulares

---

26. Art. 1.063. O exercício do cargo de administrador cessa pela destituição, em qualquer tempo, do titular, ou pelo término do prazo se, fixado no contrato ou em ato separado, não houver recondução. § 1º Tratando-se de sócio nomeado administrador no contrato, sua destituição somente se opera pela aprovação de titulares de quotas correspondentes a mais da metade do capital social, salvo disposição contratual diversa. § 2º A cessação do exercício do cargo de administrador deve ser averbada no registro competente, mediante requerimento apresentado nos dez dias seguintes ao da ocorrência. § 3º A renúncia de administrador torna-se eficaz, em relação à sociedade, desde o momento em que esta toma conhecimento da comunicação escrita do renunciante; e, em relação a terceiros, após a averbação e publicação.

CAPÍTULO VI • SOCIEDADE LIMITADA **123**

de quotas correspondentes a mais da metade do capital social, salvo disposição contratual diversa (art. 1.063, § 1º, CC). Se a nomeação ocorrer em ato apartado, a destituição dependerá dos votos correspondentes a mais de metade do capital social (arts. 1.071, III[27] e 1.076, II, CC[28]).

c) Decurso do prazo

Encerrado o prazo determinado do mandato, fica extinto o poder de administração, devendo a sociedade reconduzir o administrador ou nomear novo.

Neste caso, é importante os sócios estarem atentos ao prazo para deliberar sobre os novos administradores, sob pena de terem problemas de representação com terceiros e paralisação da atividade empresarial.

7. PODERES DE ADMINISTRAÇÃO

O capítulo do contrato social que cuidar da administração deve deixar claro quantas e quais pessoas exercerão a direção do negócio e as respectivas atribuições de cada um. A definição importa também a terceiro que saberá se está contratando validamente com a sociedade, e portanto, é recomendada redação precisa da cláusula de administração para que não restem dúvidas com relação aos poderes do administrador, pois qualquer imprecisão pode acarretar em questionamento do terceiro que contratar com a pessoa jurídica, exigindo, muitas vezes, um ato dos sócios que ratifiquem a situação, certificando os poderes daquele dito administrador.

Os sócios podem estipular condições mais específicas para a prática de atos da sociedade, como exigir assinatura de dois diretores para obrigações acima de certo valor, emissão de títulos de crédito, alienação de imóveis etc., sendo possível até mesmo vedar alguns atos que somente poderiam ser praticados com autorização expressa de todos os sócios. Em princípio, só há vinculação da sociedade quando atendidas as condições e requisitos de representação do contrato social. Por isso, o credor ou qualquer pessoa que contrata com a sociedade deve previamente analisar o ato constitutivo para conhecer a correta representação da entidade.

---

27. Art. 1.071. Dependem da deliberação dos sócios, além de outras matérias indicadas na lei ou no contrato: III – a destituição dos administradores.
28. Art. 1.076. Ressalvado o disposto no art. 1.061, as deliberações dos sócios serão tomadas: II – pelos votos correspondentes a mais da metade do capital social, nos casos previstos nos incisos II, III, IV, V, VI e VIII do caput do art. 1.071 deste Código.

No silêncio do contrato, os administradores podem praticar todos os atos pertinentes à gestão da sociedade, exceto a oneração ou a venda de bens imóveis que depende do que a maioria dos sócios decidir (art. 1.015, CC[29]).

A administração pode ser (a) isolada, (b) disjuntiva ou (c) conjunta.

a) Administração isolada

Nessa situação, o contrato social ou ato apartado delimita a quem competirá a administração executiva da pessoa jurídica, eliminando qualquer outra pessoa dessa qualidade.[30] Em sociedades mais complexas é comum uma distribuição da administração por atribuições com compartilhamento de funções, ficando cada administrador, também chamado de executivo ou diretor, responsável por uma função do negócio e com as tarefas descritas no contrato ou no ato separado.[31]

A prática demonstra que em sociedades mais estruturadas, sejam elas limitadas ou anônimas, há diferenciação entre as funções de seus executivos (termo sinônimo de administrador ou diretor) pelas tarefas que serão exercidas por eles e utilizam expressões advindas do mercado internacional para designar o cargo que cada executivo exerce como, por exemplo: (i) CEO (*Chief Executive Officer*) para designar o diretor presidente ou diretor geral, responsável pelos poderes gerais de administração; (ii) CFO (*Chief Financial Officer*) para o diretor financeiro, responsável pelas finanças, controle de metas, objetivos e orçamentos e, ainda, cuida dos investimentos o do capital da sociedade; (iii) COO (*Chief Operation Officer*) para o diretor operacional, encarregado de auxiliar o CEO na

---

29. Art. 1.015. No silêncio do contrato, os administradores podem praticar todos os atos pertinentes à gestão da sociedade; não constituindo objeto social, a oneração ou a venda de bens imóveis depende do que a maioria dos sócios decidir. Parágrafo único. O excesso por parte dos administradores somente pode ser oposto a terceiros se ocorrer pelo menos uma das seguintes hipóteses: I – se a limitação de poderes estiver inscrita ou averbada no registro próprio da sociedade; II – provando-se que era conhecida do terceiro; III – tratando-se de operação evidentemente estranha aos negócios da sociedade.

30. Se somente uma pessoa é indicada, no contrato social ou em ato separado, para o exercício de administração, essa situação não traz maiores dificuldades. (MENDES, Rodrigo Octávio Broglia. Administração da sociedade limitada. In: COELHO, Fabio Ulhoa (Coord.). *Tratado de Direito Comercial*. São Paulo: Saraiva, 2015, v. 2. Tipos societários, sociedade limitada e sociedade anônima, p. 145-146).

31. Quando a limitada explora atividade econômica de pequena ou média dimensão, são os próprios sócios (ou parte deles) que exercem, indistintamente, os atos de administração, agindo em conjunto ou separadamente. Uma situação corriqueira, aliás, é a do sócio majoritário empreendedor como o único administrador. Na medida, contudo, em que a sociedade se dedica a atividades de maior envergadura, a administração da empresa se torna mais complexa, e reclama maior grau de profissionalismo. Então, as tarefas gerenciais ou administrativas tendem a ser repartidas, entre os sócios e profissionais contratados, atuando em áreas compartimentadas da gestão empresarial (administrativa, comercial, de produção, financeira etc.). (COELHO, Fábio Ulhoa. *Curso de direito comercial*: direito de empresa. 16. ed. São Paulo: Saraiva, 2012, v. II, p . 555).

coordenação das rotinas da administração, também pode ser designado como vice-presidente; (iv) CHRO (*Chief Human Resources Officer*) para o diretor de Recursos Humanos; (v) CLO (*Chief Legal Officer*) para o diretor jurídico; (vi) CMO (*Chief Marketing Officer*) para o diretor de marketing, responsável por comandar as ações de marketing; (vii) CPO (*Chief Product Officer*) para o diretor de produtos, responsável pela concepção, projeto e a produção de produtos; (viii) CTO (*Chief Technology Officer*) para o diretor de tecnologia e CIO (*Chief Information Officer*) para o diretor de TI (tecnologia de informação) etc.

b) Administração disjuntiva ou simultânea

A administração da sociedade, nada dispondo o contrato social, compete isoladamente a cada um dos sócios, sendo que cada um pode impugnar operação pretendida por outro, cabendo a decisão aos sócios, por maioria dos votos (art. 1.013, CC[32]). A mesma solução aplica-se quando a administração competir separadamente a vários administradores, mas não à totalidade dos sócios. Em qualquer dos casos, responde por perdas e danos perante a sociedade o administrador que realizar operações, sabendo ou devendo saber que estava agindo em desacordo com a maioria.

A administração atribuída no contrato social a todos os sócios não estende de pleno direito aos que posteriormente adquiram essa qualidade. Assim, estabelecendo o contrato que todos os sócios são administradores, podendo assinar em conjunto ou individualmente para a representação social, um novo sócio que ingresse no empreendimento não será administrador enquanto o contrato social não estabelecer expressamente a situação. Não se presume que a administração deixada a cargo de todos os sócios constituintes também será transferida aos sócios futuros.[33]

---

32. Art. 1.013. A administração da sociedade, nada dispondo o contrato social, compete separadamente a cada um dos sócios. § 1º Se a administração competir separadamente a vários administradores, cada um pode impugnar operação pretendida por outro, cabendo a decisão aos sócios, por maioria de votos. § 2º Responde por perdas e danos perante a sociedade o administrador que realizar operações, sabendo ou devendo saber que estava agindo em desacordo com a maioria.

33. Segundo o art. 1.010 do Código Civil, caso o contrato social indique que a administração compete aos sócios, as deliberações são tomadas por maioria de votos. Contudo, caso não haja expressa indicação de que a administração compete a todos os sócios em conjunto, determina o art. 1.013 do Código Civil que cada um dos sócios pode individualmente exercer atos de administração – a chamada administração disjuntiva. Nesses casos, cada um dos administradores pode impugnar a operação pretendida pelo outro, hipótese na qual a decisão é submetida à deliberação dos sócios, com quórum correspondente à maioria dos votos (art. 1.013, § 1º, do CC) . (MENDES, Rodrigo Octávio Broglia. Administração da sociedade limitada. In: COELHO, Fabio Ulhoa (Coord.). *Tratado de Direito Comercial*. São Paulo: Saraiva, 2015, v. 2. Tipos societários, sociedade limitada e sociedade anônima, p. 147).

c) Administração conjunta

O contrato social poderá, ainda, estabelecer administração conjunta, hipótese na qual os atos de administração e representação exigem a participação de dois ou mais administradores, conforme exigido pelo contrato social, sem o que não são válidos os respetivos atos (art. 1.014, CC[34]). Somente se permite a prática de atos sem a coparticipação de todos os administradores designados quando se tratar de casos urgentes, em que a omissão ou retardo das providências possa ocasionar dano irreparável ou grave para a sociedade. No entanto, responde por perdas e danos perante a sociedade o administrador que realizar operações, sabendo ou devendo saber que estava agindo em desacordo com a maioria, regra também aplicável à hipótese de administração coletiva.

Nesse caso, a atuação deve ocorrer de forma conjunta, assinando pela sociedade todos os administradores para a validade do ato social. Por exemplo, pode estar consignado no contrato social a necessidade de dois ou mais diretores para qualquer ato social ou para ato determinado, como assinatura de título de crédito ou contratos bancários.[35]

8. ADMINISTRADOR ESTRANGEIRO

O administrador estrangeiro deverá ter visto permanente e não estar enquadrado em caso de impedimento para o exercício da administração.

O Departamento Nacional de Registro Empresarial e Integração (DREI) se manifestou no sentido de inexistir óbice para estrangeiros ou não residentes serem administradores de sociedades limitadas, pois a legislação atual não veda a sua participação.[36]

9. PROCURAÇÃO

Um administrador não pode fazer-se substituir no exercício de suas funções, sendo-lhe facultado, nos limites de seus poderes, constituir mandatários

---

34. Art. 1.014. Nos atos de competência conjunta de vários administradores, torna-se necessário o concurso de todos, salvo nos casos urgentes, em que a omissão ou retardo das providências possa ocasionar dano irreparável ou grave.

35. Outra hipótese é aquela em que o contrato social estabelece a administração conjunta. Nesses casos, nos termos do art. 1.014 do Código Civil, deve haver o concurso de todos os administradores exigidos pelo contrato social. A exceção é dos casos urgentes, em que a omissão ou atraso na tomada de providências pode causar grave ou irreparável dano. (MENDES, Rodrigo Broglia. Administração da sociedade limitada. In: COELHO, Fabio Ulhoa (Coord.). *Tratado de Direito Comercial*. São Paulo: Saraiva, 2015, v. 2. Tipos societários, sociedade limitada e sociedade anônima, p. 147).

36. Despacho DREI Processo 19974.102462/2021-14

da sociedade, especificados no instrumento de procuração os atos e operações que poderão praticar (art. 1.018, CC[37]). Assim, caso seja necessária a nomeação de procurador, a outorgante do mandato será a sociedade e não o administrador.

Dependendo do ato a ser praticado pelo procurador, recomenda-se o uso de instrumento público com especificidade do ato a ser praticado pelo outorgado, pois o terceiro que for tratar com a sociedade poderá exigir essa formalidade para aceitar a procuração. Não há nenhuma regra especial para o uso da procuração por instrumento público, mas esse expediente é comum no meio negocial para proteção daquele que está a contratar com a sociedade.

10. REPRESENTAÇÃO EM JUÍZO

A sociedade será representada, ativa ou passivamente, em juízo por seus administradores (art. 75, VIII, CPC[38]), cabendo obviamente a nomeação por procuração advogado com capacidade postulatória.

11. *PRO LABORE*

Como vimos, a remuneração do trabalho do administrador é feita por meio de pagamento de *pro labore*. Não havendo previsão contratual, caberá aos sócios deliberarem em reunião ou assembleia a remuneração dos administradores, que deverá ser aprovada pelos votos correspondentes a mais de metade do capital social (arts. 1.071, IV[39] e 1.076, II, CC).

12. PRESTAÇÃO DE CONTAS

Ao término de cada exercício social, proceder-se-á à elaboração do inventário, do balanço patrimonial e do balanço de resultado econômico (art. 1.065, CC[40]), devendo apresentar as contas da administração para aprovação dos sócios em assembleia ou reunião (art. 1071, I, CC[41]).

---

37. Art. 1.018. Ao administrador é vedado fazer-se substituir no exercício de suas funções, sendo-lhe facultado, nos limites de seus poderes, constituir mandatários da sociedade, especificados no instrumento os atos e operações que poderão praticar.
38. Art. 75. Serão representados em juízo, ativa e passivamente: VIII – a pessoa jurídica, por quem os respectivos atos constitutivos designarem ou, não havendo essa designação, por seus diretores.
39. Art. 1.071. Dependem da deliberação dos sócios, além de outras matérias indicadas na lei ou no contrato: IV – o modo de sua remuneração, quando não estabelecido no contrato.
40. Art. 1.065. Ao término de cada exercício social, proceder-se-á à elaboração do inventário, do balanço patrimonial e do balanço de resultado econômico.
41. Art. 1.071. Dependem da deliberação dos sócios, além de outras matérias indicadas na lei ou no contrato: I – a aprovação das contas da administração.

13. USO DO NOME EMPRESARIAL

A designação do administrador também deve prever o uso do nome empresarial da sociedade (art. 1.064, CC[42]). Sem essa previsão, o mesmo não poderá fazer uso do nome, restringindo de forma considerável sua liberdade para comandar o negócio.

14. RESPONSABILIDADE DO ADMINISTRADOR

A sociedade limitada vincula-se a todos os atos praticados em seu nome pelos seus administradores, ainda que estranhos ao seu objeto social, pois a Lei 14.195/2021 revogou as exceções presentes no parágrafo único do artigo 1.015, do Código Civil (teoria *ultra vires*).

A responsabilidade da sociedade por atos do administrador está relacionada ao dever de probidade e ao princípio da boa-fé objetiva que norteia as relações privadas, em especial ao fortalecimento da proteção que deve ser conferida ao terceiro de boa-fé que contrata com a sociedade.

Portanto, mesmo havendo excesso de poder por parte do administrador ou prática de atos que não estavam autorizados, a sociedade estará vinculada ao que foi ajustado por ele e será responsabilizada. Isso para prestigiar a boa-fé do terceiro com quem o negócio foi celebrado.

Eventual responsabilidade da sociedade por excesso de poder do administrador, este poderá ser demandado para ressarcir os prejuízos causados à pessoa jurídica via ação regressiva.

Os administradores respondem solidariamente perante a sociedade e os terceiros prejudicados, por culpa no desempenho de suas funções (art. 1.016, CC[43]).

Ainda, o administrador que, sem consentimento escrito dos sócios, aplicar créditos ou bens sociais em proveito próprio ou de terceiros, terá de restituí-los à sociedade, ou pagar o equivalente, com todos os lucros resultantes, e, se houver prejuízo, por ele também responderá (art. 1.017, CC[44]). Fica sujeito às sanções o administrador que, tendo em qualquer operação interesse contrário ao da sociedade, tome parte na correspondente deliberação (art. 1.017, p. único, CC).

---

42. Art. 1.064. O uso da firma ou denominação social é privativo dos administradores que tenham os necessários poderes.
43. Art. 1.016. Os administradores respondem solidariamente perante a sociedade e os terceiros prejudicados, por culpa no desempenho de suas funções.
44. Art. 1.017. O administrador que, sem consentimento escrito dos sócios, aplicar créditos ou bens sociais em proveito próprio ou de terceiros, terá de restituí-los à sociedade, ou pagar o equivalente, com todos os lucros resultantes, e, se houver prejuízo, por ele também responderá. Parágrafo único. Fica sujeito às sanções o administrador que, tendo em qualquer operação interesse contrário ao da sociedade, tome parte na correspondente deliberação.

CAPÍTULO VI • SOCIEDADE LIMITADA **129**

Como visto anteriormente, aplica-se aos administradores a responsabilidade em caso de desconsideração da personalidade jurídica, respeitando o procedimento previsto no Código de Processo Civil (art. 133 a 137, CPC).

E. DELIBERAÇÕES SOCIAIS

1. ADMINISTRAÇÃO GERAL

Vimos que administração da sociedade pode ser considerada de forma genérica, na qual todos os sócios decidem o destino da sociedade em reunião ou assembleia, ou específica, na qual uma ou mais pessoas naturais são destinadas a representar a pessoa jurídica no giro de sua atividade.

Nem todos os negócios realizados pela sociedade precisam de deliberações entre os sócios, muitas vezes, pela dinâmica do mundo corporativo, da atividade empresarial, as decisões devem ser tomadas de forma imediata, não permitindo que os sócios se reúnam para discutir ponto a ponto a decisão a ser tomada.

As decisões dinâmicas são tomadas pelos administradores, responsáveis por gerenciar a sociedade, enquanto decisões mais complexas são deliberadas em reunião ou assembleia.

A reunião ou assembleia são as formas estabelecidas pela lei civil para tomada de decisões que o legislador entendeu como importantes, merecendo formalidades e quóruns deliberativos para aprovação (art. 1.071, CC).

2. DELIBERAÇÕES OBRIGATÓRIAS

Dependem da deliberação dos sócios, em reunião ou assembleia, além de outras matérias indicadas na lei ou no contrato: (i) a aprovação das contas da administração; (ii) a designação dos administradores, quando feita em ato separado; (iii) a destituição dos administradores; (iv) o modo de sua remuneração, quando não estabelecido no contrato; (v) a modificação do contrato social; (vi) a incorporação, a fusão e a dissolução da sociedade, ou a cessação do estado de liquidação; (vii) a nomeação e destituição dos liquidantes e o julgamento das suas contas; (viii) o pedido de recuperação judicial (art. 1.071, CC[45]); (ix) a eleição do conselho fiscal e fixação da remuneração de seus membros (arts. 1.066, § 1º e 1.068, CC).

---

45. Art. 1.071. Dependem da deliberação dos sócios, além de outras matérias indicadas na lei ou no contrato: I – a aprovação das contas da administração; II – a designação dos administradores, quando feita em ato separado; III – a destituição dos administradores; IV – o modo de sua remuneração, quando

3. ASSEMBLEIA OU REUNIÃO

O Código Civil estabelece regras rígidas acerca das deliberações sociais. A assembleia de sócios conta com uma série de procedimentos a serem seguidos para convocação, realização, quóruns de aprovação da matéria, além do elenco de assuntos obrigatórios de discussão nessas sessões. Contudo, não são todas as sociedades limitadas obrigadas à realização de assembleia para se efetivar as deliberações sociais. As sociedades com dez sócios ou menos podem, ao invés de realizar assembleia, optar pelas reuniões de sócios (art. 1.072, CC[46]).

A diferença fundamental entre as duas modalidades de deliberação social – assembleia ou reunião - é que, na reunião, os próprios sócios podem estabelecer os procedimentos de convocação e realização, ao contrário do que se dá na assembleia em que as a lei impõe regras específicas.

Na omissão do contrato, as deliberações são tomadas por assembleia, que é a regra, cabendo aos sócios explicitarem no contrato social que as deliberações serão tomadas por reunião.

Tendo interesse a sociedade em eximir-se das regras impostas à assembleia e possuindo número de sócios inferior a 10 (dez), é o mais indicado optar pela reunião de sócio, expressando no contrato social que as deliberações sociais se darão por reunião e estipulando as regras para convocação e realização da mesma. Geralmente os sócios determinam reuniões de sócios trimestralmente ou bimestralmente, dispensando-se a convocação por já haver data definida em contrato.

Dependendo da obrigatoriedade ou não de sua realização, a assembleia ou reunião pode ser denominada de Assembleia Geral Ordinária (AGO) ou Assembleia Geral Extraordinária (AGE).

---

não estabelecido no contrato; V – a modificação do contrato social; VI – a incorporação, a fusão e a dissolução da sociedade, ou a cessação do estado de liquidação; VII – a nomeação e destituição dos liquidantes e o julgamento das suas contas; VIII – o pedido de concordata.

46. Art. 1.072. As deliberações dos sócios, obedecido o disposto no art. 1.010, serão tomadas em reunião ou em assembleia, conforme previsto no contrato social, devendo ser convocadas pelos administradores nos casos previstos em lei ou no contrato. § 1º A deliberação em assembleia será obrigatória se o número dos sócios for superior a dez. § 2º Dispensam-se as formalidades de convocação previstas no § 3º do art. 1.152, quando todos os sócios comparecerem ou se declararem, por escrito, cientes do local, data, hora e ordem do dia. § 3º A reunião ou a assembleia tornam-se dispensáveis quando todos os sócios decidirem, por escrito, sobre a matéria que seria objeto delas. § 4º No caso do inciso VIII do artigo antecedente, os administradores, se houver urgência e com autorização de titulares de mais da metade do capital social, podem requerer concordata preventiva. § 5º As deliberações tomadas de conformidade com a lei e o contrato vinculam todos os sócios, ainda que ausentes ou dissidentes. § 6º Aplica-se às reuniões dos sócios, nos casos omissos no contrato, o disposto na presente Seção sobre a assembleia.

a) Assembleia Geral Ordinária (AGO)

A assembleia deve realizar-se ao menos uma vez por ano, chamada pela doutrina de Assembleia Geral Ordinária (AGO) ou Anual, nos quatro meses seguintes ao término do exercício social, com o objetivo de: (i) tomar as contas dos administradores e deliberar sobre o balanço patrimonial e o de resultado econômico; (ii) designar administradores, quando for o caso; (iii) tratar de qualquer outro assunto constante da ordem do dia (art. 1.078, CC[47]).

b) Assembleia Geral Extraordinária (AGE)

Qualquer outra reunião ou assembleia convocada de forma diversa daquela que é obrigatória pela lei (AGO), é denominada como Assembleia Geral Extraordinária (AGE). Nessa espécie de assembleia ou reunião pode ser deliberada qualquer matéria, inclusive aquelas que são de competência de Assembleia Geral Ordinária como, por exemplo, a designação de administrador. Muitas vezes os sócios precisarão se reunirem para tomada de decisão relevante para sociedade, como a alteração do contrato social para abertura de uma filial, essa deliberação deve ser tomada, assim como outras, em reunião ou assembleia (art. 1.071, CC).

4. CONVOCAÇÃO

A reunião ou assembleia de sócios será convocada, nos casos previstos em lei ou no contrato: (i) pelos administradores; (ii) por sócio, quando os administradores retardarem a convocação, por mais de 60 (sessenta) dias; (iii) por titulares de mais de um quinto do capital, quando não atendido, no prazo de 8 (oito) dias, pedido de convocação fundamentado, com indicação das matérias a serem tratadas; e (iv) pelo conselho fiscal, se houver, se a diretoria retardar por mais de 30 (trinta) dias a sua convocação anual, ou sempre que ocorram motivos graves e urgentes (art. 1.073, CC[48]).

---

47. Art. 1.078. A assembleia dos sócios deve realizar-se ao menos uma vez por ano, nos quatro meses seguintes ao término do exercício social, com o objetivo de: I – tomar as contas dos administradores e deliberar sobre o balanço patrimonial e o de resultado econômico; II – designar administradores, quando for o caso; III – tratar de qualquer outro assunto constante da ordem do dia. § 1º Até trinta dias antes da data marcada para a assembleia, os documentos referidos no inciso I deste artigo devem ser postos, por escrito, e com a prova do respectivo recebimento, à disposição dos sócios que não exerçam a administração. § 2º Instalada a assembleia, proceder-se-á à leitura dos documentos referidos no parágrafo antecedente, os quais serão submetidos, pelo presidente, a discussão e votação, nesta não podendo tomar parte os membros da administração e, se houver, os do conselho fiscal. § 3º A aprovação, sem reserva, do balanço patrimonial e do de resultado econômico, salvo erro, dolo ou simulação, exonera de responsabilidade os membros da administração e, se houver, os do conselho fiscal. § 4º Extingue-se em dois anos o direito de anular a aprovação a que se refere o parágrafo antecedente.
48. Art. 1.073. A reunião ou a assembleia podem também ser convocadas: I – por sócio, quando os administradores retardarem a convocação, por mais de sessenta dias, nos casos previstos em lei ou no

O edital de convocação deve conter o nome empresarial da sociedade e seus dados identificadores,[49] data, os horários de cada convocação e o local em que ocorrerá a assembleia ou reunião, se será presencial, virtual ou hibrida a deliberação (art. 1.080-A, CC[50]), bem como quais serão os assuntos que serão deliberados (ordem do dia) com a data e assinatura daquele que convocou o ato.

O contrato que estabelecer que as matérias sujeitas à deliberação dos sócios sejam tomadas em reunião pode fixar regras próprias sobre sua periodicidade, convocação (competência e modo), quórum de instalação, curso e registro dos trabalhos. Na ausência de tais regras, incidirão as pertinentes à assembleia. Por exemplo, o contrato social pode prever, para melhor forma de convocação, o envio do edital de convocação por carta com aviso de recebimento (AR) ou por e-mail institucional com aviso de leitura. O importante é que o meio utilizado permita comprovar o recebimento, para que não se alegue eventual nulidade que possa contaminar a deliberação.

Na omissão do contrato social ou na impossibilidade de comprovar a ciência de todos os sócios, a convocação deverá ocorrer por meio de publicações no órgão oficial da União ou do Estado, conforme o local da sede da sociedade, e em jornal de grande circulação, por 03 (três) vezes, ao menos, devendo mediar, entre a data da primeira inserção e a da realização da assembleia, o prazo mínimo de 08 (oito) dias, para a primeira convocação, e de 05 (cinco) dias, para as posteriores (art. 1.152, §§ 1º e 3º, CC[51]). As publicações das sociedades estrangeiras serão feitas nos órgãos oficiais da União e do Estado onde tiverem sucursais, filiais ou agências (art. 1.152, § 2º, CC).

---

contrato, ou por titulares de mais de um quinto do capital, quando não atendido, no prazo de oito dias, pedido de convocação fundamentado, com indicação das matérias a serem tratadas; II – pelo conselho fiscal, se houver, nos casos a que se refere o inciso V do art. 1.069.

49. Dados identificadores da sociedade: Número de Identificação do Registro de Empresas (NIRE) e Cadastro Nacional da Pessoa Jurídica (CNPJ), se sociedade empresária, número de registro no Cartório de Registro de Pessoas Jurídicas e CNPJ, se sociedade simples.

50. Art. 1.080-A. O sócio poderá participar e votar a distância em reunião ou em assembleia, nos termos do regulamento do órgão competente do Poder Executivo federal. Parágrafo único. A reunião ou a assembleia poderá ser realizada de forma digital, respeitados os direitos legalmente previstos de participação e de manifestação dos sócios e os demais requisitos regulamentares.

51. Art. 1.152. Cabe ao órgão incumbido do registro verificar a regularidade das publicações determinadas em lei, de acordo com o disposto nos parágrafos deste artigo. § 1º Salvo exceção expressa, as publicações ordenadas neste Livro serão feitas no órgão oficial da União ou do Estado, conforme o local da sede do empresário ou da sociedade, e em jornal de grande circulação. § 2º As publicações das sociedades estrangeiras serão feitas nos órgãos oficiais da União e do Estado onde tiverem sucursais, filiais ou agências. § 3º O anúncio de convocação da assembleia de sócios será publicado por três vezes, ao menos, devendo mediar, entre a data da primeira inserção e a da realização da assembleia, o prazo mínimo de oito dias, para a primeira convocação, e de cinco dias, para as posteriores.

CAPÍTULO VI • SOCIEDADE LIMITADA **133**

5. QUÓRUM DE INSTALAÇÃO

A assembleia dos sócios instala-se com a presença, em primeira convocação, de titulares de no mínimo 3/4 (três quartos) do capital social, e, em segunda, com qualquer número (art. 1.074, CC[52]). Para evitar as formalidades e os custos de convocação, comumente se designa as duas convocações na mesma data, alterando o horário em 15 (quinze) ou 30 (trinta) minutos.

Por exemplo, pode ser convocada reunião para o dia 15 de maio, às 14h00, em primeira convocação, e às 14h30, para segunda convocação. Se às 14h00 o quórum mínimo de 3/4 (três quartos) do capital social não for atingido, a reunião não terá início, devendo-se aguardar as 14h30 para sua instalação regular em segunda convocação.

6. REPRESENTAÇÃO EM ASSEMBLEIA OU REUNIÃO

O sócio pode ser representado na assembleia por outro sócio, ou por advogado, mediante outorga de mandato com especificação dos atos autorizados, devendo o instrumento ser levado a registro, juntamente com a ata (art. 1.074, § 1º, CC).

7. FUNCIONAMENTO DA ASSEMBLEIA OU REUNIÃO

Realizada a convocação, instalada a assembleia com o quórum legal, inicia-se o funcionamento com a escolha entre os presentes de sócios para presidir e secretariar o ato (art. 1.075, CC[53]). O presidente da assembleia, escolhido por maioria dos presentes, será o responsável pela condução e ordem dos trabalhos, verificando as formalidades legais, lendo o edital de convocação, dando a palavra ao administrador e demais sócios, tomando os votos na sequência da ordem do

---

52. Art. 1.074. A assembleia dos sócios instala-se com a presença, em primeira convocação, de titulares de no mínimo três quartos do capital social, e, em segunda, com qualquer número. § 1º O sócio pode ser representado na assembleia por outro sócio, ou por advogado, mediante outorga de mandato com especificação dos atos autorizados, devendo o instrumento ser levado a registro, juntamente com a ata. § 2º Nenhum sócio, por si ou na condição de mandatário, pode votar matéria que lhe diga respeito diretamente.

53. Art. 1.075. A assembleia será presidida e secretariada por sócios escolhidos entre os presentes. § 1º Dos trabalhos e deliberações será lavrada, no livro de atas da assembleia, ata assinada pelos membros da mesa e por sócios participantes da reunião, quantos bastem à validade das deliberações, mas sem prejuízo dos que queiram assiná-la. § 2º Cópia da ata autenticada pelos administradores, ou pela mesa, será, nos vinte dias subsequentes à reunião, apresentada ao Registro Público de Empresas Mercantis para arquivamento e averbação. § 3º Ao sócio, que a solicitar, será entregue cópia autenticada da ata.

dia etc. O secretário terá função de redigir a ata, constando, de forma sumária ou não, todos os acontecimentos relevantes que ocorreram na assembleia.

Dos trabalhos e deliberações será lavrada, no livro de atas da assembleia, ata assinada pelos membros da mesa e por sócios participantes da reunião, quantos bastem à validade das deliberações, mas sem prejuízo dos que queiram assiná-la, podendo ser entre uma cópia autenticada da ata ao sócio que a solicitar.

A cópia da ata autenticada pelos administradores, ou pela mesa, será, nos 20 (vinte) dias subsequentes ao ato, apresentada ao órgão de registro para arquivamento e averbação.

8. VINCULAÇÃO

As deliberações tomadas de conformidade com a lei e o contrato vinculam todos os sócios, ainda que ausentes ou dissidentes (art. 1.072, § 5º, CC).

9. REGRAS COMUNS A ASSEMBLEIA E REUNIÃO

Por fim, existem regras comuns à assembleia e reunião que eximem a sociedade das formalidades de convocação e/ou realização do ato.

a) Dispensa de convocação

Dispensam-se as formalidades de convocação, quando todos os sócios comparecerem ou se declararem, por escrito, cientes do local, data, hora e ordem do dia (art. 1.072, § 2º, CC).

b) Dispensa de assembleia ou reunião

A reunião ou a assembleia tornam-se dispensáveis quando todos os sócios decidirem, por escrito, sobre a matéria que seria objeto delas (art. 1.072, § 3º, CC). Na realidade, não é a reunião ou assembleia que é dispensada, mas sim formalidade da presença dos sócios em data, horários e local designados para tomada de determinada deliberação que, como expresso no texto legal, terá ata subscrita por todos. Vale recordar que a formalização da deliberação é essencial para seu registro no órgão competente e, consequente, requisito de validade perante terceiros.

Por exemplo, podem todos os sócios concordarem com uma alteração contratual, cuja matéria é de deliberação em assembleia (art. 1.071, V, CC), mas essa modificação somente terá consequências com a formalização em ata assinada por todos ou mediante instrumento de alteração contratual assinado por todos e seu registro no órgão competente.

10. QUÓRUM DE APROVAÇÃO

As deliberações são tomadas proporcionalmente a participação societária de cada sócio, ou seja, quanto maior a quantidade de quotas que um determinado sócio seja titular, maior a ingerência deste sobre a sociedade. Não impondo a lei ou contrato de forma diferente, o quórum para aprovação será de maioria dos presentes (50% + 1).

Contudo, a lei impõe quóruns qualificados para determinadas matérias:

(a) dois terços dos sócios, para designar administrador não sócio, se o capital social não está totalmente integralizado (art. 1.061, CC);

(b) mais da metade do capital, para modificação do contrato social, salvo nas matérias sujeitas a quórum diferente (arts. 1.071, V, e 1.076, II, CC);

(c) mais da metade do capital, para aprovar incorporação, fusão, dissolução da sociedade ou levantamento da liquidação (arts. 1.071, VI, e 1.076, II, CC);

(d) mais da metade do capital, para designar administrador não sócio, se o capital social está totalmente integralizado (art. 1.061, CC);

(e) mais da metade do capital, para destituir administrador sócio nomeado no contrato social, se não previsto neste um quórum diverso, maior ou menor (art. 1.063, § 1º, CC[54]);

(f) mais da metade do capital, para designar administrador em ato separado do contrato social (art. 1.076, II, CC);

(g) mais da metade do capital, para destituir administrador sócio designado em ato separado do contrato social (art. 1.076, II, CC);

(h) mais da metade do capital, para destituir administrador não sócio (art. 1.076, II, CC);

(i) mais da metade do capital, para expulsar sócio minoritário, se permitido no contrato social (art. 1.085, CC);

(j) mais da metade dos presentes à assembleia ou reunião, para aprovação das contas dos administradores, nomeação e destituição dos liquidantes e julgamento de suas contas (arts. 1.071, I e VII, e 1.076, III, CC).

11. CRÍTICA AOS QUÓRUNS QUALIFICADOS DA SOCIEDADE LIMITADA

Em outras edições desta obra, os autores criticaram os quóruns qualificados da sociedade limitada, especialmente para alteração do contrato social e operações

---

54. Alteração dada pela Lei 14.451/2022.

societárias (art. 1.076, II, CC), que até a alteração dada da Lei 14.451/2022 era de 3/4 (três quarto) do capital social.

A partir da Lei 14.451/2022, houve a redução dos quóruns qualificados de 3/4 (três quarto) do capital social para mais da metade do capital social,[55] possibilitando maior flexibilidade e dinamismo nas relações empresárias, resguardando o princípio da prevalência da vontade e entendimento da maioria nas deliberações sociais.

Os direitos políticos tomam nova dimensão com a alteração legislativa, devendo as sociedades limitadas e seus sócios se adequarem a nova realidade visto que, a partir de 22 de outubro de 2022, estão válidos os novos quóruns previstos na Lei 14.451/2022.

Em interessante artigo de autoria de Henrique Haruki Arake e Marlon Tomazette,[56] foi levantada a aplicabilidade imediata da mudança de quórum nas deliberações da sociedade limitada, em especial àquelas sociedades já constituídas. Em conclusão, os autores entendem, assim como nós, que (i) quando o contrato social é silente com relação à regra ser aplicada, não há que se falar em direito adquirido devendo aplicar-se imediatamente o novo quórum estabelecido em lei e (ii) quando há cláusula expressa no contrato social estabelecendo um quórum específico para as deliberações sociais, pouco importa o novo texto legal, pois o quórum foi estabelecido em regra contratual que, por sua vez, decorreu da vontade das partes que deve ser obedecida.

12. MATÉRIAS DE INTERESSA PESSOAL DO SÓCIO

Nenhum sócio, por si ou na condição de mandatário, pode votar matéria que lhe diga respeito diretamente (art. 1.074, § 1º, CC[57]).

13. ME E EPP

As Microempresas e as Empresas de Pequeno Porte são desobrigadas da realização de reuniões e assembleias em qualquer das situações previstas na legislação civil, as quais serão substituídas por deliberação representativa do

---

55. Lei 14.451/2022 publicada em 22/09/2022 e com *vacatio legis* de 30 dias, conforme o artigo 4º *Esta Lei entra em vigor após decorridos 30 (trinta) dias de sua publicação oficial.*
56. Disponível em: https://www.migalhas.com.br/depeso/374648/mudanca-de-quorum-nas-delibera-coes-da-sociedade-limitada. Acesso em: 07 out. 2022.
57. Art. 1.074. § 2º Nenhum sócio, por si ou na condição de mandatário, pode votar matéria que lhe diga respeito diretamente.

primeiro número inteiro superior à metade do capital social (art. 70, LC 123/06[58]). A disposição acima não se aplica se houver disposição contratual em contrário, caso ocorra hipótese de justa causa que enseje a exclusão de sócio ou caso um ou mais sócios ponham em risco a continuidade da empresa em virtude de atos de inegável gravidade, o que dependerá da realização de reunião ou assembleia de acordo com a legislação civil. Outrossim, as Microempresas e as Empresas de Pequeno Porte, nos termos da legislação civil, ficam dispensados da publicação de qualquer ato societário (art. 71, LC 123/06).

MATÉRIAS	QUÓRUNS
MATÉRIAS PREVISTAS NO ART. 1.071, CC:	
a) aprovação das contas da administração.	- Maioria de capital dos presentes, se o contrato não exigir maioria mais elevada (art. 1.076, III, CC).
b) designação dos administradores, quando feita em ato separado.	**Administrador não sócio:** (art. 1.061, CC) - Dois terços dos sócios, se o capital social não estiver totalmente integralizado. - Mais da metade do capital social, se o capital estiver totalmente integralizado. **Administrador sócio art. 1.076, II, CC:** - Mais da metade do capital social.
c) destituição dos administradores.	**Administrador, sócio ou não, designado em ato separado** - Mais da metade do capital social (art. 1.076, II, CC). **Administrador sócio, nomeado no contrato social:** - Mais da metade do capital social, no mínimo, salvo disposição contratual diversa (art. 1.063, §1º, CC). **Administrador não sócio, nomeado no contrato social:** - Mais da metade do capital social (art. 1.076, II, CC).
d) o modo de remuneração dos administradores, quando não estabelecido no contrato.	- Mais da metade do capital social (art. 1.076, II, CC).
e) modificação do contrato social.	- Mais da metade do capital social, salvo nas matérias sujeitas a quórum diferente (art. 1.076, II, CC).
f) incorporação, fusão e dissolução da sociedade, ou a cessação do estado de liquidação.	- Mais da metade do capital social (art. 1.076, II, CC).
g) nomeação e destituição dos liquidantes e o julgamento das suas contas.	- Maioria de capital dos presentes, se o contrato não exigir maioria mais elevada (art. 1.076, III, CC).
h) pedido de recuperação judicial.	- Mais da metade do capital social (art. 1.076, II, CC).
OUTRAS MATÉRIAS PREVISTAS NO CÓDIGO CIVIL	
Exclusão judicial de sócio – justa causa ou incapacidade superveniente	- Maioria dos demais sócios (art. 1.030, CC).
Exclusão extrajudicial de sócio – justa causa.	- Maioria dos demais sócios, se permitida a exclusão por justa causa no contrato social (art. 1.085, CC).
Exclusão de sócio remisso.	Maioria do capital dos demais sócios (art. 1.004, p. único, CC).
Transformação	Totalidade dos sócios, salvo se prevista no ato constitutivo (art. 1.114, CC).

---

58. Art. 70. As microempresas e as empresas de pequeno porte são desobrigadas da realização de reuniões e assembleias em qualquer das situações previstas na legislação civil, as quais serão substituídas por deliberação representativa do primeiro número inteiro superior à metade do capital social. § 1º O disposto no caput deste artigo não se aplica caso haja disposição contratual em contrário, caso ocorra hipótese de justa causa que enseje a exclusão de sócio ou caso um ou mais sócios ponham em risco a continuidade da empresa em virtude de atos de inegável gravidade. § 2º Nos casos referidos no § 1º deste artigo, realizar-se-á reunião ou assembleia de acordo com a legislação civil.

F. CONSELHO FISCAL

1. CONSELHO FISCAL

Dispõe o artigo 1.066 do Código Civil[59] que a sociedade limitada pode instituir conselho fiscal composto de três ou mais membros e respectivos suplentes, sócios ou não, residentes no País, eleitos na assembleia anual. Pela redação do artigo extrai-se que o referido órgão deve estar previsto expressamente no contrato social, dando-lhe existência e poderes. Portanto, desejando a sociedade possuir este órgão de fiscalização, importante para assegurar o direito dos minoritários e o acesso a informações do negócio, deverá constar do contrato social sua instituição. Contudo, não havendo interesse em criar o órgão, basta o instrumento ficar omisso a respeito do assunto, embora não seja essa a forma mais adequada. Para manter a clareza no contrato social, a melhor orientação é expressar em uma cláusula própria que a sociedade limitada não irá possuir conselho fiscal. Ficaria, inclusive, mais fácil se posteriormente os sócios desejassem instituí-lo, revogando-se a cláusula negatória do conselho e instituindo o órgão. Do contrário, seria preciso a inserção de cláusulas no corpo do instrumento que viesse a instituir o conselho.

2. ÓRGÃO FACULTATIVO

Trata-se de órgão social facultativo, inexistente na maioria das sociedades limitadas, a uma porque é custoso manter o conselho fiscal, cujos membros devem ser remunerados (art. 1.068, CC[60]), a duas porque somente se justificaria sua constituição em sociedades com muitos sócios, buscando melhorar a fiscalização da administração.

Na prática, poucas são as sociedades limitadas que instituem conselho fiscal, sendo indicado tal órgão em empresas de grande porte ou, ainda, quando há muitos sócios. O uso de auditorias independentes é meio mais econômico e eficiente na fiscalização das contas da sociedade e, por isso, mais usual do que a instituição do conselho fiscal.

---

59. Art. 1.066. Sem prejuízo dos poderes da assembleia dos sócios, pode o contrato instituir conselho fiscal composto de três ou mais membros e respectivos suplentes, sócios ou não, residentes no País, eleitos na assembleia anual prevista no art. 1.078. § 1º Não podem fazer parte do conselho fiscal, além dos inelegíveis enumerados no § 1º do art. 1.011, os membros dos demais órgãos da sociedade ou de outra por ela controlada, os empregados de quaisquer delas ou dos respectivos administradores, o cônjuge ou parente destes até o terceiro grau. § 2º É assegurado aos sócios minoritários, que representarem pelo menos um quinto do capital social, o direito de eleger, separadamente, um dos membros do conselho fiscal e o respectivo suplente.

60. Art. 1.068. A remuneração dos membros do conselho fiscal será fixada, anualmente, pela assembleia dos sócios que os eleger.

3. ELEIÇÃO DOS MEMBROS DO CONSELHO FISCAL

Os membros do conselho fiscal são eleitos em assembleia ou reunião, com quórum de maioria do capital social. Sendo assim, a lei assegura aos sócios minoritários, que representarem pelo menos um quinto do capital social (20%), o direito de eleger, separadamente, um dos membros do conselho fiscal e o respectivo suplente (art. 1.066, § 2º, CC). Assim, em uma sociedade com 01 (um) sócio que detém, isoladamente, 60% da participação societária e 02 (dois) sócios que detenham 20% da participação societária cada um, poderia ter 5 (cinco) membros e 05 (cinco) suplentes, 03 (três) membros e seus suplentes escolhidos pelo sócio majoritário e (02) membros e suplentes escolhidos pelos minoritários.[61]

4. IMPEDIMENTOS

Estão impedidos de fazer parte do conselho fiscal, além dos inelegíveis como administradores (art. 1011, § 1º, CC), os membros dos demais órgãos da sociedade ou de outra por ela controlada, os empregados de quaisquer delas ou dos respectivos administradores, o cônjuge ou parente destes até o terceiro grau.

5. TERMO DE POSSE

O membro ou suplente eleito, assinando termo de posse lavrado no livro de atas e pareceres do conselho fiscal, em que se mencione o seu nome, nacionalidade, estado civil, residência e a data da escolha, ficará investido nas suas funções, que exercerá, salvo cessação anterior, até a subsequente assembleia anual (art. 1.067, CC[62]), sendo que se o termo não for assinado nos 30 (trinta) dias seguintes ao da eleição, esta se tornará sem efeito.

6. FUNÇÕES

Além de outras atribuições determinadas na lei ou no contrato social, aos membros do conselho fiscal incumbem, individual ou conjuntamente, os deveres

---

61. GONÇALVES NETO, Alfredo de Assis. *Direito de Empresa*: comentários aos artigos 966 a 1.195 do Código Civil. 6. ed. São Paulo: Ed. RT, 2016, p. 417.
62. Art. 1.067. O membro ou suplente eleito, assinando termo de posse lavrado no livro de atas e pareceres do conselho fiscal, em que se mencione o seu nome, nacionalidade, estado civil, residência e a data da escolha, ficará investido nas suas funções, que exercerá, salvo cessação anterior, até a subsequente assembleia anual. Parágrafo único. Se o termo não for assinado nos trinta dias seguintes ao da eleição, esta se tornará sem efeito.

seguintes (art. 1.069, CC[63]): (i) examinar, pelo menos trimestralmente, os livros e papéis da sociedade e o estado da caixa e da carteira, devendo os administradores ou liquidantes prestar-lhes as informações solicitadas; (ii) lavrar no livro de atas e pareceres do conselho fiscal o resultado dos exames referidos no inciso I deste artigo; (iii) exarar no mesmo livro e apresentar à assembleia anual dos sócios parecer sobre os negócios e as operações sociais do exercício em que servirem, tomando por base o balanço patrimonial e o de resultado econômico; (iv) denunciar os erros, fraudes ou crimes que descobrirem, sugerindo providências úteis à sociedade; (v) convocar a assembleia dos sócios se a diretoria retardar por mais de trinta dias a sua convocação anual, ou sempre que ocorram motivos graves e urgentes; (vi) praticar, durante o período da liquidação da sociedade, os atos a que se refere este artigo, tendo em vista as disposições especiais reguladoras da liquidação.

7. INDELEGABILIDADE E RESPONSABILIDADE

As atribuições e poderes conferidos pela lei ao conselho fiscal não podem ser outorgados a outro órgão da sociedade, e a responsabilidade de seus membros obedece à regra que define a dos administradores (art. 1.070, CC[64]).

8. AUXILIARES

Por fim, o conselho fiscal poderá escolher para assisti-lo no exame dos livros, dos balanços e das contas, contabilista legalmente habilitado, mediante remuneração aprovada pela assembleia dos sócios.

---

63. Art. 1.069. Além de outras atribuições determinadas na lei ou no contrato social, aos membros do conselho fiscal incumbem, individual ou conjuntamente, os deveres seguintes: I – examinar, pelo menos trimestralmente, os livros e papéis da sociedade e o estado da caixa e da carteira, devendo os administradores ou liquidantes prestar-lhes as informações solicitadas; II – lavrar no livro de atas e pareceres do conselho fiscal o resultado dos exames referidos no inciso I deste artigo; III – exarar no mesmo livro e apresentar à assembleia anual dos sócios parecer sobre os negócios e as operações sociais do exercício em que servirem, tomando por base o balanço patrimonial e o de resultado econômico; IV – denunciar os erros, fraudes ou crimes que descobrirem, sugerindo providências úteis à sociedade; V – convocar a assembleia dos sócios se a diretoria retardar por mais de trinta dias a sua convocação anual, ou sempre que ocorram motivos graves e urgentes; VI – praticar, durante o período da liquidação da sociedade, os atos a que se refere este artigo, tendo em vista as disposições especiais reguladoras da liquidação.

64. Art. 1.070. As atribuições e poderes conferidos pela lei ao conselho fiscal não podem ser outorgados a outro órgão da sociedade, e a responsabilidade de seus membros obedece à regra que define a dos administradores (art. 1.016). Parágrafo único. O conselho fiscal poderá escolher para assisti-lo no exame dos livros, dos balanços e das contas, contabilista legalmente habilitado, mediante remuneração aprovada pela assembleia dos sócios.

G. OUTROS ÓRGÃOS SOCIAIS

1. LIBERDADE DE CONTRATAÇÃO

Os sócios da sociedade limitada possuem plena liberdade de contratação, ficando apenas limitados a legalidade, portanto é plenamente legitimo a criação de outros órgãos sociais, tantos quantos forem necessários para a melhor organização da sociedade. A DREI, por exemplo, prevê a faculdade da criação de Conselho de Administração na sociedade limitada, aplicando-se, por analogia, as regras previstas na Lei das Sociedades por Ações. Desse modo, o Código Civil traz regras mínimas de convivência social para a sociedade limitada, permitindo maior flexibilidade em relação a sociedade anônima que, por conta de sua relação estreita com o mercado, possui regras mais rígidas e, por via de consequência, mais previsíveis de organização para atender ao mercado.

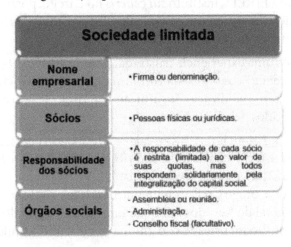

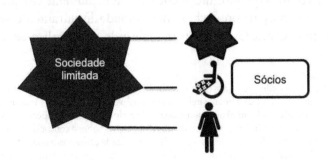

H. SOCIEDADE LIMITADA UNIPESSOAL – SLU

1. SOCIEDADE LIMITADA UNIPESSOAL

A Declaração de Direitos de Liberdade Econômica introduziu a figura da Sociedade Limitada Unipessoal (art. 1.052, CC[65]), possibilitando a constituição de uma sociedade limitada por uma única pessoa titular da totalidade do capital cuja responsabilidade é limitada ao capital integralizado, resguardando o patrimônio da pessoa que a constituir.

Uma pessoa jurídica com um único titular, como é o caso da SLU, não é nova no Direito Brasileiro, já que a Lei 12.441/2011 criou a Empresa Individual de Responsabilidade Limitada (EIRELI), com a inclusão do inciso VI no artigo 44 e do artigo 980-A, ambos no Código Civil.

Ocorre que a EIRELI, instituto *sui generis* no Direito, possuía como requisito de constituição investimento mínimo de 100 (cem) Salários Mínimos, o que afastava os pequenos empreendedores.

Assim, após uma experiencia frustrada, a Lei 13.874/2019 (Declaração de Direitos de Liberdade Econômica) permitiu a constituição da sociedade limitada unipessoal, facilitar e viabilizar a constituição de pessoa jurídica unipessoal, sem os requisitos exigidos pela EIRELI.

Diante da coexistência da EIRELI e da SLU, o artigo 41 da Lei 14.195/2021[66] determinou a transformação de todas as EIRELIs em SLU, o que foi confirmado pela MP 1.085/2021, que ainda revogou o art. 44, VI e o Título I-A do Livro II da Partes Especial do Código Civil, exatamente os artigos que tratavam da EIRELI (Empresa Individual de Responsabilidade Limitada). Tornando a SLU a única pessoa jurídica de direito privado constituída por um único titular.

A inclusão da sociedade limitada unipessoal decorreu da necessidade de encerrar "(...) a prática que se multiplicou exponencialmente em que um sócio é chamado tão somente para preencher a necessidade de pluralidade, sem real cota significativa no negócio. Outros países, incluindo a República Federal da Ale-

---

65. Art. 1.052. Na sociedade limitada, a responsabilidade de cada sócio é restrita ao valor de suas quotas, mas todos respondem solidariamente pela integralização do capital social. § 1º A sociedade limitada pode ser constituída por 1 (uma) ou mais pessoas. § 2º Se for unipessoal, aplicar-se-ão ao documento de constituição do sócio único, no que couber, as disposições sobre o contrato social.

66. Art. 41. As empresas individuais de responsabilidade limitada existentes na data da entrada em vigor desta Lei serão transformadas em sociedades limitadas unipessoais independentemente de qualquer alteração em seu ato constitutivo. Parágrafo único. Ato do Drei disciplinará a transformação referida neste artigo.

manha, a República Popular da China e os Estados Unidos da América, também possuem modalidade idêntica de sociedade (ou companhia) limitada unipessoal".

Diante das peculiaridades de existir uma sociedade constituída por um único sócio, criou-se verdadeira distorção de conceitos consagrados do Direito Societário. Veja, por exemplo, a natureza jurídica do contrato social como instrumento plurilateral. Na sociedade limitada unipessoal não se sustentaria essa natureza. As deliberações sociais, da mesma forma, seriam suprimidas pela vontade única do titular.

Esse novo *status* societário, no mínimo bizarro, traz a necessidade de abstrairmos a questão técnica para pautarmos na prática cada vez mais complexa do Direito Societário e, por tanto, seguem as peculiaridades da sociedade limitada unipessoal em relação a sociedade limitada pluripessoal ou coletiva.

a) Regra geral

Aplicam-se à sociedade limitada unipessoal, no que couber, todas as regras aplicáveis à sociedade limitada plurilateral constituída por dois ou mais sócios.

b) Formas de constituição

A sociedade limitada unipessoal pode ser constituída por via originária ou derivada.

(i) Originária. Originalmente a sociedade limitada unipessoal será constituída mediante assinatura do sócio único no contrato social e registro no órgão competente, na Junta Comercial, se empresária, no Cartório de Registro de Pessoas Jurídica, se simples.

(ii) Derivada. Por via derivada a sociedade limitada unipessoal é constituída com a saída de sócios da sociedade limitada plurilateral por meio de alteração contratual, bem como de transformação, fusão, cisão, conversão etc.

c) Ato constitutivo

O ato constitutivo do sócio único observará as disposições sobre o contrato social de sociedade limitada.

d) Deliberações

Na sociedade limitada unipessoal as decisões do sócio único serão refletidas em documento escrito, instrumento particular ou público, subscrito pelo próprio sócio único ou por seu procurador com poderes específicos.

Não se aplica à sociedade limitada unipessoal o requisito aplicável às sociedades limitadas em geral previsto artigo 1.074 do Código Civil.[67]

Somente precisam ser publicadas as decisões do sócio único da sociedade limitada unipessoal no caso de redução de capital, quando considerado excessivo em relação ao objeto da sociedade (art. 1.084, § 1º, CC[68]).

e) Extinção

O ato de extinção de sociedade limitada unipessoal observará as disposições sobre o distrato do contrato social.

---

67. Art. 1.074. A assembleia dos sócios instala-se com a presença, em primeira convocação, de titulares de no mínimo três quartos do capital social, e, em segunda, com qualquer número. § 1º O sócio pode ser representado na assembleia por outro sócio, ou por advogado, mediante outorga de mandato com especificação dos atos autorizados, devendo o instrumento ser levado a registro, juntamente com a ata. § 2º o Nenhum sócio, por si ou na condição de mandatário, pode votar matéria que lhe diga respeito diretamente.

68. Art. 1.084. No caso do inciso II do art. 1.082, a redução do capital será feita restituindo-se parte do valor das quotas aos sócios, ou dispensando-se as prestações ainda devidas, com diminuição proporcional, em ambos os casos, do valor nominal das quotas. § 1º No prazo de noventa dias, contado da data da publicação da ata da assembleia que aprovar a redução, o credor quirografário, por título líquido anterior a essa data, poderá opor-se ao deliberado. § 2º A redução somente se tornará eficaz se, no prazo estabelecido no parágrafo antecedente, não for impugnada, ou se provado o pagamento da dívida ou o depósito judicial do respectivo valor. § 3º Satisfeitas as condições estabelecidas no parágrafo antecedente, proceder-se-á à averbação, no Registro Público de Empresas Mercantis, da ata que tenha aprovado a redução.

Capítulo VII
DISSOLUÇÃO PARCIAL DAS SOCIEDADES CONTRATUAIS

A. INTRODUÇÃO – DISSOLUÇÃO PARCIAL

1. DISSOLUÇÃO PARCIAL OU TOTAL[1]

A dissolução societária é instituto que se aplica tanto às sociedades empresárias como às sociedades não empresárias (sociedades simples) e, inclusive, terá incidência sobre as sociedades não personificadas. Trata-se de uma regulamentação do encerramento do vínculo social entre os sócios, podendo apresentar um caráter mais abrangente quando implicar na extinção de todos os vínculos presentes em uma determinada sociedade ou, mais restrito, quando se limitar a extinguir um ou mais vínculos de forma a não acarretar a extinção da pessoa jurídica pela manutenção de um ou alguns sócios em seu quadro social.

Fábio Ulhoa Coelho utiliza a expressão "dissolução" em dois sentidos diferentes buscando designar tanto um procedimento de término de uma sociedade como o ato específico que desencadeia este procedimento e importa na desvinculação de um dos sócios da sociedade.[2]

O instituto da dissolução societária passou a ser regulado de maneira mais minuciosa no Código Civil que, por sua vez, estabeleceu uma dicotomia interessante para cuidar do tema ao separar a dissolução em total e parcial. Retomando o contexto antes mencionado, a primeira se dá com a extinção da pessoa jurídica

---

1. Este capítulo reproduz parte da tese de doutorado do autor: ARMANI, Wagner José Penereiro. *Dissolução parcial de sociedade profissional*. Tese de Doutorado em Direito Comercial. Faculdade de Direito da Pontifícia Universidade Católica de São Paulo. São Paulo. 2017. Tese publicada: ARMANI, Wagner José Penereiro. *Dissolução Parcial de Sociedade Profissional* – Análise Crítica e Questões Práticas. Curitiba: Editora Juruá. 2019.

2. Dissolução é conceito que pode ser utilizado em dois sentidos diferentes: para compreender todo o processo de término da personalidade jurídica da sociedade comercial (sentido largo) ou para individuar o ato específico que desencadeia este processo ou que importa a desvinculação de um dos sócios do quadro associativo (sentido estrito). (COELHO, Fabio Ulhoa. *Manual de Direito Comercial*: direito de empresa. 20. ed. São Paulo: Saraiva, 2008, p. 169).

enquanto a segunda ocorre mediante a retirada de um ou mais sócios do quadro social sem que haja extinção da sociedade.

Este corte metodológico encampado pelo direito positivo estabeleceu a divisão entre dissolução total e dissolução parcial ou, nos termos escolhidos pelo Código Civil, a primeira hipótese fica conhecida de fato como "Dissolução" ao passo que a segunda é denominada como "Resolução da Sociedade em Relação a um Sócio".

A dissolução parcial denominada pelo Código Civil como "A Resolução da Sociedade em Relação a Um Sócio" está prevista nos artigos. 1.028 a 1.032 do Código Civil enquanto a Dissolução total[3] está prevista nos artigos. 1.033 a 1.038 deste diploma.

2. PRINCÍPIO DA PRESERVAÇÃO DA EMPRESA

A preocupação da lei ao criar a separação é prestigiar o chamado princípio da preservação da empresa que tem lugar no direito contemporâneo em virtude do reconhecimento da função social da empresa. Função Social, dentro da nossa atual ordem constitucional, é a aptidão de colaborar ou proteger com o interesse público que, em última análise, é o interesse da coletividade ou o antigamente conhecido "bem comum". Nesta linha é que se passou a reconhecer à empresa sua função social na medida em que ela serve ao interesse da coletividade ao empregar pessoas e garantir-lhes o sustento, pagar tributos e colocar com o custeio das atividades públicas, disponibilizar no mercado produtos e serviços que atendam anseios e necessidades das pessoas, entre outras circunstâncias que denotam a importância da empresa para o interesse público. Em razão desta função social emerge o princípio da preservação da empresa com o escopo final de assegurar a existência dessas circunstâncias mediante a proteção da continuidade do desenvolvimento da atividade empresária.

3. DISSOLUÇÃO EXTRAJUDICIAL OU JUDICIAL

Tanto a dissolução parcial como a total podem acontecer por duas vias distintas: judicial e extrajudicial.

Sabe-se que a sociedade tem origem em um acordo de vontades instrumentalizado por meio do contrato social que estabelece o vínculo entre as partes, isto é, entre os sócios e dos sócios com a própria sociedade que, ao receber personalidade

---

3. O Código Civil coloca apenas a palavra "Dissolução" para designar o instituto, optou-se por usar "Dissolução Total" com a finalidade pedagógica de se asseverar a incidência e finalidade da norma.

CAPÍTULO VII • DISSOLUÇÃO PARCIAL DAS SOCIEDADES CONTRATUAIS **147**

jurídica, torna-se parte nesta relação jurídica. A caracterização da dissolução como judicial ou extrajudicial passa exatamente pela participação do contrato social no encerramento do vínculo societário entre todos os sócios ou apenas entre um ou mais sócios com a continuidade da pessoa jurídica.

a) Extrajudicial

Havendo concordância dos sócios em relação à extinção do vínculo, total ou parcial, será formalizada esta concordância em um instrumento jurídico escrito que consubstanciará uma espécie de aditamento ao contrato social – a chamada alteração do contrato social se o caso for de dissolução parcial ou distrato se o caso for de dissolução total. Nesta hipótese – concordância entre os integrantes –, os sócios acordam que um deles deixará de compor o quadro societário, assinam uma alteração do contrato social e a levam ao competente registro como forma de documentar e oficializar a saída de um dos integrantes, operando-se a dissolução em relação a este sócio, se o caso for de dissolução parcial, ou acordam todos pela extinção da sociedade, procedendo-se da mesma maneira documental a fim de dar validade jurídica para o instrumento que será o chamado distrato do contrato social, se o caso for de dissolução total.

b) Judicial

De outro lado, é possível que inexista concordância entre os sócios quanto à dissolução, seja ela total ou parcial, caso em que se fará presente a dissolução na forma judicial. Significa que sem acordo de vontades mostra-se impossível formalizar um documento com a assinatura de todos quanto ao tema tratado, surgindo então um conflito de interesses – lide – que será transferido ao Poder Judiciário para receber uma solução – transformando-se em litígio – e será encerrado por uma decisão judicial final – sentença ou acórdão. A decisão judicial final, assim, determinará a extinção da pessoa jurídica ou a resolução da sociedade em relação a um ou mais sócios sem que exista o encerramento da personalidade jurídica, podendo, portanto, operar tanto a dissolução total como a parcial.

B. DISSOLUÇÃO PARCIAL

1. EVOLUÇÃO HISTÓRICA

O Código Comercial de 1850 tratava da dissolução das sociedades a partir de seu artigo 334, cuidando de sua liquidação. Ocorre que esse diploma dizia respeito tão somente à dissolução total das sociedades, não fazendo menção à parcial. Essa disposição é reflexo de seu tempo, fundada no pensamento jurídico da doutrina individualista.

Posteriormente, o Decreto 3.708/1919, que regulava a sociedade por quotas de responsabilidade limitada, remetia à dissolução desse tipo societário ao Código Comercial, logo nada foi previsto com relação à dissolução parcial de sociedades.[4]

O próximo diploma a tratar do tema foi o Código de Processo Civil de 1939[5] que, em seus artigos 655 a 674, tratou da dissolução e liquidação das sociedades. Tratava-se de norma processual para dissolução total de sociedade, ou seja, sua extinção. O Código de Processo Civil de 1973[6] não inovou a matéria, mantendo em vigor aquilo que o código adjetivo anterior previa (art. 1.218, VII, CPC/1973).[7] Verdadeiro antagonismo da legislação em vigor, que não antevia a dissolução parcial, com os princípios enraizados na teoria da empresa. Pela legislação, em caso de conflito entre os sócios, a solução, então, era tão somente o encerramento da sociedade.

Por ausência de legislação específica, coube, então, à doutrina e à jurisprudência estabelecerem o nascimento e o desenvolvimento do instituto da dissolução parcial de sociedades, surgido na década de 1960 e inspirado na teoria da empresa do Código Civil Italiano de 1942.

A discussão inicial ocorreu quando foi debatida a validade da inserção nos contratos sociais de cláusula impeditiva de dissolução da sociedade por morte de sócio, ao contrário do previsto no artigo 335.4 do Código Comercial de 1850 e depois para os demais casos.

Os Tribunais, ao analisarem demandas de dissolução total baseadas no artigo 335.5 do Código Comercial de 1850,[8] ao invés de proferirem decisões determinando a extinção da sociedade, em consonância com os princípios da preservação da empresa, da função social da empresa e da livre associação, bem como da teoria do contrato plurilateral, decidiram pelo afastamento do sócio e o seguimento da atividade pela pessoa jurídica.[9]

---

4. RESTIFFE, Paulo Sérgio. *Dissolução de sociedades*. São Paulo: Saraiva, 2011, p. 40-41.
5. BRASIL. Decreto-lei 1.608, de 18 de setembro de 1939.
6. BRASIL. Lei 5.869, de 11 de janeiro de 1973.
7. Art. 1.218. Continuam em vigor até serem incorporados nas leis especiais os procedimentos regulados pelo Decreto-Lei 1.608, de 18 de setembro de 1939, concernentes: Vll – à dissolução e liquidação das sociedades (arts. 655 a 674).
8. Art. 335. As sociedades reputam-se dissolvidas: 5 – Por vontade de um dos sócios, sendo a sociedade celebrada por tempo indeterminado.
9. A jurisprudência, tendo em vista a natureza plurilateral do contrato de sociedade, que permite sua continuidade a despeito do desfazimento do vínculo societário com relação a um dos sócios, e o princípio essencial de preservação da empresa, passou a acolher a chamada dissolução parcial da sociedade

CAPÍTULO VII • DISSOLUÇÃO PARCIAL DAS SOCIEDADES CONTRATUAIS **149**

A linha mestra do instituto foi traçada pelo então Ministro do Supremo Tribunal Federal, Dr. Cordeiro Guerra, no aplaudido Recurso Extraordinário 89.646: "Comercial. Dissolução de sociedade limitada. Pedida a dissolução total por sócio dissidente, não e possível, em princípio, decretar a dissolução parcial, com simples apuração contábil dos haveres do autor. Admitida que seja a dissolução parcial em atenção a conveniência da preservação do empreendimento, dar-se-á ela mediante forma de liquidação que a aproxime da dissolução total. Nesse caso, deve ser assegurada ao sócio retirante situação de igualdade na apuração de haveres, fazendo-se esta com a maior amplitude possível, com a exata verificação, física e contábil, dos valores do ativo".[10]

O instituto somente foi previsto na legislação no Código Civil, quando, ao tratar da dissolução parcial *lato sensu*, se utilizou a expressão *"Da Resolução da Sociedade em Relação a um Sócio"* (art. 1.028 e ss.).

E, atualmente, ganhou novos contornos com a vigência do atual Código de Processo Civil[11] que introduziu a ação de dissolução parcial de sociedade compreendida nos artigos de 599 a 609.

2. A EXPRESSÃO DISSOLUÇÃO PARCIAL

A expressão dissolução parcial de sociedade sofreu duras críticas da doutrina,[12] que sustentava que a palavra "dissolução" é empregada para o procedimento de extinção da sociedade, ou seja, a "morte" da pessoa jurídica, logo seria impróprio se utilizar "dissolução parcial", pois, nesse caso, não há extinção da pessoa jurídica, mas, sim, o desligamento de um sócio da sociedade. O Ministro Nilson Neves, em julgamento no qual era relator, assim se manifestou: *"Quem diz dissolução diz extinção – Ora, pessoa jurídica, ficção de direito à imagem da pessoa natural, como esta, ou vive integralmente, ou morre como ela, mas morre no todo, e não por partes"* (STJ, REsp 45.343-7/SP. Rel. Min. Nilson Naves. 3ª T).[13]

---

quando da verificação de causas de dissolução relacionadas apenas à pessoa de um ou mais sócios que não prejudicassem a permanência da sociedade. (CARVALHOSA, Modesto. *Comentários ao Código Civil. Parte Especial – Do Direito da Empresa (arts. 1.052 a 1.195)*. São Paulo: Saraiva, 2005, v. 13, p. 305).

10. BRASIL. Supremo Tribunal Federal. Recurso Extraordinário 89.464. Relator: Min. Cordeiro Guerra, Data de Julgamento: 12.12.1978, Segunda Turma, Data de Publicação: DJe 04.05.1979.

11. BRASIL. Lei 13.105, de 16 de março de 2015.

12. AZEVEDO, Alberti Gomes da Rocha. *Dissolução da sociedade mercantil*. São Paulo: Resenha Universitária, 1975, p. 50. ESTRELLA, Hermani. *Apuração de haveres de sócio*. 5. ed. atual. por Roberto Papini. Rio de Janeiro: Forense, 2010. BULGARELLI, Waldirio. *O novo direito empresarial*. Rio de Janeiro: Renovar, 1999.

13. DE ALMEIDA, Marcus Elidius Michelli. Sociedade Limitada: causas de dissolução parcial e apuração de haveres. In: BRUSHI, Gilberto Gomes (Coord.). *Direito Processual Empresarial*: estudos em homenagem ao professor Manoel de Queiroz Pereira Calças. Rio de Janeiro: Elsevier, 2012, p. 549-550.

Iniciada regularmente a personalidade jurídica da sociedade contratual com o registro perante o órgão competente, durante seu funcionamento podem ocorrer diversos fenômenos que afetem a sua composição, especialmente com relação aos vínculos dos sócios entre si e com a sociedade; com o rompimento de um, de alguns ou de todos os vínculos sociais. Tem-se o que é comumente chamado de dissolução em sentido estrito.

Com relação à dissolução em sentido estrito, a doutrina a classifica em duas espécies: dissolução total e dissolução parcial.

a) Dissolução total

Na dissolução total, há o rompimento de todos os vínculos sociais e, consequentemente, a extinção da sociedade, ocorrendo nas seguintes hipóteses: vontade dos sócios; decurso do prazo; unipessoalidade por mais de 180 (cento e oitenta) dias; inexequibilidade do objeto social; exaurimento do objeto social; falência ou causas contratuais.

b) Dissolução parcial

Já na dissolução parcial, há o rompimento de apenas parte dos vínculos sociais, mas a empresa se mantém preservada, pois não ocorreu a sua extinção.[14]

c) Instituto consagrado

Além das críticas a respeito do termo "dissolução" na nomenclatura utilizada, elas também se estendem ao fato de a expressão dissolução parcial ser usada pelos Tribunais e pela doutrina ora como gênero das diversas espécies de desligamento de sócio da sociedade (morte, recesso, liquidação de quotas etc.) ora como uma espécie do gênero, surgindo assim uma diferença entre dissolução parcial *lato sensu* (gênero) e a *stricto sensu* (espécie).[15]

---

14. Já o instituto da dissolução parcial é uma criação da doutrina e da jurisprudência que tem por objetivo principal a preservação da empresa, uma vez que o Código Comercial nada previa acerca desse tipo de dissolução.

    Dissolução parcial significa, pois, que a dissolução se operará apenas em face do sócio que, por algum motivo, não mais fará parte da sociedade, entretanto, sem pôr fim a esta última (DE ALMEIDA, Marcus Elidius Michelli. Sociedade Limitada: causas de dissolução parcial e apuração de haveres. In: BRUSHI, Gilberto Gomes (Coord.). *Direito Processual Empresarial*: estudos em homenagem ao professor Manoel de Queiroz Pereira Calças. Rio de Janeiro: Elsevier, 2012, p. 547).

15. Contudo, o maior inconveniente de sua adoção está – para nós – calcado em outra circunstância. A expressão dissolução parcial, como se explicou, pode ser empregada em toda e qualquer modalidade de extinção parcial do contrato de sociedade. Isso implica dizer que sempre que houver o afastamento – voluntário ou compulsório –, ou mesmo a morte do sócio, dar-se-á a ruptura do contrato social limitadamente ao que se desliga da sociedade, *id est*, a dissolução parcial deste. Este é, por conseguinte, o real significado da locução.

CAPÍTULO VII • DISSOLUÇÃO PARCIAL DAS SOCIEDADES CONTRATUAIS | **151**

Buscando sanar as críticas, o Código Civil, ao tratar da dissolução parcial *lato sensu,* utilizou a expressão "Da Resolução da Sociedade em Relação a um Sócio" (art. 1.028 e ss., CC), o que acabou também por gerar críticas uma vez que a expressão "resolução" é forma de extinção do contrato pleiteada por conta de inadimplemento contratual (art. 475, CC[16]), o que nem sempre é o caso da saída do sócio da sociedade, o que pode ocorrer sem qualquer falta (morte, recesso etc.).

Em caminho oposto, o Código de Processo Civil (Lei 13.105, de 16 de março de 2015), inovou e consolidou o uso da expressão "dissolução parcial" como gênero, ao tratar do tema como procedimento especial de caráter contencioso, nominado de "Ação de Dissolução Parcial de Sociedade" (art. 599 e ss., CPC).

Cabe destacar que, em que pese a existência da expressão consolidada na doutrina e na jurisprudência e, agora, na lei, como gênero, ainda persiste entendimento da existência da possibilidade da dissolução parcial *stricto sensu* como será visto ao longo deste trabalho.

Em nosso estudo, a expressão dissolução parcial, já consolidada pela doutrina, pelos tribunais e, agora, pela legislação, será tratada como gênero e significará, a partir deste ponto, como aquela que se opera apenas em face ao sócio que, por algum motivo, não mais fará parte da sociedade, entretanto, sem que essa seja encerrada.[17]

Pois bem, a dissolução parcial tal concebida pelos tribunais – entenda por esta o direito de retirada que se confere ao quotista que tem o direito a dissolução total, com a apuração do valor de sua quota do mesmo modo como seria nesta liquidada – também configura modalidade de extinção parcial do vínculo societário e, por consequência, de dissolução parcial *lato sensu.*

A crítica que se pode fazer à expressão não pode ser outra senão a de que a dissolução parcial, criação pretoriana, é espécie do gênero amplo dissolução parcial, compreensiva, portanto, de todas as circunstancias em que se verifique a ruptura limitada do contrato social, inclusive aquela. Daí porque poderá a expressão dar margem à utilização equivocada: a simples referência à dissolução parcial, com efeito, não elucida se a respectiva utilização se reporta ao gênero ou à espécie.

Aliás, é de se perquirir se não estaria tal ingrata homonímia a origem da tendência jurisprudencial que confere a todas as formas de dissolução parcial lato senso – exclusão, retirada, morte etc. – o modo de apuração adotado para a também chamada dissolução parcial. Nesta, todavia, tal modo de liquidação da quota justifica-se porque o sócio que se retira tem direito, em princípio, à dissolução total. Esta, entretanto, apenas não é decretada para possibilitar a sobrevivência do organismo social dada a inequívoca importância social e econômica por esta representada. Nas demais hipóteses de extinção parcial do vínculo social, contudo, não faz jus o sócio à dissolução total. Por qual razão, então, insistem nossos pretórios, nestes casos, em conceder a liquidação amplas da quota social? Apenas porque a exclusão, o direito de retirada do art. 15 do Decreto 3.708 de 1919, ou mesmo a morte, seriam subespécie albergadas pelo gênero amplo "dissolução parcial" do contrato de sociedade? (FONSECA, Priscila M. P. Corrêa da. *Dissolução parcial, retirada e exclusão de sócio no Novo Código Civil.* 3. ed. São Paulo: Atlas, 2005, p. 74-75).

16. Art. 475. A parte lesada pelo inadimplemento pode pedir a resolução do contrato, se não preferir exigir-lhe o cumprimento, cabendo, em qualquer dos casos, indenização por perdas e danos.

17. DE ALMEIDA, Marcus Elidius Michelli. Sociedade Limitada: causas de dissolução parcial e apuração de haveres. In: BRUSCHI, Gilberto Gomes (Coord.). *Direito Processual Empresarial:* estudos em homenagem ao professor Manoel de Queiroz Pereira Calças. Rio de Janeiro: Elsevier, 2012, p. 548.

C. DISSOLUÇÃO PARCIAL DE SOCIEDADE CONTRATUAL

1. REGRAS GERAIS DAS SOCIEDADES CONTRATUAIS

O Direito Societário brasileiro tem como espinha dorsal a sociedade simples, e os demais tipos societários utilizarão, em regra, suas normas de forma supletiva. Ao tratar o tema dessa forma, temos que a sociedade simples pode ser considerada uma espécie de sociedade, quando analisada em confronto com a sociedade empresária (art. 982, CC), ou como um tipo societário próprio, também chamado de sociedade simples pura ou *stricto sensu*.

As sociedades que não exploram empresarialmente seu objeto social são consideradas simples e, nessa situação, os sócios podem optar em escolher um dos tipos societários previstos na legislação civil ou, não o fazendo, subordinar-se-á às normas que lhe são próprias (art. 983, CC).

Os tipos societários previstos na lei civil como próprios das sociedades contratuais são: nome coletivo, comandita simples e limitada.

Disso temos que a sociedade simples pode ser contratada sem escolha de um tipo societário (sociedade simples pura ou *stricto sensu*) ou optar por adotar o tipo nome coletivo, comandita simples ou limitada, sendo restrito a esses tipos para sociedades empresárias, seguindo a orientação dos sócios que compõem a sociedade.

A sociedade simples pura ou *stricto sensu* é aquela em que os sócios não optaram por adotar nenhum tipo societário para regência específica. Nessa hipótese há maior liberdade na elaboração das cláusulas contratuais, pois o contrato social deverá seguir apenas aquelas essenciais a ele.

A sociedade simples em sentido estrito subordina-se às normas que lhe são próprias (art. 983, CC), constantes entre os artigos 997 e 1.038 do Código Civil, que são as normas gerais as sociedades contratuais.

E é exatamente dentre as normas próprias da sociedade simples que está inserida a maioria das hipóteses de dissolução parcial de sociedade: o direito de retirada (art. 1.029, CC[18]); a exclusão de sócio (arts. 1.004[19] e

---

18. Art. 1.029. Além dos casos previstos na lei ou no contrato, qualquer sócio pode retirar-se da sociedade; se de prazo indeterminado, mediante notificação aos demais sócios, com antecedência mínima de sessenta dias; se de prazo determinado, provando judicialmente justa causa.

    Parágrafo único. Nos trinta dias subsequentes à notificação, podem os demais sócios optar pela dissolução da sociedade.

19. Art. 1.004. Os sócios são obrigados, na forma e prazo previstos, às contribuições estabelecidas no contrato social, e aquele que deixar de fazê-lo, nos trinta dias seguintes ao da notificação pela sociedade, responderá perante esta pelo dano emergente da mora.

CAPÍTULO VII • DISSOLUÇÃO PARCIAL DAS SOCIEDADES CONTRATUAIS 153

1.030,[20] CC); falência do sócio (art. 1.030, p. único, CC); liquidação de quotas (art. 1.030, p. único,[21] CC) e a morte do sócio (art. 1.028, CC[22]).

Como, em regra, as sociedades contratuais utilizam as normas gerais da sociedade simples de forma subsidiária, todas as hipóteses contidas entre os artigos 997 e 1.038 do Código Civil são aplicáveis a elas, seja a sociedade simples pura, a em nome coletivo (art. 1.040, CC[23]), a comandita simples (art. 1.046, CC[24]) ou a limitada, independentemente de adotar a regência supletiva da sociedade simples ou sociedade por ações (art. 1.053, CC[25]), conforme o entendimento do Superior Tribunal de Justiça no Recurso Especial 1839078-SP.[26]

Parágrafo único. Verificada a mora, poderá a maioria dos demais sócios preferir, à indenização, a exclusão do sócio remisso, ou reduzir-lhe a quota ao montante já realizado, aplicando-se, em ambos os casos, o disposto no § 1º do art. 1.031.

20. Art. 1.030. Ressalvado o disposto no art. 1.004 e seu parágrafo único, pode o sócio ser excluído judicialmente, mediante iniciativa da maioria dos demais sócios, por falta grave no cumprimento de suas obrigações, ou, ainda, por incapacidade superveniente.

21. Art. 1.030. Parágrafo único. Será de pleno direito excluído da sociedade o sócio declarado falido, ou aquele cuja quota tenha sido liquidada nos termos do parágrafo único do art. 1.026.

22. Art. 1.028. No caso de morte de sócio, liquidar-se-á sua quota, salvo: I – se o contrato dispuser diferentemente; II – se os sócios remanescentes optarem pela dissolução da sociedade; III – se, por acordo com os herdeiros, regular-se a substituição do sócio falecido.

23. Art. 1.040. A sociedade em nome coletivo se rege pelas normas deste Capítulo e, no que seja omisso, pelas do Capítulo antecedente.

24. Art. 1.046. Aplicam-se à sociedade em comandita simples as normas da sociedade em nome coletivo, no que forem compatíveis com as deste Capítulo.

25. Art. 1.053. A sociedade limitada rege-se, nas omissões deste Capítulo, pelas normas da sociedade simples. Parágrafo único. O contrato social poderá prever a regência supletiva da sociedade limitada pelas normas da sociedade anônima.

26. Recurso especial. Direito empresarial. Direito societário. Sociedade limitada. Aplicação supletiva das normas relativas a sociedades anônimas. Art. 1.053 do cc. Possibilidade de retirada voluntária imotivada. Aplicação do art. 1.029 do cc. Liberdade de não permanecer associado garantida constitucionalmente. Art. 5º, XX, da CF. Omissão relativa à retirada imotivada na Lei 6.404/76. Omissão incompatível com a natureza das sociedades limitadas. Aplicação do art. 1.089 do CC. 1. Entendimento firmado por este Superior Tribunal no sentido de ser a regra do art. 1.029 do CC aplicável às sociedades limitadas, possibilitando a retirada imotivada do sócio e mostrando-se descipicendo, para tanto, o ajuizamento de ação de dissolução parcial. 2. Direito de retirada imotivada que, por decorrer da liberdade constitucional de não permanecer associado, garantida pelo inciso XX do art. 5º da CF, deve ser observado ainda que a sociedade limitada tenha regência supletiva da Lei 6.404/76 (Lei das Sociedades Anônimas). 3. A ausência de previsão na Lei 6.404/76 acerca da retirada imotivada não implica sua proibição nas sociedades limitadas regidas supletivamente pelas normas relativas às sociedades anônimas, especialmente quando o art. 1.089 do CC determina a aplicação supletiva do próprio Código Civil nas hipóteses de omissão daquele diploma. 4. Caso concreto em que, ainda que o contrato social tenha optado pela regência supletiva da Lei 6.404/76, há direito potestativo de retirada imotivada do sócio na sociedade limitada em questão. 5. Tendo sido devidamente exercido tal direito, conforme reconhecido na origem, não mais se mostra possível a convocação de reunião com a finalidade de deliberar sobre exclusão do sócio que já se retirou. 6. Recurso Especial Provido. (STJ – REsp: 1839078 SP 2017/0251800-6, Relator: Ministro Paulo de Tarso Sanseverino, Data de Julgamento: 09.03.2021, T3 – Terceira Turma, Data de Publicação: DJe 26.03.2021).

Além dessas hipóteses gerais, são previstas, especificamente para as sociedades que adotam o tipo limitada, outras formas de dissolução parcial: o direito de recesso (art. 1.077, CC[27]) e a exclusão de sócio pela via extrajudicial (art. 1.085, CC[28]).

D. ESPÉCIES DE DISSOLUÇÃO PARCIAL DAS SOCIEDADES CONTRATUAIS

1. DIREITO DE RETIRADA

O direito de retirada[29] está previsto nos artigos 1.029[30] do Código Civil e 605, II e IV,[31] do Código de Processo Civil e pode ser utilizado por sócio de sociedade simples *stritu sensu*, nome coletivo, comandita simples ou limitada regida supletivamente pelas normas da sociedade simples.

O direito de retirada é o direito potestativo conferido a qualquer sócio de, por meio de declaração unilateral de natureza receptícia, extinguir a relação jurídica existente entre o referido sócio, a sociedade e os demais sócios, nas hipóteses autorizadas por lei ou pelo contrato.[32]

---

27. Art. 1.077. Quando houver modificação do contrato, fusão da sociedade, incorporação de outra, ou dela por outra, terá o sócio que dissentiu o direito de retirar-se da sociedade, nos trinta dias subsequentes à reunião, aplicando-se, no silêncio do contrato social antes vigente, o disposto no art. 1.031.

28. Art. 1.085. Ressalvado o disposto no art. 1.030, quando a maioria dos sócios, representativa de mais da metade do capital social, entender que um ou mais sócios estão pondo em risco a continuidade da empresa, em virtude de atos de inegável gravidade, poderá excluí-los da sociedade, mediante alteração do contrato social, desde que prevista neste a exclusão por justa causa. Parágrafo único. Ressalvado o caso em que haja apenas dois sócios na sociedade, a exclusão de um sócio somente poderá ser determinada em reunião ou assembleia especialmente convocada para esse fim, ciente o acusado em tempo hábil para permitir seu comparecimento e o exercício do direito de defesa.

29. A doutrina tem usado como sinônimos o direito de retirada e o de recesso, porém vamos diferenciar ambas as expressões pelo sentido dado pelo artigo 605 do Código de Processo Civil o qual distingue a retirada nas hipóteses do artigo 1.029 do Código Civil e o recesso pela do artigo 1.077 do Código Civil.

30. Art. 1.029. Além dos casos previstos na lei ou no contrato, qualquer sócio pode retirar-se da sociedade; se de prazo indeterminado, mediante notificação aos demais sócios, com antecedência mínima de sessenta dias; se de prazo determinado, provando judicialmente justa causa.
    Parágrafo único. Nos trinta dias subsequentes à notificação, podem os demais sócios optar pela dissolução da sociedade.

31. Art. 605. A data da resolução da sociedade será:
    II – na retirada imotivada, o sexagésimo dia seguinte ao do recebimento, pela sociedade, da notificação do sócio retirante;
    IV – na retirada por justa causa de sociedade por prazo determinado e na exclusão judicial de sócio, a do trânsito em julgado da decisão que dissolver a sociedade.

32. MARQUES, Evy Cynthia. *O direito de retirada de sócios de sociedade simples e sociedade limitada*. Dissertação (Mestrado) – Faculdade de Direito da Universidade de São Paulo, 2010, p. 121.

CAPÍTULO VII • DISSOLUÇÃO PARCIAL DAS SOCIEDADES CONTRATUAIS **155**

O citado artigo 1.029 trata de duas espécies de direito de retirada a depender do tempo de duração da sociedade, se indeterminado ou determinado.

a) Tempo indeterminado

Para as sociedades contratadas por tempo indeterminado, qualquer sócio pode retirar-se da sociedade mediante notificação aos demais sócios com antecedência mínima de 60 (sessenta) dias. Na retirada imotivada de sócio em sociedade por tempo indeterminado, aquele, insatisfeito com sua participação societária, não mais deseja estar associado, razão pela qual o sócio pede para se afastar do quadro social, devendo serem apurados os valores a que tem direito a receber.[33] Na hipótese, não há o que possa ser questionado, quanto ao seu mérito, pela sociedade, a qual se obriga a ressarcir o dissidente para que ele deixe o quadro de sócios.

Frisemos, o pedido para se retirar, no caso de dissolução parcial da sociedade por tempo indeterminado, parte do próprio sócio que quer se afastar da pessoa jurídica, e não conduz à extinção da sociedade nem independe da configuração de motivo justo necessário para retirada da sociedade por tempo determinado.

Nessa linha, o novo diploma processual, artigo 605, II,[34] supriu aparente omissão da norma substantiva, ao pontuar qual seria a data da resolução da sociedade na retirada imotivada, decretando ser o sexagésimo dia seguinte ao do recebimento, pela sociedade, da notificação do sócio retirante.

Pela importância de se determinar a data da resolução da sociedade para os critérios de apuração de haveres, a norma processual acabou por tornar objetivo o critério e pontuou que, na retirada imotivada, a data de resolução é a do decurso do prazo de aviso prévio de 60 (sessenta) dias contados do recebimento, pela sociedade, da notificação do sócio retirante.[35]

---

33. Enunciado 480 da V Jornada de Direito Civil: Art. 1.029. Revogado o Enunciado 390 da III Jornada ["Em regra, é livre a retirada de sócio nas sociedades limitadas e anônimas fechadas, por prazo indeterminado, desde que tenham integralizado a respectiva parcela do capital, operando-se a denúncia (arts. 473 e 1.029)"].

34. Art. 605. A data da resolução da sociedade será: II – na retirada imotivada, o sexagésimo dia seguinte ao do recebimento, pela sociedade, da notificação do sócio retirante.

35. Os autores, data máxima vênia, entendem que foi infeliz a obrigação do sócio retirante manter-se associado pelo prazo de 60 (sessenta) dias como previsto no Código de Processo Civil, pois nesse período os demais sócios podem tomar atitudes que prejudiquem o direito do retirante na apuração de haveres, tomando decisões contrárias a este. O ideal seria manter o entendimento de que o vínculo do sócio encerra-se com o recebimento da notificação pela sociedade, e o prazo de 60 (sessenta) dias da lei material ser aquele para a sociedade alterar o contrato para refletir a saída do sócio.

Além da questão da data de resolução, a norma processual apresentou aparente contradição com relação à lei civil no que tange aos destinatários da notificação do direito de retirada: se os demais sócios, por força da lei civil; ou se a sociedade, por conta da lei processual; ou se ambos, sócios e sociedade.

Assim, para melhor solução a esta aparente contradição de norma, entendemos que a norma processual deve ser considerada como complementar à material e, portanto, para evitar qualquer obstáculo ao direito de retirada, o sócio que deseja se retirar deve notificar tantos os demais sócios quanto a sociedade.

Nos 30 (trinta) dias subsequentes à notificação, podem os demais sócios optar pela dissolução da sociedade (art. 1.029, p. único, CC).

Em ambos os caso, o prazo se inicia quando do recebimento das notificações por todos os consortes.

Recebidas as notificações e transcorrido o prazo do aviso prévio de 60 (sessenta) dias, o sócio que decidiu se retirar perderá seu *status socii* e passará a ser credor da sociedade, porém, para tornar pública essa nova condição e poder ser oposta a terceiro, deverá ser averbado, no registro competente, as notificações ou a alteração contratual (art. 1.032, CC[36]).

b) Tempo determinado

Diferentemente do que ocorre na sociedade por tempo indeterminado, na qual o sócio pode de forma imotivada desassociar-se por mera interpelação, na de tempo determinado, é necessária a comprovação judicial de justa causa.

Como o caso da retirada por justo motivo depende da análise pelo órgão judicial, a lei processual estabeleceu que a data da resolução da sociedade será a do trânsito em julgado da decisão que dissolver a sociedade (art. 605, IV, CPC[37]), pois, somente após cognição exauriente, é que se terá apurada a motivação do pedido do sócio que busca se desligar da sociedade.

Diante da disposição legal que determina que a data em que se resolve a sociedade perante o sócio de sociedade por tempo determinado que busca o desligamento por direito de retirada por justo motivo é a do trânsito em julgado da decisão, é certo que o sócio retirante não perderá sua qualidade enquanto per-

---

36. Art. 1.032. A retirada, exclusão ou morte do sócio, não o exime, ou a seus herdeiros, da responsabilidade pelas obrigações sociais anteriores, até dois anos após averbada a resolução da sociedade; nem nos dois primeiros casos, pelas posteriores e em igual prazo, enquanto não se requerer a averbação.
37. Art. 605. A data da resolução da sociedade será: IV – na retirada por justa causa de sociedade por prazo determinado e na exclusão judicial de sócio, a do trânsito em julgado da decisão que dissolver a sociedade; e

CAPÍTULO VII • DISSOLUÇÃO PARCIAL DAS SOCIEDADES CONTRATUAIS | 157

durar a demanda, cabendo-lhe todos os direitos e os deveres de sua participação societária (art. 608, CC[38]).

A lei não traz em seu bojo qual seria a justa causa que poderia motivar o pedido de retirada, assim como não o faz no caso de pedido de exclusão judicial (art. 1.030, CC) ou extrajudicial (art. 1.085, CC), cabendo ao Judiciário a análise casuística para caracterizar o justo motivo, que permita ao sócio que contratou sociedade por tempo determinado se desligar do vínculo social.

2. DIREITO DE RECESSO NA SOCIEDADE LIMITADA

O direito de recesso está previsto no artigo 1.077 do Código Civil e, portanto, nas regras específicas da sociedade limitada. Diferentemente do que ocorre com o direito de retirada, previsto no artigo 1.029 do Código Civil, o de recesso não se aplica a todos os tipos societários, mas tão somente quando a sociedade, empresária ou simples, adotar como tipo limitada.

O recesso é o direito do sócio que não concordar com modificação do contrato, fusão da sociedade, incorporação de outra, ou dela por outra, de retirar-se da sociedade de forma extrajudicial, noticiando o exercício do seu direito nos 30 (trinta) dias subsequentes à assembleia ou reunião em que foi decida a matéria em que ocorreu sua dissidência.

Assim, o sócio dissidente deverá notificar a sociedade de sua opção por retirar-se, tendo em vista a não concordância com os rumos sociais deliberados nos estritos termos do artigo 1.077 do Código Civil, sendo considerado, como data da resolução do vínculo social do sócio dissidente, o dia do recebimento, pela sociedade, da notificação nesse sentido (art. 605, III, CPC).

Diferentemente do que ocorre no exercício do direito de retirada nas sociedades por prazo indeterminado em que não há necessidade da ocorrência de motivo para saída do sócio (art. 1.029, CC, primeira parte), no direito de recesso o sócio deve apresentar sua dissidência para exercer o direito de retirada, como espécie de justo motivo do próprio artigo 1.029 do Código Civil (segunda parte), mas com justificativa mais restrita (alteração do contrato social, fusão da sociedade, incorporação de outra, ou dela por outra), porém sem a necessidade de valer-se da via judicial.

---

38. Art. 608. Até a data da resolução, integram o valor devido ao ex-sócio, ao espólio ou aos sucessores a participação nos lucros ou os juros sobre o capital próprio declarados pela sociedade e, se for o caso, a remuneração como administrador.

Parágrafo único. Após a data da resolução, o ex-sócio, o espólio ou os sucessores terão direito apenas à correção monetária dos valores apurados e aos juros contratuais ou legais.

3. EXCLUSÃO DE SÓCIOS

A exclusão de sócio, assim como ocorre no direito de retirada, possui espécies próprias que devem ser analisadas, separadamente, por conta de suas especificidades. A lei prevê para sociedades contratuais a possibilidade de exclusão do sócio remisso (art. 1.004, CC); do sócio que cometeu falta grave, comprovada judicialmente, ou por incapacidade superveniente (art. 1.030, CC); do sócio declarado falido; ou aquele cuja quota tenha sido liquidada (art. 1.030, p. único, CC) e, de forma específica à sociedade do tipo limitada, a exclusão de sócio pela via extrajudicial (art. 1.085, CC).

a) Exclusão por falta grave

A exclusão constitui modalidade de extinção do vínculo societário do sócio em relação à sociedade e aos demais sócios e, de acordo com a doutrina majoritária, uma especial modalidade de resolução do contrato de sociedade por fato imputável ao sócio. A exclusão de sócio é matéria excepcional decorrente do direito dos sócios de afastar da sociedade aquele corpo que desrespeita regra de convívio social por falta considerada judicialmente como grave, conforme previsão do artigo 1.030 do Código Civil.[39]

A busca da exclusão judicial depende da iniciativa da maioria dos demais sócios (art. 1030, CC). Isso significa claramente que a minoria também teria o direito de buscar excluir a maioria, se presentes os requisitos legais, pois, no cômputo do *quorum* para aprovação da deliberação que se pretende decidir a exclusão, não deve ser incluída a manifestação daquele que se busca excluir. Aprovada a deliberação, caberá à sociedade propor ação de dissolução parcial de sociedade com pedido de exclusão perante o Poder Judiciário ou Arbitragem, dependendo das regras de resolução de conflito contratada entre os sócios.

A lei, como no caso da retirada de sócio por justo motivo na sociedade contratada por tempo determinado (art. 1.029, CC), não traz em seu regramento a definição do que seria considerado falta grave para permitir a exclusão do sócio.[40] A ideia de manter a norma aberta é permitir que o julgador possa avaliar

---

39. Art. 1.030. Ressalvado o disposto no art. 1.004 e seu parágrafo único, pode o sócio ser excluído judicialmente, mediante iniciativa da maioria dos demais sócios, por falta grave no cumprimento de suas obrigações, ou, ainda, por incapacidade superveniente.

40. Nesse sentido, a "falta grave" prevista no artigo 1.030, que possibilita a exclusão de sócio, ainda não está bem definida pela doutrina. Paulo Checoli destaca: "não ficou definido o que é a falta grave prevista no art. 1.030 e, sendo assim, sugere que seja um ato que tem efeito danoso à sociedade, que podem levá-la ao estado de insolvência e descrédito". (ROVAI, Armando Luiz. *Impacto do Código Civil de 2002 no registro de empresa na era da globalização*. Tese (Doutorado) – Pontifícia Universidade Católica de São Paulo, 2006, p. 73.

CAPÍTULO VII • DISSOLUÇÃO PARCIAL DAS SOCIEDADES CONTRATUAIS **159**

o caso concreto para decidir com base nas provas apresentadas a existência ou não da falta grave.

A dissolução parcial por exclusão de sócio que se opera pelo artigo 1.030 do Código Civil não diz respeito às meras divergências entre sócios, como a perda do *affectio societatis*,[41] mas a existência concreta de fato que se configura falta grave.

A evoluída jurisprudência, seguindo a posição doutrinária sobre o tema, entende que o desaparecimento da *affectio societatis* não implica, por si só, a possibilidade de exclusão de sócio do quadro social, mas a demonstração de justa causa, ou seja, dos motivos que ocasionaram essa quebra.[42] Ocorre que, em estudo estatístico sobre o tema, foi verificado por Marcelo Guedes Nunes que o *affectio societatis* é o fundamento mais utilizado pelos Tribunais para justificar a dissolução parcial de sociedade, inclusive na exclusão.[43]

A perda do *affectio societatis* tão utilizado na jurisprudência para justificar a exclusão de sócio, em verdade, não dispensa a verificação causídica de seu motivo, razão pela qual é a causa e não a consequência que revela a justa causa.

Armando Luiz Rovai,[44] buscando esclarecer o que seria a justa causa posta na lei, faz interessante paralelo com o pensamento de Norberto Bobbio sobre

---

Impacto do Código Civil de 2002 no registro de empresa na era da globalização. Tese de doutorado – Pontifícia Universidade Católica de São Paulo. 2006, p. 73).

41. O Enunciado 67, aprovado na Jornada de Direito Civil, promovida pelo Centro de Estudos Judiciários do Conselho da Justiça Federal, dispõe que, em razão da exigência de justo motivo, a quebra de *affectio societatis* não é causa suficiente para exclusão do sócio.

42. (...) a exclusão de sócio depende de falta grave, não sendo suficiente a mera alegação de quebra da *affectio societatis*; o conceito indeterminado de falta grave deve ser preenchido no caso concreto, considerando o conjunto sistemático das obrigações, o objeto da sociedade e a potencialidade do dano, podendo o contrato social exemplificar as condutas reprováveis. (BARROS NETO, Geraldo Fonseca de. *Exclusão de sócio por falta grave na sociedade limitada bipessoal*. Tese de Doutorado em Direito Processual Civil. Faculdade de Direito da Pontifícia Universidade Católica de São Paulo. São Paulo, 2019, p. 140).

43. A segunda conclusão consiste na onipresença da perda de *affectio societatis* como fundamento de dissolução na esmagadora maioria dos casos. Essa constatação confronta com o posicionamento doutrinário que defende a superação do conceito de *affectio societatis*. Segundo essa posição, a ideia de *affectio societatis* seria desconhecida na doutrina internacional e, no Brasil, além de equívoca e superada, serviria para confundir a operação dos institutos da retirada e da expulsão. As críticas doutrinárias são, resumidamente, que o conceito de *affectio societatis*: (i) é equívoco, (ii) não é uma modalidade especial de consentimento, distinta da exigida para os demais contratos, (iii) não constitui elemento constitutivo do contrato de sociedade, (iv) não é elemento cujo desaparecimento possa determinar a extinção do contrato de sociedade e (v) não é elemento que determina a extensão dos deveres do sócio. (NUNES, Marcelo Guedes. *Jurimetria aplicada ao direito societário*: um estudo estatístico da dissolução de sociedade no Brasil. Tese (Doutorado) – Pontifícia Universidade Católica de São Paulo, 2012, p. 333-334).

44. ROVAI, Armando Luiz. *Impacto do Código Civil de 2002 no registro de empresa na era da globalização*. Tese (Doutorado) – Pontifícia Universidade Católica de São Paulo, 2006, p. 85-90.

harmonia social. Conclui ele que a justa causa do Direito Societário estaria caracterizada pela falta de tolerância entre os sócios e o surgimento do estado de prepotência, consequentemente quando o estado de tolerância deixa de estar presente, surge, entre os sócios, o estado de prepotência, acarretando, por si só, o desajuste que gera o conflito.

Caracterizada a exclusão judicial de sócio por falta grave, a data da dissolução parcial será a do trânsito em julgado da decisão que a reconhecer (art. 605, IV, CPC[45]).

b) Exclusão judicial de sócio por incapacidade superveniente

O dispositivo do artigo 1.030 do Código Civil ainda prevê como justo motivo para exclusão judicial de sócio a incapacidade superveniente. Cabe ao magistrado analisar, no caso concreto, a relevância do sócio para a consecução finalidade social e, não, simplesmente o excluir automaticamente.

No caso, o julgador deve verificar se a inaptidão do sócio incapaz afetará ou não o desenvolvimento das atividades sociais para poder decidir sobre a expulsão.

Como ocorre no caso de exclusão judicial de sócio por falta grave, a por incapacidade superveniente também tem como data da dissolução parcial a do trânsito em julgado da decisão que a reconhecer (art. 605, IV, CPC).

c) Exclusão de sócio por declaração de falência ou liquidação de quotas

Há ainda possibilidade de exclusão, de pleno direito, de sócio declarado falido ou aquele cuja quota tenha sido liquidada em processo de execução.

Em ambas as hipóteses, a exclusão se dá pela via judicial, não por falta grave dos deveres sociais, mas por conta de uma situação de inadimplemento por dívida pessoal do sócio que acarretou em processo de execução individual ou coletiva (falência).

No caso da execução particular, pode o credor particular de sócio, na insuficiência de outros bens do devedor, fazer recair a execução sobre o que a este couber nos lucros da sociedade, ou na parte que lhe tocar em liquidação (art. 1.026, CC). Ainda, pode requerer, se a sociedade não estiver dissolvida, a liquidação da quota do devedor,[46] cujo valor, apurado na forma do artigo 1.031,

---

45. Art. 605. A data da resolução da sociedade será: IV – na retirada por justa causa de sociedade por prazo determinado e na exclusão judicial de sócio, a do trânsito em julgado da decisão que dissolver a sociedade.

46. Art. 835. A penhora observará, preferencialmente, a seguinte ordem: IX – ações e quotas de sociedades simples e empresárias.

será depositado em dinheiro, no juízo da execução, até noventa dias após aquela liquidação (art. 1.026, p. único, CC), conforme o procedimento previsto no artigo 861 do Código de Processo Civil.[47]

A falência do sócio acarreta sua exclusão de pleno direito da sociedade, sendo necessária a apuração de haveres na data da decretação de quebra com o pagamento do reembolso à massa falida, nos termos da Lei de Falência e Recuperação de Empresas (Lei 11.101/2005).

d) Exclusão de sócio remisso

Dentre as obrigações dos sócios está sua contribuição para formação do capital social. Trata-se de requisito específico do contrato de sociedade, (art. 982, CC) explicitado também no *caput* do já citado artigo 1.004 do Código Civil.[48] Ao contratar a sociedade, os sócios decidem qual forma (bens, créditos, dinheiro ou serviços) e momento (à vista ou a prazo) que cada um integralizará sua participação para formação do capital social, obrigando-se a cumprir aquilo que ficar estabelecido quando da subscrição das quotas sociais.

O sócio inadimplente perante a sociedade no dever de integralizar sua parte no capital social é chamado de remisso, e deverá purgar a mora, nos 30 (trinta) dias seguintes ao da notificação pela sociedade, respondendo diante desta pelo dano emergente da mora.

---

47. Art. 861. Penhoradas as quotas ou as ações de sócio em sociedade simples ou empresária, o juiz assinará prazo razoável, não superior a 3 (três) meses, para que a sociedade: I – apresente balanço especial, na forma da lei; II – ofereça as quotas ou as ações aos demais sócios, observado o direito de preferência legal ou contratual; III – não havendo interesse dos sócios na aquisição das ações, proceda à liquidação das quotas ou das ações, depositando em juízo o valor apurado, em dinheiro. § 1º Para evitar a liquidação das quotas ou das ações, a sociedade poderá adquiri-las sem redução do capital social e com utilização de reservas, para manutenção em tesouraria. § 2º O disposto no caput e no § 1º não se aplica à sociedade anônima de capital aberto, cujas ações serão adjudicadas ao exequente ou alienadas em bolsa de valores, conforme o caso. § 3º Para os fins da liquidação de que trata o inciso III do caput, o juiz poderá, a requerimento do exequente ou da sociedade, nomear administrador, que deverá submeter à aprovação judicial a forma de liquidação. § 4º O prazo previsto no caput poderá ser ampliado pelo juiz, se o pagamento das quotas ou das ações liquidadas: I – superar o valor do saldo de lucros ou reservas, exceto a legal, e sem diminuição do capital social, ou por doação; ou II – colocar em risco a estabilidade financeira da sociedade simples ou empresária. § 5º Caso não haja interesse dos demais sócios no exercício de direito de preferência, não ocorra a aquisição das quotas ou das ações pela sociedade e a liquidação do inciso III do caput seja excessivamente onerosa para a sociedade, o juiz poderá determinar o leilão judicial das quotas ou das ações.

48. Art. 1.004. Os sócios são obrigados, na forma e prazo previstos, às contribuições estabelecidas no contrato social, e aquele que deixar de fazê-lo, nos trinta dias seguintes ao da notificação pela sociedade, responderá perante esta pelo dano emergente da mora. Parágrafo único. Verificada a mora, poderá a maioria dos demais sócios preferir, à indenização, a exclusão do sócio remisso, ou reduzir-lhe a quota ao montante já realizado, aplicando-se, em ambos os casos, o disposto no § 1º do art. 1.031.

Caso o sócio remisso não purgue a mora no prazo estabelecido no *caput* do artigo 1.004, os demais sócios deverão se reunir e deliberar, por maioria, se irão cobrar judicialmente o remisso, se irão excluí-lo ou se irão reduzir a participação societária do sócio remisso ao montante já realizado.

Tomada a decisão, poderá a sociedade utilizar-se de ação de execução de título extrajudicial para cobrar o sócio remisso. Nesse caso, não haverá a redução do capital social e o sócio remisso continuará vinculado à sociedade.

No caso dos demais sócios decidirem pela exclusão do sócio remisso ou pela redução de sua quota ao montante já integralizado, deverão elaborar uma alteração contratual que reflita a decisão tomada em assembleia ou reunião, sendo arquivado no órgão competente em processos distintos e simultaneamente, a ata da reunião ou assembleia e a alteração contratual mencionada.

Em ambos os casos, o capital social sofrerá a correspondente redução, salvo se os demais sócios suprirem o valor da quota (parágrafo único do art. 1.004 c.c. parágrafo único do art. 1.031 do CC). Poderão também os sócios, excluindo o titular, tomar a quota para si ou transferi-la a terceiros (art. 1.058 do CC).

Na hipótese de exclusão extrajudicial, a data de resolução parcial será a da assembleia ou da reunião de sócios que a tiver deliberado (art. 605, V, CPC).

e) Exclusão extrajudicial de sócio por falta grave de sócio minoritário

Em que pese a exclusão de sócio ser matéria excepcional, a lei permite que, na sociedade que adota o tipo limitada, os sócios incluam no contrato social permissivo a exclusão extrajudicial de minoritários em caso de falta grave, conforme o artigo 1.085 do Código Civil.[49] Nessa hipótese, a solução somente poderá ser verificada se expressamente contratada cláusula nesse sentido. Em caso de omissão do contrato social, a exclusão somente poderá ocorrer judicialmente na forma do já analisado artigo 1.030.

Trata-se de uma alternativa viável para os problemas relacionados a conflitos societários na sociedade do tipo limitada com a finalidade de eliminar a briga que desequilibra e emperra o andamento da sociedade.[50] Logicamente, esse expediente

---

49. Art. 1.085. Ressalvado o disposto no art. 1.030, quando a maioria dos sócios, representativa de mais da metade do capital social, entender que um ou mais sócios estão pondo em risco a continuidade da empresa, em virtude de atos de inegável gravidade, poderá excluí-los da sociedade, mediante alteração do contrato social, desde que prevista neste a exclusão por justa causa. Parágrafo único. Ressalvado o caso em que haja apenas dois sócios na sociedade, a exclusão de um sócio somente poderá ser determinada em reunião ou assembleia especialmente convocada para esse fim, ciente o acusado em tempo hábil para permitir seu comparecimento e o exercício do direito de defesa.

50. ROVAI, Armando Luiz. Pontos polêmicos da exclusão extrajudicial e morte de sócio, hipóteses de resolução de sociedade em relação a um sócio. *Revista Jurídica Luso Brasileira*, ano 1, n. 5, p. 199-200, 2015.

CAPÍTULO VII • DISSOLUÇÃO PARCIAL DAS SOCIEDADES CONTRATUAIS **163**

somente poderá ser usado quando o sócio minoritário, em razão da prática de atos graves, estiver colocando em risco o próprio desenvolvimento da sociedade.[51]

A expressão "ato de inegável gravidade que esteja colocando em risco a continuidade da empresa", posta no artigo 1.085 do Código Civil, corresponde à "justa causa" do artigo 1.030 do mesmo diploma, como sendo aquele inadimplemento grave que gera a quebra do contrato plurilateral.[52]

Contratada a cláusula permitindo a exclusão de sócio minoritário de forma extrajudicial, a decisão deverá ocorrer em assembleia ou reunião especialmente convocada para esse fim, exceto na sociedade formada por 02 (dois) sócios, pois a nova redação dada ao parágrafo único do artigo 1.085 do Código Civil, permite que nessa hipótese a exclusão ocorra por mera alteração do contrato social, dispensando assembleia ou reunião. Por conta da seriedade da deliberação social, o edital de convocação para exclusão deve constar expressamente, em pauta única, o que será deliberado.[53]

O quórum deliberativo para a exclusão extrajudicial é de maioria do capital social (art. 1.085, CC). Ocorre que, para a primeira convocação, a reunião ou assembleia, somente se instalará com a presença de três quartos do capital social (1.074, CC[54]), sendo necessária segunda convocação para instalação com qualquer número, caso não instalada em primeira convocação. Essa incompatibilidade entre o quórum de instalação (art. 1074, CC) com o deliberativo para exclusão extrajudicial de sócios (art. 1.085, CC) se apresenta como oneração desnecessária à sociedade.[55]

Da referida convocação, nos termos legais, o sócio que se busca excluir deve ter ciência em tempo hábil para permitir seu comparecimento e o exercício do direito de defesa. Como a lei é omissa com relação ao prazo mínimo para convocação do ato deliberativo, a jurisprudência e a doutrina entendem ser razoável,

---

51. DE ALMEIDA, Marcus Elidius Michelli de; ROVAI, Armando Luiz. Problemas societários e exclusão extrajudicial. *Valor econômico*. Legislação & Tributos/SP – E2. São Paulo, 09 jan. 2015.

52. Nesse sentido ver: PROENÇA, José Marcelo Martins. A exclusão de sócio nas sociedades limitadas. In: FINKELSTEIN. Maria Eugênia Reis; PROENÇA, José Marcelo Martins (Coord.). *Direito Societário*: tipos societários. São Paulo: Saraiva, 2009, p. 191.

53. Aqui deve ser comentado o fato de que a lei não previu a necessidade de que o sócio deva ser informado acerca do motivo que ensejou a sua possível exclusão. Em outras palavras, qual foi o ato de inegável gravidade por si praticado, Parece-nos, claro, entretanto, que ele deva ser informado, uma vez que a finalidade deste dispositivo é possibilitar o direito de defesa deste sócio (FINKELSTEIN, Maria Eugênia. *Manual de direito empresarial*. 8. ed. rev., ampl. e reform. São Paulo: Atlas, 2016, p. 135).

54. Art. 1.074. A assembleia dos sócios instala-se com a presença, em primeira convocação, de titulares de no mínimo três quartos do capital social, e, em segunda, com qualquer número.

55. ROVAI, Armando Luiz. Pontos polêmicos da exclusão extrajudicial e morte de sócio, hipóteses de resolução de sociedade em relação a um sócio. *Revista Jurídica Luso Brasileira*, ano 1, n. 5, p. 200-201, 2015.

se omisso o contrato social, aquele previsto na lei para o anúncio de convocação (art. 1.152, § 3º, CC[56]), ou seja, 8 (oito) dias de antecedência ao ato deliberativo.

Convocada a reunião ou assembleia, após a apresentação de defesa do sócio que foi acusado de pôr em risco a continuidade da empresa, em virtude de atos de inegável gravidade, caberá à maioria dos sócios, representativa de mais da metade do capital social, deliberar sobre a exclusão por ato de inegável gravidade.

Se a decisão for pela exclusão, será elaborada, como anexo da ata, uma respectiva alteração do contrato social que reflita a deliberação tomada pelos sócios para posterior registro no órgão competente, sendo considerada como data da dissolução parcial por exclusão a da deliberação social (art. 605, IV, CPC[57]).

4. MORTE DO SÓCIO

No caso de falecimento do sócio, há possibilidade de os herdeiros ingressarem na sociedade e, assim, ser evitada a dissolução parcial. Trata-se de hipótese que deve estar prevista no contrato social, pois, caso contrário, liquidar-se-á a quota do sócio morto (art. 1.028, CC[58]).

Cumpre ressaltar que, mesmo com previsão contratual, os herdeiros do sócio falecido não estão obrigados a ingressar na sociedade em cumprimento ao princípio constitucional da livre associação (art. 5º, XX, CF). Diferentemente dos sócios sobreviventes que, por conta da previsão contratual expressa, não podem se opor ao ingresso dos herdeiros.

Contudo, caso não ocorra o ingresso dos herdeiros, seja por ausência de previsão contratual nesse sentido ou por falta de vontade dos herdeiros, as quotas do sócio falecido serão liquidadas com o pagamento dos haveres aos herdeiros, cuja data de apuração será a do óbito (art. 605, I, CPC[59]).

5. VONTADE DOS SÓCIOS

As causas relacionadas na legislação não exaurem as possibilidades de dissolução parcial, haja vista a existência de outras que podem ocorrer e que tenham

---

56. Art. 1.152, § 3º O anúncio de convocação da assembleia de sócios será publicado por três vezes, ao menos, devendo mediar, entre a data da primeira inserção e a da realização da assembleia, o prazo mínimo de oito dias, para a primeira convocação, e de cinco dias, para as posteriores.
57. Art. 605. A data da resolução da sociedade será: V – na exclusão extrajudicial, a data da assembleia ou da reunião de sócios que a tiver deliberado.
58. Art. 1.028. No caso de morte de sócio, liquidar-se-á sua quota, salvo: I – se o contrato dispuser diferentemente; II – se os sócios remanescentes optarem pela dissolução da sociedade; III – se, por acordo com os herdeiros, regular-se a substituição do sócio falecido.
59. Art. 605. A data da resolução da sociedade será: I – no caso de falecimento do sócio, a do óbito.

CAPÍTULO VII • DISSOLUÇÃO PARCIAL DAS SOCIEDADES CONTRATUAIS **165**

como consequência a desvinculação de um sócio e a continuidade da sociedade com o(s) remanescente(s).

Uma possibilidade é a comunhão de vontades dos sócios na saída de um ou alguns com a liquidação das quotas e a mantença da pessoa jurídica pelos demais. "Os sócios, de modo amigável, por mútuo consenso, podem estabelecer a saída de um ou mais deles da sociedade, podendo ainda acertar o valor de reembolso a ser pago".[60]

6. RENÚNCIA DA QUALIDADE DE SÓCIO

A renúncia da qualidade de sócio não se confunde com o direito de retirada ou recesso, mas, como essas, é causa de dissolução parcial de sociedade.

Como ocorre na retirada imotivada, aquele que abdicou de seu direito de sócio deve notificar a sociedade e os demais sócios desse fato e apresentar ao órgão competente a comprovação da intimação para averbação com a finalidade de dar publicidade do ato a terceiros.

Por conta das consequências decorrentes do ato unilateral do sócio em renunciar sua qualidade, deve ser analisada a questão pela ótica do princípio da boa-fé objetiva essencial, como vimos, ao contrato de sociedade.[61]

---

60. RESTIFFE, Paulo Sérgio. *Buyout and Relase Agreement* – Antecipação de Eventos de Dissolução Societária e Seus Efeitos. In: BRUSCHI, Gilberto Gomes (Coord.). *Direito Processual Empresarial*: estudos em homenagem ao professor Manoel de Queiroz Pereira Calças. Rio de Janeiro: Elsevier, 2012, p. 667.

61. Portanto o rompimento abrupto, produzido pelo sócio de forma unilateral quando não mais queria integrar a sociedade, manifestado por meio da renúncia, deveria ser analisado dentro de outras circunstâncias que não se encerravam na manifestação de vontade.

   Maria Helena Diniz, ao comentar a renúncia do sócio neste contrato (art. 1.399, V), enaltece a boa-fé enquanto dever do sócio em responder pelas obrigações sociais assumidas, mesmo após a sua renúncia. A autora, ainda, explica que a má-fé decorria da conduta do sócio que procurava subverter o *afectio societatis,* ao frustrar os ganhos do outro sócio.

   Serpa Lopes, sobre a renúncia no contrato de sociedade, segundo o Código Civil de 1916, fundamenta que o sócio não pode ser compelido a manter-se vinculado indefinidamente. Embora o direito de renúncia do sócio seja qualificado como um direito potestativo, ele não era e não é um direito absoluto, pois ostenta limites, quais sejam: a) deve ser manifestado de boa-fé; b) deve ser feito em tempo oportuno; c) deve haver uma notificação prévia que in caso é de dois meses.

   Conclui o autor, acerca da renúncia, que não bastaria o requisito do prazo de dois meses. Ela deveria, acima de tudo, ser legítima e válida, isto é, ser uma renúncia de boa-fé.

   É que haveria de sopesar a conduta do renunciante de boa-fé. Em outras palavras, não basta a vontade para o exercício do direito de recesso. Não decorre de um estado anímico, psicológico, ou subjetivo. A boa-fé assume a função de avaliar a conduta do sócio renunciante. Vale dizer, o sócio, ao pretender a renúncia, não teria adotado seriedade e comportamento de cooperação. Afinal, teria frustrado os ganhos e os investimentos do outro sócio.

   A boa-fé, nesse contrato, atua como limitadora de um direito subjetivo; afinal deve conciliar o direito de renúncia ao direito de a sociedade permanecer íntegra, ante o comportamento de cooperação que

7. DISSOLUÇÃO PARCIAL *STRICTO SENSU*

Vimos que o instituto da dissolução parcial teve como embrião a hipótese de dissolução total da sociedade prevista no caso de denúncia de um sócio nos termos do artigo 335.5, do Código Comercial de 1850, porém o Código Civil não prevê nenhuma disposição que se assemelhe àquela que deu origem ao instituto.[62]

Contudo, o Código Civil, quando trata da dissolução da sociedade contratual, prevê a possiblidade da maioria absoluta pôr fim à pessoa jurídica contratada por tempo indeterminado (art. 1.033, III, CC[63]), o que permitiria ao dissidente se opor à extinção para prosseguir com a empresa.

Outra hipótese ventilada seria no caso de se perseguir a dissolução total, a requerimento de qualquer dos sócios, quando supostamente exaurido o fim social, ou verificada a sua inexequibilidade (art. 1.034, II, CC[64]).

E. APURAÇÃO DE HAVERES

1. APURAÇÃO DE HAVERES

A apuração de haveres é, sem sombra de dúvidas, um dos temas mais capciosos do direito comercial por tratar diretamente da análise jurídica e econômica para quantificar o valor a ser reembolsado ao sócio que está saindo da sociedade por conta de uma das causas de dissolução parcial.

Evidente que o sócio que está se desligando deseja que o valor a ser apurado de suas quotas seja maior, enquanto os sócios remanescentes desejam que o valor seja o menor possível, dando ao instituto caráter antagônico de interesses.

---

se origina da expectativa legítima que permeava e permeia o contrato, a partir da união dos esforços comuns dos sócios (FRANZOLIN, Cláudio José. *O princípio da boa-fé objetiva na relação jurídico--contratual.* Dissertação (Mestrado) – Pontifícia Universidade Católica de São Paulo, São Paulo, 2004, p. 75-77).

62. Devemos lembrar que o instituto da dissolução parcial teve origem jurisprudencial e doutrinária em hipótese de dissolução total prevista no Código Comercial de 1850 (art. 335.5) que, ao invés de proferirem decisão determinando a extinção da pessoa jurídica, em consonância com os princípios da função social da empresa, da preservação da empresa e da livre associação, bem como na teoria do contrato plurilateral, decidiram pelo afastamento do sócio retirante e o seguimento da atividade pela sociedade.

63. Art. 1.033. Dissolve-se a sociedade quando ocorrer: III – a deliberação dos sócios, por maioria absoluta, na sociedade de prazo indeterminado;

64. Art. 1.034. A sociedade pode ser dissolvida judicialmente, a requerimento de qualquer dos sócios, quando: II – exaurido o fim social, ou verificada a sua inexequibilidade.

Ao ingressar na sociedade, como visto anteriormente, o sócio tem a obrigação de compor o capital social, transferindo à pessoa jurídica bens de seu patrimônio, e, em contrapartida, passa a deter uma fração do capital social proporcional ao valor de sua contribuição, identificado como quotas sociais.

Ao deter as quotas sociais, a pessoa passa a ser considerada membro da pessoa jurídica e, consequentemente, a ter direitos e obrigações inerentes à sua condição de sócio da sociedade. Um desses direitos é a expectativa de crédito no caso da dissolução (extinção) da sociedade, cabendo a ele receber do saldo remanescente o valor proporcional à sua participação societária no momento da partilha (art. 1.108, CC).

Contudo, caso o sócio se desvincule da sociedade antes de seu término, estaremos diante de uma hipótese de dissolução parcial e, portanto, a realização da expectativa do direito de crédito do sócio deve ser antecipada para o momento de sua saída, apurando-se seus haveres naquele momento de forma proporcional à sua participação societária.

Trazemos importante lição que sintetiza o conceito: "A apuração de haveres importa na constituição de crédito, em favor do sócio desligado (retirante) ou de seu sucessor, perante a sociedade".[65]

2. APURAÇÃO DE HAVERES JUDICIAL OU EXTRAJUDICIAL

Para se alcançar o valor de retirada da quota social, há de se promover, extrajudicialmente ou judicialmente, a apuração de haveres que deve ser pautada na convenção das partes ou na lei, conforme regra extraída dos artigos 1.031 do Código Civil[66] e 606 do Código de Processo Civil.[67]

---

65. DE ALMEIDA, Marcus Elidius Michelli de. Sociedade Limitada: causas de dissolução parcial e apuração de haveres. In: BRUSCHI, Gilberto Gomes (Coord.). *Direito Processual Empresarial*: estudos em homenagem ao professor Manoel de Queiroz Pereira Calças. Rio de Janeiro: Elsevier, 2012, p. 549-550.

66. Art. 1.031. Nos casos em que a sociedade se resolver em relação a um sócio, o valor da sua quota, considerada pelo montante efetivamente realizado, liquidar-se-á, salvo disposição contratual em contrário, com base na situação patrimonial da sociedade, à data da resolução, verificada em balanço especialmente levantado. § 1º O capital social sofrerá a correspondente redução, salvo se os demais sócios suprirem o valor da quota. § 2º A quota liquidada será paga em dinheiro, no prazo de noventa dias, a partir da liquidação, salvo acordo, ou estipulação contratual em contrário.

67. Art. 606. Em caso de omissão do contrato social, o juiz definirá, como critério de apuração de haveres, o valor patrimonial apurado em balanço de determinação, tomando-se por referência a data da resolução e avaliando-se bens e direitos do ativo, tangíveis e intangíveis, a preço de saída, além do passivo também a ser apurado de igual forma. Parágrafo único. Em todos os casos em que seja necessária a realização de perícia, a nomeação do perito recairá preferencialmente sobre especialista em avaliação de sociedades.

a) Extrajudicial

A apuração de haveres pode ser resolvida extrajudicialmente se as partes contratantes concordarem com o valor de reembolso a ser pago ao sócio que se desliga da sociedade ou ao sucessor do falecido sem necessidade de atuação do Poder Judiciário ou da Arbitragem.

b) Judicial

O valor a ser reembolsado, muitas vezes, encontra obstáculo nos interesses particulares do sócio que sai da sociedade e daqueles que remanescem e, por isso, não é fácil encontrar um meio termo ideal de reembolso.

Nessa linha, surgem as mais diversas possibilidades de apuração dos haveres em verdadeira queda de braço na qual sai vitorioso aquele que conseguir impor ao outro o valor de sua pretensão alcançado em autocomposição capaz de satisfazer os interesses do retirante e do(s) remanescente(s).

Diferentemente do que ocorre na apuração de haveres extrajudicial, na qual as partes chegam a um consenso quanto ao valor a ser pago ao sócio que se desvinculou da sociedade ou aos herdeiros de sócio falecido, na judicial haverá necessidade de o magistrado observar as normas legais para averiguar qual o valor do reembolso.

3. AÇÃO DE DISSOLUÇÃO PARCIAL DE SOCIEDADE

O Código de Processo Civil inovou, ao tratar da ação de dissolução parcial de sociedade, procedimento inexistente nos códigos adjetivos anteriores, incluindo neste procedimento especial também regra para ação de apuração de haveres. Em que pese o uso atécnico da expressão dissolução parcial no *caput* do artigo 599[68] e do próprio capítulo que trata do referido procedimento especial, vislumbramos que a norma adjetiva trata de duas espécies de ações: a de dissolução parcial e a de apuração de haveres.

4. AÇÃO DE APURAÇÃO DE HAVERES

E se diz atécnica, a escolha legislativa pelo simples fato de a dissolução parcial não se confundir com a apuração de haveres, enquanto aquela tem por objeto o

---

68. Art. 599. A ação de dissolução parcial de sociedade pode ter por objeto: I – a resolução da sociedade empresária contratual ou simples em relação ao sócio falecido, excluído ou que exerceu o direito de retirada ou recesso; e II – a apuração dos haveres do sócio falecido, excluído ou que exerceu o direito de retirada ou recesso; ou III – somente a resolução ou a apuração de haveres.

CAPÍTULO VII • DISSOLUÇÃO PARCIAL DAS SOCIEDADES CONTRATUAIS **169**

desligamento do sócio da pessoa jurídica pelas causas já estudadas, esta persegue o *quantum* será devido àquele que se desligou da sociedade ou aos herdeiros do sócio falecido.

A apuração de haveres pela via judicial não decorre, necessariamente, de ação de dissolução parcial de sociedade, pois a causa de saída pode ser resolvida extrajudicialmente como, por exemplo, na saída voluntária ou no caso de exclusão extrajudicial. O inverso também pode ocorrer, ou seja, a dissolução parcial da sociedade pela via judicial, porém sem a apuração de haveres por essa via como, por exemplo, no caso de composição dos sócios extrajudicial quanto ao valor do reembolso ou por renúncia do direito de crédito.

Com a apuração de haveres pela via judicial, o juiz deverá fixar a data da resolução da sociedade e definir o critério de apuração dos haveres à vista do disposto no contrato social[69] (art. 604, CPC[70]) para que o perito nomeado possa quantificar o valor do reembolso (art. 606, único, CC[71]).

5. DATA DA RESOLUÇÃO

A data da resolução é critério temporal a ser fixado pelo juiz para determinar qual exato momento em que o sócio se desvincula da sociedade, permitindo que o perito judicial nomeado possa elaborar o cálculo do reembolso, tomando como data-base aquela apontada na decisão judicial, evitando enriquecimento indevido de qualquer das partes, pois a apuração deve ter por base para avaliação a situação patrimonial da data da dissolução parcial (art. 1.031, CC e 606, CPC).[72]

A data de resolução é, também, o limite temporal para averiguar outros diretos que integram o valor devido ao ex-sócio, ao espólio ou aos sucessores, como a participação nos lucros ou os juros sobre o capital próprio declarado pela sociedade e, se for o caso, a remuneração como administrador (art. 608, CPC), sendo que, após o rompimento do vínculo, será devido apenas o direito à correção monetária dos valores apurados e aos juros contratuais ou legais.

---

69. Enunciado 13 da 1ª Jornada De Direito Comercial – A decisão que decretar a dissolução parcial da sociedade deverá indicar a data de desligamento do sócio e o critério de apuração de haveres.

70. Art. 604. Para apuração dos haveres, o juiz: I – fixará a data da resolução da sociedade; II – definirá o critério de apuração dos haveres à vista do disposto no contrato social; e III – nomeará o perito. § 1º O juiz determinará à sociedade ou aos sócios que nela permanecerem que depositem em juízo a parte incontroversa dos haveres devidos. § 2º O depósito poderá ser, desde logo, levantando pelo ex-sócio, pelo espólio ou pelos sucessores. § 3º Se o contrato social estabelecer o pagamento dos haveres, será observado o que nele se dispôs no depósito judicial da parte incontroversa.

71. Art. 606, Parágrafo único. Em todos os casos em que seja necessária a realização de perícia, a nomeação do perito recairá preferencialmente sobre especialista em avaliação de sociedades.

72. BRASIL. Superior Tribunal de Justiça. Recurso Especial 1.360.221 – SP – Min. Nancy Andrighi, Terceira Turma, DJe 25.03.2014.

Como a sociedade continua a existir, prosseguindo com suas atividades, sendo previsível a alteração de seu patrimônio futuro, que poderá ser valorizado ou esvaziado pelo comportamento exclusivo dos sócios remanescentes e da administração, não é admissível que o sócio que se desligou da pessoa jurídica, que não mais participa ativamente da sociedade, seja beneficiado ou prejudicado no recebimento de seus haveres.[73] A definição do momento implica que fatos supervenientes que vierem a afetar a sociedade não podem ser considerados para a apuração dos haveres.

6. CRITÉRIO DA APURAÇÃO DE HAVERES

Além de o magistrado fixar a data do desligamento do sócio pelo critério legal (art. 605. CPC), ele deve delimitar o critério a ser utilizado pelo perito judicial para quantificar o valor do reembolso (art. 604, CPC).

O critério de apuração de haveres será o convencional no caso de previsão no contrato social; e o legal, no caso da omissão nele.

a) Critério convencional

O critério inicial a ser verificado pelo juiz no momento de fixar o critério de apuração de haveres decorre do princípio contratual *pacta sunt servanda*, ou seja, o que restou convencionado pelos sócios no contrato social, enquanto o critério legal deveria ser utilizado somente no caso de omissão do contrato social.[74]

b) Critério legal

O critério legal é o previsto no artigo 606 do Código de Processo Civil que determinou, como critério de apuração de haveres, o valor patrimonial apurado

---

73. BRASIL. Superior Tribunal de Justiça. Recurso Especial 1.416.635 – SP – Min. Nancy Andrighi, Terceira Turma, DJe 22.04.2015.

74. Permita-se, porém, a previsão contratual em sentido contrário, como se depreende da leitura do caput do artigo 1.031. Em nossa opinião, a previsão contratualmente chancelada somente poderá validamente materializar-se para veicular outra forma de liquidação do valor da quota que garanta valor igual ou superior àquele apurado segundo a fórmula acima enunciada. Do contrário, a cláusula seria abusivamente estabelecida, em prejuízo do sócio retirante, excluído ou dos herdeiros, legatários ou cônjuge meeiro do falecido. Não se pode validar regra que conspire para o enriquecimento ilícito da sociedade em prejuízo do sócio. Interpretação contrária viria a representar uma involução na matéria, eis que a jurisprudência de há muito condena qualquer método de apuração de haveres que não se faça segundo balanço especial de determinação que reflita os valores reais e atualizados do ativo, sem qualquer sansão ao sócio ou seus sucessores ou cônjuge, com a inclusão de todos os bens corpóreos e incorpóreos da sociedade. (CAMPINHO, Sérgio. *O direito de empresa à luz do novo Código Civil*. 4. ed. ampliada e revisada. Rio de Janeiro: Forense, 2004, p. 129).

em balanço de determinação, tomando-se por referência a data da resolução e avaliando-se bens e direitos do ativo, tangíveis e intangíveis, a preço de saída, além do passivo também a ser apurado de igual forma.

(i) Balanço de determinação. O uso do balanço de determinação decorreu, assim como o instituto da dissolução parcial, de evolução histórica. Inicialmente a apuração de haveres era apurada por meio do último balanço, tomando essa peça contábil como expressão do estado econômico da empresa. Percebeu-se que o referido balanço patrimonial não refletia a realidade patrimonial da empresa e que, portanto, era necessária a apuração de um balanço especialmente levantado para apuração do valor das quotas do sócio afastado, o balanço de determinação.

Hogg[75] afirma que o balanço é originário da palavra "balança", que tem por objeto demonstrar o equilíbrio do sistema, evidenciando de um lado as aplicações (o direito); e do outro, as origens (o esquerdo). Trata-se de instrumento com que se determina a massa ou o peso econômico da riqueza aziendal, por uma equação de equilíbrio, equação patrimonial.

A equação patrimonial é demonstrada por meio de um balanço, espécie de fotografia econômica do patrimônio e, portanto, estática, em contraposição ao estado dinâmico em que se encontra o patrimônio ao servir a empresa.[76]

O balanço tem a função de transmitir conhecimento de um estado de coisas, uma expressão patrimonial de uma determinada empresa com a finalidade de dar conhecimento de sua composição patrimonial por meio de um processo técnico. Dependendo da destinação do balanço, haverá diferenças peculiares, ensejando a clássica classificação: balanço de exercício, cessão, liquidação e, mais restritamente, balanço de determinação.[77]

Na avaliação levantada em balanço de determinação, leva-se em consideração o valor de mercado (preço de saída), em simulação a realização de todos os bens e direitos do ativo, tangíveis e intangíveis, bem como a satisfação do passivo social, na data da dissolução parcial,[78] devendo "[...] ser assegurada ao sócio retirante situ-

---

75. HOOG, Wilson Alberto Zappa. *Balanço especial para apuração de haveres e reembolso de ações.* 3. ed. Curitiba: Juruá, 2014, p. 51.

76. RIBAS, Roberta de Oliveira e Corvo. Apuração de haveres na sociedade empresaria limitada. In: COELHO, Fabio Ulhoa (Coord.). *Tratado de Direito Comercial.* São Paulo: Saraiva, 2015, v. 2. Tipos societários, sociedade limitada e sociedade anônima, p. 270.

77. ESTRELLA, Hernani. *Apuração de haveres de sócio.* 5. ed. atual. por Roberto Papini Ed. Rio de Janeiro: Forense, 2010, p. 118.

78. Recurso especial. Direito empresarial. Sociedade empresária limitada. Dissolução parcial. Sócio retirante. Apuração de haveres. Contrato social. Omissão. Critério legal. Art. 1.031 do CCB/2002. Art. 606 do CPC/2015. Valor patrimonial. Balanço especial de determinação. Fundo de comércio. Bens intangíveis. Metodologia. Fluxo de caixa descontado. Inadequação. Expectativas futuras. Exclusão. 1. Recurso especial interposto contra acórdão publicado na vigência do Código de Processo Civil de 2015 (Enunciados Ad-

ação de igualdade na apuração de haveres, fazendo-se esta com a maior amplitude possível, com a exata verificação, física e contábil, dos valores do ativo".[79-80]

ministrativos 2 e 3/STJ). 2. Cinge-se a controvérsia a definir se o Tribunal de origem, ao afastar a utilização da metodologia do fluxo de caixa descontado para avaliação dos bens imateriais que integram o fundo de comércio na fixação dos critérios da perícia contábil para fins de apuração de haveres na dissolução parcial de sociedade, violou o disposto nos artigos 1.031, caput, do Código Civil e 606, *caput*, do Código de Processo Civil de 2015. 3. O artigo 606 do Código de Processo Civil de 2015 veio reforçar o que já estava previsto no Código Civil de 2002 (artigo 1.031), tornando ainda mais nítida a opção legislativa segundo a qual, na omissão do contrato social quanto ao critério de apuração de haveres no caso de dissolução parcial de sociedade, o valor da quota do sócio retirante deve ser avaliado pelo critério patrimonial mediante balanço de determinação. 4. O legislador, ao eleger o balanço de determinação como forma adequada para a apuração de haveres, excluiu a possibilidade de aplicação conjunta da metodologia do fluxo de caixa descontado. 5. Os precedentes do Superior Tribunal de Justiça acerca do tema demonstram a preocupação desta Corte com a efetiva correspondência entre o valor da quota do sócio retirante e o real valor dos ativos da sociedade, de modo a refletir o seu verdadeiro valor patrimonial. 6. A metodologia do fluxo de caixa descontado, associada à aferição do valor econômico da sociedade, utilizada comumente como ferramenta de gestão para a tomada de decisões acerca de novos investimentos e negociações, por comportar relevante grau de incerteza e prognose, sem total fidelidade aos valores reais dos ativos, não é aconselhável na apuração de haveres do sócio dissidente. 7. A doutrina especializada, produzida já sob a égide do Código de Processo Civil de 2015, entende que o critério legal (patrimonial) é o mais acertado e está mais afinado com o princípio da preservação da empresa, ao passo que o econômico (do qual deflui a metodologia do fluxo de caixa descontado), além de inadequado para o contexto da apuração de haveres, pode ensejar consequências perniciosas, tais como (i) desestímulo ao cumprimento dos deveres dos sócios minoritários; (ii) incentivo ao exercício do direito de retirada, em prejuízo da estabilidade das empresas, e (iii) enriquecimento indevido do sócio desligado em detrimento daqueles que permanecem na sociedade. 8. Recurso especial não provido. (REsp 1877331/SP, Rel. Ministra Nancy Andrighi, Rel. p/ Acórdão Ministro Ricardo Villas Bôas Cueva, Terceira Turma, julgado em 13.04.2021, DJe 14.05.2021).

79. BRASIL. Supremo Tribunal Federal. Recurso Extraordinário 89464, Relator: Min. Cordeiro Guerra, Data de Julgamento: 12.12.1978, Segunda Turma, Data de Publicação: DJe 04.05.1979.

80. Recurso especial. Direito processual civil. Omissão. Art. 1.022 do código de processo civil. Inexistência. Direito empresarial. Dissolução parcial de sociedade. Apuração de haveres. Art. 1.031 do código civil. Projeção de lucros futuros. Fluxo de caixa descontado. Não cabimento. Lucros não distribuídos ao sócio retirante. Prazo prescricional trienal. Art. 206, § 3º, VI, do Código Civil. Recurso conhecido parcialmente e não provido. 1. Discussão a respeito dos critérios para apuração de haveres, quais os valores estariam abrangidos e prazo prescricional para distribuição de lucros não distribuídos ao sócio retirante. 2. Não incorre em negativa de prestação jurisdicional o acórdão que, mesmo sem ter examinado individualmente cada um dos argumentos trazidos pela parte, adota fundamentação suficiente para decidir de modo integral a controvérsia, apenas não acatando a tese defendida pela recorrente. 3. A apuração de haveres – levantamento dos valores referentes à participação do sócio que se retira ou que é excluído da sociedade – se processa da forma prevista no contrato social, uma vez que, nessa seara, prevalece o princípio da força obrigatória dos contratos, cujo fundamento é a autonomia da vontade. Inteligência do art. 1.031 do Código Civil. Precedentes. 4. Omisso o contrato social, observa-se a regra geral segundo a qual o sócio não pode, na dissolução parcial da sociedade, receber valor diverso do que receberia, como partilha, na dissolução total, verificada tão somente naquele momento. 5. O fluxo de caixa descontado – método para avaliar a riqueza econômica de uma empresa dimensionada pelos lucros a serem agregados no futuro – não é adequado para o contexto da apuração de haveres. 5. O prazo de prescrição trienal é aplicável em relação jurídica que envolva direito societário, em demanda relacionada à distribuição de lucros (art. 206, § 3º, VI, do CC/02). 6. Recurso especial conhecido parcialmente e, nessa extensão, não provido. (STJ – REsp: 1904252 RS 2020/0291023-0, Relator: Ministra Maria Isabel Gallotti, Data de Julgamento: 22.08.2023, T4 – Quarta Turma, Data de Publicação: DJe 1º.09.2023).

7. APURAÇÃO FUTURA

Os herdeiros do cônjuge de sócio, ou o cônjuge do que se separou judicialmente, não podem exigir desde logo a parte que lhes couber na quota social, mas concorrer à divisão periódica dos lucros, até que se liquide a sociedade (art. 1.027, CC[81]). Todavia, pelo código processual, o cônjuge ou companheiro do sócio cujo casamento, união estável ou convivência terminou poderá requerer a apuração de seus haveres na sociedade, que serão pagos à conta da quota social titulada por este sócio (art. 600, parágrafo único, CC[82]).

F. PAGAMENTO

1. REEMBOLSO

Uma vez apurados, os haveres do sócio retirante serão pagos conforme disciplinar o contrato social e, no silêncio deste, pelo critério legal.

a) Critério legal

A lei determina que a quota liquidada será paga em dinheiro, no prazo de 90 (noventa) dias, a partir da liquidação (art. 1.031, §2º, CC[83] e art. 609, CPC[84])

O sócio se torna credor da sociedade de um crédito pecuniário. O reembolso, desse modo, deve ser pago em dinheiro pela sociedade ao sócio desligado e, portanto, não é admitida outra forma de pagamento, exceto se houver consenso entre as partes.

b) Critério convencional

As normas de direito material e processual permitem aos sócios modificarem o critério legal quanto ao prazo de pagamento dos haveres do sócio afastado da

---

81. Art. 1.027. Os herdeiros do cônjuge de sócio, ou o cônjuge do que se separou judicialmente, não podem exigir desde logo a parte que lhes couber na quota social, mas concorrer à divisão periódica dos lucros, até que se liquide a sociedade.

82. Art. 600, Parágrafo único. O cônjuge ou companheiro do sócio cujo casamento, união estável ou convivência terminou poderá requerer a apuração de seus haveres na sociedade, que serão pagos à conta da quota social titulada por este sócio.

83. Art. 1.031. § 2º A quota liquidada será paga em dinheiro, no prazo de noventa dias, a partir da liquidação, salvo acordo, ou estipulação contratual em contrário.

84. Art. 609. Uma vez apurados, os haveres do sócio retirante serão pagos conforme disciplinar o contrato social e, no silêncio deste, nos termos do § 2º do art. 1.031 da Lei no 10.406, de 10 de janeiro de 2002 (Código Civil).

sociedade – 90 (noventa) dias após o término da liquidação –, possibilitando que o pacto social indique outro prazo razoável que melhor se adéque à realidade daquela organização.

O Superior Tribunal de Justiça tem sustentado a validade da cláusula que modifica o critério legal do prazo de pagamento, porém há entendimento de que esse prazo somente teria validade se o pagamento ocorresse neste prazo, contado do início da demanda judicial.[85]

A cláusula que modificar o critério legal deve trazer situação real, evitando-se pactuar cláusula vaga, sem aplicação prática, com a intenção apenas de dificultar o recebimento pelo sócio desligado, e cuja conclusão é a nulidade dessa parte do pacto social.[86]

2. CUMPRIMENTO DE SENTENÇA

Assim, concluída a fase de liquidação de sentença, se não houver outro prazo estipulado no contrato social, a sociedade terá 90 (noventa) dias para efetuar o pagamento do valor devido ao sócio desligado. Transcorrido esse prazo sem pagamento, caberá ao ex-sócio iniciar a fase de cumprimento de sentença que reconhece a exigibilidade de obrigação de pagar quantia certa (art. 523, CPC[87]).

---

85. Inclusive, o contrato poderá estipular prazos maiores ou menores daquele previsto no Código Civil. Porém, a jurisprudência tem entendido que se o prazo da demanda for superior ao prazo estabelecido no contrato, o pagamento deverá ser feito em uma única vez. Ou seja, caso o contrato determine um prazo de 12 (doze) parcelas mensais, mas a ação judicial tenha demorado tempo superior ao prazo estabelecido, não haveria mais a necessidade do sócio retirante ter de aguardar por mais 12 meses, devendo o seu pagamento ser realizado à vista (DE ALMEIDA, Marcus Elidius Michelli. Sociedade Limitada: causas de dissolução parcial e apuração de haveres. In: BRUSHI, Gilberto Gomes (Coord.). *Direito Processual Empresarial*: estudos em homenagem ao professor Manoel de Queiroz Pereira Calças. Rio de Janeiro: Elsevier, 2012, p. 554).

86. Ainda no que tange ao momento do pagamento, é importante lembrar que alguns contratos estabelecem cláusula vaga para o pagamento ao sócio retirante, como por exemplo: "será pago na medida do possível" ou "o pagamento será feito dentro das possibilidades da sociedade" ou ainda "o pagamento se dará tão logo a empresa tenha condições de saldar o débito".

    No nosso entender, tais cláusulas têm como única finalidade dificultar o recebimento por parte do sócio retirante, sendo verdadeiras cláusulas abusivas e, portanto, são cláusulas que devem ser afastadas, impondo-se o pagamento nos termos do Código Civil, ou seja, em dinheiro, no prazo de 90 (noventa) dias (DE ALMEIDA, Marcus Elidius Michelli. Sociedade Limitada: causas de dissolução parcial e apuração de haveres. In: BRUSHI, Gilberto Gomes (Coord.). *Direito Processual Empresarial*: estudos em homenagem ao professor Manoel de Queiroz Pereira Calças. Rio de Janeiro: Elsevier, 2012, p. 554).

87. Art. 523. No caso de condenação em quantia certa, ou já fixada em liquidação, e no caso de decisão sobre parcela incontroversa, o cumprimento definitivo da sentença far-se-á a requerimento do exequente, sendo o executado intimado para pagar o débito, no prazo de 15 (quinze) dias, acrescido de custas, se houver. § 1º Não ocorrendo pagamento voluntário no prazo do caput, o débito será acrescido de multa de dez por cento e, também, de honorários de advogado de dez por cento. § 2º Efetuado o pagamento parcial no prazo previsto no caput, a multa e os honorários previstos no § 1º incidirão sobre o restante.

Iniciada a fase de cumprimento de sentença, a sociedade será intimada por seu advogado habilitado no processo ou pessoalmente, caso não tenha advogado, para pagar em 15 (quinze) dias o valor devido ao sócio desligado. Não ocorrendo pagamento voluntário no prazo legal, o débito será acrescido de multa de dez por cento e, também, de dez por cento dos honorários de advogado (art. 523, § 1º, CPC).

Por fim, cabe destacar a novidade do procedimento especial em determinar que o valor incontroverso devido ao sócio seja depositado em juízo de imediato, ou na forma do contrato social, podendo o valor depositado ser, desde logo, levantado pelo ex-sócio, pelo espólio ou pelos sucessores (art. 604, CPC[88]).

3. JUROS E CORREÇÃO MONETÁRIA

Como a liquidação do valor devido a título de reembolso é apurado no curso do processo judicial, a doutrina de Priscila M. P. Fonseca conduz a conclusão de que os juros são computados a partir da citação, segundo o texto da Súmula 163 do Supremo Tribunal Federal.[89] Já a correção monetária deve incidir entre a data do levantamento do balanço de determinação e do efetivo pagamento.[90]

A orientação do Superior Tribunal de Justiça[91] é de que os juros e a correção sejam computados após o transcurso do prazo de pagamento do reembolso (art. 1031, CC).

Ocorre que não nos parece ser nenhuma dessas duas posições a que seguirá com a redação do novo artigo 608, parágrafo único, do Código de Processo Civil, pois, segundo a norma, "após a data da resolução, o ex-sócio, o espólio ou os sucessores terão direito apenas à correção monetária dos valores apurados e aos juros contratuais ou legais".

---

§ 3º Não efetuado tempestivamente o pagamento voluntário, será expedido, desde logo, mandado de penhora e avaliação, seguindo-se os atos de expropriação.

88. Art. 604. Para apuração dos haveres, o juiz: § 1º O juiz determinará à sociedade ou aos sócios que nela permanecerem que depositem em juízo a parte incontroversa dos haveres devidos. § 2º O depósito poderá ser, desde logo, levantando pelo ex-sócio, pelo espólio ou pelos sucessores. § 3º Se o contrato social estabelecer o pagamento dos haveres, será observado o que nele se dispôs no depósito judicial da parte incontroversa.

89. FONSECA, Priscila M. P. Corrêa da. *Dissolução parcial, retirada e exclusão de sócio no Novo Código Civil.* 3. ed. São Paulo: Atlas, 2005, p. 248.

90. FONSECA, Priscila M. P. *Dissolução parcial, retirada e exclusão de sócio no Novo Código Civil.* 3. ed. São Paulo: Atlas, 2005, p. 249.

91. BRASIL. Superior Tribunal de Justiça. Recurso Especial 1602240 – MG, Relator: Ministro Marco Aurélio Bellizze: Terceira Turma, Data do Julgamento: DJe 15.12.2016.

Pelo dispositivo *supra,* parece-nos que tanto os juros quanto a correção monetária são devidos a partir da data da resolução.

G. A RESPONSABILIDADE DO SÓCIO APÓS SEU DESLIGAMENTO DA SOCIEDADE

1. RESPONSABILIDADE DO SÓCIO DESLIGADO

Uma vez extinto o *status socii* por conta de uma das causas de dissolução parcial, conforme os critérios temporais trazidos no artigo 605 do Código de Processo Civil, o Código Civil, artigo 1.032[92] declara que esse fato não exime o sócio desligado ou os herdeiros do sócio falecido, "[...] da responsabilidade pelas obrigações sociais anteriores, até dois anos após averbada a resolução da sociedade; nem nos dois primeiros casos, pelas posteriores e em igual prazo, enquanto não se requerer a averbação".

a) Regra geral

No caso, há de se averiguar o tipo societário adotado pela sociedade profissional, pois, em certos tipos, como na sociedade em nome coletivo (art. 1.039, CC), na sociedade em comandita simples (art. 1.045, CC) e na sociedade simples em sentido estrito (arts. 1.203 e 1.024, CC), todos ou alguns sócios respondem solidária e ilimitadamente pelas dívidas sociais.

b) Sociedade limitada

Já no tipo limitada, em regra, os sócios respondem no limite do capital subscrito e não integralizado (art. 1.1052, CC). Ocorrendo a responsabilização por capital não integralizado, vige a regra da responsabilidade subsidiária do sócio por dívidas da pessoa jurídica (art. 1.024, CC), eis que, enquanto existirem bens no patrimônio social, os bens dos sócios não poderão ser alcançados. Assim, os sócios só deverão arcar com a obrigação do sócio remisso quando a sociedade limitada não puder mais fazê-lo, inclusive o sócio desligado no prazo estabelecido na lei.

---

92. Art. 1.032. A retirada, exclusão ou morte do sócio, não o exime, ou a seus herdeiros, da responsabilidade pelas obrigações sociais anteriores, até dois anos após averbada a resolução da sociedade; nem nos dois primeiros casos, pelas posteriores e em igual prazo, enquanto não se requerer a averbação.

CAPÍTULO VII • DISSOLUÇÃO PARCIAL DAS SOCIEDADES CONTRATUAIS **177**

Priscila M. P. Corrêa da Fonseca destaca que, no caso da sociedade limitada, só se aplicaria a regra do artigo 1.032, do Código Civil, no caso de exclusão extrajudicial de sócio, por conta da redação do artigo 1.085, sendo que não há previsão semelhante para as demais hipóteses de dissolução parcial.[93] Entendemos de forma diversa, pois as regras gerais da sociedade simples, dentre elas a do artigo 1.032 do Código Civil, se aplicam à sociedade do tipo limitada, por força do artigo 1.053 do mesmo diploma legal.

Alfredo de Assis Gonçalves Neto[94] afirma que o artigo 1.032 do Código Civil se aplica somente para sociedade simples ou para aquelas que todos ou alguns sócios possuem responsabilidade pelas dívidas sociais, logo, não se aplicaria à sociedade limitada. Ocorre que, como visto, os sócios da sociedade limitada podem responder por dívidas sociais, como no caso do capital social não integralizado (art. 1.052, CC) ou de desconsideração da personalidade jurídica.

Nos casos envolvendo sociedade limitada, ganham relevância os casos de desconsideração da personalidade jurídica, hipótese legal na qual os sócios respondem pôr dívidas da sociedade. A teoria da desconsideração da personalidade jurídica surgiu com objetivo de coibir a utilização temerária, fraudulenta e abusiva da autonomia patrimonial existente entre a pessoa jurídica e seus membros ou administradores.[95]

Por essa teoria, permite-se que o credor invada o patrimônio pessoal dos membros ou administradores que se utilizaram maliciosamente da pessoa jurídica com o objetivo claro de prejudicar terceiros. Assinala-se que, com a aplicação dessa teoria, não se pretende anular a personalidade jurídica, mas, tão somente, afastá-la em situações-limite, onde seja comprovada a sua utilização em desconformidade com o ordenamento jurídico e mediante fraude.[96]

Assim, relevante a interpretação do artigo 1.032 do Código Civil, o qual permite que, no prazo legal, o sócio desligado da sociedade possa a vir responder por obrigações da pessoa jurídica que pelo instituto da desconsideração da personalidade jurídica previsto no Código de Processo Civil.

---

93. FONSECA, Priscila M. P. Corrêa da. *Dissolução Parcial, Retirada e Exclusão de Sócio no Novo Código Civil*. 3. ed. São Paulo: Atlas, 2005, p. 254-258.
94. GONÇALVES NETO, Alfredo de Assis. *Direito de Empresa*: comentários aos artigos 966 a 1.195 do Código Civil. 6. ed. São Paulo: Ed. RT, 2016, p. 318-320.
95. REQUIÃO, Rubens. Abuso de direito e fraude através da personalidade jurídica *(disregard doctrine)*. *Revista dos Tribunais*, São Paulo: Ed. RT, v. 410, p. 12-24, 1969.
96. BERTOLDI, Marcelo M.; RIBEIRO, Marcia Carla Pereira. *Curso avançado de Direito Comercial*. 4. ed. atual. e rev. São Paulo: Ed. RT, 2008, p. 150.

Capítulo VIII
EXTINÇÃO DAS SOCIEDADES CONTRATUAIS

A. DISSOLUÇÃO TOTAL

1. DISSOLUÇÃO TOTAL EXTRAJUDICIAL OU JUDICIAL

Como visto anteriormente, a dissolução total da sociedade pode ser na forma judicial, quando depender de ação e sentença ou acórdão, e na forma extrajudicial quando decorrer da vontade dos sócios formalizada em instrumento de distrato do contrato social.

2. ESPÉCIES DE DISSOLUÇÃO TOTAL

Estabelece o art. 1.033 do Código Civil[1] que a sociedade será dissolvida em caso de (i) vencimento do prazo de duração, (ii) consenso unânime entre os sócios, (iii) deliberação dos sócios, por maioria absoluta, nas sociedades por prazo determinado e (iv) falta de autorização para funcionar. Nessas hipóteses, a própria lei considera a sociedade dissolvida ou esta se opera pela simples formalização do Distrato do Contrato Social mediante concordância dos sócios, tratando-se, portanto, de casos de dissolução extrajudicial.

a) Tempo de duração

A primeira hipótese ventilada no dispositivo é o esgotamento do prazo de duração, a qual pode ser analisada em conjunto com a terceira hipótese, qual seja, a deliberação dos sócios por maioria absoluta nas sociedades por prazo determi-

---

1. Art. 1.033. Dissolve-se a sociedade quando ocorrer: I – o vencimento do prazo de duração, salvo se, vencido este e sem oposição de sócio, não entrar a sociedade em liquidação, caso em que se prorrogará por tempo indeterminado; II – o consenso unânime dos sócios; III – a deliberação dos sócios, por maioria absoluta, na sociedade de prazo indeterminado; IV – (revogado); V – a extinção, na forma da lei, de autorização para funcionar. Parágrafo único. (revogado).

nado. O contrato social de uma sociedade deve trazer como cláusula obrigatória o seu prazo de duração e este pode ser tanto determinado como indeterminado. A escolha da modalidade determinada acarreta um prazo fixo de duração para a sociedade que, havendo o seu advento, implica em dissolução. Por este motivo é que se recomenda aos sócios não fixar um prazo de duração se existir dúvida a respeito do tempo de desenvolvimento da atividade. Caso esse prazo seja fixado, por outro lado, nada impede que uma alteração do contrato social o revise ou até mesmo o cancele.

Sendo, todavia, indeterminada a modalidade de prazo escolhida, não haverá termo preestabelecido para o encerramento da atividade, dependendo este de deliberação social que deverá ser necessariamente por maioria absoluta no caso de sociedade simples ou dos tipos nome coletivo ou comandita simples (art. 1.033, III, CC) ou dos sócios que represente a maioria do capital social na sociedade do tipo limitada (arts. 1.071, VI c.c. 1.076, II, CC).

Neste ponto, a doutrina tem entendido que pelo princípio da preservação da empresa poderá os sócios dissidente, ou seja, que não concordaram com a extinção da sociedade, mantê-la ocorrendo apenas a dissolução parcial, com a saída dos sócios que assim desejaram.

Desnecessário regular especificamente a dissolução da sociedade por prazo indeterminado porque esta se opera nas outras formas previstas, tais como consenso entre os sócios, o que chama mais a atenção realmente é a dissolução das sociedades com prazo determinado. O Código Civil colocou duas previsões para este caso nos incisos I e III do art. 1.033. A primeira se refere ao simples decurso do prazo que, sem qualquer ato jurídico que altere a disposição legal, culminará em sua dissolução. A segunda, prevista no inciso III, se refere ao caso da sociedade que, não obstante tenha em seu contrato social a fixação de um prazo de duração, será alvo de dissolução antecipada, dispondo a lei que para tanto dependerá de deliberação unânime dos sócios. O rigor desta segunda hipótese se justifica, afinal a contratação inicial entre os sócios aconteceu com um prazo certo preestabelecido, o que pode ensejar planejamento e projeções a serem respeitados, salvo se todos concordarem com a antecipação da dissolução societária. Esta linha de raciocínio desenvolvida na lei também se fundamenta na própria Teoria Geral do Contratos do Direito Civil, pois sendo o contrato social uma avença entre as partes – sócios e sociedade – a fixação de um prazo deve ser respeitada pelo princípio do *pacta sunt servanda*.

Importa ressalvar que no caso de dissolução de sociedade contratada por prazo indeterminado, já que no caso de sociedade por prazo certo a deliberação depende da unanimidade para ser válida, o sócio que não concordar com o encerramento pode se opor judicialmente a ela e buscar perante o Poder Judiciário um amparo para empreender continuidade à pessoa jurídica e à atividade, mesmo sendo apenas um sócio minoritário, com fundamento no princípio da preservação da empresa.

Ainda sobre este tema, dúvida que merece explanação é a respeito da sociedade que continua em funcionamento, não obstante haja o exaurimento do seu prazo de duração preestabelecido no contrato social. Diverge a doutrina sobre considerar ou não essa sociedade como irregular.

Desse modo, a sociedade contratada por tempo determinado e não prorrogada em tempo útil se transforma em sociedade irregular caso continue a explorar a atividade empresarial a que se dedica. Mas há autores (Egberto Lacerda Teixeira, por exemplo) que consideram excessiva a sanção imposta à sociedade e aos sócios, de acordo com essa solução. Para eles, não seria correto equiparar à sociedade irregular aquela que, tendo sido regular, não foi tempestivamente prorrogada.[2]

De qualquer forma, é sempre recomendável que sendo a opção dos sócios pela prorrogação, esta se efetive em alteração do contrato social antes do prazo estabelecido de duração, ou seja, antes do termo final da sociedade. A prorrogação deve ser formalizada pela unanimidade dos sócios, pois implica em continuidade do vínculo entre os sócios e uma deliberação não unânime acarretaria efeitos de contratação a um sócio que desta opção não participou. Neste caso, o sócio dissidente que se obrigou no início por prazo certo e não desejar prorrogá-lo pode pleitear judicialmente a dissolução da sociedade ou ao menos a resolução da sociedade em relação a ele.

b) Consenso dos sócios

O Código Civil reconhece a dissolução total no caso de consenso unânime entre os sócios. Trata-se de um acordo entre todos os integrantes do quadro social de que a sociedade deixará de existir e proceder-se-á à sua dissolução, o que deve ser formalizado em distrato do contrato social.

Questão interessante, quando da análise da hipótese na sociedade limitada, é o aparente conflito de normas entre o artigo 1.033, II, o artigo 1.033, III e o artigo 1.076, I combinado com o artigo 1.071, VI, todos do Código Civil. Pelo primeiro dispositivo (art. 1.033, II, CC) entende-se que somente a unanimidade dos sócios faz extinguir a sociedade enquanto pelo próximo (art. 1.033, III, CC) basta o consenso da maioria absoluta e, por fim, pelos seguintes pode-se concluir que a dissolução pode ser adotada em deliberação social tomada por maioria do capital

---

2. COELHO, Fabio Ulhoa. *Manual de Direito Comercial*: direito de empresa. 20. ed. São Paulo: Saraiva, 2008, p. 174.

social (arts. 1.071, VI, c.c. 1.076, II, CC). A solução plausível para conjugação dos dispositivos é que a deliberação pela unanimidade será necessária quando o prazo da sociedade for determinado e se estiver buscando o encerramento anteriormente ao advento do termo, ao passo que a deliberação pela maioria absoluta faz encerrar as sociedades simples ou do tipo nome coletivo ou comandita simples contratadas por prazo indeterminado e, por fim, a deliberação por maioria do capital social será necessária quando a sociedade do tipo limitada for por prazo indeterminado e se estiver objetivando o seu encerramento.

A hipótese que falta ser ventilada, a respeito do prazo de duração, é aquela que se caracteriza pela extinção da sociedade justamente pelo esgotamento do prazo. O Código Civil estabelece que mesmo sendo a sociedade por prazo determinado, a falta de sua liquidação após o advento do prazo certo acarreta a sua prorrogação por prazo indeterminado. Assim, esgotado o prazo e objetivando-se a sua dissolução pelo advento do termo, bastará a maioria simples porque inexiste disposição específica a regular o *quorum*, caso em que se torna oportuna esta deliberação de dissolução para se evitar a prorrogação por prazo indeterminado.

c) Falta de autorização

O rol inicialmente verificado ainda menciona a falta de autorização para funcionar como causa de dissolução da sociedade. Trata-se de ausência de requisito essencial a algumas sociedades que pela sua natureza ou pela atividade que desenvolvem estão submetidas à necessidade de uma autorização de funcionamento, geralmente expedida pelo poder público, sob pena de impedimento de realização do objeto social. A Constituição Federal prevê o princípio da Livre Iniciativa (art. 170, CF) que consubstancia o direito ao desenvolvimento de atividades econômicas, ressalvando que estas independem de autorização do poder público, exceto nos casos previstos em lei (art. 170, p. único, CF). Portanto, faltando este requisito essencial – autorização do poder público, imposto necessariamente por lei por ser uma limitação ao princípio da Livre Iniciativa, impõe a dissolução da sociedade.

d) Anulação da constituição

Existem ainda outras hipóteses de dissolução total não previstas expressamente no art. 1.033 do Código Civil, são os casos previstos no art. 1.034 que estabelece a dissolução como judicial nos casos de (i) anulação da sua constituição e (ii) exaurimento ou inexequibilidade do objeto social.

A anulação da constituição da sociedade é causa de dissolução porque o surgimento da pessoa jurídica acontece com o contrato social, trata-se de um

CAPÍTULO VIII • EXTINÇÃO DAS SOCIEDADES CONTRATUAIS **183**

instrumento formalizar de um negócio jurídico sujeito a vícios de consentimento e demais exemplos de problemas que podem acarretar sua anulação. Sendo invalidado o contrato, retira-se sua eficácia jurídica e consequentemente a aptidão para fazer surgir uma pessoa jurídica – a sociedade. É judicial porque somente o Poder Judiciário pode reconhecer essa invalidade e retirar a eficácia do ato jurídico consubstanciado no contrato social.

e) Exaurimento do objeto social

O exaurimento do objeto ou do fim social ocorre quando se alcança a finalidade para a qual a sociedade foi constituída, passando a ser inexistente razão para a sua continuidade. É o caso, por exemplo, nas chamadas SPE – Sociedade de Propósito Específico que são sociedades constituídas para se desenvolver uma atividade específica e bem delimitada, geralmente restritas a um empreendimento, como a construção de um imóvel e sua venda ou a realização de um evento. Realizado o objeto e distribuídos os lucros, exaurido está seu objeto, comportando então a sua dissolução.

Obviamente no caso de exaurimento do objeto nada impede que os sócios, consensualmente e de forma unânime concluam pela dissolução. Não sendo esta a opção, tem lugar a dissolução judicial quando um deles pleitear uma decisão nesse sentido mediante a comprovação do esgotamento da finalidade social.

f) Inexequibilidade do objeto social

A inexequibilidade do objeto também é arrolada como causa de dissolução judicial total da sociedade, é o caso do objeto social que não pode ser realizado. Situações de ordem econômica, operacional ou logística podem denotar uma absoluta impossibilidade de se cumprir o objeto social, permitindo ao sócio pleitear judicialmente a dissolução da sociedade.

g) Falência

Não obstante os dispositivos estudados, é cabível ainda falar em hipóteses de dissolução total não previstas no rol analisado, como a falência e previsão específica do contrato social.

Outra hipótese de dissolução total, que pode ocorrer somente no caso de sociedade empresária e pela via judicial, é a falência, cujas normas específicas estão previstas na Lei 11.101/2005.

O assunto importa tanto em relação à sociedade quanto ao sócio, pois sabe-se que uma pessoa jurídica que se caracteriza como sociedade pode ser sócia de outra sociedade e neste caso ambas estão sujeitas à Lei de Falência e Recuperação de Empresas (Lei 11.101/2005), se forem empresárias. O sócio que vem à falência, por outro lado, é a sociedade empresária que figurava na condição de sócia de outra sociedade, não implica em dissolução total desta sociedade da qual era sócia porque, liquidadas suas quotas, inexiste razão para se dissolver a pessoa jurídica. Em outras palavras, o sócio que vai à falência tem apurada e liquidada a participação que detinha na sociedade, o que se transforma em patrimônio disponibilizado para satisfação dos seus credores e a sociedade da qual era sócio continua existindo e normalmente de forma que inexiste razão para a falência do sócio ser consequência direta da dissolução da sociedade, a falência desta é que sim, implicará em sua dissolução.

h) Causas contratuais

Por fim, o contrato social, sendo um típico instrumento de direito privado, permite às partes estipular cláusulas e condições de dissolução total da sociedade, desde que essas disposições não acarretem violação da lei. Será possível contestar judicialmente essas cláusulas e condições, cuja solução competirá à autoridade que conhecer e julgar a ação de dissolução ou de anulação da disposição contratual. Como exemplo, podemos imaginar uma sociedade cujos sócios acordaram sua extinção em caso de não alcançar lucro em determinado período temporal.

B. LIQUIDAÇÃO E PARTILHA

1. LIQUIDAÇÃO

Ocorrida a hipótese de dissolução total, terá início a fase de liquidação e, encerrada essa fase, os sócios terão direito a partilha do resultado.

Diferentemente do que ocorre na dissolução parcial da sociedade contratual, o Código de Processo Civil não trouxe um procedimento especial para ser adotado em caso da dissolução total pela via judicial e, portanto, na ausência de procedimento específico, deve-se adotar o procedimento comum para ação judicial que se busca a extinção da sociedade contratual (art. 1.049, CPC[3]).

---

3. Art. 1.049. Sempre que a lei remeter a procedimento previsto na lei processual sem especificá-lo, será observado o procedimento comum previsto neste Código. Parágrafo único. Na hipótese de a lei remeter ao procedimento sumário, será observado o procedimento comum previsto neste Código, com as modificações previstas na própria lei especial, se houver.

2. LIQUIDAÇÃO E PARTILHA JUDICIAL OU EXTRAJUDICIAL

Assim como nas hipóteses de dissolução total que podem ocorrer de forma judicial ou extrajudicial, a liquidação pode ser operacionalizada extrajudicialmente, se todos os sócios estiverem de acordo com os seus termos e objetivos, ou judicialmente, se houver discordância entre eles e necessidade de decisão final do Poder Judiciário, caso em que será adotado o procedimento comum.

a) Extrajudicial

Na liquidação extrajudicial, será levantada a situação do patrimônio social, cumprindo as obrigações sociais com a realização do ativo e o pagamento do passivo, submete-se a administração ao liquidante na forma do procedimento estabelecido nos artigos 1.102 a 1.112 do Código Civil e insere-se a expressão "em liquidação" (art. 1.103, parágrafo único, CC) no nome empresarial. Nessa fase, a sociedade, que estará sob a administração do liquidante, terá restrições aos atos que poderá praticar, pois o foco é encerrar suas atividades e, consequentemente, sua personalidade jurídica.

Realizado o ativo e pago o passivo, será partilhado eventual saldo remanescente entre os sócios na proporção da participação societária de cada um deles cabendo ao liquidante convocar assembleia de sócios para a prestação final de contas. Sendo essas aprovadas, encerra-se a liquidação, e a sociedade se extingue, ao ser averbada no registro próprio a ata da assembleia (arts. 1.108 e 1.109, CC).

Encerrada a liquidação, o credor não satisfeito só terá direito a exigir dos sócios, individualmente, o pagamento do seu crédito, até o limite da soma por eles recebida em partilha, e a propor contra o liquidante a ação de perdas e danos (art. 1.110, CC).

No caso de não havendo saldo suficiente na liquidação para o pagamento das dívidas sociais, caberá aos sócios requererem a autofalência (art. 97, III, c.c. 105, LFRE).

b) Judicial

No caso de liquidação judicial, a norma material determina que será observado o disposto na lei processual (art. 1.111, CC), mas como o Novo Código de Processo Civil não trouxe nenhum procedimento próprio, o rito a ser observado é o do procedimento comum (art. 1.049, CPC).

A única disposição própria a liquidação pela via judicial, é tratada no artigo 1.112 do Código Civil que dispõe que "No curso de liquidação judicial, o juiz convocará, se necessário, reunião ou assembleia para deliberar sobre os interesses da liquidação, e as presidirá, resolvendo sumariamente as questões suscitadas. As atas das assembleias serão, em cópia autêntica, apensadas ao processo judicial".

Por fim, cabe ressaltar que, no caso da dissolução total por falência da sociedade empresária, a única via será a judicial com a aplicação das normas específicas da Lei de Falência e Recuperação de Empresas.

Capítulo IX
SOCIEDADES POR AÇÕES – LIÇÕES PRELIMINARES

A. SOCIEDADE ANÔNIMA

1. INTRODUÇÃO

Essa obra terá por objetivo apresentar de forma introdutória as disposições relacionadas as sociedades por ações, especialmente aquelas úteis a compreensão da disciplina relacionadas a essas espécies de sociedade, porém sem esgotar o tema.

A sociedade por ações é gênero no qual são espécies a sociedade anônima (S/A) e as comanditas por ações (C/A). A sociedade anônima, também chamada de companhia, encontra disciplina na Lei 6.404, de 1976, a Lei das Sociedades por Ações (LSA). Apesar desta lei ser extensa e detalhada, caso subsista eventual omissão, o Código Civil deve ser aplicado subsidiariamente, conforme o artigo 1.089[1] do Código Civil.

2. SOCIEDADE DE CAPITAL

Dentre suas características gerais destaca-se o fato da sociedade anônima ser, via de regra,[2] uma sociedade de capital, cujos títulos que representam o capital social são negociados livremente.

---

1. Art. 1.089. A sociedade anônima rege-se por lei especial, aplicando-se-lhe, nos casos omissos, as disposições deste Código.
2. A decisão paradigma para a análise dessa questão da regra geral são os Embargos de Divergência em Recurso Especial (EREsp 111294 / PR, DJ 10.09.2007) opostos em face de precedente da Terceira Turma AGA 34.120/SP, DJ 14/06/93 (Rel. Min. Dias Trindade) onde anteriormente restou julgado que *"Nas sociedades anônimas não se apresenta possível a aplicação do princípio da dissolução parcial, próprio das sociedades por quota de responsabilidade limitada."* Essa orientação foi também acolhida no julgamento do REsp 419.174/SP, DJ 28.10.2002 (Rel. Min. Menezes Direito), posteriormente à oposição dos Embargos de divergência 111.294-PR. Nos Embargos de divergência o voto vencedor sustentou a possibilidade de dissolução de sociedades anônimas fechadas que se revelem de fato como sociedades de pessoas: "Embora não se discuta que as sociedades anônimas se constituam sociedades de capital,

Esses títulos representam as unidades advindas do fracionamento do capital investido na sociedade e são chamados de ações. Logo, seus sócios são chamados de acionistas e sua responsabilidade sobre as obrigações sociais é limitada ao montante necessário para integralização das ações das quais sejam titulares (art. 1º, LSA[3]).

Diferente do que acontece nas sociedades de pessoas, o caráter negocial que reveste as ações da sociedade anônima permite que qualquer pessoa se torne sócia sem a anuência dos demais acionistas. Tal negociabilidade autoriza, por outro lado, a penhora do título em caso de execução por dívida pessoal do titular. Ainda que o titular da ação venha a falecer, seu sucessor receberá os títulos com a herança, não sendo possível o requerimento da liquidação da quota-parte do acionista falecido. Neste caso nada impede que o sucessor, verificando que não é do seu interesse a manutenção das ações herdadas, negocie-as com terceiro.

3. SOCIEDADE EMPRESÁRIA

Outra característica digna de nota é que inobstante a atividade empresarial a que se dedique a companhia, ao adotar a forma societária de sociedade anônima, o sujeito de direito estará automaticamente considerado empresário, independentemente do objeto social explorado pela companhia (art. 982, p. único, CC[4] e art. 2º, § 1º, LSA[5]).

---

intuito pecuniae, próprio das grandes empresas, em que a pessoa dos sócios não têm papel preponderante, a realidade da economia brasileira revela a existência, em sua grande maioria, de sociedades anônimas de médio e pequeno porte, em regra de capital fechado, que concentram na pessoa de seus sócios um de seus elementos preponderantes. É o que se verifica com as sociedades ditas familiares, cujas ações circulam entre os seus membros, e que são, por isso, constituídas intuito personae, já que o fator dominante em sua formação é a afinidade e identificação pessoal entre os acionistas, marcadas pela confiança mútua. Em tais circunstâncias, muitas vezes, o que se tem, na prática, é uma sociedade limitada travestida de sociedade anônima, sendo, por conseguinte, equivocado querer generalizar as sociedades anônimas em um único grupo, com características rígidas e bem definidas".

3. Art. 1º A companhia ou sociedade anônima terá o capital dividido em ações, e a responsabilidade dos sócios ou acionistas será limitada ao preço de emissão das ações subscritas ou adquiridas.

4. Art. 982. Salvo as exceções expressas, considera-se empresária a sociedade que tem por objeto o exercício de atividade própria de empresário sujeito a registro (art. 967); e, simples, as demais. Parágrafo único. Independentemente de seu objeto, considera-se empresária a sociedade por ações; e, simples, a cooperativa.

5. Art. 2º Pode ser objeto da companhia qualquer empresa de fim lucrativo, não contrário à lei, à ordem pública e aos bons costumes. § 1º Qualquer que seja o objeto, a companhia é mercantil e se rege pelas leis e usos do comércio. § 2º O estatuto social definirá o objeto de modo preciso e completo. § 3º A companhia pode ter por objeto participar de outras sociedades; ainda que não prevista no estatuto, a participação é facultada como meio de realizar o objeto social, ou para beneficiar-se de incentivos fiscais.

4. NOME EMPRESARIAL

A sociedade anônima opera sob denominação, integrada pelas expressões 'sociedade anônima' ou 'companhia', por extenso ou abreviadamente, facultada a designação do objeto social (art. 1.160, CC[6] e art. 3º, LSA[7]). Pode constar da denominação o nome do fundador, acionista, ou pessoa que haja concorrido para o bom êxito da formação da empresa (art. 1.160, p. único, CC e art. 3º, §1º, LSA).

B. CLASSIFICAÇÃO DA SOCIEDADE ANÔNIMA

1. CLASSIFICAÇÃO

As companhias podem ser classificadas pelo critério (i) da nacionalidade e (ii) da negociabilidade de valores mobiliários.

a) Quanto a nacionalidade

Sob a luz do primeiro critério – *nacionalidade* – as sociedades anônimas podem ser nacionais ou estrangeiras.

(i) Nacional. Será nacional aquela que cumprir os dois requisitos contidos no artigo 60 do decreto-lei 2.627/1940,[8] parcialmente revogado pelo artigo 300 da Lei de Sociedades por Ações:[9] (i) constituição e organização conforme a lei brasileira e; (ii) sede localizada no Brasil (art. 1.126, CC[10]).

---

6. Art. 1.160. A sociedade anônima opera sob denominação, integrada pelas expressões 'sociedade anônima' ou 'companhia', por extenso ou abreviadamente, facultada a designação do objeto social.

7. Art. 3º A sociedade será designada por denominação acompanhada das expressões "companhia" ou "sociedade anônima", expressas por extenso ou abreviadamente mas vedada a utilização da primeira ao final. § 1º O nome do fundador, acionista, ou pessoa que por qualquer outro modo tenha concorrido para o êxito da empresa, poderá figurar na denominação. § 2º Se a denominação for idêntica ou semelhante a de companhia já existente, assistirá à prejudicada o direito de requerer a modificação, por via administrativa (artigo 97) ou em juízo, e demandar as perdas e danos resultantes.

8. Art. 60. São nacionais as sociedades organizadas na conformidade da lei brasileira e que têm no país a sede de sua administração. Parágrafo único. Quando a lei exigir que todos os acionistas ou certo número deles sejam brasileiros, as ações da companhia ou sociedade anônima revestirão a forma nominativa. Na sede da sociedade ficará arquivada uma cópia autêntica do documento comprobatório da nacionalidade.

9. Art. 300 Ficam revogados o Decreto-Lei 2.627, de 26 de setembro de 1940, com exceção dos artigos 59 a 73, e demais disposições em contrário.

10. Art. 1.126. É nacional a sociedade organizada de conformidade com a lei brasileira e que tenha no País a sede de sua administração. Parágrafo único. Quando a lei exigir que todos ou alguns sócios sejam brasileiros, as ações da sociedade anônima revestirão, no silêncio da lei, a forma nominativa. Qualquer que seja o tipo da sociedade, na sua sede ficará arquivada cópia autêntica do documento comprobatório da nacionalidade dos sócios.

(ii) Estrangeira. Caso um dos requisitos não se configure, ou seja, se a companhia não for sediada no Brasil ou for organizada nos conformes da legislação de outro país, será considerada estrangeira.

b) Quanto a negociabilidade dos valores mobiliários

As sociedades anônimas são como as esfihas dos árabes. Existem as "fechadas" e as "abertas".[11] Essa classificação entre (a) abertas ou (b) fechadas, tem por base a admissão ou não de negociabilidade dos seus valores mobiliários no mercado de capitais. (art. 4º, LSA[12]).

(i) Sociedades anônimas abertas. Para que o valores mobiliários de determinada sociedade anônima possam ser negociados no mercado de capitais, é necessária autorização. A captação de recursos junto à generalidade de investidores é uma vantagem acessível às companhias abertas, que permite a captação de recursos e maior liquidez de suas ações. Entretanto, se feita de forma não autorizada pode ser perigosa à integridade do sistema econômico e por isso pode constituir crime contra o sistema financeiro nacional.[13]

A autorização supracitada é concedida pela autarquia federal denominada Comissão de Valores Mobiliários – CVM (art. 4º, §§ 1º e 2º, LSA[14]), criada pela Lei 6.385/1976. Tal órgão atua na regulamentação das operações com valores mobiliários, bem como na concessão de autorização, conforme já mencionado, e, posteriormente, na fiscalização das relações entre os agentes que atuam no mercado de ações.

O interesse estatal na fiscalização e regulamentação dessas operações é eminentemente protecionista, haja vista que o investidor popular nem sempre é dotado de suficiência técnica para compreender os riscos do investimento. A fiscalização governamental visa proteger o próprio mercado, tornando-o confiável para que mais investidores nele ingressem.

---

11. FÜHRER, Maximilianus Cláudio Américo. *Resumo de Direito Comercial (Empresarial)*. 38. ed. Malheiros Editores. 2018, p. 48.
12. Art. 4º Para os efeitos desta Lei, a companhia é aberta ou fechada conforme os valores mobiliários de sua emissão estejam ou não admitidos à negociação no mercado de valores mobiliários.
13. Lei 7.492 de 16 de Junho de 1986 – Art. 7º Emitir, oferecer ou negociar, de qualquer modo, títulos ou valores mobiliários: (...) II – sem registro prévio de emissão junto à autoridade competente, em condições divergentes das constantes do registro ou irregularmente registrados.
14. Art. 4º, §1º Somente os valores mobiliários de emissão de companhia registrada na Comissão de Valores Mobiliários podem ser negociados no mercado de valores mobiliários. § 2º Nenhuma distribuição pública de valores mobiliários será efetivada no mercado sem prévio registro na Comissão de Valores Mobiliários.

CAPÍTULO IX • SOCIEDADES POR AÇÕES – LIÇÕES PRELIMINARES **191**

Ainda sobre as companhias abertas, vale ressaltar que seus valores mobiliários são negociados dentro do mercado de capitais, gênero que se divide em duas espécies: primário e secundário. No mercado primário opera-se a subscrição de ações e demais valores mobiliários, sejam eles provenientes da fundação da companhia ou de posterior emissão de novos títulos. Subscrita a ação, caso seja de interesse do proprietário do título transferi-lo a outrem, fá-lo-á pelo mercado secundário, onde opera-se a compra e venda de valores mobiliários.

A instituição onde se realizam as negociações de mercado secundário é a Bolsa de Valores,[15] pessoa jurídica de direito privado que exerce função pública de organizar e manter o pregão dos valores mobiliários.

O funcionamento do mercado de capitais é regulado e fiscalizado pela Comissão de Valores Mobiliários (CVM). A CVM é autarquia federal em regime especial, vinculada ao Ministério da Fazenda, com personalidade jurídica e patrimônio próprios, dotada de autoridade administrativa independente, ausência de subordinação hierárquica, mandato fixo e estabilidade de seus dirigentes, e autonomia financeira e orçamentária. (art. 5° da Lei 6.385/76).[16]

Toda operação realizada fora da Bolsa será conduzida no mercado de balcão por sociedade corretora, instituição financeira ou sociedade intermediária. No mercado de balcão são realizadas tanto operações de mercado primário como de secundário, cabendo às companhias, quando do registro na CVM, estabelecer se os seus valores mobiliários serão negociados somente no mercado de balcão ou tanto neste como na Bolsa de Valores.

(ii) Sociedades anônimas fechadas. As sociedades anônimas que não negociam seus valores mobiliários em Bolsa de Valores ou mercado de balcão, são

---

15. As bolsas de valores surgiram no Brasil como entidades oficiais corporativas ligadas às secretarias das fazendas estaduais. Posteriormente tornaram-se associações civis sem fins lucrativos, com autonomia administrativa, financeira e patrimonial. No ano 2000 as bolsas ainda existentes no Brasil se uniram concentrando todas as suas operações na BOVESPA (Bolsa de Valores do Estado de São Paulo) mantendo as bolsas regionais apenas atividades de desenvolvimento de mercado e prestação de serviço às praças locais. Em 2007 a BOVESPA deixou de ser uma sociedade civil sem fins lucrativos e tornou-se uma sociedade anônima de capital aberto, com capital negociado livremente em seu próprio pregão. O mesmo caminho foi seguido pela Bolsa de Mercados Futuros que iniciou suas operações como sociedade mercantil e se tornou uma sociedade anônima de capital aberto em 2007. Em 2008 as duas bolsas anunciaram sua fusão. Recentemente a BmfBovespa fusionou-se com a CETIP que oferecia produtos e serviços de registro, custódia, negociação e liquidação de ativos e títulos. Com a fusão, aprovada pelo CADE e pela CVM, a empresa resultante passou a ser a 5º maior bolsa de mercado de capitais e financeiro do mundo, e hoje se chama B3 S.A. – Brasil, Bolsa, Balcão.

16. Art. 5º É instituída a Comissão de Valores Mobiliários, entidade autárquica em regime especial, vinculada ao Ministério da Fazenda, com personalidade jurídica e patrimônio próprios, dotada de autoridade administrativa independente, ausência de subordinação hierárquica, mandato fixo e estabilidade de seus dirigentes, e autonomia financeira e orçamentária.

denominadas fechadas. Nas sociedades anônimas fechadas o estatuto pode limitar a circulação das ações (art. 36, LSA[17]).

C. CONSTITUIÇÃO DA SOCIEDADE ANÔNIMA

1. CONSTITUIÇÃO DA SOCIEDADE ANÔNIMA

A Lei das Sociedades por Ações, nos seus capítulos VII e VIII, disciplina como serão constituídas as sociedades anônimas, dividindo tal constituição em três fases: (a) requisitos preliminares; (b) modalidades de constituição (compreende a subscrição pública e privada) e; (c) providências complementares.

a) Requisitos preliminares (arts. 80 e 81, LSA)

Os requisitos descritos nesses artigos deverão ser atendidos pela companhia, não necessariamente no momento inicial, mas sem eles não há constituição. O primeiro deles é que todo o capital social deve ser subscrito por pelo menos duas pessoas. Lembrando que a subscrição é ato unilateral de vontade daquele que deseja adquirir ações da companhia em formação (art. 80, LSA[18]). Uma vez praticado o ato da subscrição, este não poderá ser revogado pelo subscritor, exceto na hipótese da retratação for feita à instituição financeira intermediária da constituição antes ou junto com o aceite (art. 433, CC[19]).

(i) Entrada. Outro requisito é a realização a título de entrada de pelo menos 10% (dez por cento) do preço de emissão das ações subscritas, feito em dinheiro (art. 80, III, e 81,[20] LSA). Em se tratando de instituição financeira, a Lei 4.595

---

17. Art. 36. O estatuto da companhia fechada pode impor limitações à circulação das ações nominativas, contanto que regule minuciosamente tais limitações e não impeça a negociação, nem sujeite o acionista ao arbítrio dos órgãos de administração da companhia ou da maioria dos acionistas. Parágrafo único. A limitação à circulação criada por alteração estatutária somente se aplicará às ações cujos titulares com ela expressamente concordarem, mediante pedido de averbação no livro de "Registro de Ações Nominativas".

18. Art. 80. A constituição da companhia depende do cumprimento dos seguintes requisitos preliminares: I – subscrição, pelo menos por 2 (duas) pessoas, de todas as ações em que se divide o capital social fixado no estatuto; II – realização, como entrada, de 10% (dez por cento), no mínimo, do preço de emissão das ações subscritas em dinheiro; III – depósito, no Banco do Brasil S/A., ou em outro estabelecimento bancário autorizado pela Comissão de Valores Mobiliários, da parte do capital realizado em dinheiro. Parágrafo único. O disposto no número II não se aplica às companhias para as quais a lei exige realização inicial de parte maior do capital social.

19. Art. 433 Considera-se inexistente a aceitação, se antes dela ou com ela chegar ao proponente a retratação do aceitante.

20. Art. 81. O depósito referido no número III do artigo 80 deverá ser feito pelo fundador, no prazo de 5 (cinco) dias contados do recebimento das quantias, em nome do subscritor e a favor da sociedade em

CAPÍTULO IX • SOCIEDADES POR AÇÕES – LIÇÕES PRELIMINARES **193**

de 1964, no seu artigo 27,[21] dispõe que somente se constituirá pela subscrição de no mínimo 50% (cinquenta por cento) do preço de emissão em dinheiro. O montante recolhido deve, para cumprir o terceiro requisito, ser depositado pelos fundadores, em nome do subscritor e em favor da sociedade anônima, no Banco do Brasil ou em estabelecimento bancário autorizado pela CVM. Somente ao final da constituição, quando a companhia possuir personalidade jurídica, o valor poderá ser por ela levantado. O processo de constituição não pode durar mais do que 6 (seis) meses, caso ultrapasse esse prazo o dinheiro será levantado pelo próprio subscritor.

b) Modalidades de constituição (arts. 82 a 93, LSA)

A constituição será por (a) subscrição pública ou (b) privada com base na escolha dos fundadores em apelar ou não ao público investidor.

(i) Constituição por subscrição pública. Também chamada pela doutrina de constituição sucessiva por observar uma série de etapas ou fases. A constituição de companhia por subscrição pública depende do prévio registro da emissão na Comissão de Valores Mobiliários, e a subscrição somente poderá ser efetuada com a intermediação de instituição financeira[22] (Art. 82, LSA[23]). A Lei 6.385/76 define no seu artigo 19, parágrafo terceiro, as modalidades de negociação de valores mobiliários que serão consideradas emissão pública.[24] Quando esses meios de oferta de ações interessarem o fundador da companhia, a constituição dessa se dará por subscrição pública, na forma da seção II do capítulo VII da Lei das Sociedades por Ações.

---

organização, que só poderá levantá-lo após haver adquirido personalidade jurídica. Parágrafo único. Caso a companhia não se constitua dentro de 6 (seis) meses da data do depósito, o banco restituirá as quantias depositadas diretamente aos subscritores.

21. Art. 27 Na subscrição do capital inicial e na de seus aumentos em moeda corrente, será exigida no ato a realização de, pelo menos 50% (cinquenta por cento) do montante subscrito.

22. Exigência legal que mereceu críticas, vendo-se nela uma sujeição aos bancos, por todos: BULGARELLI, Waldirio. *Manual das sociedades anônimas.* 12. ed. São Paulo: Atlas, 2000. p. 78.

23. Art. 82. A constituição de companhia por subscrição pública depende do prévio registro da emissão na Comissão de Valores Mobiliários, e a subscrição somente poderá ser efetuada com a intermediação de instituição financeira. § 1º O pedido de registro de emissão obedecerá às normas expedidas pela Comissão de Valores Mobiliários e será instruído com: a) o estudo de viabilidade econômica e financeira do empreendimento; b) o projeto do estatuto social; c) o prospecto, organizado e assinado pelos fundadores e pela instituição financeira intermediária. § 2º A Comissão de Valores Mobiliários poderá condicionar o registro a modificações no estatuto ou no prospecto e denegá-lo por inviabilidade ou temeridade do empreendimento, ou inidoneidade dos fundadores.

24. Art. 19, § 3º Caracterizam a emissão pública: I – a utilização de listas ou boletins de venda ou subscrição, folhetos, prospectos ou anúncios destinados ao público; II – a procura de subscritores ou adquirentes para os títulos por meio de empregados, agentes ou corretores; III – a negociação feita em loja, escritório ou estabelecimento aberto ao público, ou com a utilização dos serviços públicos de comunicação.

A fase preliminar dessa modalidade de constituição envolve a elaboração do estudo de viabilidade econômica e financeira da empresa (analisa o interesse mobiliário do negócio pretendido), do projeto de estatuto social (estrutura da companhia) e do prospecto (instrumento de divulgação do investimento para conhecimento dos interessados previamente delimitado pelo artigo 84, SA[25]). São esses três instrumentos que instruirão o pedido de registro na CVM. Antes de efetivamente requerer o registro, o fundador já deve contratar instituição financeira para prestação de serviços de *underwriting*, ou seja, realizar a intermediação da colocação das ações a serem emitidas pela sociedade no mercado. A autarquia examinará a viabilidade do negócio e a idoneidade dos fundadores, cabendo a ela indeferir o registro na falta de um desses aspectos. Por último verificará o estatuto social e o prospecto, podendo condicionar o deferimento a algumas adaptações que achar pertinente nos instrumentos.[26]

Deferido o registro pela CVM, se inicia a segunda etapa, qual seja a colocação das ações da sociedade anônima perante os investidores, processo que será

---

25. Art. 84 O prospecto deverá mencionar, com precisão e clareza, as bases da companhia e os motivos que justifiquem a expectativa de bom êxito do empreendimento, e em especial: I – o valor do capital social a ser subscrito, o modo de sua realização e a existência ou não de autorização para aumento futuro; II – a parte do capital a ser formada com bens, a discriminação desses bens e o valor a eles atribuídos pelos fundadores; III – o número, as espécies e classes de ações em que se dividirá o capital; o valor nominal das ações, e o preço da emissão das ações; IV – a importância da entrada a ser realizada no ato da subscrição; V – as obrigações assumidas pelos fundadores, os contratos assinados no interesse da futura companhia e as quantias já despendidas e por despender; VI – as vantagens particulares, a que terão direito os fundadores ou terceiros, e o dispositivo do projeto do estatuto que as regula; VII – a autorização governamental para constituir-se a companhia, se necessária; VIII – as datas de início e término da subscrição e as instituições autorizadas a receber as entradas; IX – a solução prevista para o caso de excesso de subscrição; X – o prazo dentro do qual deverá realizar-se a assembleia de constituição da companhia, ou a preliminar para avaliação dos bens, se for o caso; XI – o nome, nacionalidade, estado civil, profissão e residência dos fundadores, ou, se pessoa jurídica, a firma ou denominação, nacionalidade e sede, bem como o número e espécie de ações que cada um houver subscrito, XII – a instituição financeira intermediária do lançamento, em cujo poder ficarão depositados os originais do prospecto e do projeto de estatuto, com os documentos a que fizerem menção, para exame de qualquer interessado.

26. "Portanto, o exame prévio da CVM não se limita à análise formal, mas atinge o cerne do empreendimento. São por certo, resquícios do fantasma do encilhamento que até hoje assombra a constituição de sociedades anônimas por subscrição pública entre nós, mas nem por isso deixam de ser oportunos e moralizadores." BULGARELLI, Waldirio. *Manual das sociedades anônimas*. 12. ed. São Paulo: Atlas, 2000. p. 79. De fato, a rígida regulação da capitação de recursos da poupança popular cumpriu seu papel de evitar ondas especulativas como a ocorrida quando do encilhamento. Por outro lado restringiu a capitação de recursos aos grandes empreendimentos. Na era da internet, as iniciativas de *crowfunding* que sem contar com regulamentação estatal oxigenaram o mercado provendo recursos significativos para startups, empresas inovadoras e outras iniciativas. Até agora nenhuma onda especulativa semelhante ao encilhamento ou fraudes significativas foram causadas pelos sistemas de *crowfunding*, no entanto o comichão de regulamentar o que estava funcionando bem sem regulamentação venceu e recentemente a CVM regulamentou o *crowfunding* de investimentos por meio da ICVM 588 em eminente retrocesso.

CAPÍTULO IX • SOCIEDADES POR AÇÕES – LIÇÕES PRELIMINARES

organizado pela instituição financeira outrora contratada. Esse é o momento em que o investimento será efetivamente oferecido ao público investidor, o qual procurará a intermediadora para subscrever ações daquela companhia, se for de seu interesse.

A última etapa começa uma vez subscrita a integralidade das ações emitidas. Será então convocada a assembleia de fundação, observado o procedimento descrito nos artigos 87 e 124, parágrafo primeiro da Lei de Sociedades por Ações.[27]-[28] Esse órgão será responsável pelas deliberações que instituirão a companhia, tendo direito a votar todo subscritor, na medida de um voto por ação subscrita, ainda que o título não confira direito a voto posteriormente. O principal motivo da convocação é aprovar a constituição da sociedade anônima, não podendo se opor subscritores que representem mais da metade do capital social da companhia (art. 87, § 3º, LSA).[29] Eventuais alterações no estatuto social só serão admitidas se feitas por deliberação unânime dos subscritores. Na mesma ocasião serão avaliados os bens oferecidos para integralizar o capital social, caso haja, e escolhidos os administradores e fiscais, para os quais se exige quórum deliberativo de maioria absoluta dos presentes (art. 129, LSA[30]).

(ii) Constituição por subscrição particular. Adquire a denominação doutrinária de constituição simultânea e comparada à sucessiva é substancialmente mais abreviada. Seu trâmite não será fiscalizado pelo poder público visto que não existe oferta de negócio ao público investidor em geral. Pode se dar de duas formas: por assembleia de fundação, onde os subscritores se reúnem para deliberar acerca do projeto de estatuto, observadas as mesmas regras da assembleia de constituição por subscrição pública; ou por escritura pública, a qual será lavrada em cartório de notas mediante a assinatura de todos os subscritores, respeitados os requisitos do artigo 88, parágrafo segundo da Lei de Sociedades por Ações.[31]

---

27. Art. 87. A assembleia de constituição instalar-se-á, em primeira convocação, com a presença de subscritores que representem, no mínimo, metade do capital social, e, em segunda convocação, com qualquer número.

28. Art. 124, § 1º A primeira convocação da assembleia geral deverá ser feita: I – na companhia fechada, com 8 (oito) dias de antecedência, no mínimo, contado o prazo da publicação do primeiro anúncio; não se realizando a assembleia, será publicado novo anúncio, de segunda convocação, com antecedência mínima de 5 (cinco) dias.

29. Art. 87, § 3º Verificando-se que foram observadas as formalidades legais e não havendo oposição de subscritores que representem mais da metade do capital social, o presidente declarará constituída a companhia, procedendo-se, a seguir, à eleição dos administradores e fiscais.

30. Art. 129. As deliberações da assembleia geral, ressalvadas as exceções previstas em lei, serão tomadas por maioria absoluta de votos, não se computando os votos em branco.

31. Art. 88, § 2º Preferida a escritura pública, será ela assinada por todos os subscritores, e conterá: a) a qualificação dos subscritores, nos termos do artigo 85; b) o estatuto da companhia; c) a relação das ações tomadas pelos subscritores e a importância das entradas pagas; d) a transcrição do recibo do depósito referido no número III do artigo 80; e) a transcrição do laudo de avaliação dos peritos, caso

(iii) Regra comuns. Qualquer que seja a modalidade de constituição da sociedade anônima, são estabelecidas algumas regras comuns aos procedimentos, veja-se: (a) não se exige escritura pública da incorporação de imóveis para a formação do capital social da companhia; (b) no ato da deliberação de formação da companhia, seja por assembleia de fundação ou por escritura pública, o subscritor pode se fazer representar por procurador com poderes especiais; (c) durante o processo de constituição da sociedade anônima, seu nome empresarial deverá ser acrescido da expressão "em organização"; (d) em caso de inobservância de preceito legal que venha a causar prejuízo, a responsabilidade recairá sobre as instituições financeiras e sobre os fundadores da companhia, de acordo com suas atribuições, sendo que os fundadores ainda respondem solidariamente pelos danos decorrentes de atos anteriores à constituição, tanto dolosos quanto culposos; (e) todos os documentos pertinentes à constituição da companhia ou de propriedade desta devem ser entregues pelos fundadores aos primeiros administradores.

c) Providências complementares (arts. 94 a 99, LSA)

Para que a companhia recém-formada dê início as suas atividades de forma regular serão necessárias as seguintes providencias complementares: (a) registro na Junta Comercial, (b) a publicação dos atos constitutivos da sociedade anônima e, caso existam bens incorporados ao capital social, (c) a transferência da titularidade destes em favor da companhia.

D. VALORES MOBILIÁRIOS

1. VALORES MOBILIÁRIOS

São considerados valores mobiliários os títulos emitidos para a captação de recursos financeiros descritos no artigo 2º da Lei 6.385/76.[32] Com a atual re-

---

tenha havido subscrição o capital social em bens (artigo 8º); f) a nomeação dos primeiros administradores e, quando for o caso, dos fiscais.

32. Art. 2º São valores mobiliários sujeitos ao regime desta Lei: I – as ações, debêntures e bônus de subscrição; II – os cupons, direitos, recibos de subscrição e certificados de desdobramento relativos aos valores mobiliários referidos no inciso II; III – os certificados de depósito de valores mobiliários; IV – as cédulas de debêntures; V – as cotas de fundos de investimento em valores mobiliários ou de clubes de investimento em quaisquer ativos; VI – as notas comerciais; VII – os contratos futuros, de opções e outros derivativos, cujos ativos subjacentes sejam valores mobiliários; VIII – outros contratos derivativos, independentemente dos ativos subjacentes; e IX – quando ofertados publicamente, quaisquer outros títulos ou contratos de investimento coletivo, que gerem direito de participação, de

dação legislativa o conceito de valor mobiliário passou a ser amplo, próximo ao de *security* do direito Americano.[33]

Valor mobiliário é gênero do qual são espécies as ações, as debêntures, as partes beneficiárias, os bônus de subscrição e as notas promissórias. Passa-se a uma análise dos diferentes valores mobiliários.

2. AÇÕES

Ações são as frações que subdividem o capital social da sociedade anônima, conferindo tanto direitos patrimoniais (participação dos dividendos e do acervo), quanto, em alguns casos, políticos (exercício do voto). Os titulares de ações são denominados acionistas ou sócios da companhia.

a) Espécies de ações

Conceituadas como os títulos de investimento que representam a unidade do capital social de uma companhia, esse tipo de valor mobiliário confere ao seu titular uma gama de direitos e deveres, dependendo da espécie da ação. As ações podem ser de 03 (três) espécies (art. 15, LSA[34]): (i) ordinárias, (ii) preferenciais; ou (iii) de fruição.

---

parceria ou de remuneração, inclusive resultante de prestação de serviços, cujos rendimentos advêm do esforço do empreendedor ou de terceiros. § 1º Excluem-se do regime desta Lei: I – os títulos da dívida pública federal, estadual ou municipal; II – os títulos cambiais de responsabilidade de instituição financeira, exceto as debêntures. § 2º Os emissores dos valores mobiliários referidos neste artigo, bem como seus administradores e controladores, sujeitam-se à disciplina prevista nesta Lei, para as companhias abertas. § 3º Compete à Comissão de Valores Mobiliários expedir normas para a execução do disposto neste artigo, podendo: I – exigir que os emissores se constituam sob a forma de sociedade anônima; II – exigir que as demonstrações financeiras dos emissores, ou que as informações sobre o empreendimento ou projeto, sejam auditadas por auditor independente nela registrado; III – dispensar, na distribuição pública dos valores mobiliários referidos neste artigo, a participação de sociedade integrante do sistema previsto no art. 15 desta Lei; IV – estabelecer padrões de cláusulas e condições que devam ser adotadas nos títulos ou contratos de investimento, destinados à negociação em bolsa ou balcão, organizado ou não, e recusar a admissão ao mercado da emissão que não satisfaça a esses padrões. § 4º É condição de validade dos contratos derivativos, de que tratam os incisos VII e VIII do caput, celebrados a partir da entrada em vigor da Medida Provisória no 539, de 26 de julho de 2011, o registro em câmaras ou prestadores de serviço de compensação, de liquidação e de registro autorizados pelo Banco Central do Brasil ou pela Comissão de Valores Mobiliários.

33. SACRAMONE, Marcelo Barbosa. *Direito Empresarial*: Nível Superior. São Paulo, Saraiva, 2014. p. 197.

34. Art. 15. As ações, conforme a natureza dos direitos ou vantagens que confiram a seus titulares, são ordinárias, preferenciais, ou de fruição. § 1º As ações ordinárias e preferenciais poderão ser de uma ou mais classes, observado, no caso das ordinárias, o disposto nos arts. 16, 16-A e 110-A desta Lei. § 2º O número de ações preferenciais sem direito a voto, ou sujeitas a restrição no exercício desse direito, não pode ultrapassar 50% (cinquenta por cento) do total das ações emitidas.

(i) Ações ordinárias (art. 16, LSA). As ordinárias são aquelas que conferem aos seus titulares plenitude dos direitos sociais garantidos por lei aos acionistas comuns, ou seja, participação nos dividendos e voto nas deliberações da sociedade. São de emissão obrigatória, visto que sem estas não existe sociedade anônima.

A Lei das Sociedades por Ações permite que as ações ordinárias de companhia fechada tenham classes diversas, em função de (a) conversibilidade em ações preferenciais; (b) exigência de nacionalidade brasileira do acionista; ou (c) direito de voto em separado para o preenchimento de determinados cargos de órgãos administrativos ou (iv) atribuição de voto plural a uma ou mais classes de ações (art. 16, LSA[35]). Na companhia aberta, é vedada a manutenção de mais de uma classe de ações ordinárias, ressalvada a adoção do voto plural nos termos e nas condições dispostos no artigo. 110-A da Lei de Sociedade por Ações (art. 16-A, LSA[36])

A alteração do estatuto na parte em que regula a diversidade de classes, se não for expressamente prevista, e regulada, requererá a concordância de todos os titulares das ações atingidas.

(ii) Ações Preferenciais (arts. 17 a 19, LSA). As ações preferenciais, diferente das ordinárias, conferem alguns direitos diferenciados aos seus titulares. Conferem alguns privilégios, por exemplo concessão de prioridade na recepção de dividendos ou no reembolso do capital, porém, na contramão, sofrem restrições estatutárias, inclusive podendo privar seu titular do exercício do direito ao voto ou limitá-lo. Sua negociação na Bolsa de Valores ou no mercado de balcão somente ocorrerá se o título abarcar um dos três direitos preferenciais contidos no artigo 17, parágrafo primeiro da Lei das Sociedades por Ações.[37] Vale ressaltar

---

35. Art. 16. As ações ordinárias de companhia fechada poderão ser de classes diversas, em função de: I – conversibilidade em ações preferenciais; II – exigência de nacionalidade brasileira do acionista; ou III – direito de voto em separado para o preenchimento de determinados cargos de órgãos administrativos. IV – atribuição de voto plural a uma ou mais classes de ações, observados o limite e as condições dispostos no art. 110-A desta Lei. Parágrafo único. A alteração do estatuto na parte em que regula a diversidade de classes, se não for expressamente prevista e regulada, requererá a concordância de todos os titulares das ações atingidas.

36. Art. 16-A. Na companhia aberta, é vedada a manutenção de mais de uma classe de ações ordinárias, ressalvada a adoção do voto plural nos termos e nas condições dispostos no art. 110-A desta Lei.

37. Art. 17, § 1º Independentemente do direito de receber ou não o valor de reembolso do capital com prêmio ou sem ele, as ações preferenciais sem direito de voto ou com restrição ao exercício deste direito, somente serão admitidas à negociação no mercado de valores mobiliários se a elas for atribuída pelo menos uma das seguintes preferências ou vantagens: I – direito de participar do dividendo a ser distribuído, correspondente a, pelo menos, 25% (vinte e cinco por cento) do lucro líquido do exercício, calculado na forma do art. 202, de acordo com o seguinte critério: a) prioridade no recebimento dos dividendos mencionados neste inciso correspondente a, no mínimo, 3% (três por cento) do valor do patrimônio líquido da ação; e b) direito de participar dos lucros distribuídos em igualdade de condições com as ordinárias, depois de a estas assegurado dividendo igual ao mínimo prioritário estabelecido em

que por imposição legal (art. 15, § 2º das LSA[38]) o número de ações que vetam ou limitam o direito ao voto deliberativo não pode ultrapassar 50% (cinquenta por cento) das ações emitidas.

As *golden shares* são ações preferenciais de classe especial a que o estatuto pode conferir poderes especiais, inclusive o veto às deliberações da assembleia geral nas matérias especificadas e a eleição de membros do conselho de administração.

A *golden share* foi introduzida no ordenamento jurídico brasileiro pela Lei 8.031/1990, por sua vez revogada pela Lei 9.491/1997 que instituiu o Programa Nacional de Desestatização (PND). A Lei 10.303/2001 foi responsável por alterar o artigo 17 da Lei de Sociedades por Ações (Lei 6.404/1976) de modo também a ampliar a permissão de sua emissão, tornando possível que não apenas a União, mas qualquer ente desestatizante pudesse deter *golden share*.

Possibilitou, assim, que entidades estaduais, municipais e do distrito federal também possam se tornar detentoras de *golden share*, quando da desestatização de suas companhias.

As razões para a emissão seriam três: "(i) impossibilitar a transferência do controle acionário das sociedades privatizadas, para estrangeiros; (ii) proibir a entrada de concorrentes – de forma significativa – no capital das sociedades; além de (iii) resguardar a faculdade de vetar matérias preestabelecidas em Estatuto Social".[39]

As razões, assim, remetem a um interesse do poder público em manter certa ingerência, por dentro, da companhia desestatizada, já que a mera função fiscalizatória, em prol do interesse público, poderia ser realizada por agências reguladoras.

No entanto, os direitos atribuídos às *golden share*, na prática, parecem possibilitar apenas a abertura de cargos que serão indicados pelos entes desestatizantes.

Em seu estudo sobre as *Golden Share* da Vale S.A. e da Embraer S.A., Yasmin Anna Paula Renzo Faria chega à conclusão que, embora a União não perca a oportunidade de indicar os conselheiros a que tem direito, entre a

---

conformidade com a alínea a; ou II – direito ao recebimento de dividendo, por ação preferencial, pelo menos 10% (dez por cento) maior do que o atribuído a cada ação ordinária; ou III – direito de serem incluídas na oferta pública de alienação de controle, nas condições previstas no art. 254-A, assegurado o dividendo pelo menos igual ao das ações ordinárias.

38. O número de ações preferenciais sem direito a voto, ou sujeitas a restrição no exercício desse direito, não pode ultrapassar 50% (cinquenta por cento) do total das ações emitidas.

39. FARIA, Yasmin Anna Paula Renzo. *As golden shares* detidas pela união no capital da Embraer S.A. e Vale S.A. *Revista de Direito Bancário e Mercado de Capitais*, v. 69, p. 277-295, jul./set. 2015.

desestatização e o ano de 2013, não interferiu significativamente na gestão dessas sociedades.[40]

(iii) Ações de fruição (art. 44, LSA[41]). As ações de fruição são conferidas aos acionistas que já tiveram seus títulos amortizados, mantendo-se as mesmas restrições e vantagens da ação originária amortizada, seja ela ordinária ou preferencial. Amortização é a operação antecipatória que paga ao acionista, utilizando fundos disponíveis, ou seja, sem afetar o capital social, o valor que ele receberia, em caso de liquidação ou dissolução da companhia (valor patrimonial).

b) Forma de transferência

A legislação preocupa-se com o ato jurídico que transfere a titularidade da ação, sua forma de transmissão, permitindo as companhias que as ações sejam: (i) nominativas ou (ii) escriturais.[42]

(i) Ações nominativas. São ações nominativas as que circulam por meio de registro nos livros da companhia que as emite. A lei permite que a companhia contrate instituição financeira autorizada pela CVM para realizar o registro e a emissão de certificados de ações (art. 31, LSA[43]).

---

40. FARIA, Yasmin Anna Paula Renzo. *As golden shares detidas pela união no capital da Embraer S.A. e Vale S.A. Revista de Direito Bancário e Mercado de Capitais*, v. 69, p. 277-295, jul./set. 2015.

41. Art. 44. O estatuto ou a assembleia geral extraordinária pode autorizar a aplicação de lucros ou reservas no resgate ou na amortização de ações, determinando as condições e o modo de proceder-se à operação. § 1º O resgate consiste no pagamento do valor das ações para retirá-las definitivamente de circulação, com redução ou não do capital social, mantido o mesmo capital, será atribuído, quando for o caso, novo valor nominal às ações remanescentes. § 2º A amortização consiste na distribuição aos acionistas, a título de antecipação e sem redução do capital social, de quantias que lhes poderiam tocar em caso de liquidação da companhia. § 3º A amortização pode ser integral ou parcial e abranger todas as classes de ações ou só uma delas. § 4º O resgate e a amortização que não abrangerem a totalidade das ações de uma mesma classe serão feitos mediante sorteio; sorteadas ações custodiadas nos termos do artigo 41, a instituição financeira especificará, mediante rateio, as resgatadas ou amortizadas, se outra forma não estiver prevista no contrato de custódia. § 5º As ações integralmente amortizadas poderão ser substituídas por ações de fruição, com as restrições fixadas pelo estatuto ou pela assembleia geral que deliberar a amortização; em qualquer caso, ocorrendo liquidação da companhia, as ações amortizadas só concorrerão ao acervo líquido depois de assegurado às ações não a amortizadas valor igual ao da amortização, corrigido monetariamente. § 6º Salvo disposição em contrário do estatuto social, o resgate de ações de uma ou mais classes só será efetuado se, em assembleia especial convocada para deliberar essa matéria específica, for aprovado por acionistas que representem, no mínimo, a metade das ações da(s) classe(s) atingida(s).

42. Nem sempre a classificação quanto à forma foi dessa maneira. Outrora ela se divida em nominativas, escriturais, endossáveis e ao portador. No entanto, com o advento da Lei 8.021/1990, o artigo 20 da Lei das Sociedades por Ações foi alterado e as modalidades de ações endossáveis e ao portador deixaram de existir.

43. Art. 31. A propriedade das ações nominativas presume-se pela inscrição do nome do acionista no livro de "Registro de Ações Nominativas" ou pelo extrato que seja fornecido pela instituição custodiante, na qualidade de proprietária fiduciária das ações. § 1º A transferência das ações nominativas opera-se por

(ii) Ações escriturais. São escriturais as mantidas em depósito em conta no nome do próprio acionista, a ser aberta em instituição financeira autorizada pela CVM. Estas não são dotadas de certificado, devendo o acionista apresentar o contrato bancário firmado com a instituição que intermediou a transmissão quando lhe for requisitado a comprovação de titularidade (art. 34[44] e 35,[45] LSA).

c) O valor da ação

Quando se fala em alienação de ações é importante diferenciar os diferentes tipos de valor que uma mesma ação pode ter, dependendo do referencial adotado. São eles: (i) valor nominal; (ii) valor patrimonial; (iii) valor de negociação; (iv) valor econômico e; (i) preço de emissão.

(i) Valor Nominal. Para obter o valor nominal basta dividir o capital social da sociedade anônima pela quantia de ações por ela emitida e se chega ao valor nominal da ação. Por se tratar de aspecto eminentemente formal, o estatuto da companhia pode definir esse valor ou não, sendo que, no primeiro caso tem-se ação com valor nominal e, no segundo tem-se ação sem valor nominal (art. 11, LSA[46]).

---

termo lavrado no livro de "Transferência de Ações Nominativas", datado e assinado pelo cedente e pelo cessionário, ou seus legítimos representantes. § 2º A transferência das ações nominativas em virtude de transmissão por sucessão universal ou legado, de arrematação, adjudicação ou outro ato judicial, ou por qualquer outro título, somente se fará mediante averbação no livro de "Registro de Ações Nominativas", à vista de documento hábil, que ficará em poder da companhia. § 3º Na transferência das ações nominativas adquiridas em bolsa de valores, o cessionário será representado, independentemente de instrumento de procuração, pela sociedade corretora, ou pela caixa de liquidação da bolsa de valores.

44. Art. 34. O estatuto da companhia pode autorizar ou estabelecer que todas as ações da companhia, ou uma ou mais classes delas, sejam mantidas em contas de depósito, em nome de seus titulares, na instituição que designar, sem emissão de certificados. § 1º No caso de alteração estatutária, a conversão em ação escritural depende da apresentação e do cancelamento do respectivo certificado em circulação. § 2º Somente as instituições financeiras autorizadas pela Comissão de Valores Mobiliários podem manter serviços de escrituração de ações e de outros valores mobiliários. § 3º A companhia responde pelas perdas e danos causados aos interessados por erros ou irregularidades no serviço de ações escriturais, sem prejuízo do eventual direito de regresso contra a instituição depositária.

45. Art. 35. A propriedade da ação escritural presume-se pelo registro na conta de depósito das ações, aberta em nome do acionista nos livros da instituição depositária. § 1º A transferência da ação escritural opera-se pelo lançamento efetuado pela instituição depositária em seus livros, a débito da conta de ações do alienante e a crédito da conta de ações do adquirente, à vista de ordem escrita do alienante, ou de autorização ou ordem judicial, em documento hábil que ficará em poder da instituição. § 2º A instituição depositária fornecerá ao acionista extrato da conta de depósito das ações escriturais, sempre que solicitado, ao término de todo mês em que for movimentada e, ainda que não haja movimentação, ao menos uma vez por ano. § 3º O estatuto pode autorizar a instituição depositária a cobrar do acionista o custo do serviço de transferência da propriedade das ações escriturais, observados os limites máximos fixados pela Comissão de Valores Mobiliários.

46. Art. 11. O estatuto fixará o número das ações em que se divide o capital social e estabelecerá se as ações terão, ou não, valor nominal. § 1º Na companhia com ações sem valor nominal, o estatuto poderá criar uma ou mais classes de ações preferenciais com valor nominal. § 2º O valor nominal será o mesmo para todas as ações da companhia. § 3º O valor nominal das ações de companhia aberta não poderá ser inferior ao mínimo fixado pela Comissão de Valores Mobiliários.

Emitir ações com valor nominal resguarda relativamente o acionista da diluição de seu patrimônio em caso de emissão de novas ações pelo aumento do capital social.

(ii) Valor Patrimonial. O valor patrimonial é o resultado da divisão do patrimônio líquido da companhia pelo número de ações por ela emitida. Será o valor base adotado quando da liquidação da sociedade ou eventual amortização da ação, situações em que o sócio recebe parcela do patrimônio líquido da sociedade que lhe é ou seria cabível em consequência da dissolução societária. Diferente do valor nominal, o qual é previsto no estatuto, o valor patrimonial pode ser apurado pela subtração das obrigações da sociedade (passivo) do seu patrimônio bruto (ativo).

(iii) Valor de Negociação. Esta referência leva em conta que os títulos de uma companhia podem ser alienados livremente, esse é o valor pago pelo adquirente da ação no caso de negociação. Esse valor é a estimativa de quão vantajoso será a alienação, tanto para o comprador quanto para o vendedor, definida por critérios econômicos como a expectativa de ganhos, ramo de atuação da companhia, patrimônio líquido, entre outros.

(iv) Valor econômico. Econômico é o valor alcançado através de avaliação complexa realizada por profissionais especializados que se utilizam de critérios técnicos e modelos específicos para tanto. Tem o intuito de calcular o provável preço que um negociador racional pagaria pela ação.

(v) Preço de Emissão. O preço de emissão é aquele pago no momento da subscrição, seja ela à vista ou parcelada. Esse é o valor pago diretamente à sociedade no qual já se embute a contribuição que o acionista faz para a companhia. Explique-se: caso a companhia tenha fixado ações com valor nominal, o preço de emissão não poderá ser inferior ao nominal (art. 13, LSA[47]) e, se for maior, a diferença é justamente a contribuição – chamada de ágio – do subscritor para a sociedade, a qual poderá ser capitalizada em momento ulterior (art. 200, IV, LSA[48]). O preço de emissão é utilizado em dois momentos específicos: na constituição da companhia, quando será fixada pelos fundadores, e caso haja aumento do capital social com lançamento de novas ações. Ao fixar o preço de emissão das ações correspondentes ao aumento do capital social, a companhia deve observar determinados parâmetros legais, que visam impedir a diluição injustificada do patrimônio dos seus acionistas, bem como aproximá-lo dos demais valores atribuíveis à participação societária.[49]

---

47. Art. 13. É vedada a emissão de ações por preço inferior ao seu valor nominal.
48. Art. 200. As reservas de capital somente poderão ser utilizadas para: (...) IV – incorporação ao capital social.
49. COELHO, Fábio Ulhoa. *Curso de Direito Comercial.* 14. ed. São Paulo: Saraiva, 2010. v. 2: Direito de Empresa, p. 96.

CAPÍTULO IX • SOCIEDADES POR AÇÕES – LIÇÕES PRELIMINARES

d) Diluição do valor patrimonial da ação

Ocorrerá diluição do valor patrimonial das ações de certa companhia sempre que forem emitidas novas ações com preço inferior ao valor patrimonial das já existentes. Poderá ser justificada nos casos em que a sociedade anônima necessite de novos recursos, os quais serão captados por meio da emissão de novas ações. Entretanto, se esses recursos pudessem ter sido captados por outro meio que não importasse em prejuízo para os antigos acionistas, a diluição será injustificada e, consequentemente, ilegal, conforme dispõe o parágrafo primeiro do artigo 170 da Lei das Sociedades por Ações.[50]

Em razão dessa eventual diluição e da proibição de emissão de ação com preço menor que o valor nominal que se diz, conforme abordado acima, que o acionista portador de ação com valor nominal tem maior segurança de que seu título não será substancialmente reduzido. Por outro lado, a sociedade que adota ação com valor nominal deverá substituir os certificados de ações sempre que houver aumento do valor nominal destas, requisito dispensado para aquelas que adotam ação sem valor nominal.

3. DEBÊNTURES

A companhia poderá emitir debêntures que conferirão aos seus titulares direito de crédito contra ela, nas condições constantes da escritura de emissão e, se houver, do certificado (art. 52, LSA[51]). Assim, a debênture é um título representativo de um contrato de mútuo, instituto tipicamente civilista, nesse caso importado para o direito comercial. A companhia, que necessita do dinheiro, seria a mutuária (devedora) da operação, enquanto o debenturista, que empresta o dinheiro, é o mutuante (credor).

Uma sociedade anônima, necessitando de recurso, poderia buscá-lo no mercado, por meio de um empréstimo bancário, por exemplo, mas poderia também optar por emitir debêntures.

A debênture representa o crédito que o debenturista possui em face da sociedade anônima que assumiu o empréstimo por meio de emissão deste valor mobiliário. O vencimento desse empréstimo é estabelecido normalmente a lon-

---

50. Art. 170, § 1º O preço de emissão deverá ser fixado, sem diluição injustificada da participação dos antigos acionistas, ainda que tenham direito de preferência para subscrevê-las, tendo em vista, alternativa ou conjuntamente: I – a perspectiva de rentabilidade da companhia; II – o valor do patrimônio líquido da ação; III – a cotação de suas ações em Bolsa de Valores ou no mercado de balcão organizado, admitido ágio ou deságio em função das condições do mercado.

51. Art. 52. A companhia poderá emitir debêntures que conferirão aos seus titulares direito de crédito contra ela, nas condições constantes da escritura de emissão e, se houver, do certificado.

go prazo, ocasião em que a companhia reembolsa o valor pago pelo mutuante. Evidente que junto com esse valor acrescer-se-ão juros e correção monetária, conforme as condições descritas na escritura de emissão prevista no artigo 59 da Lei das Sociedades por Ações.[52] Adianta-se que dificilmente serão encontrados interessados em debêntures que não contenham os acréscimos mencionados, pois é exatamente o retorno financeiro que atrai o debenturista para firmar seu investimento na aquisição de debêntures.

A debênture é um título executivo extrajudicial e, portanto, se a sociedade anônima não efetuar o pagamento da forma ajustada, o debenturista poderá promover a competente ação de execução (art. 784, I, CPC[53]).

a) Classificação da debênture

A classificação da debênture depende da garantia concedida pela companhia para assegurar o pagamento do valor mobiliário (art. 58 LSA[54]), sendo classificada em:

---

52. Art. 59 A deliberação sobre emissão de debêntures é da competência privativa da assembleia geral, que deverá fixar, observado o que a respeito dispuser o estatuto: I – o valor da emissão ou os critérios de determinação do seu limite, e a sua divisão em séries, se for o caso; II – o número e o valor nominal das debêntures; III – as garantias reais ou a garantia flutuante, se houver; IV – as condições da correção monetária, se houver; V – a conversibilidade ou não em ações e as condições a serem observadas na conversão; VI – a época e as condições de vencimento, amortização ou resgate; VII – a época e as condições do pagamento dos juros, da participação nos lucros e do prêmio de reembolso, se houver; § 3º VIII – o modo de subscrição ou colocação e o tipo das debêntures; e IX – o desmembramento, do seu valor nominal, dos juros e dos demais direitos conferidos aos titulares. § 1º O conselho de administração ou a diretoria poderão deliberar sobre a emissão de debêntures não conversíveis em ações, exceto se houver disposição estatutária em contrário. § 2º O estatuto da companhia aberta poderá autorizar o conselho de administração a, dentro dos limites do capital autorizado, deliberar sobre a emissão de debêntures conversíveis em ações, especificando o limite do aumento de capital decorrente da conversão das debêntures, em valor do capital social ou em número de ações, e as espécies e classes das ações que poderão ser emitidas. § 3º O órgão competente da companhia poderá deliberar que a emissão terá valor e número de série indeterminados, dentro dos limites por ela fixados. § 4º Nos casos não previstos nos §§ 1º e 2º, a assembleia geral pode delegar ao conselho de administração a deliberação sobre as condições de que tratam os incisos VI a VIII do caput e sobre a oportunidade da emissão. § 5º Caberá à Comissão de Valores Mobiliários disciplinar o disposto no inciso IX do *caput* deste artigo.
53. Art. 784. São títulos executivos extrajudiciais: I – a letra de câmbio, a nota promissória, a duplicata, a debênture e o cheque.
54. Art. 58. A debênture poderá, conforme dispuser a escritura de emissão, ter garantia real ou garantia flutuante, não gozar de preferência ou ser subordinada aos demais credores da companhia. § 1º A garantia flutuante assegura à debênture privilégio geral sobre o ativo da companhia, mas não impede a negociação dos bens que compõem esse ativo. § 2º As garantias poderão ser constituídas cumulativamente. § 3º As debêntures com garantia flutuante de nova emissão são preferidas pelas de emissão ou de emissões anteriores, e a prioridade se estabelece pela data do arquivamento do ato societário que deliberou sobre a emissão, concorrendo as séries, dentro da mesma emissão, em igualdade. § 4º A debênture que não gozar de garantia poderá conter cláusula de subordinação aos credores quiro-

CAPÍTULO IX • SOCIEDADES POR AÇÕES – LIÇÕES PRELIMINARES | 205

(i) Debênture com garantia real – reembolso prioritário do valor pago em relação aos demais, em razão da oneração de um bem pertencente ou não à companhia;

(ii) Debênture com garantia flutuante – a garantia flutuante assegura à debênture privilégio geral sobre o ativo da companhia, mas não impede a negociação dos bens que compõem esse ativo. As debêntures com garantia flutuante de nova emissão são preferidas pelas de emissão ou de emissões anteriores, e a prioridade se estabelece pela data do arquivamento do ato societário que deliberou sobre a emissão, concorrendo as séries, dentro da mesma emissão, em igualdade.

(iii) Quirografária – ausência de privilégio, o debenturista desse tipo de título disputa os créditos com os demais credores na hipótese de falência;

(iv) Subordinada (Subquirografária) – possuidores desse tipo de debênture só terão prevalência, no quadro de credores da falência, em face dos próprios acionistas.

b) Conversão de debêntures em ações

Há previsão legal no que tange à conversibilidade das debêntures em ações (art. 57, LSA[55]), bastando cláusula nesse sentido regulamentando o momento em que o titular poderá exercer esse direito e o tipo de ação em que a debênture será convertida, passando o debenturista a ser acionista, ordinário ou preferencial. Possuem também, a mesmo modo das ações, classificação quanto à forma de transmissão do título, dividindo-se em nominativas ou escriturais.

c) Agente fiduciário

Para representar a classe debenturista e seus interesses, será nomeado pessoa física ou instituição financeira autorizada pelo Banco Central que atuará como agente fiduciário, respeitadas as vedações legais (art. 66, § 3º, LSA[56]). Sua

---

grafários, preferindo apenas aos acionistas no ativo remanescente, se houver, em caso de liquidação da companhia. § 5º A obrigação de não alienar ou onerar bem imóvel ou outro bem sujeito a registro de propriedade, assumida pela companhia na escritura de emissão, é oponível a terceiros, desde que averbada no competente registro. § 6º As debêntures emitidas por companhia integrante de grupo de sociedades (artigo 265) poderão ter garantia flutuante do ativo de 2 (duas) ou mais sociedades do grupo.

55. Art. 57 A debênture poderá ser conversível em ações nas condições constantes da escritura de emissão, que especificará: I – as bases da conversão, seja em número de ações em que poderá ser convertida cada debênture, seja como relação entre o valor nominal da debênture e o preço de emissão das ações; II – a espécie e a classe das ações em que poderá ser convertida; III – o prazo ou época para o exercício do direito à conversão; IV – as demais condições a que a conversão acaso fique sujeita.

56. Art. 66, § 3º Não pode ser agente fiduciário: a) pessoa que já exerça a função em outra emissão da mesma companhia, a menos que autorizado, nos termos das normas expedidas pela Comissão de

nomeação será feita pela escritura de emissão e será obrigatória nos casos em que as debêntures forem admitidas no mercado para negócio. Caso não o sejam, a nomeação será facultativa.

4. PARTES BENEFICIÁRIAS

A companhia pode criar, a qualquer tempo, títulos negociáveis, sem valor nominal e estranhos ao capital social, denominados partes beneficiárias que conferirão aos seus titulares direito de crédito eventual contra a companhia, consistente na participação nos lucros anuais, não ultrapassando 10% (dez por cento) dos lucros (art. 46, LSA[57]). Assim, é valor mobiliário que assegura ao seu titular direito de crédito eventual, ou seja, condicionado a um fator incerto, qual seja o lucro anual da sociedade anônima que o emitiu. Incerto porque se a companhia não auferir lucro em determinado exercício, a parte beneficiária nada receberá.

a) Tempo de duração

A duração desse valor mobiliário é de, no máximo, 10 (dez) anos, exceção feita na hipótese se destinar a sociedades ou fundações que atuem em favor dos empregados. Sua transferência pode acontecer por alienação ou atribuição, esta última podendo ser de forma onerosa ou gratuita. É vedado às companhias abertas a emissão de partes beneficiárias (art. 47, LSA[58]).

b) Conversão de partes beneficiária em ações

Assim como as debêntures, as partes beneficiárias comportam cláusula de conversibilidade em ações, sendo encargo da companhia constituir uma reserva

---

Valores Mobiliários; b) instituição financeira coligada à companhia emissora ou à entidade que subscreva a emissão para distribuí-la no mercado, e qualquer sociedade por elas controlada; c) credor, por qualquer título, da sociedade emissora, ou sociedade por ele controlada; d) instituição financeira cujos administradores tenham interesse na companhia emissora; e) pessoa que, de qualquer outro modo, se coloque em situação de conflito de interesses pelo exercício da função.

57. Art. 46. A companhia pode criar, a qualquer tempo, títulos negociáveis, sem valor nominal e estranhos ao capital social, denominados "partes beneficiárias". § 1º As partes beneficiárias conferirão aos seus titulares direito de crédito eventual contra a companhia, consistente na participação nos lucros anuais (artigo 190). § 2º A participação atribuída às partes beneficiárias, inclusive para formação de reserva para resgate, se houver, não ultrapassará 0,1 (um décimo) dos lucros. § 3º É vedado conferir às partes beneficiárias qualquer direito privativo de acionista, salvo o de fiscalizar, nos termos desta Lei, os atos dos administradores. § 4º É proibida a criação de mais de uma classe ou série de partes beneficiárias.

58. Art. 47. As partes beneficiárias poderão ser alienadas pela companhia, nas condições determinadas pelo estatuto ou pela assembleia geral, ou atribuídas a fundadores, acionistas ou terceiros, como remuneração de serviços prestados à companhia. Parágrafo único. É vedado às companhias abertas emitir partes beneficiárias.

especial para capitalização. Não será suprimida ou modificada nenhuma vantagem conferida as partes beneficiárias sem que antes seja aprovada a respectiva alteração do estatuto por pelo menos 50% (cinquenta) dos seus titulares reunidos em assembleia geral especial.

5. BÔNUS DE SUBSCRIÇÃO

Como o próprio nome sugere, esse valor mobiliário confere ao seu titular o direito de preferência de subscrição caso a companhia venha a emitir novas ações (art. 75, LSA[59]). Evidente que a emissão futura ocorrerá com aumento do capital social, hipótese em que os acionistas terão preferência para subscrever as novas ações com o intuito de preservar sua parcela acionária. O bônus de subscrição transfere essa preferência do sócio para o adquirente desse valor mobiliário. No entanto, tutelando os interesses dos sócios da companhia, a lei conferiu preferência ao acionista na aquisição dos bônus de subscrição (art. 109, IV, LSA[60]).

Esse tipo de valor mobiliário pode ser alienado onerosamente ou servir como vantagem adicional aos acionistas que subscrevem ações ou debêntures. Seja qual for o caso, o titular assumirá o pagamento do preço da emissão do bônus de subscrição.

6. NOTA PROMISSÓRIA (*COMMERCIAL PAPER*)

O *commercial paper* foi introduzido no Brasil por meio da Instrução CVM 134 de 1º de novembro de 1990 e, atualmente está vigente por meio da Instrução Normativa CVM 163/2022, e é instrumentalizado por meio de Nota Promissória (art. 2º da Instrução CVM 163/2022[61]). A nota promissória emitida pela sociedade anônima guarda semelhança com a debênture, visto que ambos os valores

---

59. Art. 75. A companhia poderá emitir, dentro do limite de aumento de capital autorizado no estatuto (artigo 168), títulos negociáveis denominados "Bônus de Subscrição".
   Parágrafo único. Os bônus de subscrição conferirão aos seus titulares, nas condições constantes do certificado, direito de subscrever ações do capital social, que será exercido mediante apresentação do título à companhia e pagamento do preço de emissão das ações.
60. Art. 109 Nem o estatuto social nem a assembleia geral poderão privar o acionista dos direitos de: (...)
   IV – preferência para a subscrição de ações, partes beneficiárias conversíveis em ações, debêntures conversíveis em ações e bônus de subscrição, observado o disposto nos artigos 171 e 172.
61. Art. 2º As companhias e as sociedades limitadas podem emitir, para distribuição pública, nota promissória que confira a seus titulares direito de crédito contra a emitente, observadas as características dos títulos previstas nesta Resolução. Parágrafo único. As cooperativas que tenham por atividade a produção, comercialização, beneficiamento ou industrialização de produtos ou insumos agropecuários, ou de máquinas e implementos utilizados na atividade agropecuária também podem emitir nota promissória para distribuição pública, observadas as características dos títulos previstas nesta Resolução.

mobiliários são emitidos com o intuito de captação de recursos necessários ao desenvolvimento da atividade, ficando a companhia obrigada ao pagamento do valor emitido em face do adquirente do título. A principal diferença entre elas reside no prazo que a companhia tem para restituir o valor pago ao titular, ou seja, no vencimento. Enquanto a debênture vence em até uma década, a nota promissória deverá ser até 360 (trezentos e sessenta) da data de emissão (art. 5º, Instrução CVM 163/2022[62]). As notas promissórias devem ser integralizadas no ato de sua emissão e subscrição, à vista e em moeda corrente (art. 3º, Instrução CVM 163/2022).

A nota promissória visa um levantamento rápido de ativo para sanar um eventual problema de liquidez na companhia, não sendo o instrumento adequado para realizar investimentos a longo prazo. Por isso mesmo que o prazo de vencimento é consideravelmente mais curto do que o da debênture.

Ainda que presentes as principais características de um título cambiário, a nota promissória emitida pela sociedade anônima pode ser comercializada nos mercados de capitais, razão pela qual é particular e respeita alguns requisitos específicos: somente comportará endosso em preto, munido de cláusula sem garantia, ou seja, aquele que transfere a cártula não se responsabiliza por sua solvência; só serão colocadas no mercado após concessão de registro da CVM, publicação do anúncio de distribuição e disponibilização do prospecto para os investidores, conforme a Instrução CVM 163/2022.

Por fim, assim como a debênture, a nota promissória pode ser exigida por meio de ação de execução de título extrajudicial em caso de inadimplemento pela companhia devedora (art. 784, I, CPC[63]).

---

62. Art. 5º O prazo de vencimento da nota promissória deve ser de no máximo 360 (trezentos e sessenta) dias a contar da data de sua emissão, havendo, obrigatoriamente, apenas uma data de vencimento por série. § 1º Não estão sujeitas ao prazo máximo de vencimento a que se refere o caput as notas promissórias que, cumulativamente: I – tenham sido objeto de oferta pública de distribuição direcionada exclusivamente a investidores profissionais, conforme regulamentação específica; e II – contem com a presença de agente contratado para representar e zelar pela proteção dos interesses e direitos da comunhão dos titulares das notas promissórias, submetido à norma específica que dispõe sobre o exercício da função de agente fiduciário. § 2º A nota promissória deve prever o resgate e a liquidação do título em moeda corrente na data de vencimento. § 3º O emissor pode, havendo previsão expressa no título, resgatar antecipadamente a nota promissória. § 4º O resgate da nota promissória implica a extinção do título, sendo vedada sua manutenção em tesouraria. § 5º O resgate parcial é efetivado mediante sorteio ou leilão.

63. Art. 784. São títulos executivos extrajudiciais: I – a letra de câmbio, a nota promissória, a duplicata, a debênture e o cheque.

E. CAPITAL SOCIAL

1. CAPITAL SOCIAL

Toda sociedade anônima, para funcionar e exercer suas atividades, precisa constituir capital social por meio de recursos de seus acionistas (art. 5º, LSA[64]). Este pode se dividir em parcela subscrita e parcela integralizada. A parcela subscrita se dá quando há comprometimento dos acionistas em contribuir com determinada parcela do capital social, ou seja, apenas promessa de concorrer para a formação da sociedade, enquanto a parcela integralizada consiste no momento da efetiva transmissão do que foi prometido pelos sócios à sociedade anônima.

Não necessariamente existirá as duas parcelas do capital social. Caso a sociedade entenda que todos os recursos estimados para o desenvolvimento da atividade são estritamente necessários logo no início, não haverá parcela subscrita, vez que todos os acionistas deverão integralizar sua parcela do capital social.

A limitação de responsabilidade do acionista na sociedade anônima é igual ao valor subscrito e não integralizado de suas ações (art. 1º, LSA[65]).

2. FORMAS DE INTEGRALIZAÇÃO

São três as formas de integralização: (i) em dinheiro; (ii) por meio de bens ou; (iii) cessão de crédito (art. 7º, LSA[66]).

a) Dinheiro

A integralização em espécie é a mais comum de acontecer, trata-se de pagamento de quantia em dinheiro pelo preço de emissão de determinado número de ações, o que será formalizado pela assinatura do boletim de subscrição.

b) Bens

Quanto aos bens, devem seguir o procedimento determinado no artigo 8º[67] da Lei das Sociedades por Ações para que integralizem o capital social. Portanto,

---

64. Art. 5º O estatuto da companhia fixará o valor do capital social, expresso em moeda nacional.
65. Art. 1º A companhia ou sociedade anônima terá o capital dividido em ações, e a responsabilidade dos sócios ou acionistas será limitada ao preço de emissão das ações subscritas ou adquiridas.
66. Art. 7º O capital social poderá ser formado com contribuições em dinheiro ou em qualquer espécie de bens suscetíveis de avaliação em dinheiro.
67. Art. 8º A avaliação dos bens será feita por 3 (três) peritos ou por empresa especializada, nomeados em assembleia geral dos subscritores, convocada pela imprensa e presidida por um dos fundadores,

o bem, móvel ou imóvel, corpóreo ou incorpóreo, deverá ser analisado por laudo técnico elaborado por empresa especializada ou por três peritos. Concluída a análise, o laudo será então submetido à aprovação da assembleia geral.

A propriedade do bem é transmitida à companhia no momento da integralização, salvo se mencionado que a transferência será feita à título específico, de modo expresso no documento pelo qual é celebrada a integralização. A responsabilidade do subscritor nesse caso equipara-se a do vendedor (art. 10, LSA[68]).

c) Cessão de crédito

A derradeira forma de integralização é por meio de cessão de um crédito particular do subscritor à companhia. Será o cedente responsável tanto pela existência do crédito quanto pela solvência do devedor, ainda que a cessão seja regulada pelo Código Civil, hipótese em que o cedente normalmente não responde pela solvência do devedor. (art. 296, CC[69]). Até mesmo a cláusula "sem garantia" perde seu efeito em caso de endosso de um título de crédito em favor da sociedade anônima. Propositalmente, a emissão do certificado das ações em favor do subscritor dessa modalidade só será expedido após a sua realização (art. 23, § 2º, LSA[70]).

3. AUMENTO DO CAPITAL SOCIAL

Em determinadas ocasiões o capital social pode ser aumentado, observados os requisitos legais. Normalmente acontece quando a companhia pretende a

---

instalando-se em primeira convocação com a presença desubscritores que representem metade, pelo menos, do capital social, e em segunda convocação com qualquer número. § 1º Os peritos ou a empresa avaliadora deverão apresentar laudo fundamentado, com a indicação dos critérios de avaliação e dos elementos de comparação adotados e instruído com os documentos relativos aos bens avaliados, e estarão presentes à assembleia que conhecer do laudo, a fim de prestarem as informações que lhes forem solicitadas. § 2º Se o subscritor aceitar o valor aprovado pela assembleia, os bens incorporar-se-ão ao patrimônio da companhia, competindo aos primeiros diretores cumprir as formalidades necessárias à respectiva transmissão. § 3º Se a assembleia não aprovar a avaliação, ou o subscritor não aceitar a avaliação aprovada, ficará sem efeito o projeto de constituição da companhia. § 4º Os bens não poderão ser incorporados ao patrimônio da companhia por valor acima do que lhes tiver dado o subscritor. § 5º Aplica-se à assembleia referida neste artigo o disposto nos §§ 1º e 2º do artigo 115. § 6º Os avaliadores e o subscritor responderão perante a companhia, os acionistas e terceiros, pelos danos que lhes causarem por culpa ou dolo na avaliação dos bens, sem prejuízo da responsabilidade penal em que tenham incorrido; no caso de bens em condomínio, a responsabilidade dos subscritores é solidária.

68. Art. 10 A responsabilidade civil dos subscritores ou acionistas que contribuírem com bens para a formação do capital social será idêntica à do vendedor.

69. Art. 296 Salvo estipulação em contrário, o cedente não responde pela solvência do devedor.

70. Art. 23, § 2º Os certificados das ações, cujas entradas não consistirem em dinheiro, só poderão ser emitidos depois de cumpridas as formalidades necessárias à transmissão de bens, ou de realizados os créditos.

captação de novos recursos junto a investidores, mas também pode ocorrer sem que novos recursos ingressem na sociedade.

a) Emissão de novas ações

No contexto da necessidade de recursos para financiamento ou ampliação das atividades sociais, novas ações serão emitidas no mercado de investimentos, as quais, quando integralizadas, reunirão os recursos pretendidos e, por sua vez, aumentarão o capital social. A emissão de ações com propósito de aumentar o capital social normalmente é feita mediante alteração do estatuto social. Para tanto, além da obrigatoriedade de pelo menos 3/4 (três quartos) do capital social estar integralizado, convocar-se-á assembleia geral extraordinária incumbida da deliberara a aprovação ou não do aumento (arts. 166, IV e 170, LSA[71]).

Destaca-se que a assembleia nem sempre precisará alterar o estatuto da companhia para aumentar o capital social pela emissão de novas ações, uma vez que o instrumento pode autorizar o aumento desde sua concepção. À parcela predefinida é dado o nome de capital autorizado. Por ser peculiar, terá como requisitos específicos a deliberação de emissão por órgão definido no estatuto – assembleia geral ou conselho de administração –, os limites da autorização e, caso a companhia seja aberta, a preferência na subscrição pelos acionistas ou a ausência deste direito (art. 168, LSA[72]).

b) Capitalização de lucros ou reservas

Como já destacado, o capital social pode ser aumentado sem que novos recursos ingressem na companhia, tanto pela capitalização de lucros ou reservas, quanto pela conversão de valores mobiliários em ações. Ambas as hipóteses são mera liberalidade conferida à sociedade pela lei.

A capitalização de lucros ou reservas consiste na separação de parcela do lucro líquido ou de reservas da companhia para complementar o capital social.

---

71. Art. 166 O capital social pode ser aumentado: IV – por deliberação da assembleia geral extraordinária convocada para decidir sobre reforma do estatuto social, no caso de inexistir autorização de aumento, ou de estar a mesma esgotada.
Art. 170 Depois de realizados ¾ (três quartos), no mínimo, do capital social, a companhia pode aumentá-lo mediante subscrição pública ou particular de ações.
72. Art. 168. O estatuto pode conter autorização para aumento do capital social independentemente de reforma estatutária. § 1º A autorização deverá especificar: a) o limite de aumento, em valor do capital ou em número de ações, e as espécies e classes das ações que poderão ser emitidas; b) o órgão competente para deliberar sobre as emissões, que poderá ser a assembleia geral ou o conselho de administração; c) as condições a que estiverem sujeitas as emissões; d) os casos ou as condições em que os acionistas terão direito de preferência para subscrição, ou de inexistência desse direito (artigo 172).

Essa destinação de parte dos recursos será deliberada pela assembleia geral. Como consequência do aumento do capital social dessa forma, o valor nominal das ações da companhia aumentará, a não ser que a sociedade decida emitir novas ações proporcionalmente ao número de ações que seus sócios possuírem, preservando-se o valor nominal destas, quando este valor existir (art. 169, LSA[73]).

c) Conversão de valores mobiliários

O aumento do capital social pode ser provocado ainda pela conversão de valores mobiliários em ações. Outrora se destacou que tanto as debêntures como as partes beneficiárias podem conter cláusula autorizando a referida conversão, momento que o titular do valor mobiliário se transforma em acionista, com o consequente aumento do capital social. Note-se que, ao contrário da capitalização de lucros ou reservas, ainda que também sem ingresso de novos recursos na companhia, esse aumento não ocorre de forma gratuita, pois importa na diminuição do passivo da sociedade anônima, culminando no aumento do patrimônio líquido desta (art. 166, III, LSA).[74]

4. REDUÇÃO DO CAPITAL SOCIAL

A lei permite também a redução do capital social, conforme dispõe o artigo 173 da Lei das Sociedades por Ações,[75] em decorrência de duas situações: (i) se houver perda, até o montante dos prejuízos acumulados, ou; (ii) se julgá-lo excessivo.

a) Perdas

Constatada perda de parte dos recursos inicialmente investido pelos acionistas, a companhia pode diminuir o capital social visando ajustá-lo à efetiva quantia de recursos disponíveis para exercício da atividade social. Leia-se que a manobra é optativa, não sendo a sociedade anônima obrigada a alterar o estatuto apenas para equiparar o capital social nele descrito com a real quantia de recursos disponíveis.

---

73. Art. 169 O aumento mediante capitalização de lucros ou de reservas importará alteração do valor nominal das ações ou distribuições das ações novas, correspondentes ao aumento, entre acionistas, na proporção do número de ações que possuírem.

74. Art. 166 O capital social pode ser aumentado: (...) III – por conversão, em ações, de debêntures ou parte beneficiárias e pelo exercício de direitos conferidos por bônus de subscrição, ou de opção de compra de ações;

75. Art. 173 A assembleia geral poderá deliberar a redução do capital social se houver perda, até o montante dos prejuízos acumulados, ou se julgá-lo excessivo.

CAPÍTULO IX • SOCIEDADES POR AÇÕES – LIÇÕES PRELIMINARES   213

b) Excesso de capital social

Havendo o superdimensionamento do capital social, ou seja, entendendo a companhia que mais recursos do que o necessário para o desenvolvimento da atividade social estão contidos no capital social, poderá reduzi-lo. O destino dos recursos sobressalentes dependerá da quantia do capital subscrito que foi integralizada. Quando parcialmente integralizado, a redução pode ocorrer dentro da parcela não integralizada, alterando-se o estatuto social e o registro das ações na forma da lei. Entretanto, se o capital já estiver totalmente integralizado, o montante sobressalente poderá permanecer na companhia a título de reserva de lucros ou ser restituído aos acionistas.

A redução não pode importar em prejuízo para os credores da companhia, ficando obrigada a companhia publicar a ata da assembleia que deliberou a redução e aguardar o prazo de 60 (sessenta) dias contados da publicação antes de restituir os valores aos acionistas. Nesse período os credores poderão se opor a redução. Manifestada oposição por parte de credor quirografário no prazo descrito, fica o arquivamento da ata da assembleia que deliberou a redução condicionado ao pagamento ou depósito judicial do crédito daquele credor. Os debenturistas também têm relativa proteção, eis que a aprovação da redução do capital social deverá ser aprovada pela maioria dos titulares de debêntures em assembleia especial (art. 174, LSA[76]).

F. ÓRGÃOS SOCIAIS

1. ESTRUTURA SOCIETÁRIA

A complexidade das atividades desempenhadas por uma companhia exige que a pessoa jurídica se desdobre em diferentes órgãos, que não possuem perso-

---

76. Art. 174. Ressalvado o disposto nos artigos 45 e 107, a redução do capital social com restituição aos acionistas de parte do valor das ações, ou pela diminuição do valor destas, quando não integralizadas, à importância das entradas, só se tornará efetiva 60 (sessenta) dias após a publicação da ata da assembleia geral que a tiver deliberado. § 1º Durante o prazo previsto neste artigo, os credores quirografários por títulos anteriores à data da publicação da ata poderão, mediante notificação, de que se dará ciência ao registro do comércio da sede da companhia, opor-se à redução do capital; decairão desse direito os credores que o não exercerem dentro do prazo. § 2º Findo o prazo, a ata da assembleia geral que houver deliberado à redução poderá ser arquivada se não tiver havido oposição ou, se tiver havido oposição de algum credor, desde que feita a prova do pagamento do seu crédito ou do depósito judicial da importância respectiva. § 3º Se houver em circulação debêntures emitidas pela companhia, a redução do capital, nos casos previstos neste artigo, não poderá ser efetivada sem prévia aprovação pela maioria dos debenturistas, reunidos em assembleia especial.

nalidade própria, para que as diferentes funções estruturais da sociedade possam ser exercidas de forma coordenada.

Ainda que a sociedade anônima possa se desmembrar em diversos órgãos, nos diversos níveis administrativos, o direito societário se interessa apenas por quatro deles, aqueles que, além de ocupar o topo da cadeia estrutural de direção, devem seguir as balizas legais. São esses: (i) a assembleia geral; (ii) o conselho de administração; (iii) a diretoria e (iv) o conselho fiscal.

2. ASSEMBLEIA GERAL

Esse é o órgão estrutural responsável pela expressão da vontade da companhia. Seu caráter é exclusivamente deliberativo e sua competência envolve todo e qualquer assunto de interesse da sociedade anônima, desde os mais importantes até os mais corriqueiros. Entretanto, o que se observa atualmente é uma diminuição de poder deliberativo dessa assembleia, sendo convocado apenas quando a matéria discutida é de sua competência privativa (art. 122, LSA[77]).

a) Composição

Todos os acionistas da companhia, com ou sem direito a voto, farão parte da composição da assembleia geral. Mesmo que presente em assembleia convocada pela sociedade anônima, os titulares de ações preferenciais nominativas cujo direito de voto foi suprimido não poderão votar, salvo quando a lei expressamente garantir-lhes o direito de voto, como, por exemplo, na já citada deliberação de constituição, onde todos os acionistas têm direito de voto. Contudo, a esses acio-

---

77. Art. 122 Compete privativamente à assembleia geral: I – reformar o estatuto social; II – eleger ou destituir, a qualquer tempo, os administradores e fiscais da companhia, ressalvado o disposto no inciso II do art. 142; III – tomar, anualmente, as contas dos administradores e deliberar sobre as demonstrações financeiras por eles apresentadas; IV – autorizar a emissão de debêntures, ressalvado o disposto nos §§ 1º, 2º e 4º do art. 59; V – suspender o exercício dos direitos do acionista (art. 120); VI – deliberar sobre a avaliação de bens com que o acionista concorrer para a formação do capital social; VII – autorizar a emissão de partes beneficiárias; VIII – deliberar sobre transformação, fusão, incorporação e cisão da companhia, sua dissolução e liquidação, eleger e destituir liquidantes e julgar as suas contas; IX – autorizar os administradores a confessar falência e a pedir recuperação judicial; e X – deliberar, quando se tratar de companhias abertas, sobre a celebração de transações com partes relacionadas, a alienação ou a contribuição para outra empresa de ativos, caso o valor da operação corresponda a mais de 50% (cinquenta por cento) do valor dos ativos totais da companhia constantes do último balanço aprovado. Parágrafo único. Em caso de urgência, a confissão de falência ou o pedido de recuperação judicial poderá ser formulado pelos administradores, com a concordância do acionista controlador, se houver, hipótese em que a assembleia geral será convocada imediatamente para deliberar sobre a matéria.

CAPÍTULO IX • SOCIEDADES POR AÇÕES – LIÇÕES PRELIMINARES

nistas é resguardado também o direito de proposição e discussão dos assuntos em pauta (art. 125, p. único, LSA[78]).

b) Convocação

A convocação da assembleia compete, primariamente, ao conselho de administração para convocar de assembleia, sendo que no caso de ausência deste órgão, uma vez que sua composição não é obrigatória, caberá à diretoria convocar os acionistas para assembleia. Note-se que, ficando inerte o conselho de administração ou a diretoria por mais de um mês quando deveria convocar a assembleia geral ou em se tratando de urgência, o conselho fiscal, excepcionalmente, poderá convocá-la (art. 163, V, LSA[79]).

Qualquer acionista adquirirá legitimidade para convocar a assembleia geral se os administradores se demonstrarem inertes por mais de 60 (sessenta) dias. Terá também legitimidade para tanto os acionistas que representarem 5% do capital votante quando apresentarem pedido fundamentado acerca da matéria a ser deliberada e não houver iniciativa de convocação por parte dos administradores em 8 (oito) dias. Até mesmo os representantes de 5% das ações sem direito a voto poderão convocar a assembleia quando os administradores não atenderem em 8 (oito) dias o pedido de convocação para instalação do conselho fiscal (art. 123, LSA[80]).

(i) Edital de convocação. A convocação para assembleia geral será realizada mediante publicação de anúncio contendo o local da reunião, a data da realização, o horário que se iniciará, a pauta dos assuntos a serem discutidos e, excepcionalmente, em se tratando de companhia aberta em período para eleição do conselho

---

78. Art. 125, Parágrafo único. Os acionistas sem direito de voto podem comparecer à assembleia geral e discutir a matéria submetida à deliberação.

79. Art. 163. Compete ao conselho fiscal: (...) V – convocar a assembleia geral ordinária, se os órgãos da administração retardarem por mais de 1 (um) mês essa convocação, e a extraordinária, sempre que ocorrerem motivos graves ou urgentes, incluindo na agenda das assembleias as matérias que considerarem necessárias.

80. Art. 123. Compete ao conselho de administração, se houver, ou aos diretores, observado o disposto no estatuto, convocar a assembleia geral. Parágrafo único. A assembleia geral pode também ser convocada: a) pelo conselho fiscal, nos casos previstos no número V, do artigo 163; b) por qualquer acionista, quando os administradores retardarem, por mais de 60 (sessenta) dias, a convocação nos casos previstos em lei ou no estatuto; c) por acionistas que representem cinco por cento, no mínimo, do capital social, quando os administradores não atenderem, no prazo de oito dias, a pedido de convocação que apresentarem, devidamente fundamentado, com indicação das matérias a serem tratadas; d) por acionistas que representem cinco por cento, no mínimo, do capital votante, ou cinco por cento, no mínimo, dos acionistas sem direito a voto, quando os administradores não atenderem, no prazo de oito dias, a pedido de convocação de assembleia para instalação do conselho fiscal.

de administração, conterá também o percentual mínimo de participação acionária para preenchimento do cargo deste órgão.

(ii) Publicações. As publicações ordenadas por esta Lei serão feitas nos sítios eletrônicos da Comissão de Valores Mobiliários e da entidade administradora do mercado em que os valores mobiliários da companhia estiverem admitidas à negociação (art. 289, LSA[81]). O anúncio de convocação deve ser publicado com certa antecedência para que os acionistas tomem ciência adequadamente e a instauração da assembleia seja regular. Portanto, a lei determina que, para as companhias fechadas o anúncio seja feito, no mínimo, 8 (oito) dias antes da data da assembleia. Não sendo realizada a assembleia, publicar-se-á novo anúncio em sede de segunda convocação, este com o prazo mínimo de 5 (cinco) dias de antecedência. Para as companhias abertas, os anúncios deverão ser feitos nos mesmos moldes das fechadas, alterando-se apenas os prazos, os quais serão de 21 (vinte e um) dias de antecedência para a primeira convocação e de 8 (oito) dias para a segunda (art. 124, LSA[82]).

---

81. Art. 289. As publicações ordenadas por esta Lei obedecerão às seguintes condições: I – deverão ser efetuadas em jornal de grande circulação editado na localidade em que esteja situada a sede da companhia, de forma resumida e com divulgação simultânea da íntegra dos documentos na página do mesmo jornal na internet, que deverá providenciar certificação digital da autenticidade dos documentos mantidos na página própria emitida por autoridade certificadora credenciada no âmbito da Infraestrutura de Chaves Públicas Brasileiras (ICP-Brasil); II – no caso de demonstrações financeiras, a publicação de forma resumida deverá conter, no mínimo, em comparação com os dados do exercício social anterior, informações ou valores globais relativos a cada grupo e a respectiva classificação de contas ou registros, assim como extratos das informações relevantes contempladas nas notas explicativas e nos pareceres dos auditores independentes e do conselho fiscal, se houver. § 1º A Comissão de Valores Mobiliários poderá determinar que as publicações ordenadas por esta Lei sejam feitas, também, em jornal de grande circulação nas localidades em que os valores mobiliários da companhia sejam negociados em bolsa ou em mercado de balcão, ou disseminadas por algum outro meio que assegure sua ampla divulgação e imediato acesso às informações. § 2º Se no lugar em que estiver situada a sede da companhia não for editado jornal, a publicação se fará em órgão de grande circulação local. § 3º A companhia deve fazer as publicações previstas nesta Lei sempre no mesmo jornal, e qualquer mudança deverá ser precedida de aviso aos acionistas no extrato da ata da assembleia geral ordinária. § 4º O disposto no final do § 3º não se aplica à eventual publicação de atas ou balanços em outros jornais. § 5º Todas as publicações ordenadas nesta Lei deverão ser arquivadas no registro do comércio. § 6º As publicações do balanço e da demonstração de lucros e perdas poderão ser feitas adotando-se como expressão monetária o milhar de reais. § 7º Sem prejuízo do disposto no caput deste artigo, as companhias abertas poderão, ainda, disponibilizar as referidas publicações pela rede mundial de computadores.
82. Art. 124. A convocação far-se-á mediante anúncio publicado por 3 (três) vezes, no mínimo, contendo, além do local, data e hora da assembleia, a ordem do dia, e, no caso de reforma do estatuto, a indicação da matéria. § 1º A primeira convocação da assembleia geral deverá ser feita: I – na companhia fechada, com 8 (oito) dias de antecedência, no mínimo, contado o prazo da publicação do primeiro anúncio; não se realizando a assembleia, será publicado novo anúncio, de segunda convocação, com antecedência mínima de 5 (cinco) dias; II – na companhia aberta, com 21 (vinte e um) dias de antecedência, e a segunda convocação com 8 (oito) dias de antecedência. § 2º A assembleia geral deverá ser realizada, preferencialmente, no edifício onde a companhia tiver sede ou, por motivo de força maior, em outro lugar, desde que seja no mesmo Município da sede e seja indicado com clareza nos anúncios. § 2º-A.

CAPÍTULO IX • SOCIEDADES POR AÇÕES – LIÇÕES PRELIMINARES

Independentemente das formalidades previstas na lei, será considerada regular a assembleia geral a que comparecerem todos os acionistas. (art. 124, § 4º, LSA).

c) Espécies de Assembleia Geral

A lei torna obrigatória a realização de assembleia dentro dos 4 (quatro) meses imediatamente posteriores ao término do exercício social da companhia, essa é chamada de Assembleia Geral Ordinária (AGO) e qualquer outra realizada será denominada Assembleia Geral Extraordinária (AGE).

(i) Assembleia Geral Ordinária (AGO). Regularmente será instaurada a chamada assembleia geral ordinária (AGO), ou seja, aquela que, por determinação legal, ocorrerá de forma anual, obrigatoriamente dentro dos 4 (quatro) meses imediatamente posteriores ao término do exercício social da companhia. O que será discutido nessa assembleia anual também é delimitado pelo artigo 132 da Lei das Sociedades por Ações:[83] (i) tomar as contas dos administradores, examinar, discutir e votar as demonstrações financeiras; (ii) deliberar sobre a destinação

---

Sem prejuízo do disposto no § 2º deste artigo, as companhias, abertas e fechadas, poderão realizar assembleia digital, nos termos do regulamento da Comissão de Valores Mobiliários e do órgão competente do Poder Executivo federal, respectivamente. § 3º Nas companhias fechadas, o acionista que representar 5% (cinco por cento), ou mais, do capital social, será convocado por telegrama ou carta registrada, expedidos com a antecedência prevista no § 1º, desde que o tenha solicitado, por escrito, à companhia, com a indicação do endereço completo e do prazo de vigência do pedido, não superior a 2 (dois) exercícios sociais, e renovável; essa convocação não dispensa a publicação do aviso previsto no § 1º, e sua inobservância dará ao acionista direito de haver, dos administradores da companhia, indenização pelos prejuízos sofridos. § 4º Independentemente das formalidades previstas neste artigo, será considerada regular a assembleia geral a que comparecerem todos os acionistas. § 5º A Comissão de Valores Mobiliários poderá, a seu exclusivo critério, mediante decisão fundamentada de seu Colegiado, a pedido de qualquer acionista, e ouvida a companhia: I – determinar, fundamentadamente, o adiamento de assembleia geral por até 30 (trinta) dias, em caso de insuficiência de informações necessárias para a deliberação, contado o prazo da data em que as informações completas forem colocadas à disposição dos acionistas; e II – interromper, por até 15 (quinze) dias, o curso do prazo de antecedência da convocação de assembleia geral extraordinária de companhia aberta, a fim de conhecer e analisar as propostas a serem submetidas à assembleia e, se for o caso, informar à companhia, até o término da interrupção, as razões pelas quais entende que a deliberação proposta à assembleia viola dispositivos legais ou regulamentares.

§ 6º As companhias abertas com ações admitidas à negociação em bolsa de valores deverão remeter, na data da publicação do anúncio de convocação da assembleia, à bolsa de valores em que suas ações forem mais negociadas, os documentos postos à disposição dos acionistas para deliberação na assembleia geral.

83. Art. 132. Anualmente, nos 4 (quatro) primeiros meses seguintes ao término do exercício social, deverá haver 1 (uma) assembleia geral para: I – tomar as contas dos administradores, examinar, discutir e votar as demonstrações financeiras; II – deliberar sobre a destinação do lucro líquido do exercício e a distribuição de dividendos; III – eleger os administradores e os membros do conselho fiscal, quando for o caso; IV – aprovar a correção da expressão monetária do capital social (artigo 167).

do lucro líquido do exercício e a distribuição de dividendos; (iii) eleger os administradores e os membros do conselho fiscal, quando for o caso; (iv) aprovar a correção da expressão monetária do capital social. Não há, na Lei de Sociedades por Ações, penalidade no caso da assembleia geral ordinária (AGO) ser realizada fora do prazo legal, porém os administradores continuarão responsáveis pela gestão perante os acionistas até a aprovação de suas contas.

(ii) Assembleia Geral Extraordinária (AGE). Qualquer matéria extravagante em relação aos incisos do artigo 132 da Lei das Sociedades por Ações deverá ser tratada em assembleia geral extraordinária (AGE).

d) Quórum de instalação

Para que a assembleia convocada possa ser instalada e, portanto, suas deliberações sejam válidas, faz-se necessário atingir o quórum previsto em lei, que é o mesmo, tanto para a assembleia geral ordinária, quanto para a extraordinária. A primeira convocação exige o comparecimento de acionistas que sejam titulares de, no mínimo 1/4 (um quarto) do capital social votante. Esse quórum mínimo aumenta caso a deliberação em questão seja apreciação de proposta de reforma do estatuto, exigindo-se acionistas possuidores de pelo menos 2/3 (dois terços) do capital social votante. Não preenchidos os requisitos para instauração da assembleia em primeira convocação, esta se instalará em sede de segunda convocação com a presença de qualquer número de acionistas, independente do assunto a ser deliberado (art. 125, LSA[84]).

e) Deliberações

Superada a etapa de convocação, as matérias da pauta serão deliberadas. Para que sejam aprovadas a lei determina que devem contar com o apoio da maioria absoluta dos votos dos presentes à assembleia, excluídos os votos em branco (art. 129, LSA[85]). Em outras palavras, mais da metade dos votos em preto dos presentes à assembleia, não importando o quanto representam do capital social ou votante, é suficiente para aprovar praticamente qualquer medida em discussão.

---

84. Art. 125. Ressalvadas as exceções previstas em lei, a assembleia geral instalar-se-á, em primeira convocação, com a presença de acionistas que representem, no mínimo, ¼ (um quarto) do total de votos conferidos pelas ações com direito a voto e, em segunda convocação, instalar-se-á com qualquer número. Parágrafo único. Os acionistas sem direito de voto podem comparecer à assembleia geral e discutir a matéria submetida à deliberação.

85. Art. 129 As deliberações da assembleia geral, ressalvadas as exceções previstas em lei, serão tomadas por maioria absoluta de votos, não se computando os votos em branco.

CAPÍTULO IX • SOCIEDADES POR AÇÕES – LIÇÕES PRELIMINARES **219**

Algumas matérias, por serem mais robustas e consequenciais, só serão aprovadas por um *quorum* diferenciado chamado de *quorum* qualificado. O artigo 136 da Lei das Sociedades por Ações[86] traz o elenco de quais são os assuntos que só serão aprovados pelo apoio de acionistas que representem, no mínimo, metade do capital social votante. O vocábulo empregado pela lei nesse artigo é importante para compreender que 50% (cinquenta por cento) do capital social votante é *necessário* para a aprovação daquelas matérias, mas nem sempre será *suficiente*. Em caso de acionistas que representam todo o capital social da companhia votarem e metade deles entender pela aprovação e a outra metade pela rejeição, a parcela favorável não é o suficiente para aprovação, em vista do empate. Com o empate, a solução é a convocação de assembleia para nova votação e, subsistindo o empate, o Poder Judiciário deverá ser provocado para resolver o conflito, visando o interesse da companhia (art. 129, § 2º, LSA[87]).

f) Ação de anulação de assembleia

Havendo qualquer tipo de nulidade nos processos convocatórios ou deliberativos, qualquer interessado, acionista ou não, e até mesmo Ministério Público, desde que demonstrem seu interesse de agir, poderão ajuizar ação para anular o procedimento maculado, dentro do prazo prescricional de 2 (dois) anos contados da data de deliberação (art. 286, LSA).[88]

3. CONSELHO DE ADMINISTRAÇÃO

O conselho de administração é órgão facultativo da sociedade anônima fechada e depende de deliberação em assembleia para sua criação. A obrigatorie-

---

86. Art. 136. É necessária a aprovação de acionistas que representem metade, no mínimo, do total de votos conferidos pelas ações com direito a voto, se maior quórum não for exigido pelo estatuto da companhia cujas ações não estejam admitidas à negociação em bolsa ou no mercado de balcão, para deliberação sobre: I – criação de ações preferenciais ou aumento de classe de ações preferenciais existentes, sem guardar proporção com as demais classes de ações preferenciais, salvo se já previstos ou autorizados pelo estatuto; II – alteração nas preferências, vantagens e condições de resgate ou amortização de uma ou mais classes de ações preferenciais, ou criação de nova classe mais favorecida; III – redução do dividendo obrigatório; IV – fusão da companhia, ou sua incorporação em outra; V – participação em grupo de sociedades (art. 265); VI – mudança do objeto da companhia; VII – cessação do estado de liquidação da companhia; VIII – criação de partes beneficiárias; IX – cisão da companhia; X – dissolução da companhia.

87. Art. 129, § 2º No caso de empate, se o estatuto não estabelecer procedimento de arbitragem e não contiver norma diversa, a assembleia será convocada, com intervalo mínimo de 2 (dois) meses, para votar a deliberação; se permanecer o empate e os acionistas não concordarem em cometer a decisão a um terceiro, caberá ao Poder Judiciário decidir, no interesse da companhia.

88. Art. 286 A ação para anular as deliberações tomadas em assembleia geral ou especial, irregularmente convocada ou instalada, violadoras da lei ou do estatuto, ou eivadas de erro, dolo, fraude ou simulação, prescreve em 2 (dois) anos, contados da deliberação.

dade de conselho de administração surge nas companhias abertas, nas de capital autorizado (art. 138, LSA[89]) e nas de economia mista (art. 239, LSA[90])

a) Função

Trata-se de um órgão colegiado cuja função legalmente prevista eminentemente deliberativa, sendo parcela da competência da assembleia geral deslocada para o conselho de administração com o intuito de agilizar o trâmite acerca de decisões importantes para a sobrevivência da companhia. As funções do conselho de administração estão previstas no artigo 142 da Lei das Sociedades por Ações,[91] contendo as matérias deliberativas da companhia, excluídas as privativas da assembleia geral. O conselho de administração atua também como órgão administrador da sociedade em conjunto com a diretoria (art. 138, LSA[92]).

b) Composição

Em se tratando de órgão colegiado, obrigatoriamente será composto por número ímpar de membros, nunca menor do que 3 (três), a ser fixado pelo estatuto social. Obrigatório também é a estipulação da duração do mandato dos conselheiros, o qual nunca será maior do que 3 (três) anos. Deverá também o estatuto

---

89. Art. 138. A administração da companhia competirá, conforme dispuser o estatuto, ao conselho de administração e à diretoria, ou somente à diretoria. § 1º O conselho de administração é órgão de deliberação colegiada, sendo a representação da companhia privativa dos diretores. § 2º As companhias abertas e as de capital autorizado terão, obrigatoriamente, conselho de administração. § 3º É vedada, nas companhias abertas, a acumulação do cargo de presidente do conselho de administração e do cargo de diretor-presidente ou de principal executivo da companhia. § 4º A Comissão de Valores Mobiliários poderá editar ato normativo que excepcione as companhias de menor porte previstas no art. 294-B desta Lei da vedação de que trata o § 3º deste artigo.

90. Art. 239. As companhias de economia mista terão obrigatoriamente Conselho de Administração, assegurado à minoria o direito de eleger um dos conselheiros, se maior número não lhes couber pelo processo de voto múltiplo. Parágrafo único. Os deveres e responsabilidades dos administradores das companhias de economia mista são os mesmos dos administradores das companhias abertas.

91. Art. 142 Compete ao conselho de administração: I – fixar a orientação geral dos negócios da companhia; II – eleger e destituir os diretores da companhia e fixar-lhes as atribuições, observado o que a respeito dispuser o estatuto; III – fiscalizar a gestão dos diretores, examinar, a qualquer tempo, os livros e papéis da companhia, solicitar informações sobre contratos celebrados ou em via de celebração, e quaisquer outros atos; IV – convocar a assembleia geral quando julgar conveniente, ou no caso do artigo 132; V – manifestar-se sobre o relatório da administração e as contas da diretoria; VI – manifestar-se previamente sobre atos ou contratos, quando o estatuto assim o exigir; VII – deliberar, quando autorizado pelo estatuto, sobre a emissão de ações ou de bônus de subscrição; VIII – autorizar, se o estatuto não dispuser em contrário, a alienação de bens do ativo não circulante, a constituição de ônus reais e a prestação de garantias a obrigações de terceiros; IX – escolher e destituir os auditores independentes, se houver.

92. Art. 138 A administração da companhia competirá, conforme dispuser o estatuto, ao conselho de administração e à diretoria, ou somente à diretoria.

estabelecer o processo de escolha e substituição do presidente do conselho, substituição dos membros do órgão, bem como as normas de convocação, instalação e funcionamento do conselho. Não dispondo de forma diferente, o *quorum* de aprovação do conselho de administração é a maioria dos votos (art. 140, LSA[93]).

c) Eleição e destituição

Quem fica encarregado de eleger os conselheiros administrativos e destituí-los a qualquer tempo, se for o caso, é a assembleia geral.

Em síntese, pode-se afirmar que os membros do conselho de administração dever ser pessoas físicas residentes ou não no país (art. 146, LSA[94]), idôneas, que não possuam conflito de interesses com a companhia e não ocupem cargo em sociedade concorrente[95] (art. 147, LSA[96]).

---

93. Art. 140. O conselho de administração será composto por, no mínimo, 3 (três) membros, eleitos pela assembleia geral e por ela destituíveis a qualquer tempo, devendo o estatuto estabelecer: I – o número de conselheiros, ou o máximo e mínimo permitidos, e o processo de escolha e substituição do presidente do conselho pela assembleia ou pelo próprio conselho; II – o modo de substituição dos conselheiros; III – o prazo de gestão, que não poderá ser superior a 3 (três) anos, permitida a reeleição; IV – as normas sobre convocação, instalação e funcionamento do conselho, que deliberará por maioria de votos, podendo o estatuto estabelecer quorum qualificado para certas deliberações, desde que especifique as matérias. § 1º O estatuto poderá prever a participação no conselho de representantes dos empregados, escolhidos pelo voto destes, em eleição direta, organizada pela empresa, em conjunto com as entidades sindicais que os representam. § 2º Na composição do conselho de administração das companhias abertas, é obrigatória a participação de conselheiros independentes, nos termos e nos prazos definidos pela Comissão de Valores Mobiliários.

94. Art. 146. Apenas pessoas naturais poderão ser eleitas para membros dos órgãos de administração. § 1º A ata da assembleia geral ou da reunião do conselho de administração que eleger administradores deverá conter a qualificação e o prazo de gestão de cada um dos eleitos, devendo ser arquivada no registro do comércio e publicada. § 2º A posse de administrador residente ou domiciliado no exterior fica condicionada à constituição de representante residente no País, com poderes para, até, no mínimo, 3 (três) anos após o término do prazo de gestão do administrador, receber: I – citações em ações contra ele propostas com base na legislação societária; e II – citações e intimações em processos administrativos instaurados pela Comissão de Valores Mobiliários, no caso de exercício de cargo de administração em companhia aberta.

95. TOMAZETTE, Marlon. *Curso de direito empresarial*: teoria geral e direito societário. 6. ed. São Paulo: Atlas, 2014, v. 1, p. 548.

96. Art. 147. Quando a lei exigir certos requisitos para a investidura em cargo de administração da companhia, a assembleia geral somente poderá eleger quem tenha exibido os necessários comprovantes, dos quais se arquivará cópia autêntica na sede social. § 1º São inelegíveis para os cargos de administração da companhia as pessoas impedidas por lei especial, ou condenadas por crime falimentar, de prevaricação, peita ou suborno, concussão, peculato, contra a economia popular, a fé pública ou a propriedade, ou a pena criminal que vede, ainda que temporariamente, o acesso a cargos públicos. § 2º São ainda inelegíveis para os cargos de administração de companhia aberta as pessoas declaradas inabilitadas por ato da Comissão de Valores Mobiliários. § 3º O conselheiro deve ter reputação ilibada, não podendo ser eleito, salvo dispensa da assembleia geral, aquele que: I – ocupar cargos em sociedades que possam ser consideradas concorrentes no mercado, em especial, em conselhos consultivos, de administração ou fiscal; e II – tiver interesse conflitante com a sociedade. 4º A comprovação do cumprimento das

Na composição do conselho de administração das companhias abertas, é obrigatória a participação de conselheiros independentes, nos termos e nos prazos definidos pela Comissão de Valores Mobiliários (art. 140, § 2º, LSA).

Pela forma de votação corriqueira, normalmente quem escolhe os membros do conselho de administração são os acionistas que controlam a maior parcela do capital votante. Para que os pequenos acionistas não fiquem totalmente desprotegidos, a lei institui o voto múltiplo, hipótese de votação que atribui a cada ação tantos votos quanto sejam os membros do conselho, podendo o acionista concentrar todos os votos em um membro a ser eleito ou distribuí-los. Basta que, até 48 (quarenta e oito) horas da assembleia geral, acionistas representantes de, no mínimo, 10% (dez por cento) do capital social com direito a voto, esteja ou não previsto no estatuto, requerer a adoção do processo de voto múltiplo, por meio do qual o número de votos de cada ação será multiplicado pelo número de cargos a serem preenchidos, reconhecido ao acionista o direito de cumular os votos em um só candidato ou distribuí-los entre vários (art. 141, LSA[97]). O exercício do

---

condições previstas no § 3º será efetuada por meio de declaração firmada pelo conselheiro eleito nos termos definidos pela Comissão de Valores Mobiliários, com vistas ao disposto nos arts. 145 e 159, sob as penas da lei.

97. Art. 141. Na eleição dos conselheiros, é facultado aos acionistas que representem, no mínimo, 10% (dez por cento) do capital social com direito a voto, esteja ou não previsto no estatuto, requerer a adoção do processo de voto múltiplo, por meio do qual o número de votos de cada ação será multiplicado pelo número de cargos a serem preenchidos, reconhecido ao acionista o direito de cumular os votos em um só candidato ou distribuí-los entre vários. § 1º A faculdade prevista neste artigo deverá ser exercida pelos acionistas até 48 (quarenta e oito) horas antes da assembleia geral, cabendo à mesa que dirigir os trabalhos da assembleia informar previamente aos acionistas, à vista do "Livro de Presença", o número de votos necessários para a eleição de cada membro do conselho. § 2º Os cargos que, em virtude de empate, não forem preenchidos, serão objeto de nova votação, pelo mesmo processo, observado o disposto no § 1º, in fine. § 3º Sempre que a eleição tiver sido realizada por esse processo, a destituição de qualquer membro do conselho de administração pela assembleia geral importará destituição dos demais membros, procedendo-se a nova eleição; nos demais casos de vaga, não havendo suplente, a primeira assembleia geral procederá à nova eleição de todo o conselho. § 4º Terão direito de eleger e destituir um membro e seu suplente do conselho de administração, em votação em separado na assembleia geral, excluído o acionista controlador, a maioria dos titulares, respectivamente: I – de ações de emissão de companhia aberta com direito a voto, que representem, pelo menos, 15% (quinze por cento) do total das ações com direito a voto; e II – de ações preferenciais sem direito a voto ou com voto restrito de emissão de companhia aberta, que representem, no mínimo, 10% (dez por cento) do capital social, que não houverem exercido o direito previsto no estatuto, em conformidade com o art. 18. § 5º Verificando-se que nem os titulares de ações com direito a voto e nem os titulares de ações preferenciais sem direito a voto ou com voto restrito perfizeram, respectivamente, o quorum exigido nos incisos I e II do § 4º, ser-lhes-á facultado agregar suas ações para elegerem em conjunto um membro e seu suplente para o conselho de administração, observando-se, nessa hipótese, o quorum exigido pelo inciso II do § 4º. § 6º Somente poderão exercer o direito previsto no § 4º os acionistas que comprovarem a titularidade ininterrupta da participação acionária ali exigida durante o período de 3 (três) meses, no mínimo, imediatamente anterior à realização da assembleia geral. § 7º Sempre que, cumulativamente, a eleição do conselho de administração ocorrer pelo sistema do voto múltiplo e os titulares de ações ordinárias ou preferenciais exercerem a prerrogativa de eleger conselheiro, será

voto múltiplo é direito das minorias dentro da sociedade, resguardado pela lei e, portanto, não requer previsão no estatuto social.

Outra medida legal visando assegurar direitos aos minoritários na companhia é a possibilidade da eleição em separado de um membro do conselho de administração. Pode ser requerida por acionistas que representem 15% (quinze por cento) do capital social votante de companhia aberta e por detentores de ações preferenciais sem direito a voto ou com esse direito restrito que representem pelo menos 10% (dez por cento) do capital social (art. 141, § 4º, LSA).

Caso nenhuma dessas parcelas minoritárias alcancem *quorum* suficiente para elegerem um conselheiro em apartado, poderão se unir para realização da eleição de um membro em conjunto, desde que unidas alcancem 10% (dez por cento) do capital social. A única exigência para que o requerimento de eleição em separado seja legítimo é o a comprovação por parte dos requerentes de que são titulares das ações que lhe pertencem na companhia por pelo menos 3 (três) meses antes da realização da assembleia geral que promoverá a eleição. Isso para que interesse dos minoritários que pretendem a eleição em separado se coadune com o interesse da sociedade, evitando que eventuais desinteressados deturpem a gestão social.

Na composição do conselho de administração das companhias abertas, é obrigatória a participação de conselheiros independentes, nos termos e nos prazos definidos pela Comissão de Valores Mobiliários (art. 140, § 2º, LSA).

Por fim, o estatuto poderá prever a participação no conselho de representantes dos empregados, escolhidos pelo voto destes, em eleição direta, organizada pela empresa, em conjunto com as entidades sindicais que os representam (art. 140, §1º, LSA).

4. DIRETORIA

A função da diretoria é de administração direta da companhia, competindo aos diretores dirigir a sociedade anônima e representá-la legalmente nos atos e negócios que venha a praticar. Faz isso por promover a execução das deliberações da assembleia geral e do conselho de administração.

---

assegurado a acionista ou a grupo de acionistas vinculados por acordo de votos que detenham mais de 50% (cinquenta por cento) do total de votos conferidos pelas ações com direito a voto o direito de eleger conselheiros em número igual ao dos eleitos pelos demais acionistas, mais um, independentemente do número de conselheiros que, segundo o estatuto, componha o órgão. § 8º A companhia deverá manter registro com a identificação dos acionistas que exercerem a prerrogativa a que se refere o § 4º.

a) Diretores

Assim como ocorre no conselho de administração, qualquer pessoa natural, acionista ou não, pode ser nomeada para ser membro da diretoria (art. 146, LSA), exceto se houver algum impedimento legal (art. 147, LSA).

b) Eleição e destituição

A Diretoria será composta por 1 (um) ou mais diretores, eleitos e destituíveis a qualquer tempo pelo conselho de administração, ou, se inexistente, pela assembleia geral. O estatuto deve prever a duração do mandato dos diretores que não poderá superar 3 (três) anos e a forma como serão substituídos, admitindo-se reeleição. Permite-se, ainda, que até 1/3 (um terço) dos membros do conselho de administração sejam eleitos para atuarem também como diretores (art. 143, LSA[98]).

c) Funções

O estatuto deve designar as funções de cada diretor dentro da companhia (diretor presidente, diretor financeiro, diretor jurídico, diretor comercial etc.), bem como qual dos diretores terá a função específica de exercer a representação da sociedade anônima. O conselho de administração poderá deliberar sobre a matéria quando o estatuto for omisso. Havendo omissão estatutária cumulada com a inércia do conselho, qualquer diretor poderá exercer a representação (art. 144, LSA[99]).

A prática demonstra que há diferenciação entre as funções de seus executivos (termo sinônimo de administrador ou diretor) pelas tarefas que serão exercidas por eles e utilizam expressões advindas do mercado internacional para designar o cargo que cada executivo exerce como, por exemplo: (i) CEO (Chief Executive Officer) para designar o diretor presidente ou diretor geral, responsável pelos poderes gerais de administração; (ii) CFO (Chief Financial Officer) para o diretor financeiro, responsável pelas finanças, controle de metas, objetivos e orçamentos e, ainda, cuida dos investimentos o do capital da sociedade; (iii) COO (Chief Operation Officer) para o diretor operacional, encarregado de auxiliar o CEO na

---

98. Art. 143. A Diretoria será composta por 1 (um) ou mais membros eleitos e destituíveis a qualquer tempo pelo conselho de administração ou, se inexistente, pela assembleia geral, e o estatuto estabelecerá: I – o número de diretores, ou o máximo e o mínimo permitidos; II – o modo de sua substituição; III – o prazo de gestão, que não será superior a 3 (três) anos, permitida a reeleição; IV – as atribuições e poderes de cada diretor. § 1º Os membros do conselho de administração, até o máximo de 1/3 (um terço), poderão ser eleitos para cargos de diretores. § 2º O estatuto pode estabelecer que determinadas decisões, de competência dos diretores, sejam tomadas em reunião da diretoria.

99. Art. 144. No silêncio do estatuto e inexistindo deliberação do conselho de administração (artigo 142, n. II e parágrafo único), competirão a qualquer diretor a representação da companhia e a prática dos atos necessários ao seu funcionamento regular.

CAPÍTULO IX • SOCIEDADES POR AÇÕES – LIÇÕES PRELIMINARES **225**

coordenação das rotinas da administração, também pode ser designado como vice-presidente; (iv) CHRO (Chief Human Resources Officer) para o diretor de Recursos Humanos; (v) CLO (Chief Legal Officer) para o diretor jurídico; (vi) CMO (Chief Marketing Officer) para o diretor de marketing, responsável por comandar as ações de marketing; (vii) CPO (Chief Product Officer) para o diretor de produtos, responsável pela concepção, projeto e a produção de produtos; (viii) CTO (Chief Technology Officer) para o diretor de tecnologia e CIO (Chief Information Officer) para o diretor de TI (tecnologia de informação) etc.

5. CONSELHO FISCAL

Toda sociedade anônima, obrigatoriamente, terá conselho fiscal, órgão cuja principal função é fiscalizar os administradores e verificar se a gestão segue o interesse da companhia, sendo as matérias de sua competência abrangidas no artigo 163 da Lei das Sociedade por Ações.[100] Observa-se que os deveres dos membros desse órgão social são equiparados aos dos administradores, respondendo os conselheiros fiscais por eventuais danos advindos da prática de ato culposo ou doloso ou por omissão no cumprimento dos seus deveres (art. 165, LSA[101])

a) Funcionamento facultativo

Apesar da existência ser obrigatória, o funcionamento do conselho fiscal é facultativo. Explica-se: o conselho fiscal existirá independentemente de previsão estatutária, embora os acionistas possam achar desnecessário que ele funcione, deixando-o desativado até que entendam adequado compô-lo através de eleição

---

100. Art. 163. Compete ao conselho fiscal: I – fiscalizar, por qualquer de seus membros, os atos dos administradores e verificar o cumprimento dos seus deveres legais e estatutários; II – opinar sobre o relatório anual da administração, fazendo constar do seu parecer as informações complementares que julgar necessárias ou úteis à deliberação da assembleia geral; III – opinar sobre as propostas dos órgãos da administração, a serem submetidas à assembleia geral, relativas a modificação do capital social, emissão de debêntures ou bônus de subscrição, planos de investimento ou orçamentos de capital, distribuição de dividendos, transformação, incorporação, fusão ou cisão; IV – denunciar, por qualquer de seus membros, aos órgãos de administração e, se estes não tomarem as providências necessárias para a proteção dos interesses da companhia, à assembleia geral, os erros, fraudes ou crimes que descobrirem, e sugerir providências úteis à companhia; V – convocar assembleia geral ordinária, se os órgãos da administração retardarem por mais de 1 (um) mês essa convocação, e a extraordinária, sempre que ocorrerem motivos graves ou urgentes, incluindo na agenda das assembleias as matérias que considerarem necessárias; VI – analisar, ao menos trimestralmente, o balancete e demais demonstrações financeiras elaboradas periodicamente pela companhia; VII – examinar as demonstrações financeiras do exercício social e sobre elas opinar; VIII – exercer essas atribuições, durante a liquidação, tendo em vista as disposições especiais que a regulam.

101. Art. 165. Os membros do conselho fiscal têm os mesmos deveres dos administradores de que tratam os arts. 153 a 156 e respondem pelos danos resultantes de omissão no cumprimento de seus deveres e de atos praticados com culpa ou dolo, ou com violação da lei ou do estatuto.

dos seus membros. Será permanente o funcionamento deste órgão diante de previsão estatutária expressa e nas sociedades de economia mista (art. 240, LSA[102]).

O funcionamento do conselho fiscal pode ser deliberado em assembleia geral quando proposto por acionistas que representem 10% (dez por cento) das ações com direito a voto ou 5% (cinco por cento) das ações sem direito a voto, na companhia fechada; enquanto que, na aberta, o CVM fixará os percentuais, sempre menores dos que os da fechada, com base no capital social.

b) Eleição e destituição

O conselho fiscal é composto de, no mínimo 3 (três) e, no máximo 5 (cinco) membros, acionistas ou não, os quais serão eleitos em assembleia geral. Os acionistas minoritários encontram outra proteção legal no capítulo sobre conselho fiscal da Lei das Sociedades por Ações podendo requerer a votação em separado de um dos seus membros desde que representem, no mínimo, 10% (dez por cento) do capital votante. O mesmo direito é resguardado aos titulares de ações preferenciais sem direito a voto ou com esse direito restrito. Caso ambas as classes mencionadas requeiram a votação separada, o conselho fiscal obrigatoriamente será composto de 5 (cinco) membros, visto que dois deles representarão os minoritários (art. 161, LSA[103]).

---

102. Art. 240. O funcionamento do conselho fiscal será permanente nas companhias de economia mista; um dos seus membros, e respectivo suplente, será eleito pelas ações ordinárias minoritárias e outro pelas ações preferenciais, se houver.
103. Art. 161. A companhia terá um conselho fiscal e o estatuto disporá sobre seu funcionamento, de modo permanente ou nos exercícios sociais em que for instalado a pedido de acionistas. § 1º O conselho fiscal será composto de, no mínimo, 3 (três) e, no máximo, 5 (cinco) membros, e suplentes em igual número, acionistas ou não, eleitos pela assembleia geral. § 2º O conselho fiscal, quando o funcionamento não for permanente, será instalado pela assembleia geral a pedido de acionistas que representem, no mínimo, 0,1 (um décimo) das ações com direito a voto, ou 5% (cinco por cento) das ações sem direito a voto, e cada período de seu funcionamento terminará na primeira assembleia geral ordinária após a sua instalação. § 3º O pedido de funcionamento do conselho fiscal, ainda que a matéria não conste do anúncio de convocação, poderá ser formulado em qualquer assembleia geral, que elegerá os seus membros. § 4º Na constituição do conselho fiscal serão observadas as seguintes normas: a) os titulares de ações preferenciais sem direito a voto, ou com voto restrito, terão direito de eleger, em votação em separado, 1 (um) membro e respectivo suplente; igual direito terão os acionistas minoritários, desde que representem, em conjunto, 10% (dez por cento) ou mais das ações com direito a voto; b) ressalvado o disposto na alínea anterior, os demais acionistas com direito a voto poderão eleger os membros efetivos e suplentes que, em qualquer caso, serão em número igual ao dos eleitos nos termos da alínea a, mais um. § 5º Os membros do conselho fiscal e seus suplentes exercerão seus cargos até a primeira assembleia geral ordinária que se realizar após a sua eleição, e poderão ser reeleitos. § 6º Os membros do conselho fiscal e seus suplentes exercerão seus cargos até a primeira assembleia geral ordinária que se realizar após a sua eleição, e poderão ser reeleitos. § 7º A função de membro do conselho fiscal é indelegável.

CAPÍTULO IX • SOCIEDADES POR AÇÕES – LIÇÕES PRELIMINARES

c) Membros do conselho fiscal

Aplicam-se aos membros do conselho fiscal os mesmos requisitos, impedimentos e deveres dos administradores. Além dos impedidos em razão de algum conflito de interesse com a companhia, não poderão atuar como membros desse órgão os próprios agentes sob fiscalização, ou seja, membros de órgãos de administração, nem seus cônjuges e parentes até terceiro grau. Também não podem ser eleitos para este cargo empregados da companhia ou de sociedade por ela controlada por se encontrarem subordinados hierarquicamente aos fiscalizados.

6. ADMINISTRAÇÃO DA SOCIEDADE ANÔNIMA

A administração da sociedade anônima, como já oportunamente destacado, é exercida pelo conselho de administração em conjunto com a diretoria. Portanto, quando a lei fala em administradores, compreende tanto os conselheiros quanto os diretores (art. 145, LSA[104]). Dentre os deveres do administrador os principais são de (i) diligência, (ii) lealdade e (iii) informar, embora existam outros de naturezas distintas e até mesmo alguns implícitos, decorrentes das generalidades da Lei das Sociedades por Ações (art. 153, LSA[105]).

a) Dever de diligência

O dever de diligência se traduz pelo *caput* do artigo 153 da Lei das Sociedades por Ações, pelo qual o administrador deve conduzir a companhia do mesmo modo que todo homem ativo e probo conduz seus próprios negócios. Compara-se o administrador ao bom pai de família que responsavelmente negocia e dirige suas atividades visando o bem-estar dos familiares. Esse conceito vago e impalpável dificulta a apuração do real dever de diligência. Tem se entendido que o administrador deve agir com probidade e diligência, empregando as técnicas de administração e os métodos tecnológicos mais adequados para a prosperidade da companhia, intentando sempre a realização dos fins e interesses sociais. Claro que, para fazer isso, o administrador não pode receber vantagem pessoal em razão de seu cargo, sob pena do valor recebido a esse título ser convertido em prol da companhia (art. 154, § 2º, "c", LSA[106]).

---

104. Art. 145. As normas relativas a requisitos, impedimentos, investidura, remuneração, deveres e responsabilidade dos administradores aplicam-se a conselheiros e diretores.

105. Art. 153. O administrador da companhia deve empregar, no exercício de suas funções, o cuidado e diligência que todo homem ativo e probo costuma empregar na administração dos seus próprios negócios.

106. Art. 154, § 2º É vedado ao administrador: (...) c) receber de terceiros, sem autorização estatutária ou da assembleia geral, qualquer modalidade de vantagem pessoal, direta ou indireta, em razão do exercício de seu cargo.

b) Dever de lealdade

Ao administrador cabe também o dever de lealdade. O artigo 155 da Lei das Sociedades por Ações traz as condutas que o administrador deve evitar em manutenção ao dever de lealdade.[107] Não lhe será permitido usar nenhuma informação que tenha obtido em razão da sua função para obter vantagem para si ou para outrem, não importando se resultar em prejuízo ou não à companhia. Sua atuação deve ser sempre no interesse da companhia, em conexão com o dever de diligência, sendo obrigatório que se abstenha de intervir em operações sociais nas quais seu interesse entrará em conflito com o da sociedade. Essa abstenção envolve deixar de aproveitar oportunidades que o administrador teria caso não exercesse esse cargo. Pode cometer crime de concorrência desleal o administrador que descumpre o dever de lealdade, vindo este a incorrer nas penas do artigo 195, XI e parágrafo primeiro da Lei de Propriedade Industrial.[108]

c) Dever de informar

O administrador de companhia aberta tem como dever inerente ao cargo o de informar. Mudanças nas posições acionárias da companhia, deliberações assembleares e fatos relevantes que influam no mercado são de extrema relevância para o público investidor, por isso devem ser informadas à Comissão de Valores Mobiliários e à Bolsa de Valores ou mercado de balcão onde os valores mobiliários da companhia são negociados (art. 157, §§ 4º e 6º, LSA).[109] Em âmbito pessoal, o

---

107. Art. 155. O administrador deve servir com lealdade à companhia e manter reserva sobre os seus negócios, sendo-lhe vedado: I – usar, em benefício próprio ou de outrem, com ou sem prejuízo para a companhia, as oportunidades comerciais de que tenha conhecimento em razão do exercício de seu cargo; II – omitir-se no exercício ou proteção de direitos da companhia ou, visando à obtenção de vantagens, para si ou para outrem, deixar de aproveitar oportunidades de negócio de interesse da companhia; III – adquirir, para revender com lucro, bem ou direito que sabe necessário à companhia, ou que esta tencione adquirir.

108. Art. 195, XI – divulga, explora ou utiliza-se, sem autorização, de conhecimentos, informações ou dados confidenciais, utilizáveis na indústria, comércio ou prestação de serviços, excluídos aqueles que sejam de conhecimento público ou que sejam evidentes para um técnico no assunto, a que teve acesso mediante relação contratual ou empregatícia, mesmo após o término do contrato; (...) § 1º Inclui-se nas hipóteses a que se referem os incisos XI e XII o empregador, sócio ou administrador da empresa, que incorrer nas tipificações estabelecidas nos mencionados dispositivos.

109. Art. 157, § 4º Os administradores da companhia aberta são obrigados a comunicar imediatamente à bolsa de valores e a divulgar pela imprensa qualquer deliberação da assembleia geral ou dos órgãos de administração da companhia, ou fato relevante ocorrido nos seus negócios, que possa influir, de modo ponderável, na decisão dos investidores do mercado de vender ou comprar valores mobiliários emitidos pela companhia. (...) § 6º Os administradores da companhia aberta deverão informar imediatamente, nos termos e na forma determinados pela Comissão de Valores Mobiliários, a esta e às bolsas de valores ou entidades do mercado de balcão organizado nas quais os valores mobiliários de emissão da companhia estejam admitidos à negociação, as modificações em suas posições acionárias na companhia.

CAPÍTULO IX • SOCIEDADES POR AÇÕES – LIÇÕES PRELIMINARES **229**

administrador também deve informar se em seu patrimônio se incluem quaisquer valores mobiliários emitidos pela companhia que dirige, especificando-os, caso existam. A qualquer acionista que detenha ao menos 5% (cinco por cento) do capital social é lícito requerer ao administrador que apresente em assembleia informações acerca dos seus negócios societários concernentes à companhia (art. 157, *caput* e § 1º, LSA[110]).

7. RESPONSABILIDADE DO ADMINISTRADOR

Enquanto agir dentro das suas atribuições praticando atos regulares de gestão, o administrador não responderá por eventuais danos resultantes da gerência. No entanto, será responsabilizado civilmente pelos danos causados por ato ilícito por ele praticado, com culpa ou dolo, mesmo que dentro das suas atribuições ou, ainda, em violação à lei ou ao estatuto social. Ficará a cargo da sociedade, mediante deliberação da assembleia geral, promover ação de responsabilidade civil contra o administrador que a lesou, como mostra o artigo 158 da Lei das Sociedades por Ações.[111] Conforme o parágrafo segundo do mesmo artigo, o administrador contra qual foi intentada ação de responsabilidade deve ser destituído do cargo, sendo substituído na própria assembleia.

a) Ação de responsabilidade

A ação de responsabilidade prevista no artigo 159 da Lei das Sociedades por Ações comporta algumas peculiaridades que merecem ser estudadas. Sua propositura se dá pela própria companhia, mas surgem duas exceções que ensejam em substituição processual (art. 159, §§ 3º e 4º, LSA).[112] Não sendo proposta

---

110. Art. 157. O administrador de companhia aberta deve declarar, ao firmar o termo de posse, o número de ações, bônus de subscrição, opções de compra de ações e debêntures conversíveis em ações, de emissão da companhia e de sociedades controladas ou do mesmo grupo, de que seja titular. § 1º O administrador de companhia aberta é obrigado a revelar à assembleia geral ordinária, a pedido de acionistas que representem 5% (cinco por cento) ou mais do capital social: a) o número dos valores mobiliários de emissão da companhia ou de sociedades controladas, ou do mesmo grupo, que tiver adquirido ou alienado, diretamente ou através de outras pessoas, no exercício anterior; b) as opções de compra de ações que tiver contratado ou exercido no exercício anterior; c) os benefícios ou vantagens, indiretas ou complementares, que tenha recebido ou esteja recebendo da companhia e de sociedades coligadas, controladas ou do mesmo grupo; d) as condições dos contratos de trabalho que tenham sido firmados pela companhia com os diretores e empregados de alto nível; e) quaisquer atos ou fatos relevantes nas atividades da companhia.

111. Art. 159 Compete à companhia, mediante prévia deliberação da assembleia geral, a ação de responsabilidade civil contra o administrador, pelos prejuízos causados ao seu patrimônio.

112. Art. 159, § 3º Qualquer acionista poderá promover a ação, se não for proposta no prazo de 3 (três) meses da deliberação da assembleia geral. § 4º Se a assembleia deliberar não promover a ação, poderá ela ser proposta por acionistas que representem 5% (cinco por cento), pelo menos, do capital social.

pelos órgãos de administração em até 3 (três) meses após a deliberação positiva da assembleia geral, qualquer acionista poderá propô-la em nome da sociedade anônima, hipótese de substituição processual derivada. Entendendo a assembleia que a ação não é cabível, ainda assim poderá propor a ação em nome da companhia qualquer acionista que possua pelo menos 5% (cinco por cento) do capital social, nesse caso configurando substituição processual originária.

O prazo prescricional da ação de responsabilidade é de 3 (três) anos da data da publicação da ata da assembleia geral que aprovar o balanço referente ao exercício em que o ilícito foi cometido (art. 287, II, "b", LSA[113]). Pode ser que o ilícito tenha repercussão penal ensejando em apuração nessa esfera, caso em que o prazo começará da prescrição da ação penal ou da sentença penal definitiva.

b) Responsabilidade administrativa

O administrador responderá ainda de forma administrativa perante a Comissão de Valores Mobiliários por violação da Lei das Sociedades por Ações, das resoluções da própria CVM e da Lei 6.385/1976. A Lei 6.385/1976 as penalidades cabíveis que variam das mais leves como advertência e multa até as mais pesadas como suspensão do cargo e proibição de operar ou trabalhar com mercados mobiliários por períodos de até 20 (vinte) anos. O administrador também poderá responder perante terceiros que tenham sido lesados por atos resultantes da sua gestão, inclusive em face de consumidores da companhia que tiver ruído em consequência de má administração (art. 28, CDC[114]).

---

113. Art. 287 Prescreve: (...) II – em 3 (três) anos: (...) b) a ação contra os fundadores, acionistas, administradores, liquidantes, fiscais ou sociedade de comando, para deles haver reparação civil por atos culposos ou dolosos, no caso de violação da lei, do estatuto ou da convenção de grupo, contado o prazo: 1 – para os fundadores, da data da publicação dos atos constitutivos da companhia; 2 – para os acionistas, administradores, fiscais e sociedades de comando, da data da publicação da ata que aprovar o balanço referente ao exercício em que a violação tenha ocorrido; 3 – para os liquidantes, da data da publicação da ata da primeira assembleia geral posterior à violação.

114. Art. 28. O juiz poderá desconsiderar a personalidade jurídica da sociedade quando, em detrimento do consumidor, houver abuso de direito, excesso de poder, infração da lei, fato ou ato ilícito ou violação dos estatutos ou contrato social. A desconsideração também será efetivada quando houver falência, estado de insolvência, encerramento ou inatividade da pessoa jurídica provocados por má administração.

G. ACIONISTAS

1. ACIONISTAS

O sócio da sociedade anônima é denominado acionista. O acionista é detentor de ação ou ações que lhe conferem direitos e deveres. Separa-se os acionistas de uma companhia em dois tipos: os empreendedores e os investidores. O primeiro se preocupa com a sociedade, acompanhando de perto as atividades e deliberações da companhia por se importar com o futuro do empreendimento e visar o sucesso deste. O segundo é substancialmente mais desinteressado no desenvolvimento duradouro da companhia, visto que seu interesse é puramente econômico, pretendendo recuperar e multiplicar seu investimento, mas sem necessariamente se envolver no cotidiano da sociedade anônima.

2. OBRIGAÇÃO DE INTEGRALIZAR

Seja qual for o seu interesse na sociedade, o maior dever do acionista é de pagar, na forma como prever o estatuto ou boletim de subscrição, o preço de emissão das ações que subscreveu, sob pena de ser considerado remisso, sem necessidade de interpelação para constituição da mora.

a) Acionista remisso

Na omissão dos instrumentos sociais quanto ao prazo para pagamento, os acionistas serão convocados pelos órgãos de administração através da publicação de anúncios por 3 (três) vezes na imprensa, estendendo-se o prazo mínimo de 30 (trinta) dias para o pagamento. A mora pode ser purgada pelo inadimplente pelo pagamento do valor principal acrescido de juros, correção monetária e multa estatutária, quando prevista, nunca superior a 10% (dez por cento) do principal (art. 106, LSA[115]).

O acionista em mora pode ser cobrado judicialmente pela companhia através de ação de execução fundada no boletim de subscrição em conjunto com o aviso de chamada, os quais funcionarão como título executivo extrajudicial (art. 107, LSA[116]). A lei permite, alternativamente, que a companhia venda na Bolsa de Valores as ações do devedor, descontando-se as despesas de operação, juros, correção monetária e multa previstos no estatuto. Eventual saldo ficará à disposição para ser levantado pelo ex-acionista. Até mesmo companhias fechadas podem se valer dessa venda de ações por se tratar de um leilão especial.

Nem sempre a sociedade anônima é bem-sucedida em realizar a cobrança judicial do acionista remisso e pode ser que não haja interesse no leilão realizado para venda das ações. Nesse caso, admitir-se-á a integralização das ações pela própria companhia, se possuir capital para tanto, ou a declaração da caducidade das ações, ingressando no capital social quaisquer entradas realizadas ou valores integralizados parcialmente. Ainda assim, os valores colhidos da caducidade podem não ser suficientes para compor o capital social pretendido. A sociedade, no

---

115. Art. 106. O acionista é obrigado a realizar, nas condições previstas no estatuto ou no boletim de subscrição, a prestação correspondente às ações subscritas ou adquiridas. § 1º Se o estatuto e o boletim forem omissos quanto ao montante da prestação e ao prazo ou data do pagamento, caberá aos órgãos da administração efetuar chamada, mediante avisos publicados na imprensa, por 3 (três) vezes, no mínimo, fixando prazo, não inferior a 30 (trinta) dias, para o pagamento. § 2º O acionista que não fizer o pagamento nas condições previstas no estatuto ou boletim, ou na chamada, ficará de pleno direito constituído em mora, sujeitando-se ao pagamento dos juros, da correção monetária e da multa que o estatuto determinar, esta não superior a 10% (dez por cento) do valor da prestação.

116. Art. 107. Verificada a mora do acionista, a companhia pode, à sua escolha: I – promover contra o acionista, e os que com ele forem solidariamente responsáveis (artigo 108), processo de execução para cobrar as importâncias devidas, servindo o boletim de subscrição e o aviso de chamada como título extrajudicial nos termos do Código de Processo Civil; ou II – mandar vender as ações em bolsa de valores, por conta e risco do acionista.

CAPÍTULO IX • SOCIEDADES POR AÇÕES – LIÇÕES PRELIMINARES **233**

prazo de 1 (um) ano, encontrará comprador para aquelas ações ou o capital social terá de ser reduzido por deliberação da assembleia geral (art. 107, § 4º, LSA[117]).

b) Sociedade anônima unipessoal

A *priori*, somente haverá sociedade anônima quando mais de um acionista compor o quadro social de investidores, sendo que a Lei das Sociedades por Ações trata como hipótese de dissolução da sociedade a existência de apenas 1 (um) acionista (art. 206, I, "d", LSA[118]), exceto se a companhia for uma Subsidiária Integral, espécie que admite a unipessoalidade da companhia nas hipóteses de ser constituída, mediante escritura pública, por sociedade brasileira ou na conversão em subsidiária integral quando sociedade brasileira adquirir todas as ações de determinada sociedade anônima (art. 251, LSA[119]).

c) Direitos do acionista

Todo acionista é detentor de alguns direitos, chamados de essenciais, os quais não podem ser suprimidos nem pelo estatuto social, nem por deliberação da assembleia geral. Dizer que não podem ser suprimidos não significa que serão necessariamente exercidos ou que são absolutos, visto que podem ser modulados, observando-se o interesse social em detrimento do particular. Tais direitos estão previstos no artigo 109 da Lei das Sociedades por Ações e compõe uma estrutura mínima de proteção, visando manter o equilíbrio das relações de poder dentro da companhia, são eles: (i) participar dos lucros sociais; (ii) participar do acervo da companhia, em caso de liquidação; (iii) fiscalizar, na forma prevista na Lei das Sociedades por Ações, a gestão dos negócios sociais; (iv) preferência para a subscrição de ações, partes beneficiárias conversíveis em ações, debêntures conversíveis em ações e bônus de subscrição; (v) retirar-se da sociedade nos casos previstos na Lei das Sociedades por Ações e, eventualmente, (vi) Direito de voto.

---

117. Art. 107, § 4º § 4º Se a companhia não conseguir, por qualquer dos meios previstos neste artigo, a integralização das ações, poderá declará-las caducas e fazer suas as entradas realizadas, integralizando-as com lucros ou reservas, exceto a legal; se não tiver lucros e reservas suficientes, terá o prazo de 1 (um) ano para colocar as ações caídas em comisso, findo o qual, não tendo sido encontrado comprador, a assembleia geral deliberará sobre a redução do capital em importância correspondente.

118. Art. 206. Dissolve-se a companhia: I – de pleno direito: d) pela existência de 1 (um) único acionista, verificada em assembleia geral ordinária, se o mínimo de 2 (dois) não for reconstituído até a do ano seguinte, ressalvado o disposto no artigo 251;

119. Art. 251. A companhia pode ser constituída, mediante escritura pública, tendo como único acionista sociedade brasileira. § 1º A sociedade que subscrever em bens o capital de subsidiária integral deverá aprovar o laudo de avaliação de que trata o artigo 8º, respondendo nos termos do § 6º do artigo 8º e do artigo 10 e seu parágrafo único. § 2º A companhia pode ser convertida em subsidiária integral mediante aquisição, por sociedade brasileira, de todas suas ações, ou nos termos do artigo 252.

(i) Participar dos lucros sociais. Sociedades empresárias visam o lucro e seus sócios ou acionistas são os destinatários desse resultado financeiro. Dessa forma, é direito de todo sócio receber o dividendo – parcela do lucro líquido cabível a cada ação –, forma mais comum de participação dos lucros sociais. Esse valor pode variar conforme a classe e preferência da ação, mas dentro de uma mesma classe não pode haver distinção entre os acionistas. A distribuição de parte dos lucros aos sócios a título de dividendos é obrigatória para as companhias brasileiras, como demonstra o artigo 202 da Lei das Sociedades por Ações,[120] devendo o estatuto estabelecer a quantia devida, que não poderá ser inferior a 25% (vinte e cinco por cento) do lucro líquido, exceto se a assembleia geral deliberar por quantia inferior, não podendo haver oposição por parte de nenhum acionista. Omissos estatuto e assembleia geral quanto à matéria, será devido aos acionistas 50% (cinquenta por cento) do lucro líquido da sociedade a título de dividendos. Excepcionalmente admitir-se-á o não pagamento dos dividendos no exercício social em que a companhia comprovar que sua situação financeira não propiciar a distribuição (art. 202, § 4º, LSA[121]). Por fim, a distribuição de lucros é proibida enquanto subsistir débito previdenciário, como prevê ao artigo 52 da Lei 8.212/1991 que instituiu a Seguridade Social.

(ii) Participar do acervo social. Só será exercido esse direito caso haja liquidação da companhia. Ainda assim não é garantia que o acionista participará do acervo da companhia, eis que este é usado primariamente para quitar os débitos sociais. Como na participação dos lucros, titulares de ações com determinadas preferências poderão fruir desse direito antes do que os demais.

(iii) Fiscalizar a gestão dos negócios sociais. Nas sociedades anônimas muitos acionistas não exercem diretamente a gestão dos negócios sociais, por isso lhes é estendida a possibilidade de fiscalização da gestão. Dentre as várias formas de

---

120. Art. 202. Os acionistas têm direito de receber como dividendo obrigatório, em cada exercício, a parcela dos lucros estabelecida no estatuto ou, se este for omisso, a importância determinada de acordo com as seguintes normas: I – metade do lucro líquido do exercício diminuído ou acrescido dos seguintes valores: a) importância destinada à constituição da reserva legal (art. 193); e b) importância destinada à formação da reserva para contingências (art. 195) e reversão da mesma reserva formada em exercícios anteriores; II – o pagamento do dividendo determinado nos termos do inciso I poderá ser limitado ao montante do lucro líquido do exercício que tiver sido realizado, desde que a diferença seja registrada como reserva de lucros a realizar (art. 197); III – os lucros registrados na reserva de lucros a realizar, quando realizados e se não tiverem sido absorvidos por prejuízos em exercícios subsequentes, deverão ser acrescidos ao primeiro dividendo declarado após a realização.

121. Art. 202, § 4º O dividendo previsto neste artigo não será obrigatório no exercício social em que os órgãos da administração informarem à assembleia geral ordinária ser ele incompatível com a situação financeira da companhia. O conselho fiscal, se em funcionamento, deverá dar parecer sobre essa informação e, na companhia aberta, seus administradores encaminharão à Comissão de Valores Mobiliários, dentro de 5 (cinco) dias da realização da assembleia geral, exposição justificativa da informação transmitida à assembleia.

CAPÍTULO IX • SOCIEDADES POR AÇÕES – LIÇÕES PRELIMINARES

exercício desse direito está o funcionamento do conselho fiscal, considerada forma indireta de fiscalização. Poderá ser exercida, ainda, diretamente pelos acionistas, através de requerimento judicial de exibição dos livros sociais, desde que promovido por pelo menos 5% (cinco por cento) do capital social e demonstrado violação da lei ou estatuto social, conforme artigo 105 da Lei das Sociedades por Ações.[122] Terão acesso garantido não só aos livros sociais, mas também aos relatórios, pareceres e balanços do conselho fiscal, bem como dos acionistas que não integralizaram suas ações, possibilitando a discussão desses documentos em assembleia geral.

(iv) Direito de preferência. Aplicável a todos os acionistas, o direito de preferência intenta assegurar as proporções acionárias de cada sócio quando da emissão de novos valores mobiliários. Dessa forma, fica garantido aos acionistas, em detrimento do público investidor geral, a preferência na subscrição de novas ações, partes beneficiárias conversíveis em ações, debêntures conversíveis em ações e bônus de subscrição (art. 171, § 1º, LSA[123]). Estender o direito de preferência não garante a manutenção da parcela acionária do sócio, visto que este deverá dispor de fundos suficientes para subscrever no momento da emissão. Destaca-se que o direito de preferência incorpora ao patrimônio dos acionistas, podendo ser cedido a partir da deliberação que decidiu pela emissão de novos títulos. A eventual cessão deve ocorrer dentro do prazo decadencial do direito, fixado pelo estatuto ou pela assembleia geral, nunca inferior a 30 (trinta) dias (art. 171, § 4º, LSA[124]).

(v) Direito de retirada. O acionista pode, dentro das balizas legais, exercer esse direito para se retirar da sociedade anônima, recebendo o reembolso de suas ações, pautado, em regra, pelo valor patrimonial da ação. No entanto, na maioria

---

122. Art. 105 A exibição por inteiro dos livros da companhia pode ser ordenada judicialmente sempre que, a requerimento de acionistas que representem, pelo menos, 5% (cinco por cento) do capital social, sejam apontados atos violadores da lei ou do estatuto, ou haja fundada suspeita de graves irregularidades praticadas por qualquer dos órgãos da companhia.

123. Art. 171 Na proporção do número de ações que possuírem, os acionistas terão preferência para a subscrição do aumento de capital. § 1º Se o capital for dividido em ações de diversas espécies ou classes e o aumento for feito por emissão de mais de uma espécie ou classe, observar-se-ão as seguintes normas: a) no caso de aumento, na mesma proporção, do número de ações de todas as espécies e classes existentes, cada acionista exercerá o direito de preferência sobre ações idênticas às de que for possuidor; b) se as ações emitidas forem de espécies e classes existentes, mas importarem alteração das respectivas proporções no capital social, a preferência será exercida sobre ações de espécies e classes idênticas às de que forem possuidores os acionistas, somente se estendendo às demais se aquelas forem insuficientes para lhes assegurar, no capital aumentado, a mesma proporção que tinham no capital antes do aumento; c) se houver emissão de ações de espécie ou classe diversa das existentes, cada acionista exercerá a preferência, na proporção do número de ações que possuir, sobre ações de todas as espécies e classes do aumento.

124. Art. 171, § 4º O estatuto ou a assembleia geral fixará prazo de decadência, não inferior a 30 (trinta) dias, para o exercício do direito de preferência.

das vezes, a retirada não é interessante para a companhia, a qual tem que despender recursos para efetuar o reembolso e, por isso, a saída do sócio só será permitida nos casos previstos em lei, que ora visam proteger o interesse individual do acionista, ora o coletivo da sociedade. As hipóteses legais de retirada são resultado da não concordância do acionista com determinadas matérias deliberadas em assembleia geral, mais especificamente, as elencadas nos artigos 136, incisos I ao VI, e IX, 221, 230 e 252[125] todos da Lei das Sociedades por Ações, bem como no caso em que a companhia tiver seu nome desapropriado (art. 236, p. único, LSA[126]). Não basta apenas que o acionista discorde de deliberação prevista na lei, precisará também estar contido nas particularidades registradas pelo artigo 137 da lei do anonimato.[127] Como já mencionado, o valor do reembolso pago ao acionista em

---

125. Art. 136 (...) I – criação de ações preferenciais ou aumento de classe de ações preferenciais existentes, sem guardar proporção com as demais classes de ações preferenciais, salvo se já previstos ou autorizados pelo estatuto; II – alteração nas preferências, vantagens e condições de resgate ou amortização de uma ou mais classes de ações preferenciais, ou criação de nova classe mais favorecida; III – redução do dividendo obrigatório; IV – fusão da companhia, ou sua incorporação em outra; V – participação em grupo de sociedades (art. 265); VI – mudança do objeto da companhia; (...) IX – cisão da companhia.
Art. 221 A transformação exige o consentimento unânime dos sócios ou acionistas, salvo se prevista no estatuto ou no contrato social, caso em que o sócio dissidente terá o direito de retirar-se da sociedade.
Art. 230 Nos casos de incorporação ou fusão, o prazo para exercício do direito de retirada, previsto no art. 137, inciso II, será contado a partir da publicação da ata que aprovar o protocolo ou justificação, mas o pagamento do preço de reembolso somente será devido se a operação vier a efetivar-se.
Art. 252 A incorporação de todas as ações do capital social ao patrimônio de outra companhia brasileira, para convertê-la em subsidiária integral, será submetida à deliberação da assembleia geral das duas companhias mediante protocolo e justificação, nos termos dos artigos 224 e 225.

126. Art. 236, Parágrafo único. Sempre que pessoa jurídica de direito público adquirir, por desapropriação, o controle de companhia em funcionamento, os acionistas terão direito de pedir, dentro de 60 (sessenta) dias da publicação da primeira ata da assembleia geral realizada após a aquisição do controle, o reembolso das suas ações; salvo se a companhia já se achava sob o controle, direto ou indireto, de outra pessoa jurídica de direito público, ou no caso de concessionária de serviço público.

127. Art. 137. A aprovação das matérias previstas nos incisos I a VI e IX do art. 136 dá ao acionista dissidente o direito de retirar-se da companhia, mediante reembolso do valor das suas ações (art. 45), observadas as seguintes normas: I – nos casos dos incisos I e II do art. 136, somente terá direito de retirada o titular de ações de espécie ou classe prejudicadas: II – nos casos dos incisos IV e V do art. 136, não terá direito de retirada o titular de ação de espécie ou classe que tenha liquidez e dispersão no mercado, considerando-se haver: a) liquidez, quando a espécie ou classe de ação, ou certificado que a represente, integre índice geral representativo de carteira de valores mobiliários admitido à negociação no mercado de valores mobiliários, no Brasil ou no exterior, definido pela Comissão de Valores Mobiliários; e b) dispersão, quando o acionista controlador, a sociedade controladora ou outras sociedades sob seu controle detiverem menos da metade da espécie ou classe de ação; III – no caso do inciso IX do art. 136, somente haverá direito de retirada se a cisão implicar: a) mudança do objeto social, salvo quando o patrimônio cindido for vertido para sociedade cuja atividade preponderante coincida com a decorrente do objeto social da sociedade cindida; b) redução do dividendo obrigatório; ou c) participação em grupo de sociedades; IV – o reembolso da ação deve ser reclamado à companhia no prazo de 30 (trinta) dias contado da publicação da ata da assembleia geral; V – o prazo para o dissidente de deliberação de assembleia especial (art. 136, § 1º) será contado da publicação da respectiva ata; VI – o pagamento do reembolso somente poderá ser exigido após a observância do disposto no § 3º e, se for o caso, da ratificação da deliberação pela assembleia geral.

CAPÍTULO IX • SOCIEDADES POR AÇÕES – LIÇÕES PRELIMINARES **237**

retirada é baseado no valor patrimonial da ação e não no valor negocial, como muitos exigem. Isso porque a retirada pode ser exercida pelo acionista através da venda da sua parcela acionária, fruindo o titular da diferença monetária a título de prospecto econômico. Em reforma à lei do anonimato, se passou a admitir o pagamento do reembolso com base no valor econômico da ação quando assim for previsto no estatuto (art. 45, § 1º, LSA[128]).

(vi) Direito de voto. Apesar de não ser um direito essencial, o direito de voto é tão importante quanto os demais por expressar a vontade dos acionistas e determinar o futuro da sociedade através do seu exercício nas deliberações da assembleia geral. Disse-se que não é essencial pois não é estendido a todos os acionistas, podendo ser suprimido ou limitado pelo estatuto quando este dispuser sobre os direitos de determinadas classes de ações preferenciais. A limitação pode ocorrer até mesmo nas ações ordinárias, com base no acionista que as detém, como demonstra parágrafo primeiro do artigo 110 da Lei das Sociedades por Ações.[129]

Contudo, há previsão de criação de uma ou mais classes de ações ordinárias com atribuição de voto plural, não superior a 10 (dez) votos por ação ordinária (i) na companhia fechada; e (ii) na companhia aberta, desde que a criação da classe ocorra previamente à negociação de quaisquer ações ou valores mobiliários conversíveis em ações de sua emissão em mercados organizados de valores mobiliários.

O voto plural atribuído às ações ordinárias terá prazo de vigência inicial de até 7 (sete) anos, prorrogável por qualquer prazo, desde que: (i) seja observado o disposto nos §§ 1º e 3º deste artigo para a aprovação da prorrogação; (ii) sejam excluídos das votações os titulares de ações da classe cujo voto plural se preten-de prorrogar; e (iii) seja assegurado aos acionistas dissidentes, nas hipóteses de prorrogação, o direito previsto no § 2º deste artigo (art. 110-A, LSA[130]).

---

128. Art. 45, § 1º O estatuto pode estabelecer normas para a determinação do valor de reembolso, que, entretanto, somente poderá ser inferior ao valor de patrimônio líquido constante do último balanço aprovado pela assembleia geral, observado o disposto no § 2º, se estipulado com base no valor econô-mico da companhia, a ser apurado em avaliação (§§ 3º e 4º).

129. Art. 110. A cada ação ordinária corresponde 1 (um) voto nas deliberações da assembleia geral. § 1º O estatuto pode estabelecer limitação ao número de votos de cada acionista.

130. Art. 110-A. É admitida a criação de uma ou mais classes de ações ordinárias com atribuição de voto plural, não superior a 10 (dez) votos por ação ordinária: I – na companhia fechada; e II – na companhia aberta, desde que a criação da classe ocorra previamente à negociação de quaisquer ações ou valores mobiliários conversíveis em ações de sua emissão em mercados organizados de valores mobiliários. § 1º A criação de classe de ações ordinárias com atribuição do voto plural depende do voto favorável de acionistas que representem: I – metade, no mínimo, do total de votos conferidos pelas ações com direito a voto; e II – metade, no mínimo, das ações preferenciais sem direito a voto ou com voto restrito, se emitidas, reunidas em assembleia especial convocada e instalada com as formalidades desta Lei. § 2º Nas deliberações de que trata o § 1º deste artigo, será assegurado aos acionistas dissidentes o direito de se retirarem da companhia mediante reembolso do valor de suas ações nos termos do art. 45 desta

O exercício do voto apresenta algumas peculiaridades quando houver o penhor da ação ou sua alienação fiduciária. A lei do anonimato prevê, no artigo 113,[131] que o acionista de ação empenhada continua a exercer o direito de voto, mas condicionado – condição prevista no contrato de penhor – à autorização

---

Lei, salvo se a criação da classe de ações ordinárias com atribuição de voto plural já estiver prevista ou autorizada pelo estatuto. § 3º O estatuto social da companhia, aberta ou fechada, nos termos dos incisos I e II do *caput* deste artigo, poderá exigir quórum maior para as deliberações de que trata o § 1º deste artigo. § 4º A listagem de companhias que adotem voto plural e a admissão de valores mobiliários de sua emissão em segmento de listagem de mercados organizados sujeitar-se-ão à observância das regras editadas pelas respectivas entidades administradoras, que deverão dar transparência sobre a condição de tais companhias abertas. § 5º Após o início da negociação das ações ou dos valores mobiliários conversíveis em ações em mercados organizados de valores mobiliários, é vedada a alteração das características de classe de ações ordinárias com atribuição de voto plural, exceto para reduzir os respectivos direitos ou vantagens. § 6º É facultado aos acionistas estipular no estatuto social o fim da vigência do voto plural condicionado a um evento ou a termo, observado o disposto nos §§ 7º e 8º deste artigo. § 7º O voto plural atribuído às ações ordinárias terá prazo de vigência inicial de até 7 (sete) anos, prorrogável por qualquer prazo, desde que: I – seja observado o disposto nos §§ 1º e 3º deste artigo para a aprovação da prorrogação; II – sejam excluídos das votações os titulares de ações da classe cujo voto plural se pretende prorrogar; e III – seja assegurado aos acionistas dissidentes, nas hipóteses de prorrogação, o direito previsto no § 2º deste artigo. § 8º As ações de classe com voto plural serão automaticamente convertidas em ações ordinárias sem voto plural na hipótese de: I – transferência, a qualquer título, a terceiros, exceto nos casos em que: a) o alienante permanecer indiretamente como único titular de tais ações e no controle dos direitos políticos por elas conferidos; b) o terceiro for titular da mesma classe de ações com voto plural a ele alienadas; ou c) a transferência ocorrer no regime de titularidade fiduciária para fins de constituição do depósito centralizado; ou II – o contrato ou acordo de acionistas, entre titulares de ações com voto plural e acionistas que não sejam titulares de ações com voto plural, dispor sobre exercício conjunto do direito de voto. § 9º Quando a lei expressamente indicar quóruns com base em percentual de ações ou do capital social, sem menção ao número de votos conferidos pelas ações, o cálculo respectivo deverá desconsiderar a pluralidade de voto. § 10. (Vetado). § 11. São vedadas as operações: I – de incorporação, de incorporação de ações e de fusão de companhia aberta que não adote voto plural, e cujas ações ou valores mobiliários conversíveis em ações sejam negociados em mercados organizados, em companhia que adote voto plural; II – de cisão de companhia aberta que não adote voto plural, e cujas ações ou valores mobiliários conversíveis em ações sejam negociados em mercados organizados, para constituição de nova companhia com adoção do voto plural, ou incorporação da parcela cindida em companhia que o adote. § 12. Não será adotado o voto plural nas votações pela assembleia de acionistas que deliberarem sobre: I – a remuneração dos administradores; e II – a celebração de transações com partes relacionadas que atendam aos critérios de relevância a serem definidos pela Comissão de Valores Mobiliários. § 13. O estatuto social deverá estabelecer, além do número de ações de cada espécie e classe em que se divide o capital social, no mínimo: I – o número de votos atribuído por ação de cada classe de ações ordinárias com direito a voto, respeitado o limite de que trata o caput deste artigo; II – o prazo de duração do voto plural, observado o limite previsto no § 7º deste artigo, bem como eventual quórum qualificado para deliberar sobre as prorrogações, nos termos do § 3º deste artigo; e III – se aplicável, outras hipóteses de fim de vigência do voto plural condicionadas a evento ou a termo, além daquelas previstas neste artigo, conforme autorizado pelo § 6º deste artigo. § 14. As disposições relativas ao voto plural não se aplicam às empresas públicas, às sociedades de economia mista, às suas subsidiárias e às sociedades controladas direta ou indiretamente pelo poder público.

131. Art. 113 O penhor da ação não impede o acionista de exercer o direito de voto; será lícito, todavia, estabelecer, no contrato, que o acionista não poderá, sem consentimento do credor pignoratício, votar em certas deliberações. Parágrafo único. O credor garantido por alienação fiduciária da ação não poderá exercer o direito de voto; o devedor somente poderá exercê-lo nos termos do contrato.

do credor para votar certas deliberações. Já na alienação fiduciária, o parágrafo único do artigo 113 da Lei de Sociedades por Ações determina que o acionista é quem votará pela ação, não o credor, mas o exercício desse direito será feito nos termos do contrato de alienação. Ações gravadas com usufruto dependerão de prévio acordo entre os envolvidos para que o voto seja exercido (art. 114, LSA[132]). A assembleia geral tem autonomia para suspender o direito de voto do acionista que não cumprir com obrigação determinado por lei ou pelo estatuto social, retornando imediatamente o direito ao titular da ação quando do cumprimento da obrigação (art. 120, LSA[133]).

O voto deve ser exercido pelo acionista sempre visando o interesse da companhia, atentando-se que a prosperidade desta importará na sua prosperidade. O acionista que vota com a intenção de prejudicar a sociedade, causando-lhe dano, ou que utiliza esse direito para obter vantagem indevida para si ou para outrem prática voto abusivo, conforme artigo 115 da Lei das Sociedades por Ações.[134] Observa-se que o voto abusivo decorre de elemento subjetivo, qual seja a vontade do indivíduo em lesar ou obter vantagem indevida. Comprovada a intenção subjetiva de lesão por parte do acionista, este responderá civilmente pelos danos causados à sociedade ou aos outros acionistas, ainda que seu voto tenha sido vencido.[135]

Diferente é o voto conflitante, fundado em requisito objetivo disposto em lei. O acionista é impedido de votar nas deliberações de avaliação dos seus próprios bens ingressantes no capital social para integralizar suas ações, na aprovação das suas contas como administrador, em qualquer outra deliberação que poderia beneficiá-lo de modo individual ou nas que houver interesse particular do acionista conflitante com a companhia (art. 115, § 1º, LSA[136]). O voto do acionista nesses casos não necessariamente seria abusivo ou que ele agiria propositalmente contra o interesse social, mas a lei veda para se evitar, desde já, problemas e apurações

---

132. Art. 114 O direito de voto da ação gravada com usufruto, se não for regulado no ato de constituição do gravame, somente poderá ser exercido mediante prévio acordo entre o proprietário e o usufrutuário.
133. Art. 120 A assembleia geral poderá suspender o exercício dos direitos do acionista que deixar de cumprir obrigação imposta pela lei ou pelo estatuto, cessando a suspensão logo que cumprida a obrigação.
134. Art. 115 O acionista deve exercer o direito a voto no interesse da companhia; considerar-se-á abusivo o voto exercido com o fim de causar dano à companhia ou a outros acionistas, ou de obter, para si ou para outrem, vantagem a que não faz jus e de que resulte, ou possa resultar, prejuízo para a companhia ou para outros acionistas.
135. Art. 115, § 3º o acionista responde pelos danos causados pelo exercício abusivo do direito de voto, ainda que seu voto não haja prevalecido.
136. Art. 115, § 1º o acionista não poderá votar nas deliberações da assembleia geral relativas ao laudo de avaliação de bens com que concorrer para a formação do capital social e à aprovação de suas contas como administrador, nem em quaisquer outras que puderem beneficiá-lo de modo particular, ou em que tiver interesse conflitante com o da companhia.

de abusividade. O acionista continua respondendo civilmente pelos danos decorrentes do voto conflitante, ainda que este seja anulado (art. 115, § 4º, LSA[137]).

H. ACORDO DE ACIONISTAS

1. ACORDO DE ACIONISTAS

O acordo de acionistas é o principal instrumento de estabilização das posições acionárias previsto pelo direito societário pátrio[138] no artigo 118 da Lei de Sociedade por Ações.[139] Preenchidos os requisitos do artigo 784, III, do Código de Processo Civil, poderão inclusive ser considerados títulos executivos extrajudiciais. A lei prevê que o acordo de acionistas regule a compra e a venda de ações, a preferência para adquiri-las, o exercício do direito de voto ou o poder de eleger a maioria dos administradores,[140] e mesmo o controle.

---

137. Art. 115, § 4º A deliberação tomada em decorrência do voto de acionista que tem interesse conflitante com o da companhia é anulável; o acionista responderá pelos danos causados e será obrigado a transferir para a companhia as vantagens que tiver auferido.

138. COELHO, Fábio Ulhoa. *Curso de Direito Comercial.* São Paulo: Saraiva, 2012, v. II, p. 326.

139. Art. 118. Os acordos de acionistas, sobre a compra e venda de suas ações, preferência para adquiri-las, exercício do direito a voto, ou do poder de controle deverão ser observados pela companhia quando arquivados na sua sede. § 1º As obrigações ou ônus decorrentes desses acordos somente serão oponíveis a terceiros, depois de averbados nos livros de registro e nos certificados das ações, se emitidos. § 2º Esses acordos não poderão ser invocados para eximir o acionista de responsabilidade no exercício do direito de voto (artigo 115) ou do poder de controle (artigos 116 e 117). §3º Nas condições previstas no acordo, os acionistas podem promover a execução específica das obrigações assumidas. §4º As ações averbadas nos termos deste artigo não poderão ser negociadas em bolsa ou no mercado de balcão. § 5º No relatório anual, os órgãos da administração da companhia aberta informarão à assembleia geral as disposições sobre política de reinvestimento de lucros e distribuição de dividendos, constantes de acordos de acionistas arquivados na companhia. § 6º O acordo de acionistas cujo prazo for fixado em função de termo ou condição resolutiva somente pode ser denunciado segundo suas estipulações. § 7º O mandato outorgado nos termos de acordo de acionistas para proferir, em assembleia geral ou especial, voto contra ou a favor de determinada deliberação, poderá prever prazo superior ao constante do § 1º do art. 126 desta Lei. § 8º O presidente da assembleia ou do órgão colegiado de deliberação da companhia não computará o voto proferido com infração de acordo de acionistas devidamente arquivado. § 9º O não comparecimento à assembleia ou às reuniões dos órgãos de administração da companhia, bem como as abstenções de voto de qualquer parte de acordo de acionistas ou de membros do conselho de administração eleitos nos termos de acordo de acionistas, assegura à parte prejudicada o direito de votar com as ações pertencentes ao acionista ausente ou omisso e, no caso de membro do conselho de administração, pelo conselheiro eleito com os votos da parte prejudicada. § 10. Os acionistas vinculados a acordo de acionistas deverão indicar, no ato de arquivamento, representante para comunicar-se com a companhia, para prestar ou receber informações, quando solicitadas. § 11. A companhia poderá solicitar aos membros do acordo esclarecimento sobre suas cláusulas.

140. SACRAMONE, Marcelo Barbosa. *Administradores de sociedades anônimas*: relação jurídica entre o administrador e a sociedade. São Paulo: Almedina, 2014. p. 188.

Tratando-se, a rigor, de uma espécie contratual, o regime jurídico é o da liberdade de contratar.[141]

O acordo pode ter diversas modalidades, destacando-se entre elas os acordos de bloqueio e os acordos de voto:

a) Acordos de bloqueio

Os acordos de bloqueio abrangem a compra e venda de ações ou preferência de sua aquisição, visando em regra manter as proporções acionárias dos sócios e/ou evitar que estranhos ingressem na sociedade, por exemplo vedando que ações sejam alienadas de forma diversa do acordo e estabelecendo como consequência que a companhia impeça o registro de tais ações.

b) Acordos de voto

O acordo de acionistas poderá ter por objeto o exercício do direito de voto e visa ajustar previamente os interesses dos acionistas no que diz respeito ao exercício do direito de voto, abrangendo as matérias que sejam levadas à deliberação da assembleia geral, por força de lei ou do estatuto social. O acordo de voto pode ainda ser doutrinariamente classificado em espécies como o acordo de comando visa manter ou alcançar controle acionário, garantindo para os acionistas a ele vinculados a preponderância nas deliberações da assembleia geral ou o acordo de defesa que se traduz como aquele que busca organizar a minoria dos acionistas, para que estes possam proteger seus interesses na sociedade e, também, os interesses da própria sociedade. Mister se faz ressaltar que o acordo não deve constituir venda do voto, conduta vedada pelo ordenamento jurídico.

Acordos que envolvem uniformização de votos devem abranger apenas os votos que representem declaração de vontade do acionista, ou seja, votos acerca de matérias eminentemente deliberativas. Não deve constituir objeto desse tipo de acordo o chamado voto de verdade, no qual o voto constitui uma declaração de verdade e tem natureza homologatória, como acontece, *verbi gratia*, na aprovação de contas dos administradores da companhia.

---

141. "Em princípio, os acionistas podem contratar sobre quaisquer assuntos relativos aos interesses comuns que os unem, havendo, a rigor, um único tema excluído do campo da contratação válida: a venda de voto. É nula a cláusula de acordo de acionista que estabeleça, por exemplo, a obrigação de votar sempre pela aprovação de contas da administração, das demonstrações financeiras ou do laudo de avaliação de bens ofertados à integralização do capital social. Também é nula a estipulação de um acionista votar segundo a determinação de outro." (COELHO, Fábio Ulhoa. *Curso de Direito Comercial*. São Paulo: Saraiva, 2012, v. II, p. 326).

2. REGISTRO

Não é necessário para gerar efeitos entre as partes que o acordo de acionistas seja escrito, ou mesmo expresso. A CVM por exemplo reconheceu acordo tácito de votos no Parecer CVM/SJU/N. 86 – 09.12.82.[142] Todavia, desde que arquivados na sede da companhia e averbados em seus livros e nos certificados das ações, quando houver, os acordos mencionados gozarão de proteção especial advinda da lei. A primeira proteção concerne à vinculação da companhia aos termos do acordo, impedindo-a de praticar atos que contrariem o que foi acordado pelos acionistas. A segunda proteção é a execução específica de forma judicial ou arbitral das obrigações acordadas.

I. PODER DE CONTROLE

1. PODER DE CONTROLE

Podemos afirmar que sua natureza é de um poder de fato. Não se trata de um direito protegido ou uma permissão legal expressa positivada pela norma jurídica.[143] O poder de controle é condicionado pelas normas jurídicas aplicáveis, mas não depende dessas normas para existir. Trata-se de um poder que se jurisfaz como liberdade não protegida.[144]

2. CLASSIFICAÇÃO

O poder de controle pode ser dividido entre (a) poder de controle interno e (b) poder de controle externo.

---

142. O Parecer/CVM/SJU/N. 086 – 09.12.82 dispõe: "Releva notar, no âmbito estrutural da holding, a prevalência natural do grupo constituído pela família [...], em relação ao outro sócio – [...] Isto porque as relações de parentesco entre seus membros – [...] – conduzem à consequente comunhão de interesses, capaz de atribuir-lhes, de fato, o predomínio nas deliberações da [...] e, em última instância, o comando da [...]".

143. Quem tiver permissão jurídica – permissão dada por meio de norma jurídica – para fazer ou não fazer alguma coisa, para ter ou não ter alguma coisa, possui o direito (o Direito Subjetivo) de fazê-la ou não fazê-la, de tê-la ou não tê-la, isto é, está juridicamente autorizado a fazê-la ou não fazê-la, a tê-la ou não tê-la. Quem não tiver tal permissão, tal autorização, não possui esse direito (embora possa ter a faculdade de fazê-la ou não fazê-la, de tê-la, ou não tê-la)... Mas as permissões não concedidas por meio de normas jurídicas não são permissões jurídicas, e, por conseguinte não constituem Direitos Subjetivos. (TELLES JUNIOR, Goffredo. *Iniciação na ciência do direito*. São Paulo: Saraiva, 2001. p. 253).

144. JOVETTA, Diogo Cressoni. *A natureza jurídica do poder de controle de sociedade anônima*. Tese de Doutorado em Direito Comercial. Faculdade de Direito da Pontifícia Universidade Católica de São Paulo. São Paulo. 2016, p. 45.

a) Poder de controle interno

O controle pode ser exercido por detentor de direitos de sócio, ou em outras palavras pode ser *"derivado do mecanismo acionário"*,[145] quando será denominado controle interno. São exemplos de controle interno as construções doutrinárias de controle totalitário, majoritário, compartilhado, minoritário, gerencial ou aquele que decorre do uso de uma *golden share.*[146]

b) Poder de controle externo[147]

Em um segundo grande grupo, encontram-se as formas de poder de controle que, a princípio, não se manifestam por intermédio do mecanismo dos direitos de sócio e/ou acionário. O poder de controle externo ou indireto é aquele que não se manifesta por meio do voto do acionista em assembleia, mas apesar dele. As formas pelas quais essa sujeição se realiza são bastante variadas. Entre tantas possibilidades a doutrina comumente cita o poder que um grande credor pode exercer sobre a companhia. É digno de nota ainda a classificação empreendida por Carlos Celso Orcesi da Costa em controle externo em tecnológico, comercial, financeiro.[148]

---

145. MACEDO, Ricardo Ferreira de. Limites de efetividade do direito societário na repressão ao uso disfuncional do poder de controle nas sociedades anônimas. *Revista de Direito Mercantil, Industrial, Econômico e Financeiro.* São Paulo, n. 118, p. 173, abr./jun. 2000.

146. JOVETTA, Diogo Cressoni. *A natureza jurídica do poder de controle de sociedade anônima.* Tese de Doutorado em Direito Comercial. Faculdade de Direito da Pontifícia Universidade Católica de São Paulo. São Paulo, 2016, p. 18.

147. JOVETTA, Diogo Cressoni. *A natureza jurídica do poder de controle de sociedade anônima.* Tese de Doutorado em Direito Comercial. Faculdade de Direito da Pontifícia Universidade Católica de São Paulo. São Paulo, 2016, p. 40.

148. "O controle tecnológico é o que redunda da dominação por motivos de técnica, tais como o de transferência de know-how, de processos de fabricação, de cessão de patentes, escolha de materiais de fabricação, matérias-primas, controle de qualidade, fornecimento de mão de obra especializada ou seu treinamento etc. O controle externo comercial é o que cuida do relacionamento contratual a respeito da comercialização mercadológica dos produtos fabricados pela companhia dominada, tais como os contratos de franchising; a concessão de venda com exclusividade; o truste original, a versão inglesa que é o *pool* e a francesa que é o entente, que seriam formas de cartéis que se destinavam à baixa artificial de preços e à eliminação da concorrência; o *ring,* que seria espécie de controle de mercado forçando a alta ou baixa do preço, algo assim como se deixa fazer na indústria de atravessadores de alimentos do CEASA, por exemplo etc. Finalmente, o controle externo financeiro, objeto de especial atenção da parte de Claud Champaud, é o que redunda dos empréstimos assumidos pela sociedade. São espécies as dívidas bancárias, a caução fiduciária do bloco acionário, a emissão de debêntures etc." (COSTA, Carlos Celso Orcesi da. Controle externo nas companhias. *Revista de Direito Mercantil, Industrial, Econômico e Financeiro,* São Paulo, n. 144, p. 74, out./dez. 1981).

3. EXERCÍCIO

O artigo 116 da Lei de Sociedades por Ações[149] cuida de identificar o controlador. São três os requisitos descritos no artigo: (a) a titularidade de direitos de sócio; (b) a obtenção de modo permanente da maioria de votos em assembleia e/ou poder de eleger a maioria dos administradores e; (c) a efetiva condução dos negócios sociais.

a) Titularidade de direitos de sócio

A disposição legislativa faz com que parte da doutrina negue a possibilidade do controle externo. Modesto Carvalhosa, por exemplo exclui a possibilidade do controle gerencial e do controle externo, com o que concorda Fernando Netto Boiteux: "o legislador especificou o tipo de controle que queria regular, excluindo o gerencial e o externo".[150] Fabio Ulhoa Coelho ao seu turno classifica o controle em totalitário, majoritário, minoritário e gerencial; evidenciando que considera que o conceito de controle do artigo 116 da Lei de Sociedades por Ações é construído sobre os alicerces de direito de sócios[151] e descartando implicitamente o controle externo.[152]

b) A obtenção de modo permanente da maioria de votos em assembleia e/ou poder de eleger a maioria dos administradores

Como asseveramos anteriormente a identificação do controlador em um caso específico é questão de fato, que deve levar em conta o conceito legal, especialmente o requisito da permanência.

---

149. Art. 116. Entende-se por acionista controlador a pessoa, natural ou jurídica, ou o grupo de pessoas vinculadas por acordo de voto, ou sob controle comum, que: a) é titular de direitos de sócio que lhe assegurem, de modo permanente, a maioria dos votos nas deliberações da assembleia geral e o poder de eleger a maioria dos administradores da companhia; e b) usa efetivamente seu poder para dirigir as atividades sociais e orientar o funcionamento dos órgãos da companhia.

150. BOITEUX, Fernando Netto. *Responsabilidade Civil do acionista controlador e da sociedade controladora*. Rio de Janeiro: Forense, 1988, p. 35.

151. "De fato, se muitas manifestações do poder escapam à tradução jurídica de poder, e se o conceito de controlador da lei societária (LSA, art. 116) não é capaz de dar conta sequer de todas as hipóteses de abuso, mesmo nos limites das relações entre os sócios, resulta claro que, no âmbito da disciplina jurídica da concorrência, inclusive entre prestadoras de serviços de telecomunicações, o conceito de controle não pode se construir sobre os estreitos alicerces da titularidade de direitos de sócios." (COELHO, Fábio Ulhoa. O conceito de poder de controle na disciplina jurídica da concorrência. *Revista do Instituto dos Advogados de São Paulo*, São Paulo, n. 3, p. 19-25, jan./jun. 1999).

152. COELHO, Fábio Ulhoa. *Curso de direito comercial*. São Paulo: Saraiva, 2012, v. II, p. 286-288.

CAPÍTULO IX • SOCIEDADES POR AÇÕES – LIÇÕES PRELIMINARES 245

A permanência, ou seja, a obtenção de modo permanente da maioria de votos em assembleia e/ou poder de eleger a maioria dos administradores é questão bastante debatida. O objetivo é claramente excluir do conceito de controle decisões de um "controle" que se forme episodicamente. Para fins societários a questão da permanência é resolvida pela Resolução 401 do Banco Central, de 23 de dezembro de 1976,[153] que estabelece que, na inexistência de acionista que seja titular da maioria das ações, deve-se adotar o critério[154] de considerar controlador o acionista ou grupo de acionistas que detenham a maioria absoluta dos votos dos acionistas presentes nas três últimas assembleias gerais da companhia.

c) O exercício efetivo do poder de controle

Outro requisito é se valer do poder para efetivamente dirigir as atividades sociais. O efetivo exercício (*atualização* do poder) é condição *sine qua non* para a configuração do controle. Ainda que uma pessoa ou grupo de pessoas possua por meio de seus direitos de sócio, a maioria dos votos da assembleia e poder de eleger os seus administradores não haverá controle sem o efetivo uso deste poder.

4. RESPONSABILIDADE DO CONTROLADOR

O controlador no exercício do poder de controle responderá civilmente por eventual abuso de poder. A Lei das Sociedades por Ações apresenta um rol de condutas consideradas abusivas, mas adianta-se que o rol é meramente exemplificativo, bastando que a ação seja lesiva à companhia, seus acionistas ou empregados (art. 117, p. único, LSA[155]).

---

153. Conforme o texto original do inciso IV do da Resolução 401/76: "IV – Na companhia cujo controle é exercido por pessoa, ou grupo de pessoas, que não é titular de ações que asseguram a maioria absoluta dos votos do capital social, considera-se acionista controlador, para os efeitos desta Resolução, a pessoa, ou o grupo de pessoas vinculadas por acordo de acionistas, ou sob controle comum, que é titular de ações que lhe assegurem a maioria absoluta dos votos dos acionistas presentes nas três últimas Assembleias Gerais da companhia".

154. Importante frisar que *o critério* da Resolução 401 continua pertinente e não que tal norma continue em vigor. Afinal, com o ressurgimento do art. 254 da LSA na forma do Art. 254-A, aos auspícios da lei 10.303/2001, não se haveria de repristinar a Resolução 401. E, de toda forma, a Resolução 401 foi revogada expressamente pela Resolução 2.927/2002 que, fazendo parte do "Programa Nacional de Desburocratização", foi editada apenas para revogar expressamente um sem-número de resoluções. A seu turno, essa norma, que nada dispõe a não ser revogações expressas, também foi revogada pela Resolução 4.367/2014, que, da mesma forma, tem o único condão de revogar, de forma expressa, resoluções anteriores.

155. Art. 117 O acionista controlador responde pelos danos causados por atos praticados com abuso de poder. § 1º São modalidades de exercício abusivo de poder: a) orientar a companhia para fim estranho ao objeto social ou lesivo ao interesse nacional, ou levá-la a favorecer outra sociedade, brasileira ou estrangeira, em prejuízo da participação dos acionistas minoritários nos lucros ou no acervo da compa-

5. PRÊMIO DE CONTROLE

As ações, em regra, possuem valor uniforme para negociação no mercado de investimento, porém aquelas ações que adquiridas em conjunto permitem o controle da sociedade tem um valor adicionado chamado de "prêmio de controle". Isso porque o acionista, ao adquirir essa parcela de ações, não está apenas se tornando titular do direito ao voto e demais direitos emanados daquele tipo de ação, mas do próprio controle da sociedade anônima.

a) Tag along

No entanto, nem sempre é possível apurar qual parte do valor de venda da ação realmente representa o prêmio de controle e qual parte é adquirida pelo comprador como agregado pelo capital investido por todos os acionistas. Pode ocorrer que o comprador esteja se beneficiando da liquidez social decorrente da subscrição de ações preferenciais. Faz-se necessário a chamada socialização do prêmio de controle, efetivada pela cláusula de saída conjunta, denominada pelo mercado como *tag along*. Essa cláusula impede que o acionista controlador aliene suas ações isoladamente, beneficiando-se sozinho do prêmio de controle. Obriga que o comprador adquira, no mesmo ato, as ações dos sócios minoritários beneficiados, os quais se desligarão da sociedade conjuntamente e receberão por suas ações o preço das do controlador alienante ou valor proporcional, conforme dispuser a cláusula.

Haja vista que a referida cláusula encontra previsão legal no artigo 254-A da Lei de Sociedades por Ações,[156] o comprador só poderá adquirir as ações que

---

nhia, ou da economia nacional; b) promover a liquidação de companhia próspera, ou a transformação, incorporação, fusão ou cisão da companhia, com o fim de obter, para si ou para outrem, vantagem indevida, em prejuízo dos demais acionistas, dos que trabalham na empresa ou dos investidores em valores mobiliários emitidos pela companhia; c) promover alteração estatutária, emissão de valores mobiliários ou adoção de políticas ou decisões que não tenham por fim o interesse da companhia e visem a causar prejuízo a acionistas minoritários, aos que trabalham na empresa ou aos investidores em valores mobiliários emitidos pela companhia; d) eleger administrador ou fiscal que sabe inapto, moral ou tecnicamente; e) induzir, ou tentar induzir, administrador ou fiscal a praticar ato ilegal, ou, descumprindo seus deveres definidos nesta Lei e no estatuto, promover, contra o interesse da companhia, sua ratificação pela assembleia geral; f) contratar com a companhia, diretamente ou através de outrem, ou de sociedade na qual tenha interesse, em condições de favorecimento ou não equitativas; g) aprovar ou fazer aprovar contas irregulares de administradores, por favorecimento pessoal, ou deixar de apurar denúncia que saiba ou devesse saber procedente, ou que justifique fundada suspeita de irregularidade. h) subscrever ações, para os fins do disposto no art. 170, com a realização em bens estranhos ao objeto social da companhia.

156. Art. 254-A A alienação, direta ou indireta, do controle de companhia aberta somente poderá ser contratada sob a condição, suspensiva ou resolutiva, de que o adquirente se obrigue a fazer oferta pública de aquisição das ações com direito a voto de propriedade dos demais acionistas da companhia, de

CAPÍTULO IX • SOCIEDADES POR AÇÕES – LIÇÕES PRELIMINARES **247**

permitem o controle se no mesmo ato adquirir as demais ações com direito a voto integrantes do bloco de acordo, por oferta pública, pagando no mínimo 80% (oitenta por cento) do que pagou pelas do controlador. Já os titulares de ações preferenciais poderão gozar do mesmo benefício, desde que o direito à saída conjunta esteja prevista como vantagem no estatuto social.

J. DEMONSTRAÇÕES FINANCEIRAS

1. LEVANTAMENTO DE BALANÇOS

Uma das obrigações do empresário é o levantamento de balanços (art. 1.179, CC[157]), de igual forma a companhia deve apresentar suas demonstrações financeiras correspondentes ao exercício social que acabara de terminar. O exercício social terá duração de um ano, podendo ou não coincidir com o ano civil, conforme estipulado em estatuto social (art. 175, LSA[158]). Para efeitos tributários, o período de apuração dos resultados sociais será sempre o ano civil. Já para o direito comercial, poderá terminar em data diversa de 31 de dezembro, o que pode não ser vantajoso pois gerará mais despesas para a companhia, visto que terão de ser feitos dois levantamentos anuais.

2. DEMONSTRAÇÕES FINANCEIRAS

As demonstrações financeiras devem conter determinadas peças contábeis que representarão o *status* financeiro da sociedade anônima, informando aos seus acionistas e terceiros que se interessem a situação patrimonial e econômica da companhia e também os resultados financeiros alcançados por ela, sejam eles positivos ou negativos. Tais peças estão elencadas no artigo 176 da Lei das Sociedades por Ações,[159] sendo quatro delas obrigatórias para todas as companhias,

---

modo a lhes assegurar o preço no mínimo igual a 80% (oitenta por cento) do valor pago por ação com direito a voto, integrante do bloco de controle.

157. Art. 1.179. O empresário e a sociedade empresária são obrigados a seguir um sistema de contabilidade, mecanizado ou não, com base na escrituração uniforme de seus livros, em correspondência com a documentação respectiva, e a levantar anualmente o balanço patrimonial e o de resultado econômico.

158. Art. 175. O exercício social terá duração de 1 (um) ano e a data do término será fixada no estatuto. Parágrafo único. Na constituição da companhia e nos casos de alteração estatutária o exercício social poderá ter duração diversa.

159. Art. 176 Ao fim de cada exercício social, a diretoria fará elaborar, com base na escrituração mercantil da companhia, as seguintes demonstrações financeiras, que deverão exprimir com clareza a situação do patrimônio da companhia e as mutações ocorridas no exercício: I – balanço patrimonial; II – demonstração dos lucros ou prejuízos acumulados; III – demonstração do resultado do exercício; e IV – demonstração dos fluxos de caixa; e V – se companhia aberta, demonstração do valor adicionado.

a saber: (i) o balanço patrimonial; (ii) a demonstração dos lucros ou prejuízos acumulados; (iii) a demonstração do resultado do exercício e; (iv) a demonstração dos fluxos de caixa; (v) além de uma peça obrigatória apenas às companhias abertas, a demonstração do valor adicionado.

Determina a lei que as demonstrações financeiras sejam pautadas na escrituração mercantil da companhia, a qual será confeccionado seguindo o regime de competência. Entende-se por regime de competência aquele que contabiliza as operações financeiras no momento da sua realização, ou seja, na constituição da obrigação, quer seja de pagamento, quer de recebimento, não importando o momento da liquidação do crédito ou da dívida. Difere, portanto, do regime de caixa, o qual apura somente o momento do recebimento ou compensação das operações contábeis, independentemente de quando foram realizadas.

3. APROVAÇÃO DE CONTAS

A assembleia geral ordinária (AGO), que deve ocorrer 4 (quatro) meses após o fim do exercício social, terá a competência para examinar, discutir e votar as demonstrações financeiras juntamente com o relatório dos administradores da companhia (art. 132, I, LSA[160]). Os documentos deverão ser disponibilizados para os acionistas com um mês de antecedência da assembleia, bem como publicados pelo menos 5 (cinco) dias antes da apreciação.

4. ESPÉCIES DE DEMONSTRAÇÕES FINANCEIRAS

Importante tecer algumas considerações individuas acerca de cada instrumento contábil que integra as demonstrações financeiras:

a) Balanço patrimonial

Tida como a mais importante das peças contábeis, o balanço patrimonial confronta o ativo e o passivo da sociedade, resultando no valor do patrimônio líquido e no retrato econômico-financeiro da companhia. Não se trata de uma apuração totalmente precisa, mas sim de uma aproximação dos valores do ativo, passivo e patrimônio líquido social, haja vista a subjetividade na definição de algumas contas e a estimativa de determinados valores, como acontece, por exemplo, no cálculo do preço da marca da companhia. No ativo serão listados os créditos e bens sociais, em ordem decrescente de liquidez. O passivo conterá

---

160. Art. 132 Anualmente, nos 4 (quatro) primeiros meses seguintes ao término do exercício social, deverá haver 1 (uma) assembleia geral para: I – tomar as contas dos administradores, examinar, discutir e votar as demonstrações financeiras.

as obrigações sociais, ordenadas pela urgência do cumprimento, ou seja, pela ordem que serão pagas.

b) Demonstração de lucros ou prejuízos acumulados

Enquanto o balanço demonstra a situação econômica atual da companhia, a demonstração de lucros ou prejuízos acumulados representa a situação econômica nos últimos exercícios, comparando os balanços anteriores com o intuito de apurar eventuais prejuízos ou lucros auferidos pela sociedade, mas não distribuídos aos acionistas. A importância dessa peça reside na revelação da tendência social em obter lucros ou prejuízos para que a companhia possa, a partir dessa análise, definir diretrizes de investimento.

c) Demonstração de resultado do exercício

Refere-se especificamente ao exercício social que está sendo apurado. Conterá a apuração do lucro bruto da companhia, representando o desempenho da companhia no último exercício, objetivando verificar os gastos e as despesas sociais e possibilitando que os acionistas verifiquem a perspectiva de retorno do seu investimento, bem como se a administração social tem sido eficiente.

d) Demonstração dos fluxos de caixa

Substituiu a demonstração de origens e aplicações de recursos. Essa peça registra todas as variações no caixa da sociedade anônima, demonstrando sua disponibilidade líquida durante todo o exercício social. Está dispensada da elaboração desta demonstração a companhia fechada com patrimônio líquido inferior a R$ 2.000.000,00 (dois milhões de reais).

e) Demonstração do valor adicionado

Demonstração contábil obrigatória somente às companhias abertas. Seu objetivo é determinar o quanto de riqueza produziu a sociedade naquele exercício, bem como o modo como essa riqueza foi distribuída.

K. LUCROS, RESERVAS E DIVIDENDOS

1. LUCROS

Diante das demonstrações financeiras apresentadas pela sociedade surge o resultado do exercício social, o qual terá diversas destinações, observadas as parcelas reservadas por lei. Do resultado se extrai o lucro líquido que definido pelo artigo 191 da Lei das Sociedades por Ações,[161] mas antes se deve deduzir do resultado do exercício prejuízos acumulados pela companhia e a provisão para o imposto de renda (art. 189, LSA[162]), bem como quantia a título de pagamento das participações estatutárias de empregados, administradores e partes beneficiária (art. 190, LSA[163]).

O lucro líquido será reservado pela companhia, através das chamadas reservas de lucro, ou então distribuído entre os acionistas, sob a denominação de dividendos. Ambas as destinações terão parcelas mínimas determinadas por lei. Fica a cargo da assembleia geral ordinária deliberar sobre o restante do lucro, aprovando ou não a proposta apresentada por órgão da administração (art. 192, LSA[164]). Além das destinações possíveis já citadas, pode ser do interesse da companhia capitalizar parte do resultado, o que enseja no aumento do capital social.

Assim, temos que o lucro obtido pela sociedade anônima pode ser destinado para (i) reservas de lucro; (ii) distribuição de dividendos ou (iii) aumento do capital social.

2. RESERVAS DE LUCRO

Consiste na destinação de parte do lucro líquido da companhia, vinculada a uma destinação específica, com o propósito de edificar sua estrutura financeira. Pode advir de lei, como é o caso da chamada reserva legal (art. 193, LSA[165]), constituída por 5% (cinco por cento) do lucro líquido, desde que essa quantia não ultrapasse 20% (vinte por cento) do capital social. Essa reserva, além de ser obrigatória, não pode ser destinada para outro fim que não seja compensar prejuízos ou aumentar o capital social. Existem reservas criadas pelo estatuto social da companhia, as quais devem ter uma finalidade específica, parcela do lucro determinada e limite máximo, a exemplo da reserva legal. A esta dá-se o nome de reservas estatutárias. Outra espécie é a chamada reserva de contingência,

---

161. Art. 191 Lucro líquido do exercício é o resultado do exercício que remanescer depois de deduzidas as participações de que trata o artigo 190.

162. Art. 189 Do resultado do exercício serão deduzidos, antes de qualquer participação, os prejuízos acumulados e a provisão para o Imposto sobre a Renda.

163. Art. 190 As participações estatutárias de empregados, administradores e partes beneficiárias serão determinadas, sucessivamente e nessa ordem, com base nos lucros que remanescerem depois de deduzida a participação anteriormente calculada.

164. Art. 192. Juntamente com as demonstrações financeiras do exercício, os órgãos da administração da companhia apresentarão à assembleia geral ordinária, observado o disposto nos artigos 193 a 203 e no estatuto, proposta sobre a destinação a ser dada ao lucro líquido do exercício.

165. Art. 193 Do lucro líquido do exercício, 5% (cinco por cento) serão aplicados, antes de qualquer outra destinação, na constituição da reserva legal, que não excederá de 20% (vinte por cento) do capital social.

instituída através de proposição dos administradores e aceitação da assemblei geral (art. 195, LSA[166]). Seu objetivo é guardar parte do lucro para ser usado futuramente, em exercício social posterior, na compensação de uma diminuição do lucro em virtude de um provável prejuízo. Há de se falar também na reserva de retenção de lucros, feita para financiar despesas de investimentos futuros e relevantes, desde que previstos em orçamento de capital aprovado pela assembleia geral. Chama-se atenção ao artigo 198 da Lei de Sociedades por Ações[167] que veda a aprovação de reservas estatutárias e de retenção de lucros quando estas forem prejudicar a distribuição de dividendos obrigatórios. A reserva de lucros a realizar surge com a intenção de impedir a distribuição aos acionistas de valores que ainda não ingressaram no capital da sociedade, mas já foram contabilizados, devido ao regime de competência na elaboração das demonstrações financeiras. Por último, pode ser criada a chamada reserva especial se a companhia suprimir a distribuição em razão de problemas financeiros. Essa derradeira modalidade de reserva deve ser comunicada à CVM pelas companhias abertas e, não sendo absorvidas por prejuízos dos exercícios seguintes, serão pagas como dividendos.

Diferente das reservas de lucro, as reservas de capital não derivam do lucro social do exercício. Embora não componham o capital social, guardam com ele íntima relação. São compostas de contribuições na subscrição de novas ações, se os valores não forem destinados ao capital social, e do produto decorrente da alienação de partes beneficiárias e bônus de subscrição, doações e subvenções para investimentos. Os valores constantes das reservas de capital só poderão ser usados para as situações do rol do artigo 200 da Lei das Sociedade por Ações, a saber: (i) absorção de prejuízos que ultrapassarem os lucros acumulados e as reservas de lucros; (ii) resgate, reembolso ou compra de ações; (iii) resgate de partes beneficiárias; (iv) incorporação ao capital social e; (v) pagamento de dividendo a ações preferenciais, quando essa vantagem lhes for assegurada.

3. DISTRIBUIÇÃO DE DIVIDENDOS

Forma principal de participação dos acionistas nos lucros, os dividendos representam a quantia fracionária dos lucros correspondente a cada ação. Cabe ao estatuto definir se serão pagos de forma fixa ou variável, se serão cumulativos entre os exercícios e, interessando a companhia, se serão pagos anualmente

---

166. Art. 195 A assembleia geral poderá, por proposta dos órgãos da administração, destinar parte do lucro líquido à formação de reserva com a finalidade de compensar, em exercício futuro, a diminuição do lucro decorrente de perda julgada provável, cujo valor possa ser estimado.

167. Art. 198 A destinação dos lucros para constituição das reservas de que trata o artigo 194 e a retenção nos termos do artigo 196 não poderão ser aprovadas, em cada exercício, em prejuízo da distribuição do dividendo obrigatório (artigo 202).

ou em períodos menores (art. 204, §1º, LSA[168]). A lei do anonimato determina que determinada parte do lucro líquido obrigatoriamente será distribuído aos acionistas, os chamados dividendos obrigatórios (art. 202, LSA[169]). Sua parcela mínima será definida no estatuto social, nunca menor do que 25% (vinte e cinco por cento) do lucro líquido. Havendo omissão estatutária, a lei já estipula o mínimo 50% (cinquenta por cento) do lucro líquido ajustado. Incluem-se na distribuição a título de dividendos a parcela lucrativa que não tenha sido apropriada em reservas legais ou estatutárias (art. 202, § 6º, LSA[170]). Apesar do dividendo obrigatório ser um importante direito do acionista, inclusive vinculado por lei, em algumas situações sua distribuição poderá ser dispensada, levando-se em conta o interesse social em detrimento do individual dos acionistas. Será suprimida a distribuição de dividendos obrigatórios ou paga abaixo do mínimo legal quando: a) nos termos do parágrafo quarto do artigo 202 da Lei das Sociedades por Ações, os órgãos de administração informarem a assembleia geral de que a distribuição de dividendos é incompatível com a situação financeira da companhia; b) no caso das companhias fechadas, houver deliberação pela assembleia geral, sem oposição de nenhum acionista presente; c) formarem-se, por deficiência financeira da sociedade anônima, as já citadas reservas especiais, a serem distribuídas quando possível, diante da recuperação econômica da companhia; e d) existir débito previdenciário, como prevê o artigo 52 da Lei 8.212/1991 combinado com o artigo 32, b, da Lei 4.357/1964, caso em que, se a companhia desrespeitar a regra legal distribuindo dividendos ainda que subsista dívida da previdência social, o INSS não poderá reclamar dos acionistas os valores pagos indevidamente, sendo pena aplicável a de multa em face da sociedade.

Ainda há que se falar nos dividendos prioritários, isto é, aqueles devidos aos titulares de ações preferenciais. Serão prioritários fixos os que estipularem, através de previsão estatutária, determinado valor fixo a ser pago ao acionista

---

168. Art. 204, § 1º A companhia poderá, nos termos de disposição estatutária, levantar balanço e distribuir dividendos em períodos menores, desde que o total dos dividendos pagos em cada semestre do exercício social não exceda o montante das reservas de capital de que trata o § 1º do artigo 182.

169. Art. 202 Os acionistas têm direito de receber como dividendo obrigatório, em cada exercício, a parcela dos lucros estabelecida no estatuto ou, se este for omisso, a importância determinada de acordo com as seguintes normas: I – metade do lucro líquido do exercício diminuído ou acrescido dos seguintes valores: a) importância destinada à constituição da reserva legal (art. 193); e b) importância destinada à formação da reserva para contingências (art. 195) e reversão da mesma reserva formada em exercícios anteriores; II – o pagamento do dividendo determinado nos termos do inciso I poderá ser limitado ao montante do lucro líquido do exercício que tiver sido realizado, desde que a diferença seja registrada como reserva de lucros a realizar (art. 197); III – os lucros registrados na reserva de lucros a realizar, quando realizados e se não tiverem sido absorvidos por prejuízos em exercícios subsequentes, deverão ser acrescidos ao primeiro dividendo declarado após a realização.

170. Art. 202, § 6º Os lucros não destinados nos termos dos arts. 193 a 197 deverão ser distribuídos como dividendos.

CAPÍTULO IX • SOCIEDADES POR AÇÕES – LIÇÕES PRELIMINARES **253**

preferencial findo o exercício social. Já os prioritários mínimos são os que estabelecem um piso para o pagamento dos dividendos, não podendo ser inferior a certa importância ou percentual. Observe-se que os titulares de ações ordinárias podem vir a não receber nenhuma parcela do lucro líquido se este for distribuído inteiramente como dividendo prioritário.

Por fim, a Lei das Sociedades por Ações versa sobre a responsabilidade conjunta dos administradores e fiscais em caso de distribuição incorreta dos dividendos, devendo estes retribuir de forma solidária à caixa social os valores erroneamente distribuídos, sem prejuízo de eventual ação penal cabível. Os acionistas, desde que tenham recebido os valores de boa-fé, não serão obrigados a restituí-los (art. 201, LSA[171]).

4. AUMENTO DO CAPITAL SOCIAL

Os acionistas podem deliberar pela utilização do lucro para aumentar o capital social mediante capitalização de lucros ou de reservas que acarretará alteração do valor nominal das ações ou distribuições das ações novas, correspondentes ao aumento, entre acionistas, na proporção do número de ações que possuírem (art. 169, LSA[172]).

L. DISSOLUÇÃO, LIQUIDAÇÃO E EXTINÇÃO

1. DISSOLUÇÃO DA SOCIEDADE ANÔNIMA

Embora existam sociedade anônimas criadas para funcionarem por um tempo determinado e então terminar, geralmente as companhias são criadas

---

171. Art. 201, § 1º A distribuição de dividendos com inobservância do disposto neste artigo implica responsabilidade solidária dos administradores e fiscais, que deverão repor à caixa social a importância distribuída, sem prejuízo da ação penal que no caso couber. § 2º Os acionistas não são obrigados a restituir os dividendos que em boa-fé tenham recebido. Presume-se a má-fé quando os dividendos forem distribuídos sem o levantamento do balanço ou em desacordo com os resultados deste.

172. Art. 169. O aumento mediante capitalização de lucros ou de reservas importará alteração do valor nominal das ações ou distribuições das ações novas, correspondentes ao aumento, entre acionistas, na proporção do número de ações que possuírem. § 1º Na companhia com ações sem valor nominal, a capitalização de lucros ou de reservas poderá ser efetivada sem modificação do número de ações. § 2º Às ações distribuídas de acordo com este artigo se estenderão, salvo cláusula em contrário dos instrumentos que os tenham constituído, o usufruto, o fideicomisso, a inalienabilidade e a incomunicabilidade que porventura gravarem as ações de que elas forem derivadas. § 3º As ações que não puderem ser atribuídas por inteiro a cada acionista serão vendidas em bolsa, dividindo-se o produto da venda, proporcionalmente, pelos titulares das frações; antes da venda, a companhia fixará prazo não inferior a 30 (trinta) dias, durante o qual os acionistas poderão transferir as frações de ação.

para exercerem suas atividades por tempo indeterminado. No entanto, todas se sujeitarão às regras de dissolução previstas na Lei das Sociedades por Ações (arts. 206 a 219, LSA). Como ocorre nas sociedades contratuais, a dissolução total busca a extinção da personalidade jurídica da sociedade e decorre de um processo que abrange três fases: (a) dissolução; (b) liquidação; e (c) extinção.

a) Dissolução

A primeira fase de encerramento de uma sociedade anônima é a dissolução propriamente dita, motivo pelo qual o encerramento da companhia se inicia. O artigo 206 da Lei das Sociedades por Ações[173] trata de três tipos de dissolução: (i) de pleno direito; (ii) por decisão judicial ou; (iii) por decisão de autoridade administrativa.

(i) Dissolução de pleno direito. As causas descritas no inciso I do artigo 206 da Lei das Sociedades por Ações são chamadas de pleno direito pois independem de ato dos acionistas ou de decisão judicial para serem constituídas. Inclui-se nessa modalidade o término do tempo de duração da sociedade; a ocorrência de evento ou fato previsto no estatuto que implica na dissolução social; a deliberação em assembleia impulsionada por maioria absoluta, isto é, mais da metade do capital votante; a unipessoalidade incidental, hipótese em que for verificada em assembleia geral ordinária a existência de apenas um sócio na companhia, não sendo reconstituído o número mínimo de dois acionistas até a próxima assembleia geral ordinária, ressalvada a subsidiária integral, disciplinada pelo artigo 251 da Lei das Sociedades por Ações;[174] e, por fim, o término da autorização para funcionar, pressuposto de regularidade concedido pelo poder público em favor de algumas companhias de setores econômicos específicos.

(ii) Dissolução por decisão judicial. As modalidades de dissolução do inciso II do artigo 206 da Lei das Sociedades por Ações só acontecerão se houver provocação do Poder Judiciário, que responderá com uma decisão para extinguir a companhia. A primeira causa de dissolução judicial é através do reconhecimento

---

173. Art. 206 Dissolve-se a companhia: I – de pleno direito: a) pelo término do prazo de duração; b) nos casos previstos no estatuto; c) por deliberação da assembleia geral (art. 136, X); d) pela existência de 1 (um) único acionista, verificada em assembleia geral ordinária, se o mínimo de 2 (dois) não for reconstituído até à do ano seguinte, ressalvado o disposto no artigo 251; e) pela extinção, na forma da lei, da autorização para funcionar. II – por decisão judicial: a) quando anulada a sua constituição, em ação proposta por qualquer acionista; b) quando provado que não pode preencher o seu fim, em ação proposta por acionistas que representem 5% (cinco por cento) ou mais do capital social; c) em caso de falência, na forma prevista na respectiva lei; III – por decisão de autoridade administrativa competente, nos casos e na forma previstos em lei especial.
174. Art. 251 A companhia pode ser constituída, mediante escritura pública, tendo como único acionista sociedade brasileira.

CAPÍTULO IX • SOCIEDADES POR AÇÕES – LIÇÕES PRELIMINARES **255**

de nulidade na constituição da companhia. Qualquer vício no processo de constituição pode levar qualquer acionista a propor ação de anulação, cujo prazo decadencial é de um ano da publicação dos atos constitutivos (art. 285, LSA[175]). Outra causa é o reconhecimento judicial da irrealizabilidade do objeto social, por qualquer motivo que seja. Também é necessário que se ingresse com demanda judicial para que ocorra o reconhecimento, a ser proposta por acionistas que representem pelo menos 5% (cinco por cento) do capital social. A última hipótese de dissolução judicial é a falência, execução coletiva que visa o pagamento dos credores da sociedade, procedimento regulado pela Lei 11.101/2005.

(iii) Dissolução por decisão de autoridade administrativa. A autoridade administrativa competente, investida no poder de fiscalizar a atividade social, pode, desde que respaldada por lei especial que a autorize, decretar a dissolução da companhia e proceder a liquidação extrajudicial desta. Como exemplo desse tipo de dissolução cita-se a intervenção e liquidação extrajudicial de instituições financeiras, as quais estão sujeitas à normatização do Banco Central, nos termos da Lei 6.024/1974.

Um acionista nunca poderá ser excluído da sociedade anônima. O que pode ocorrer, no entanto, é a dissolução parcial da companhia quando um acionista exercer seu direito de retirada. Para que este seja reembolsado, opera-se a dissolução parcial e o pagamento é feito à conta do capital social ou, não querendo que este seja comprometido, através dos lucros ou reservas, excetuando-se a legal. Além disso, não há que se falar em dissolução da companhia por morte de qualquer que seja dos acionistas, pois se tratando de sociedade de capital, as ações se transferem aos sucessores como parte integrante do patrimônio deixado pelo falecido.

2. LIQUIDAÇÃO

Passo seguinte à dissolução propriamente dita opera-se a liquidação, processo em que serão apurados o ativo e passivo, bem como eventual saldo a ser partilhado entre os acionistas. A sociedade anônima preserva sua personalidade jurídica durante toda liquidação, pois ainda precisa regularizar suas relações patrimoniais. No entanto, para deixar evidente para terceiros que a companhia está se encerrando, a sociedade passará a acrescer ao seu nome empresarial a expressão "em liquidação" (art. 212, LSA[176]).

---

175. Art. 285 A ação para anular a constituição da companhia, por vício ou defeito, prescreve em 1 (um) ano, contado da publicação dos atos constitutivos.

176. Art. 212. Em todos os atos ou operações, o liquidante deverá usar a denominação social seguida das palavras "em liquidação".

A liquidação decorrente de dissolução de pleno direito será extrajudicial, amigável, deliberada em assembleia geral. Já a decorrente de decisão judicial deverá ser liquidada também judicialmente. Tonar-se-á judicial, mediante requerimento de qualquer acionista ou do Ministério Público, a liquidação que deveria ter sido feita de forma extrajudicial, mas não o foi em tempo hábil. Por fim, a que advir de decisão de autoridade administrativa deverá ser liquidada nos moldes da legislação especial que disciplina àquela espécie de dissolução.

A legislação do anonimato prevê a constituição de um órgão específico, chamado de liquidante, para atuar pela companhia no processo de liquidação, o qual será nomeado pelo juiz nos casos de liquidação judicial (arts. 208 e 209, parágrafo único, LSA[177]). Na liquidação extrajudicial sua nomeação ficará a cargo da autoridade competente para a decretação da liquidação. Seus deveres e poderes estão descritos nos artigos 210 e 211 da Lei das Sociedades por Ações, respectivamente, dentre eles o de tomar todas as medidas necessárias para proceder a liquidação e o de prestar contas, entre muitos outros.

Pode ocorrer alguma irregularidade no processo de liquidação, hipótese em que a responsabilidade recairá sobre o liquidante, que terá as mesmas responsabilidades que os administradores, subsistindo a responsabilidade dos fiscais, administradores e acionistas até o término do encerramento da companhia. Para exigir créditos não pagos em consequência de liquidação irregular, os credores poderão se valer de ação judicial de responsabilidade, a qual prescreve em 1 (um) ano da publicação do encerramento da liquidação, como informa o artigo 287, inciso I, alínea "b" da Lei das Sociedades por Ações.[178]

3. EXTINÇÃO

A derradeira fase da dissolução da sociedade anônima é a extinção que ocorre com o encerramento da liquidação ou pela incorporação, fusão ou cisão (art. 219, LSA[179]), processos que serão analisados a seguir. A companhia perde sua personalidade jurídica, visto que não há mais necessidade de mantê-la ativa. Convoca-se uma última assembleia geral para aprovação final das contas,

---

177. Art. 208. Silenciando o estatuto, compete à assembleia geral, nos casos do número I do artigo 206, determinar o modo de liquidação e nomear o liquidante e o conselho fiscal que devam funcionar durante o período de liquidação.

Art. 209. Parágrafo único. Na liquidação judicial será observado o disposto na lei processual, devendo o liquidante ser nomeado pelo Juiz.

178. Art. 287. Prescreve: I – em, 1 (um) ano: (...) b) a ação dos credores não pagos contra os acionistas e os liquidantes, contado o prazo da publicação da ata de encerramento da liquidação da companhia.

179. Art. 219. Extingue-se a companhia: I – pelo encerramento da liquidação; II – pela incorporação ou fusão, e pela cisão com versão de todo o patrimônio em outras sociedades.

prosseguindo-se com a publicação destas contas aprovadas e do registro de encerramento da sociedade na Junta Comercial de seu registro, ocasião definitiva da desconstituição da pessoa jurídica e encerramento da sociedade anônima.

4. DISSOLUÇÃO PARCIAL[180]

A Lei de Sociedade por Ações não prevê a dissolução parcial, pois como se trata de uma sociedade de capital, com a possibilidade de livre cessão das ações, sem que exista intima ligação entre os acionistas.[181] E essa espécie de sociedade foi pensada exatamente nessa linha, no qual a figura do acionista é absorvida e neutralizada pela unidade da companhia. Daí porque não é possível afirmar a presença do *affectio societatis* nas sociedades de capitais.

Ocorre que, na prática, existem sociedades anônimas com características de sociedades de pessoas, as quais há prevalência dos atributos pessoais dos acionistas. Nesse sentido, os tribunais passaram a aceitam a tese da dissolução parcial em sociedades anônimas de capital fechado, quando vislumbradas características de sociedade de pessoas (*intuitus persona*).

Segundo José Waldecy Lucena: "Não é a opção pelo tipo societário – seja sociedade limitada, seja a sociedade anônima – que irá eliminar a *affectio societatis*, a *bonae fides*, que presidiram sua constituição. O que aí prevalece é a confiança entre os acionistas, que os levou a se congregarem para constituir a sociedade (*intuitus personae*), relegada a contribuição capitalista a um plano subsidiário".[182]

E essa posição é adotada pelo Superior Tribunal de Justiça que desde o julgamento dos Embargos de Divergência em Recurso Especial 111.294/PR, segunda seção, julgamento publicado em 10/09/2007, reconheceu a possibilidade jurídica da dissolução parcial de sociedade anônima fechada, em que prepondere o liame subjetivo entre os sócios, ao fundamento de quebra da *affectio societatis*.

Diante desse entendimento, o Código de Processo Civil ao tratar da Ação de Dissolução Parcial de Sociedade passou a prever esse procedimento especial para

---

180. Tópico elaborado com auxílio da monografia de: GIANCOTTI, Thaís Ruggeri. *A dissolução de sociedades anônimas*. Trabalho de conclusão de curso de Direito. Faculdade de Direito da Pontifícia Universidade Católica de Campinas. Campinas, 2018.

181. "[...] não pode o acionista minoritário opor-se à deliberação válida e eficaz da assembleia geral no sentido de declarar antecipadamente a dissolução da companhia; tampouco podem os minoritários se opor à dissolução declarada pela assembleia geral, se ocorrer uma das causas que a Lei ou o estatuto preveem como suscetíveis de decretação desse estado. (CARVALHOSA, Modesto; KUYVEN, Luiz Fernando Martins. *Tratado de Direito* Empresarial: Sociedades Anônimas. São Paulo: Ed. RT, 2016, v. III, p. 1.158).

182. LUCENA, José Waldecy. *Comentários à Lei das Sociedades Anônimas*. Rio de Janeiro: Renovar, 2012. v. III, p. 221.

as sociedades por ações de capital fechado quando demonstrado, por acionista ou acionistas que representem 5% (cinco por cento) ou mais do capital social, que não pode preencher o seu fim (art. 599, § 2º, CPC[183]).

Nos parece que a lei processual prevê uma única hipótese de dissolução parcial de sociedade anônima de capital fechado: quando demonstrado que ela não pode preencher o seu fim.

Na verdade, essa hipótese, nos termos da Lei de Sociedades por Ações, é hipótese de dissolução total e não de dissolução parcial, (art. 206, II, "b", LSA[184]), porém a nova posição se harmoniza com o princípio da preservação da empresa.

Rubens Requião assevera que o "fim" da sociedade comercial será sempre o de perseguir lucros: não se verificando este, o "fim" social é inexequível.[185]

Para Modesto Carvalhosa: "O termo "fim" tem duplo alcance, querendo, de um lado, significar a atividade empresarial estabelecida no estatuto (objeto social), e, no sentido teleológico, a meta de toda companhia, qual seja, a produção de lucros compatíveis e distribuíveis aos acionistas. Tanto na primeira hipótese como na segunda, não alcançando a companhia o seu fim, cabe o pedido judicial de sua dissolução".[186]

Nesse sentido, conforme construção jurisprudência do Superior Tribunal de Justiça, da doutrina e do disposto no Código de Processo Civil, é possível a dissolução parcial de sociedade anônima fechada em duas hipóteses: (i) quebra da *affectio societatis*; e (ii) inexistência de lucros ou não distribuição de dividendos por um longo período.

---

183. Art. 599, § 2º A ação de dissolução parcial de sociedade pode ter também por objeto a sociedade anônima de capital fechado quando demonstrado, por acionista ou acionistas que representem cinco por cento ou mais do capital social, que não pode preencher o seu fim.

184. Art. 206. Dissolve-se a companhia: II – por decisão judicial: b) quando provado que não pode preencher o seu fim, em ação proposta por acionistas que representem 5% (cinco por cento) ou mais do capital social.

185. A respeito, ainda, do direito do acionista quanto aos lucros, outra questão, em sentido inverso, se impõe: se a sociedade não gerar lucros, tem o acionista direito a pedir sua dissolução? Parece-nos que sim, pois seria injusto manter o acionista prisioneiro da sociedade, com seu investimento improdutivo, vendo estiolarse a companhia. Aliás, no regular a dissolução da companhia, o art. 206, II, b, prevê o caso de dissolução judicial, quando provado que não pode preencher o seu fim, em ação proposta por acionistas que representem 5% ou mais do capital social. O "fim" da sociedade comercial será sempre o de perseguir lucros; não se verificando este, o "fim" social é inexequível. Justifica-se, por isso, a extinção da sociedade pela dissolução pleiteada judicialmente pelo sócio, com o mínimo ponderável de 5% do capital social.

   No mais, a companhia que não distribuir dividendo obrigatório, na forma da lei, sem as exceções nela previstas, oferece ao acionista desatendido em seu interesse o direito ao recesso. (REQUIÃO, Rubens. *Curso de Direito Comercial*. 31. ed. São Paulo: Saraiva, 2012, v. 1, p. 75).

186. CARVALHOSA, Modesto; KUYVEN, Luiz Fernando Martins. *Tratado de Direito Empresarial*: Sociedades Anônimas. São Paulo: Ed. RT, 2016. v. III, p. 1.159.

M. SOCIEDADE EM COMANDITA POR AÇÕES

1. SOCIEDADE EM COMANDITA POR AÇÕES

Como destaca no início deste capítulo, a sociedade por ações é gênero no qual são espécies a sociedade anônima e as comanditas por ações. A sociedade em comandita por ações terá o capital dividido em ações e reger-se-á pelas normas relativas às sociedades anônimas, com ressalvas postas no Código Civil (art. 1.090, CC[187]) e na Lei das Sociedades por Ações (art. 280, LSA[188]) relativas: (i) ao nome empresarial; (ii) à responsabilidade dos acionistas administradores; (iii) às deliberações sociais; e (iv) regras específicas.

a) Nome empresarial

A sociedade em comandita por ações pode, em lugar de firma, adotar denominação, aditada da expressão 'comandita por ações', facultada a designação do objeto social." (art. 1.161, CC[189]).

b) Responsabilidade dos acionistas administradores

Somente o acionista tem qualidade para administrar a sociedade e, como diretor, responde subsidiária e ilimitadamente pelas obrigações da sociedade. Se houver mais de um diretor, serão solidariamente responsáveis, depois de esgotados os bens sociais. Os diretores serão nomeados no ato constitutivo da sociedade, sem limitação de tempo, e somente poderão ser destituídos por deliberação de acionistas que representem no mínimo 2/3 (dois terços) do capital social, sendo que o diretor destituído ou exonerado continua, durante dois anos, responsável pelas obrigações sociais contraídas sob sua administração (art. 1.091, CC[190] e art. 982, LSA[191]).

---

187. Art. 1.090. A sociedade em comandita por ações tem o capital dividido em ações, regendo-se pelas normas relativas à sociedade anônima, sem prejuízo das modificações constantes deste Capítulo, e opera sob firma ou denominação.

188. Art. 280. A sociedade em comandita por ações terá o capital dividido em ações e reger-se-á pelas normas relativas às companhias ou sociedades anônimas, sem prejuízo das modificações constantes deste Capítulo.

189. Art. 1.161. A sociedade em comandita por ações pode, em lugar de firma, adotar denominação, aditada da expressão 'comandita por ações', facultada a designação do objeto social.

190. Art. 1.091. Somente o acionista tem qualidade para administrar a sociedade e, como diretor, responde subsidiária e ilimitadamente pelas obrigações da sociedade. § 1º Se houver mais de um diretor, serão solidariamente responsáveis, depois de esgotados os bens sociais. § 2º Os diretores serão nomeados no ato constitutivo da sociedade, sem limitação de tempo, e somente poderão ser destituídos por deliberação de acionistas que representem no mínimo dois terços do capital social. § 3º O diretor destituído ou exonerado continua, durante dois anos, responsável pelas obrigações sociais contraídas sob sua administração.

191. Art. 282. Apenas o sócio ou acionista tem qualidade para administrar ou gerir a sociedade, e, como diretor ou gerente, responde, subsidiária mas ilimitada e solidariamente, pelas obrigações da sociedade. § 1º Os diretores ou gerentes serão nomeados, sem limitação de tempo, no estatuto da sociedade,

c) Deliberações sociais

A assembleia geral não pode, sem o consentimento dos diretores, mudar o objeto essencial da sociedade, prorrogar-lhe o tempo de duração, aumentar ou diminuir o capital social, criar debêntures, ou partes beneficiárias (art. 1.092, CC[192] e art. 283, LSA[193]).

d) Regras específicas

Por força legal, não se aplica à sociedade em comandita por ações o disposto nesta Lei sobre voto plural, sobre conselho de administração, sobre autorização estatutária de aumento de capital e sobre emissão de bônus de subscrição (art. 284, LSA[194]).

---

e somente poderão ser destituídos por deliberação de acionistas que representem 2/3 (dois terços), no mínimo, do capital social. § 2º O diretor ou gerente que for destituído ou se exonerar continuará responsável pelas obrigações sociais contraídas sob sua administração.

192. Art. 1.092. A assembleia geral não pode, sem o consentimento dos diretores, mudar o objeto essencial da sociedade, prorrogar-lhe o prazo de duração, aumentar ou diminuir o capital social, criar debêntures, ou partes beneficiárias.

193. Art. 283. A assembleia geral não pode, sem o consentimento dos diretores ou gerentes, mudar o objeto essencial da sociedade, prorrogar-lhe o prazo de duração, aumentar ou diminuir o capital social, emitir debêntures ou criar partes beneficiárias nem aprovar a participação em grupo de sociedade.

194. Art. 284. Não se aplica à sociedade em comandita por ações o disposto nesta Lei sobre voto plural, sobre conselho de administração, sobre autorização estatutária de aumento de capital e sobre emissão de bônus de subscrição.

Capítulo X
REORGANIZAÇÃO SOCIETÁRIA

A. INTRODUÇÃO – REORGANIZAÇÃO SOCIETÁRIA

1. REORGANIZAÇÃO SOCIETÁRIA

As regras pertinentes as espécies de reorganização societária estão previstas tanto no Código Civil como na Lei das Sociedades por Ações e, de forma administrativa, reguladas por Instruções Normativas do Departamento de Registro Empresarial e Integração (DREI). Basta que uma das sociedades envolvidas em algum dos processos desse título seja uma espécie de sociedade por ações (sociedade anônima ou comandita por ações) para que se aplique ao procedimento a lei do anonimato. Caso nenhuma delas seja sociedade por ações, aplicar-se-ão os dispositivos do Código Civil (arts. 1.113 a 1.122).

As operações podem dissolver sociedades, é o caso da fusão, cisão e incorporação, ou podem apenas modificá-las, alterando sua disciplina legal, como acontece na transformação. A reorganização de sociedades consiste numa sequência de medidas realizadas com fulcro na formatação e equalização de uma nova estrutura societária para a empresa ou grupo empresarial[1] e tem, em geral, origem em estratégias empresariais visando ao crescimento, à diversificação, à segregação de riscos, a par de processos de verticalização das atividades, pela agregação dos canais de distribuição.[2]

A reestruturação consiste numa sequência de medidas realizadas com fulcro na formatação e equalização de uma nova estrutura societária para a empresa / grupo empresarial.

---

1. LEMOS Jr., Eloy Pereira; SILVA, Raul Sebastião Vasconcelos. Reorganização societária e blindagem patrimonial por meio de constituição de *holding*. *Scientia Iuris*, Londrina, v. 18, n. 2, p. 61, dez. 2014.
2. SZTAJN, Rachel. Reorganização societária e concorrência. *Revista de Direito Mercantil, Industrial, Econômico e Financeiro*. n. 164-165, p. 07, jan. 2013.

B. TRANSFORMAÇÃO

1. TRANSFORMAÇÃO

A transformação é a operação societária na qual uma sociedade pode mudar o seu tipo societário, sem que isso implique na sua dissolução ou liquidação, nem na alteração da personalidade jurídica, visto que não há criação de nova sociedade.

Na transformação não existe dissolução ou liquidação da pessoa jurídica, mas sim extinção dos atos constitutivos, que são substituídos por outros,[3] portanto, as atividades da sociedade continuam normalmente, alterando-se apenas a relação entre os sócios e a sociedade, seja na mudança de sociedade anônima para sociedade limitada ou o contrário. No processo de transformação, deverão ser aplicadas todas as normas que disciplinam formalidades para a constituição do tipo societário pretendido (art. 1.113, CC[4] e art. 220, LSA[5]).

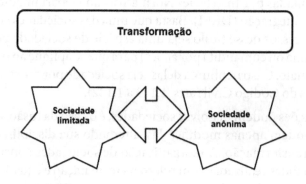

2. QUÓRUM DELIBERATIVO

Como a transformação influi na condição jurídica dos sócios ou acionistas em relação à sociedade, a lei exige deliberação unânime de todos os sócios (art.

---

3. CARVALHOSA, Modesto. *Comentários à lei de sociedade anônima*: Lei 6.404, de 15 de dezembro de 1976, com as modificações das Leis 9.457, de 5 de maio de 1997, e 10.303, de 31 de outubro de 2001. São Paulo: Saraiva, 2002.
4. Art. 1.113. O ato de transformação independe de dissolução ou liquidação da sociedade, e obedecerá aos preceitos reguladores da constituição e inscrição próprios do tipo em que vai converter-se.
5. Art. 220. A transformação é a operação pela qual a sociedade passa, independentemente de dissolução e liquidação, de um tipo para outro. Parágrafo único. A transformação obedecerá aos preceitos que regulam a constituição e o registro do tipo a ser adotado pela sociedade.

CAPÍTULO X • REORGANIZAÇÃO SOCIETÁRIA **263**

1.114, CC[6]), inclusive dos que não tem direito a voto no caso de sociedade por ações (art. 221, LSA[7]).

Essa deliberação estará dispensada se o estatuto ou contrato social previr a transformação da sociedade, caso em que surgirá a oportunidade de exercício do direito de retirada ao sócio dissidente.

3. DIREITO DOS CREDORES

Os credores das sociedades que passam por esse processo têm respaldo legal de que serão mantidas as garantias dos créditos constituídos anteriormente à transformação, podendo invocá-las mesmo após a adoção do novo regime societário (art. 1.115, CC[8] e art. 222, LSA[9]).

Aliás, se a responsabilidade dos sócios, antes ilimitada, mudar com o advento da transformação, se tornando limitada, continuará os sócios responsáveis ilimitadamente perante os credores anteriores à operação.

4. REGISTRO

Para efeito de arquivamento perante a Junta Comercial, a transformação poderá ser formalizada em instrumento único ou em separado, exceto quando envolver empresário individual. Será considerada como data de início das atividades aquela constante na inscrição ou na constituição originária.

C. INCORPORAÇÃO

1. INCORPORAÇÃO

A incorporação é a operação pela qual determinada sociedade, denominada incorporadora, absorve uma ou mais sociedades, chamadas de incorporadas,

---

6. Art. 1.114. A transformação depende do consentimento de todos os sócios, salvo se prevista no ato constitutivo, caso em que o dissidente poderá retirar-se da sociedade, aplicando-se, no silêncio do estatuto ou do contrato social, o disposto no art. 1.031.

7. Art. 221 A transformação exige o consentimento unânime dos sócios ou acionistas, salvo se prevista no estatuto ou no contrato social, caso em que o sócio dissidente terá o direito de retirar-se da sociedade.

8. Art. 1.115. A transformação não modificará nem prejudicará, em qualquer caso, os direitos dos credores. Parágrafo único. A falência da sociedade transformada somente produzirá efeitos em relação aos sócios que, no tipo anterior, a eles estariam sujeitos, se o pedirem os titulares de créditos anteriores à transformação, e somente a estes beneficiará.

9. Art. 222 A transformação não prejudicará, em caso algum, os direitos dos credores, que continuarão, até o pagamento integral dos seus créditos, com as mesmas garantias que o tipo anterior de sociedade lhes oferecia.

as quais deixam de existir, sendo suas obrigações e seus direitos assumidos pela incorporadora (art. 1.116, CC[10] e art. 227, LSA[11]).

Em ocorrendo a incorporação, a pessoa jurídica incorporada passa a inexistir, entretanto, a sociedade incorporadora continuará com a sua personalidade jurídica, diferentemente do que ocorre na fusão, em que há a extinção de todas as pessoas jurídicas participantes do processo, bem como a criação de uma nova pessoa jurídica que sucede às demais.[12]

Essa operação implica no aumento do capital social da incorporadora, na proporção do patrimônio líquido incorporado decorrentes das incorporadas, o que pode não acontecer quando a sociedade incorporadora já atuava como controladora da sociedade incorporada.

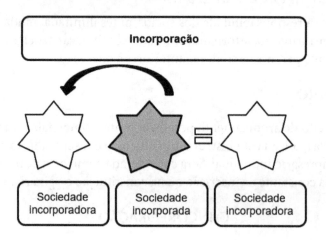

---

10. Art. 1.116. Na incorporação, uma ou várias sociedades são absorvidas por outra, que lhes sucede em todos os direitos e obrigações, devendo todas aprová-la, na forma estabelecida para os respectivos tipos.
11. Art. 227. A incorporação é a operação pela qual uma ou mais sociedades são absorvidas por outra, que lhes sucede em todos os direitos e obrigações.
    § 1º A assembleia geral da companhia incorporadora, se aprovar o protocolo da operação, deverá autorizar o aumento de capital a ser subscrito e realizado pela incorporada mediante versão do seu patrimônio líquido, e nomear os peritos que o avaliarão.
    § 2º A sociedade que houver de ser incorporada, se aprovar o protocolo da operação, autorizará seus administradores a praticarem os atos necessários à incorporação, inclusive a subscrição do aumento de capital da incorporadora.
    § 3º Aprovados pela assembleia geral da incorporadora o laudo de avaliação e a incorporação, extingue-se a incorporada, competindo à primeira promover o arquivamento e a publicação dos atos da incorporação.
12. LEMOS Jr., Eloy Pereira; SILVA, Raul Sebastião Vasconcelos. Reorganização societária e blindagem patrimonial por meio de constituição de *holding*. *Scientia Iuris*, Londrina, v. 18, n. 2, p. 62, dez. 2014.

2. QUÓRUM DELIBERATIVO

Na sociedade limitada a incorporação depende de deliberação por assembleia ou reunião devidamente convocada e quórum de aprovação de mais da metade do capital social (art. 1.071, VI,[13] c.c. art. 1.076, II, CC[14]), nas sociedades por ações é necessária a aprovação de acionistas que representem metade, no mínimo, das ações com direito a voto, se maior quórum não for exigido pelo contrato social ou estatuto da companhia cujas ações não estejam admitidas à negociação em bolsa ou no mercado de balcão (art. 136, IV, LSA[15]).

3. PROCEDIMENTO

A incorporação de sociedade, de qualquer tipo jurídico, deverá obedecer aos seguintes procedimentos: (i) a deliberação da sociedade incorporadora deverá: (a) No caso de sociedade anônima, aprovar o protocolo de intenções, a justificação e o laudo de avaliação do patrimônio líquido da sociedade incorporada, elaborado por peritos ou empresa especializada, e autorizar, quando for o caso, o aumento do capital com o valor do patrimônio líquido incorporado; (b) No caso das demais sociedades, compreendera nomeação dos peritos para a avaliação do patrimônio líquido da sociedade, que tenha de ser incorporada. (ii) a deliberação da sociedade incorporada deverá: (a) No caso de sociedade anônima, se aprovar o protocolo da operação, autorizar seus administradores a praticarem os atos necessários à incorporação, inclusive a subscrição do aumento de capital da incorporadora; (b) No caso das demais sociedades, se aprovar as bases da operação e o projeto de reforma do ato constitutivo, autorizar os administradores a praticar o necessário à incorporação, inclusive a subscrição em bens pelo valor da diferença que se verificar entre o ativo e o passivo (art. 1.117, CC[16] e art. 226, LSA[17])

---

13. Art. 1.071. Dependem da deliberação dos sócios, além de outras matérias indicadas na lei ou no contrato: VI – a incorporação, a fusão e a dissolução da sociedade, ou a cessação do estado de liquidação;

14. Art. 1.076. Ressalvado o disposto no art. 1.061, as deliberações dos sócios serão tomadas: II – pelos votos correspondentes a mais da metade do capital social, nos casos previstos nos incisos II, III, IV, V, VI e VIII do caput do art. 1.071 deste Código;

15. Art. 136. É necessária a aprovação de acionistas que representem metade, no mínimo, das ações com direito a voto, se maior quórum não for exigido pelo estatuto da companhia cujas ações não estejam admitidas à negociação em bolsa ou no mercado de balcão, para deliberação sobre: V – fusão da companhia, ou sua incorporação em outra.

16. Art. 1.117. A deliberação dos sócios da sociedade incorporada deverá aprovar as bases da operação e o projeto de reforma do ato constitutivo. § 1º A sociedade que houver de ser incorporada tomará conhecimento desse ato, e, se o aprovar, autorizará os administradores a praticar o necessário à incorporação, inclusive a subscrição em bens pelo valor da diferença que se verificar entre o ativo e o passivo. § 2º A deliberação dos sócios da sociedade incorporadora compreenderá a nomeação dos peritos para a avaliação do patrimônio líquido da sociedade, que tenha de ser incorporada.

17. Art. 226. As operações de incorporação, fusão e cisão somente poderão ser efetivadas nas condições aprovadas se os peritos nomeados determinarem que o valor do patrimônio ou patrimônios líquidos

4. REGISTRO

Aprovados em assembleia geral extraordinária ou por alteração contratual da sociedade incorporadora os atos de incorporação, extingue-se a incorporada, devendo os administradores da incorporadora providenciar o arquivamento dos atos e sua publicação (art. 1.118, CC[18] e art. 227, § 3º, LSA).

5. INCORPORAÇÃO DE AÇÕES

Vale destacar que a operação de incorporação descrita acima não guarda nenhuma relação com a incorporação de ações, tratada no artigo 252 da Lei das Sociedades por Ações.[19] A primeira diz respeito a aglutinação de uma sociedade por outra, enquanto que a segunda trata do procedimento de conversão da sociedade anônima em subsidiária integral. Essa conversão é feita, como já mencionado, pela incorporação de todas as ações de uma sociedade por outra sociedade, desde que seja brasileira, passando esta última a ser única acionista da primeira.

D. FUSÃO

1. FUSÃO

A fusão se traduz na combinação de duas ou mais sociedades para a formação de uma única, totalmente nova,[20] que sucederá todos os direitos e obrigações,

---

a serem vertidos para a formação de capital social é, ao menos, igual ao montante do capital a realizar. § 1º As ações ou quotas do capital da sociedade a ser incorporada que forem de propriedade da companhia incorporadora poderão, conforme dispuser o protocolo de incorporação, ser extintas, ou substituídas por ações em tesouraria da incorporadora, até o limite dos lucros acumulados e reservas, exceto a legal. § 2º O disposto no § 1º aplicar-se-á aos casos de fusão, quando uma das sociedades fundidas for proprietária de ações ou quotas de outra, e de cisão com incorporação, quando a companhia que incorporar parcela do patrimônio da cindida for proprietária de ações ou quotas do capital desta. § 3º A Comissão de Valores Mobiliários estabelecerá normas especiais de avaliação e contabilização aplicáveis às operações de fusão, incorporação e cisão que envolvam companhia aberta.

18. Art. 1.118. Aprovados os atos da incorporação, a incorporadora declarará extinta a incorporada, e promoverá a respectiva averbação no registro próprio.

19. Art. 252 A incorporação de todas as ações do capital social ao patrimônio de outra companhia brasileira, para convertê-la em subsidiária integral, será submetida à deliberação da assembleia geral das duas companhias mediante protocolo e justificação, nos termos dos artigos 224 e 225.

20. LEMOS Jr., Eloy Pereira; SILVA, Raul Sebastião Vasconcelos. Reorganização societária e blindagem patrimonial por meio de constituição de *holding. Scientia Iuris*, Londrina, v. 18, n. 2, p. 62, dez. 2014.

deliberada na forma prevista para a alteração dos respectivos estatutos ou contratos sociais (art. 1.119, CC[21] e art. 228, LSA[22]).

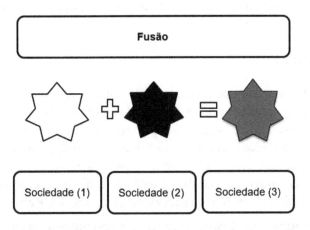

2. QUÓRUM DELIBERATIVO

A fusão será decidida, na forma estabelecida para os respectivos tipos, pelas sociedades que pretendam unir-se (art. 1.120, CC[23]), no caso de sociedade limitada a deliberação depende de assembleia ou reunião devidamente convocada e quórum de aprovação de mais da metade do capital social (art. 1.071, VI,[24] c.c. art. 1.076, II, CC[25]), nas sociedades por ações é necessária a aprovação de

---

21. Art. 1.119. A fusão determina a extinção das sociedades que se unem, para formar sociedade nova, que a elas sucederá nos direitos e obrigações.
22. Art. 228. A fusão é a operação pela qual se unem duas ou mais sociedades para formar sociedade nova, que lhes sucederá em todos os direitos e obrigações. § 1º A assembleia geral de cada companhia, se aprovar o protocolo de fusão, deverá nomear os peritos que avaliarão os patrimônios líquidos das demais sociedades.§ 2º Apresentados os laudos, os administradores convocarão os sócios ou acionistas das sociedades para uma assembleia geral, que deles tomará conhecimento e resolverá sobre a constituição definitiva da nova sociedade, vedado aos sócios ou acionistas votar o laudo de avaliação do patrimônio líquido da sociedade de que fazem parte. § 3º Constituída a nova companhia, incumbirá aos primeiros administradores promover o arquivamento e a publicação dos atos da fusão.
23. Art. 1.120. A fusão será decidida, na forma estabelecida para os respectivos tipos, pelas sociedades que pretendam unir-se. § 1º Em reunião ou assembleia dos sócios de cada sociedade, deliberada a fusão e aprovado o projeto do ato constitutivo da nova sociedade, bem como o plano de distribuição do capital social, serão nomeados os peritos para a avaliação do patrimônio da sociedade. § 2º Apresentados os laudos, os administradores convocarão reunião ou assembleia dos sócios para tomar conhecimento deles, decidindo sobre a constituição definitiva da nova sociedade. § 3º É vedado aos sócios votar o laudo de avaliação do patrimônio da sociedade de que façam parte.
24. Art. 1.071. Dependem da deliberação dos sócios, além de outras matérias indicadas na lei ou no contrato: VI – a incorporação, a fusão e a dissolução da sociedade, ou a cessação do estado de liquidação.
25. Art. 1.076. Ressalvado o disposto no art. 1.061, as deliberações dos sócios serão tomadas: II – pelos votos correspondentes a mais da metade do capital social, nos casos previstos nos incisos II, III, IV, V, VI e VIII do *caput* do art. 1.071 deste Código.

acionistas que representem metade, no mínimo, das ações com direito a voto, se maior quórum não for exigido pelo contrato social ou estatuto da companhia cujas ações não estejam admitidas à negociação em bolsa ou no mercado de balcão (art. 136, IV, LSA[26]).

3. PROCEDIMENTO

A fusão de sociedades de qualquer tipo jurídico deverá obedecer aos seguintes procedimentos: (i) a deliberação das sociedades a serem fusionadas deverá: (a) No caso de sociedade anônima, se aprovar o protocolo de fusão, nomear os peritos que avaliarão os patrimônios líquidos das demais sociedades; (b) No caso das demais sociedade, deliberada a fusão e aprovado o projeto do ato constitutivo da nova sociedade, bem como o plano de distribuição do capital social, nomear os peritos para a avaliação do patrimônio da sociedade (art. 1.120, CC e art. 228, LSA).

Apresentados os laudos, os administradores convocarão os sócios ou acionistas das sociedades para reunião ou assembleia, conforme o caso, para deles tomar conhecimento e decidir sobre a constituição definitiva da nova sociedade, vedado aos sócios ou acionistas votar o laudo de avaliação do patrimônio líquido da sociedade de que fazem parte.

4. REGISTRO

Constituída a nova sociedade, e extintas as sociedades fusionadas, os primeiros administradores promoverão o arquivamento dos atos da fusão e sua publicação (art. 1.121, CC[27] e art. 228, § 3º, LSA).

E. CISÃO

1. CISÃO

A cisão comporta duas modalidades: Na primeira, chamada "total" ou cisão com extinção há uma verdadeira fusão às avessas. O patrimônio da pessoa jurídica originária é vertido para duas ou mais sociedades distintas, extinguindo-se em

---

26. Art. 136. É necessária a aprovação de acionistas que representem metade, no mínimo, das ações com direito a voto, se maior quórum não for exigido pelo estatuto da companhia cujas ações não estejam admitidas à negociação em bolsa ou no mercado de balcão, para deliberação sobre: V – fusão da companhia, ou sua incorporação em outra.

27. Art. 1.121. Constituída a nova sociedade, aos administradores incumbe fazer inscrever, no registro próprio da sede, os atos relativos à fusão.

seguida a pessoa jurídica originária. Trata-se de sucessão a título universal e o sujeito de direito originário deixa o mundo jurídico. É modalidade de extinção da personalidade jurídica.

Já na segunda modalidade, a chamada "parcial" ou cisão sem extinção, apenas uma parcela do patrimônio da sociedade originária é destinada a uma sociedade diversa, especialmente criada para esse fim ou pré-existente, subsistindo a primeira.[28] Quando em decorrência da cisão, houver constituição e registro de nova sociedade, deverão ser observadas as normas reguladoras aplicáveis ao tipo jurídico adotado (art. 229, LSA[29]).

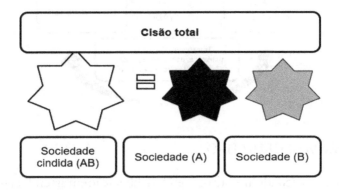

---

28. JOVETTA, Diogo Cressoni. Cisão Parcial: Responsabilidade Tributária. *Revista Dialética de Direito Tributário*, v. 1, p. 31-43, 2013.
29. Art. 229. A cisão é a operação pela qual a companhia transfere parcelas do seu patrimônio para uma ou mais sociedades, constituídas para esse fim ou já existentes, extinguindo-se a companhia cindida, se houver versão de todo o seu patrimônio, ou dividindo-se o seu capital, se parcial a versão. § 1º Sem prejuízo do disposto no artigo 233, a sociedade que absorver parcela do patrimônio da companhia cindida sucede a esta nos direitos e obrigações relacionados no ato da cisão; no caso de cisão com extinção, as sociedades que absorverem parcelas do patrimônio da companhia cindida sucederão a esta, na proporção dos patrimônios líquidos transferidos, nos direitos e obrigações não relacionados. § 2º Na cisão com versão de parcela do patrimônio em sociedade nova, a operação será deliberada pela assembleia geral da companhia à vista de justificação que incluirá as informações de que tratam os números do artigo 224; a assembleia, se a aprovar, nomeará os peritos que avaliarão a parcela do patrimônio a ser transferida, e funcionará como assembleia de constituição da nova companhia. § 3º A cisão com versão de parcela de patrimônio em sociedade já existente obedecerá às disposições sobre incorporação (artigo 227). § 4º Efetivada a cisão com extinção da companhia cindida, caberá aos administradores das sociedades que tiverem absorvido parcelas do seu patrimônio promover o arquivamento e publicação dos atos da operação; na cisão com versão parcial do patrimônio, esse dever caberá aos administradores da companhia cindida e da que absorver parcela do seu patrimônio. § 5º As ações integralizadas com parcelas de patrimônio da companhia cindida serão atribuídas a seus titulares, em substituição às extintas, na proporção das que possuíam; a atribuição em proporção diferente requer aprovação de todos os titulares, inclusive das ações sem direito a voto.

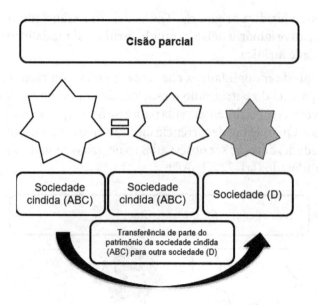

2. QUÓRUM DELIBERATIVO

A cisão de sociedade limitada depende deliberação em assembleia ou reunião devidamente convocada e quórum de aprovação de mais da metade do capital social por se tratar de alteração do contrato social (art. 1.071, V,[30] c.c. art. 1.076, II, CC[31]), nas sociedades por ações é necessária a aprovação de acionistas que representem metade, no mínimo, das ações com direito a voto, se maior quórum não for exigido pelo contrato social ou estatuto da companhia cujas ações não estejam admitidas à negociação em bolsa ou no mercado de balcão (art. 136, IX, LSA[32]).

3. PROCEDIMENTO

A cisão de sociedade empresária, de qualquer tipo jurídico, deverá obedecer aos seguintes procedimentos: (i) cisão parcial para sociedade existente: (a) A so-

---

30. Art. 1.071. Dependem da deliberação dos sócios, além de outras matérias indicadas na lei ou no contrato: V – a modificação do contrato social.
31. Art. 1.076. Ressalvado o disposto no art. 1.061, as deliberações dos sócios serão tomadas: II – pelos votos correspondentes a mais da metade do capital social, nos casos previstos nos incisos II, III, IV, V, VI e VIII do *caput* do art. 1.071 deste Código.
32. Art. 136. É necessária a aprovação de acionistas que representem metade, no mínimo, das ações com direito a voto, se maior quórum não for exigido pelo estatuto da companhia cujas ações não estejam admitidas à negociação em bolsa ou no mercado de balcão, para deliberação sobre: IX– cisão da companhia;

CAPÍTULO X • REORGANIZAÇÃO SOCIETÁRIA **271**

ciedade, por sua assembleia geral extraordinária ou por alteração contratual, que absorver parcela do patrimônio de outra, deverá aprovar o protocolo de intenções e a justificação, nomear peritos ou empresa especializada e autorizar o aumento do capital, se for o caso; (b) A sociedade que estiver sendo cindida, por sua assembleia geral extraordinária ou por alteração contratual, deverá aprovar o protocolo de intenções, a justificação, bem como autorizar seus administradores a praticarem os demais atos da cisão; (c) Aprovado o laudo de avaliação pela sociedade receptora, efetivar-se-á a cisão, cabendo aos administradores das sociedades envolvidas o arquivamento dos respectivos atos e a sua publicação, quando couber. (ii) cisão parcial para constituição de nova sociedade: (a) A ata de assembleia geral extra-ordinária ou a alteração contratual da sociedade cindida, que servirá como ato de constituição da nova sociedade, aprovará o protocolo de intenções, a justificação e o laudo de avaliação elaborado por peritos ou empresa especializada, relativamente à parcela do patrimônio líquido a ser vertida para a sociedade em constituição; (b) Os administradores da sociedade cindida e os da resultante da cisão providenciarão o arquivamento dos respectivos atos e sua publicação, quando couber. (iii) cisão total para sociedades existentes: (a) As sociedades que, por assembleia geral ou por alteração contratual, absorverem o total do patrimônio líquido da sociedade cindi-da, deverão aprovar o protocolo de intenções, a justificação e o laudo de avaliação, elaborado por peritos ou empresa especializada e autorizar o aumento do capital, quando for o caso; (b) A sociedade cindida, por assembleia geral ou por alteração contratual, deverá aprovar o protocolo de intenções, a justificação, bem como au-torizar seus administradores a praticarem os demais atos da cisão; (c) Aprovado o laudo de avaliação pelas sociedades receptoras, efetivar-se-á a cisão, cabendo aos seus administradores o arquivamento dos atos de cisão e a sua publicação, quando couber. (iv) cisão total – constituição de sociedades novas: (a) A sociedade cindida, por assembleia geral ou alteração contratual, cuja ata ou instrumento de alteração contratual servirá de ato de constituição, aprovarão protocolo de intenções, a jus-tificação e o laudo de avaliação elaborado por peritos ou empresa especializada, relativamente ao patrimônio líquido que irá ser vertido para as novas sociedades; (b) Os administradores das sociedades resultantes da cisão providenciarão o ar-quivamento dos atos da cisão e a sua publicação, quando couber.

F. DIREITO DE RECESSO

1. DIREITO DE RECESSO

O sócio ou acionista que discordar da reorganização societária terá o direito de retira-se da sociedade, operando-se, em regra, a dissolução parcial.

Na sociedade limitada, o direito de recesso está previsto no artigo 1.077 do Código Civil, que declara que quando houver modificação do contrato, fusão da sociedade, incorporação de outra, ou dela por outra, terá o sócio que dissentiu o direito de retirar-se da sociedade, nos 30 (trinta) dias subsequentes à assembleia ou reunião, aplicando-se, no silêncio do contrato social antes vigente, o disposto no Código Civil com relação a apuração de haveres e reembolso.

Nas sociedades por ações, nas operações de incorporação, fusão ou cisão, os acionistas terão direito de retirada garantido, com a ressalva de que na incorporação somente os sócios dissidentes da incorporada terão esse direito, ao passo que na fusão o recesso é assegurado aos dissidentes de ambas as sociedades (art. 230, LSA[33]). Os acionistas perdem o direito ao recesso se suas ações forem dotadas de liquidez e dispersão, isto é, forem facilmente negociadas no mercado (art. 137, II, LSA[34]).

Na cisão, o direito de retirada é restrito e somente poderá ser exercido nas hipóteses de (i) mudança do objeto social, salvo quando o patrimônio cindido for vertido para sociedade cuja atividade preponderante coincida com a decorrente do objeto social da sociedade cindida; (ii) redução do dividendo obrigatório; ou (iii) participação em grupo de sociedades. (art. 137, III, LSA[35]).

O direito de recesso com o pedido reembolso da ação deve ser reclamado à companhia no prazo de 30 (trinta) dias contado da publicação da ata da assembleia geral que deliberou a respectiva reorganização societária (art. 137, IV, LSA[36]).

---

33. Art. 230. Nos casos de incorporação ou fusão, o prazo para exercício do direito de retirada, previsto no art. 137, inciso II, será contado a partir da publicação da ata que aprovar o protocolo ou justificação, mas o pagamento do preço de reembolso somente será devido se a operação vier a efetivar-se.

34. Art. 137. A aprovação das matérias previstas nos incisos I a VI e IX do art. 136 dá ao acionista dissidente o direito de retirar-se da companhia, mediante reembolso do valor das suas ações (art. 45), observadas as seguintes normas: II - nos casos dos incisos IV e V do art. 136, não terá direito de retirada o titular de ação de espécie ou classe que tenha liquidez e dispersão no mercado, considerando-se haver: a) liquidez, quando a espécie ou classe de ação, ou certificado que a represente, integre índice geral representativo de carteira de valores mobiliários admitido à negociação no mercado de valores mobiliários, no Brasil ou no exterior, definido pela Comissão de Valores Mobiliários; e b) dispersão, quando o acionista controlador, a sociedade controladora ou outras sociedades sob seu controle detiverem menos da metade da espécie ou classe de ação.

35. Art. 137 A aprovação das matérias previstas nos incisos I a VI e IX do art. 136 dá ao acionista dissidente o direito de retirar-se da companhia, mediante reembolso do valor das suas ações (art. 45), observadas as seguintes normas: (...) III – no caso do inciso IX do art. 136, somente haverá direito de retirada se a cisão implicar: a) mudança do objeto social, salvo quando o patrimônio cindido for vertido para sociedade cuja atividade preponderante coincida com a decorrente do objeto social da sociedade cindida; b) redução do dividendo obrigatório; ou c) participação em grupo de sociedades.

36. Art. 137, IV – o reembolso da ação deve ser reclamado à companhia no prazo de 30 (trinta) dias contado da publicação da ata da assembleia geral.

Ainda sobre o exercício do direito de recesso, em se tratando de incorporação, fusão ou cisão de companhia aberta, as sociedades que a sucederão também deverão ser abertas. Do contrário, surge para os acionistas oportunidade de exercer o direito de recessos, nos termos dos parágrafos terceiro e quarto do artigo 223 da Lei das Sociedades por Ações.[37]

G. DIREITO DOS CREDORES

1. DIREITO DOS CREDORES

Operações como a incorporação, a fusão e a cisão agregam mais indivíduos ao rol de credores, onerando o patrimônio social e, eventualmente, ensejando na lesão de direitos dos credores das sociedades em questão.

a) Ação de anulação

Por esse motivo a lei confere aos credores o direito de buscar a anulação dos atos relativos à incorporação, fusão ou cisão (art. 1.122, CC[38] e art. 232, LSA[39]).

A ação do credor prejudicado que tem por objeto a anulação da operação societária, dever ser promovida até de 90 (noventa) dias após publicados os atos relativos à incorporação, fusão ou cisão quando não envolver sociedade por ações (art. 1.122, CC). No caso de operação envolvendo sociedade por ações, o credor prejudicado terá até 60 (sessenta) dias depois de publicados os atos relativos à incorporação ou à fusão (art. 232, LSA). Em qualquer dos casos, findo o prazo, decairá do direito o credor que não o tiver exercido.

---

37. Art. 223, § 3º Se a incorporação, fusão ou cisão envolverem companhia aberta, as sociedades que a sucederem serão também abertas, devendo obter o respectivo registro e, se for o caso, promover a admissão de negociação das novas ações no mercado secundário, no prazo máximo de cento e vinte dias, contados da data da assembleia geral que aprovou a operação, observando as normas pertinentes baixadas pela Comissão de Valores Mobiliários. § 4º O descumprimento do previsto no parágrafo anterior dará ao acionista direito de retirar-se da companhia, mediante reembolso do valor das suas ações (art. 45), nos trinta dias seguintes ao término do prazo nele referido, observado o disposto nos §§ 1º e 4º do art. 137.
38. Art. 1.122. Até noventa dias após publicados os atos relativos à incorporação, fusão ou cisão, o credor anterior, por ela prejudicado, poderá promover judicialmente a anulação deles. § 1º A consignação em pagamento prejudicará a anulação pleiteada. § 2º Sendo ilíquida a dívida, a sociedade poderá garantir-lhe a execução, suspendendo-se o processo de anulação. § 3º Ocorrendo, no prazo deste artigo, a falência da sociedade incorporadora, da sociedade nova ou da cindida, qualquer credor anterior terá direito a pedir a separação dos patrimônios, para o fim de serem os créditos pagos pelos bens das respectivas massas.
39. Art. 232 Até 60 (sessenta) dias depois de publicados os atos relativos à incorporação ou à fusão, o credor anterior por ela prejudicado poderá pleitear judicialmente a anulação da operação; findo o prazo, decairá do direito o credor que não o tiver exercido.

A sociedade, para evitar a anulação do ato, poderá consignar em pagamento o crédito discutido na ação, prejudicando a anulação pleiteada. Sendo ilíquida a dívida, a sociedade poderá garantir-lhe a execução, suspendendo-se o processo de anulação. Ocorrendo, no prazo previsto na lei, a falência da sociedade incorporadora, da sociedade nova ou da cindida, qualquer credor anterior terá direito a pedir a separação dos patrimônios, para o fim de serem os créditos pagos pelos bens das respectivas massas.

b) Responsabilidade na cisão

Quanto aos direitos dos credores no caso de cisão, determina a lei que existe responsabilidade solidária entre todas as sociedades decorrentes da cisão pelas obrigações da sociedade cindida. Eventual cláusula no instrumento da cisão determinando que a responsabilidade das sociedades advindas da operação ficará restrita somente às dívidas a elas transmitidas será válida se nenhum credor se opor no prazo de 90 (noventa) dias (art. 233, LSA[40]).

c) Antitruste

Incorporações ou fusões que envolverem, cumulativamente, pelo menos um grupo econômico com faturamento bruto anual ou volume de negócios total no País igual ou maior que R$ 750.000.000,00 (setecentos e cinquenta milhões de reais) e outro com faturamento ou volume igual ou maior que R$ 75.000.000,00 (setenta e cinco milhões de reais), serão submetidas à aprovação do Conselho Administrativo de Defesa Econômica (Cade), tudo diante do previsto no artigo 88 da Lei 12.529/2011.[41]

---

40. Art. 233. Na cisão com extinção da companhia cindida, as sociedades que absorverem parcelas do seu patrimônio responderão solidariamente pelas obrigações da companhia extinta. A companhia cindida que subsistir e as que absorverem parcelas do seu patrimônio responderão solidariamente pelas obrigações da primeira anteriores à cisão. Parágrafo único. O ato de cisão parcial poderá estipular que as sociedades que absorverem parcelas do patrimônio da companhia cindida serão responsáveis apenas pelas obrigações que lhes forem transferidas, sem solidariedade entre si ou com a companhia cindida, mas, nesse caso, qualquer credor anterior poderá se opor à estipulação, em relação ao seu crédito, desde que notifique a sociedade no prazo de 90 (noventa) dias a contar da data da publicação dos atos da cisão.

41. Os valores inicialmente previstos pelo art. 88 da Lei 12.529/2011 eram, respectivamente, de R$ 400.000.000,00 (quatrocentos milhões de reais) e R$ 30.000.000,00 (trinta milhões de reais). Entretanto, tais valores foram alterados pela Portaria Interministerial 994/2012, disponível em: https://cdn.cade. gov.br/Portal/centrais-de-conteudo/publicacoes/normas-e-legislacao/portarias/Portaria%20994. pdf. Acesso em: 19 dez. 2023. Verifica-se, portanto, a possibilidade de que tais critérios variem com o tempo.

CAPÍTULO X • REORGANIZAÇÃO SOCIETÁRIA

H. *DROP DOWN*

1. *DROP DOWN*[42]

O *drop down* é uma forma atípica de reorganização societária que consiste no aumento de capital que uma sociedade cedente faz em outra, conferindo à sociedade receptora bens de natureza diversa (ativos), tais como estabelecimentos, carteiras de clientes, atividades, contratos, atestados, tecnologia, acervo técnico, direitos e obrigações etc. Passivos não poderiam estar incluídos, pois eles não apresentam condições de sua utilização para subscrição de quotas ou de ações da sociedade receptora, presente uma evidente inadequação para tal efeito.

À princípio, o *drop down* teria semelhanças com outras espécies de reorganização societária, como um tipo de cisão, uma vez que o aumento de capital se dá por meio da transferência de bens e de outros elementos. Todavia, o instituto da cisão prevê expressamente que serão transferidas parcelas de património e, portanto, deverão ser transferidos, necessariamente, elementos do ativo e do passivo, a título universal, ou seja, ocorrerá uma transmissão conjunta de ativos e passivos.

Por se tratar de operação sem precedentes na legislação brasileira, a doutrina se preocupou em averiguar a questão da responsabilidade das sociedades envolvidas, considerando que se trata de uma situação dinâmica, ou seja, atividades e contratos teriam marcos diferenciados de realização e de datas de início e conclusão, três situações estariam configuradas, em tese, diante da inexistência de inclusões ou exclusões expressamente acertadas entre as partes, quanto aos seus efeitos jurídicos: (i) atividades iniciadas e concluídas antes da realização da operação: neste caso, por elas responderia exclusivamente a sociedade conferente dos bens; (ii) atividades iniciadas e concluídas após a realização da operação: neste caso, por elas responderia expressamente a sociedade receptora; e (iii) atividades iniciadas antes da operação e concluídas depois dela: as sociedades conferente e receptora responderiam proporcionalmente ao montante das obrigações, pelo tempo decorrido da operação.[43]

---

42. VERÇOSA, Haroldo Malheiros Duclerc e BRASSO, Zanon de Paula. A recepção do 'drop down' no direito brasileiro. *Revista de Direito Mercantil, Industrial, Econômico e Financeiro*, n. 125, p. 41-47, jan. 2002.

43. VERÇOSA, Haroldo Malheiros Duclerc e BRASSO, Zanon de Paula. A recepção do 'drop down' no direito brasileiro. *Revista de Direito Mercantil, Industrial, Econômico e Financeiro*, n. 125, p. 47, jan. 2002.

Capítulo XI
DIREITO DA CONCORRÊNCIA – INFRAÇÃO À ORDEM ECONÔMICA

A. DIREITO ANTITRUSTE

1. CONCEITO

Conforme vimos nos capítulos anteriores, a livre concorrência é um dos princípios do Direito Comercial, consistindo em um desdobramento do princípio da livre iniciativa. No Brasil, a doutrina e a legislação dividem o estudo da matéria em duas esferas: (i) a concorrência desleal; e (ii) as infrações à ordem econômica.[1] O capítulo VI da parte 1 deste livro se dedicou a tratar com maior atenção a concorrência desleal, que abrange a relação privada direta entre empresários, ou seja, possíveis abusos de um agente econômico que produzam efeitos negativos nas esferas individuais de um de seus concorrentes. Neste capítulo, o foco será a tutela coletiva do Direito da Concorrência e sua interface com o Direito Comercial. O Direito da Concorrência ou Direito Antitruste,[2] como se verá a seguir, possui como objetivo tutelar não os interesses de um ou outro concorrente individualmente, mas objetiva resguardar e garantir a existência da própria dinâmica competitiva – *i.e.*, a existência da concorrência em si.

A liberdade de iniciativa e a atuação empresarial, consideradas dentro do contexto de nossa Constituição Federal, devem ser exercidas não apenas visando ao lucro, mas serem balizadas em conjunto com a promoção da justiça social, assegurando a todos existência digna.[3] Nesse sentido, o Direito da Concorrência

---

1. COELHO, Fábio Ulhoa. *Manual de Direito Comercial* – Direito de Empresa. 25. ed. São Paulo: Saraiva, 2013, p. 46.
2. Nesta obra, ainda que não se negue a existência de diferenças entre os ordenamentos jurídicos e a compreensão dos termos jurídicos por eles utilizados, notadamente entre direito brasileiro e norte-americano, "Direito da Concorrência", "Direito Antitruste" e "Direito Concorrencial" serão utilizados como termos sinônimos.
3. ARMANI, Wagner José Penereiro; FERREIRA, Rodrigo Eduardo; JOVETTA. Diogo Cressoni. *Direito Comercial* – Teoria Geral da Empresa & Direito das Sociedades. Campinas: AFJ. 2018, v. I, p. 187.

consiste em um conjunto de regras estruturadoras – em um instrumento de política pública[4] – que disciplina as relações entre os agentes de mercado, visando a um ambiente de livre concorrência cujos destinatários finais são os consumidores e, portanto, a coletividade.[5] O Direito da Concorrência tutela, assim, um bem jurídico constitucionalmente previsto,[6] de titularidade da coletividade, nos termos do parágrafo único do art. 1º da Lei 12.529/2011.[7-8]

Este capítulo está estruturado em sete tópicos. Em um primeiro momento (tópico A), será abordado o surgimento do Direito da Concorrência e seu desenvolvimento no Brasil. Em seguida (tópico B), será detalhada a estrutura do Conselho Administrativo de Defesa Econômica (Cade), a autoridade de defesa da concorrência brasileira. Em um terceiro momento (tópico C), serão traçadas breves explicações sobre termos e conceitos importantes para a compreensão da análise econômica desempenhada pelo Cade. Em seguida (tópico D) será abordada a análise dos chamados Atos de Concentração e, após (tópico E), das condutas anticompetitivas. Mais adiante (tópico F), será analisada a política de acordos que podem ser celebrados com a autoridade. Por fim, o tópico G será dedicado a uma conclusão parcial, relacionando o Direito da Concorrência a outros tópicos do Direito Comercial, tais como Direito Societário e *Compliance*.

2. SURGIMENTO NO DIREITO NORTE-AMERICANO

O surgimento do Direito da Concorrência, está relacionado ao desenvolvimento do comércio e à estruturação dos mercados. Nesse sentido, diversos autores discutem qual teria sido o momento do surgimento das primeiras formas de defesa da concorrência. Apesar de haver elementos de disciplina da concor-

---

4. Para uma retomada acerca da compreensão do Direito da Concorrência como um instrumento de política pública, ver FORGIONI, Paula A. *Os fundamentos do antitruste*. 8. ed. São Paulo: Ws. RT, 2015, p. 186-192.

5. GABAN, Eduardo Molan; DOMINGUES, Juliana Oliveira. *Direito Antitruste*. 4. ed. São Paulo: Saraiva, 2016, p. 67.

6. Art. 170. A ordem econômica, fundada na valorização do trabalho humano e na livre iniciativa, tem por fim assegurar a todos existência digna, conforme os ditames da justiça social, observados os seguintes princípios: IV – livre concorrência.

7. Art. 1º Esta Lei estrutura o Sistema Brasileiro de Defesa da Concorrência – SBDC e dispõe sobre a prevenção e a repressão às infrações contra a ordem econômica, orientada pelos ditames constitucionais de liberdade de iniciativa, livre concorrência, função social da propriedade, defesa dos consumidores e repressão ao abuso do poder econômico. Parágrafo único. A coletividade é a titular dos bens jurídicos protegidos por esta Lei.

8. "No Brasil, costuma-se dizer que a lei antitruste protege a *concorrência*, e não o *concorrente*. Isso significa que é a coletividade, e não um indivíduo ou determinado(s) grupo(s) de indivíduos, o verdadeiro titular dos direitos protegidos". ANDERS, Eduardo Caminati. PAGOTTO, Leopoldo. BAGNOLI, Vicente. *Comentários à nova Lei de Defesa da Concorrência*: Lei 12.529, de 30 de novembro de 2011. Rio de Janeiro: Forense; São Paulo: Método, 2012, p. 6.

rência em variados momentos históricos, acompanhando o desenvolvimento comercial de diversos povos desde a antiguidade, foi no contexto do liberalismo econômico e do direito norte-americano que o Direito Antitruste passou a ser denominado como tal.[9-10]

O termo "Direito Antitruste" encontra-se diretamente ligado ao *Sherman Act*, promulgado nos Estados Unidos da América. Com o aumento da produção em escala no século XIX, as estradas de ferro norte-americanas possuíam um importante papel de escoamento da produção. Na década de 1870, essas estradas de ferro iniciaram um grande processo competitivo, ofertando grandes descontos aos clientes e reduzindo cada vez mais o seu lucro. Para evitar esse movimento e a diminuição de lucro, as ferrovias realizaram um acordo entre si para sua "proteção", combinando regras a serem seguidas por todas elas, ou seja, estruturando uma espécie de cartel. Como usualmente ocorre em cartéis, esse movimento apresentou instabilidade e desvios, e verificou-se que um combinado poderia não ser o instrumento mais eficaz para garantir a implementação do acordo. Nesse contexto, decidiu-se pela utilização do *trust*, um instituto do direito anglo-saxão que permitia a administração centralizada dos agentes econômicos atuantes em um mesmo mercado, impedindo a concorrência entre eles. Por meio desse instrumento fiduciário, o agente transferia a um *trustee* o poder decorrente de suas ações, recebendo em troca um *trust certificate*. Assim, o *trustee* ficava com a direção, de maneira uniforme, do conjunto de negócios a ele confiados.[11]

---

9. Para leitura e identificação da presença do Direito de Concorrência em momentos históricos anteriores, ver FORGIONI, Paula A. *Os fundamentos do antitruste*. 8. ed. São Paulo: Ed. RT, 2015, p. 33-84 e GABAN, Eduardo Molan; DOMINGUES, Juliana Oliveira. *Direito Antitruste*. 4. ed. São Paulo: Saraiva, 2016, p. 67-82.

10. Vale ressaltar que, além dos Estados Unidos da América, a Europa consiste em jurisdição de grande relevância para o Direito da Concorrência, por exemplo. De modo geral, há grande harmonização entre as autoridades do mundo, e o controle de estruturas e condutas é bastante semelhante no mundo inteiro. Entre as razões para tanto, pode-se indicar o fato de que diversas operações empresariais se estabelecem em uma dinâmica global. Para maior profundidade do debate, ver: BECKER, Bruno Bastos; MASSARO, Anna Binotto. *How Does Brazil Review Multi-Jurisdictional Merger Cases? An Empirical Study from the Competition Authority's Perspective* (March 31, 2017). Brazilian Antitrust Law (Law 12.529/11): 5 years (IBRAC), 2017. Disponível em SSRN: https://ssrn.com/abstract=2944112. Acesso em: 19 dez. 2023.

11. Eduardo Salomão Neto explica que "Implica o *trust* a transferência de propriedade ou titularidade sobre um bem corpóreo, móvel ou imóvel, ou incorpóreo, como os direitos, a um terceiro denominado *trustee*, a quem incumbe exercer os direitos adquiridos em benefício de pessoas designadas expressamente no instrumento criador do *trust*, ou indicadas pela lei ou jurisprudência na falta de tal instrumento, chamadas de beneficiários ou *cestui que trust*". SALOMÃO NETO, Eduardo. *O trust e o direito brasileiro*. São Paulo: Trevisan, 2016 [livro eletrônico]. Para maior detalhamento do instrumento denominado *trust*, ver também FORGIONI, Paula A. *Os fundamentos do antitruste*. 8. ed. São Paulo: Ed. RT, 2015, p. 69-70.

280 | DIREITO EMPRESARIAL: DIREITO DAS SOCIEDADES • Armani, Ferreira, Jovetta e Penereiro

Esse fenômeno significou uma grande concentração de poder nas mãos de poucos agentes, liderados pelos trustes. A grande concentração econômica e a prática de preços de monopólio ocasionaram diversas distorções na economia e impactaram de forma negativa os agricultores e a população, que buscavam a edição de uma lei que controlasse o poder econômico e fosse capaz de acabar com os *trusts* (*anti-trust*). Nesse contexto, foi editado, em 1890, o chamado *Sherman Act*, considerado por alguns o ponto de partida dos estudos relacionados à disciplina do poder econômico.[12] É nesse contexto que se cria a denominação de um Direito Antitruste, ou seja, contrário à formação de *trusts*.

3. BREVE HISTÓRICO DA DEFESA DA CONCORRÊNCIA NO BRASIL

No contexto brasileiro, a liberdade econômica foi prevista de forma expressa apenas na Constituição de 1934, que estabelecia, em seu art. 115, que a ordem econômica seria organizada com base nos princípios da justiça e das necessidades da vida nacional, possibilitando uma existência digna a todos, limites dentro dos quais essa liberdade seria garantida.

Na Constituição de 1937, a iniciativa privada ganhou mais evidência, mas ao mesmo tempo foi prevista a possibilidade de intervenção estatal para suprir deficiências e coordenar fatores de produção. Além disso, a Constituição previu o princípio da proteção à economia popular, que provocou a edição de Decreto-Lei 869/1938, o qual tipificou condutas como açambarcamento de mercadorias, fixação de preços e vendas abaixo do preço de custo. Entretanto, tal Decreto foi muito mais aplicado para evitar fraudes ao consumidor e teve pouca influência na defesa da concorrência.[13]

O Decreto-Lei 7.666/1945 (Lei Malaia) foi o primeiro ato normativo brasileiro a tratar infrações à ordem econômica como ilícitos administrativos e a evidenciar a necessidade de criação de um órgão denominado Comissão Administrativa de Defesa Econômica. Esse Decreto-Lei foi revogado logo após o fim do Estado Novo, mas a repressão ao abuso de poder econômico voltou a estar prevista no art. 148 da Constituição de 1946.[14]

---

12. FORGIONI, Paula A. *Os fundamentos do antitruste*. 8. ed. São Paulo: Ed. RT, 2015, p. 65-73.
13. CORDOVIL, Leonor; CARVALHO, Vinicius Marques de; BAGNOLI, Vicente; ANDERS, Eduardo Caminati. *Nova Lei de Defesa da Concorrência Comentada – Lei 12.529, de 30 de novembro de 2011.* São Paulo: Ed. RT, 2011, p. 17-23.
14. CORDOVIL, Leonor; CARVALHO, Vinicius Marques de; BAGNOLI, Vicente; ANDERS, Eduardo Caminati. *Nova Lei de Defesa da Concorrência Comentada – Lei 12.529, de 30 de novembro de 2011.* São Paulo: Ed. RT, 2011, p. 17-23.

CAPÍTULO XI • DIREITO DA CONCORRÊNCIA – INFRAÇÃO À ORDEM ECONÔMICA

Durante a vigência dessa Constituição, foram aprovadas a Lei 1.521/1951, que atualizava dispositivos sobre crimes contra a economia popular, e a Lei 4.137/1962, que criou o Conselho Administrativo de Defesa Econômica (Cade), atual denominação da autoridade de defesa da concorrência. Tal Lei, entretanto, possuía redação com definição bastante restritiva das infrações e a atividade do Cade nesse período foi marcada por diversas decisões judiciais que limitaram ou anularam suas decisões.[15]

Após a Constituição de 1988, visando a abertura de mercado e a liberalização da economia, foi editada a Lei 8.158/1991, que criou a Secretaria Nacional de Direito Econômico, para apurar e propor medidas resguardando os princípios constitucionais da ordem econômica. Com o auxílio dessa Secretaria, o Cade ganhou nova importância e repercussão. Em 1994, foi editada a Lei 8.884/1994, que revogou a Lei 4.137/1962 e transformou o Cade em autarquia federal, implementou o Sistema Brasileiro de Defesa da Concorrência (SBDC), consolidou e atualizou definições de infrações à ordem econômica, e deu importância à análise de Atos de Concentração.[16] Entre os principais avanços trazidos por essa Lei, é possível destacar: (i) a consolidação do controle de concentrações empresariais pelo Cade; (ii) a consolidação do controle de cartéis pelo Cade; (iii) aumento do respeito institucional do Cade perante agentes externos e de suas decisões pelo Poder Judiciário; e (iv) aumento da atuação do Ministério Público em casos de antitruste.[17-18]

Em 2011, foi editada a Lei 12.529/2011, que se encontra em vigor até hoje. As disciplinas compreendidas por essa Lei serão detalhadas ao longo dos tópicos seguintes.

4. PRINCÍPIO DA LIVRE CONCORRÊNCIA

A livre concorrência é um princípio constitucional,[19] de acordo com o qual a concorrência não pode ser restringida por agentes econômicos que possuam

---

15. CORDOVIL, Leonor; CARVALHO, Vinicius Marques de; BAGNOLI, Vicente; ANDERS, Eduardo Caminati. *Nova Lei de Defesa da Concorrência Comentada* – Lei 12.529, de 30 de novembro de 2011. São Paulo: Ed. RT, 2011, p. 17-23.

16. CORDOVIL, Leonor; CARVALHO, Vinicius Marques de; BAGNOLI, Vicente; ANDERS, Eduardo Caminati. *Nova Lei de Defesa da Concorrência Comentada* – Lei 12.529, de 30 de novembro de 2011. São Paulo: Ed. RT, 2011, p. 17-23.

17. FORGIONI, Paula A. *Os fundamentos do antitruste*. 8. ed. São Paulo: Ed. RT, 2015, p. 122-123.

18. Para uma retomada histórica do desenvolvimento e construção do direito da concorrência no Brasil, ver: CABRAL, Mário André Machado. *A construção do antitruste no Brasil 1930-1964*. Singular, 2020.

19. Art. 170. A ordem econômica, fundada na valorização do trabalho humano e na livre iniciativa, tem por fim assegurar a todos existência digna, conforme os ditames da justiça social, observados os seguintes princípios: IV – livre concorrência.

poder de mercado, ou que se coordenem para restringi-la. Esse princípio visa a garantir a oportunidade de que os agentes econômicos possam disputar em um livre mercado. Isso porque, em um mercado com concorrência, os preços tendem a se manter menores e as empresas tendem a se tornar cada vez mais competitivas e inovadoras, objetivando aumentar lucro e não perder clientes. Assim, a livre concorrência busca assegurar menores preços, maior diversidade e qualidade aos consumidores e, ao mesmo tempo, estimular inovação e desenvolvimento.[20]

5. TUTELA DA LIVRE CONCORRÊNCIA NA ORDEM ECONÔMICA DA CONSTITUIÇÃO FEDERAL DE 1988

Na Constituição Federal de 1988, a livre concorrência passou a ser prevista em conjunto com diversos outros princípios a serem perseguidos dentro do contexto da ordem econômica traçada pelo texto constitucional. Assim, a livre concorrência e a livre iniciativa são previstas dentro de um projeto de desenvolvimento nacional estabelecido pelos artigos 3º, 170 e 219.[21]

O art. 170 prevê ainda outros princípios a serem assegurados pela ordem econômica, além da livre concorrência e da livre iniciativa, tais como a valorização do trabalho humano, a existência digna, a soberania nacional, a propriedade pri-

---

20. Em contraposição às condições de monopólio. Sobre a teoria do monopolista e seus efeitos deletérios e drenantes à concorrência, ver: HOVENKAMP, Herbert. *Federal Antitrust Policy*: the law of competition and its practice. 3. ed. Minnesota: Thomson West, 2005, p. 12-26.
21. Art. 3º Constituem objetivos fundamentais da República Federativa do Brasil: I – construir uma sociedade livre, justa e solidária; II – garantir o desenvolvimento nacional; III – erradicar a pobreza e a marginalização e reduzir as desigualdades sociais e regionais; IV – promover o bem de todos, sem preconceitos de origem, raça, sexo, cor, idade e quaisquer outras formas de discriminação. (...)

    Art. 170. A ordem econômica, fundada na valorização do trabalho humano e na livre iniciativa, tem por fim assegurar a todos existência digna, conforme os ditames da justiça social, observados os seguintes princípios: I – soberania nacional; II – propriedade privada; III – função social da propriedade; IV – livre concorrência; V – defesa do consumidor; VI – defesa do meio ambiente; VI – defesa do meio ambiente, inclusive mediante tratamento diferenciado conforme o impacto ambiental dos produtos e serviços e de seus processos de elaboração e prestação; VII – redução das desigualdades regionais e sociais; VIII – busca do pleno emprego; IX – tratamento favorecido para as empresas brasileiras de capital nacional de pequeno porte. IX – tratamento favorecido para as empresas de pequeno porte constituídas sob as leis brasileiras e que tenham sua sede e administração no País.

    Parágrafo único. É assegurado a todos o livre exercício de qualquer atividade econômica, independentemente de autorização de órgãos públicos, salvo nos casos previstos em lei. (...)

    Art. 219. O mercado interno integra o patrimônio nacional e será incentivado de modo a viabilizar o desenvolvimento cultural e socioeconômico, o bem-estar da população e a autonomia tecnológica do País, nos termos de lei federal.

    Parágrafo único. O Estado estimulará a formação e o fortalecimento da inovação nas empresas, bem como nos demais entes, públicos ou privados, a constituição e a manutenção de parques e polos tecnológicos e de demais ambientes promotores da inovação, a atuação dos inventores independentes e a criação, absorção, difusão e transferência de tecnologia.

CAPÍTULO XI • DIREITO DA CONCORRÊNCIA – INFRAÇÃO À ORDEM ECONÔMICA **283**

vada, a função social da propriedade, a defesa do consumidor, do meio ambiente, a redução das desigualdades regionais e sociais e a busca do pleno emprego.

A partir da Constituição de 1988, portanto, o Direito da Concorrência se coloca como um princípio a ser seguido e sopesado frente aos demais, ao mesmo tempo que se materializa também como um dos instrumentos/ferramentas constitucionais para a concretização de um projeto de política econômica maior e mais amplo.[22] Nesse sentido, a livre iniciativa e a livre concorrência devem ser lidas, no contexto da Constituição Federal de 1988, não apenas como liberdade de comércio e desenvolvimento empresarial – ou seja, apenas como uma simples afirmação do capitalismo –, mas como um princípio que coexiste harmonicamente aos demais princípios constitucionais, voltado a conter o abuso econômico e suas consequências para a sociedade.[23]

6. ESFERAS ADMINISTRATIVA, CÍVEL E PENAL

A Defesa da Concorrência no Brasil estrutura-se a partir de um tripé entre direito administrativo, civil e criminal. No âmbito administrativo, tem-se a atuação do Cade, que visa garantir a existência de mercados competitivos e punir administrativamente comportamentos anticompetitivos. No âmbito criminal, visa-se coibir a prática do crime de cartel, que pode ensejar a prisão das pessoas físicas envolvidas. Por fim, na esfera cível, é facultado aos particulares lesados por uma conduta anticompetitiva o ingresso com ações de reparação pelos danos por eles sofridos.

As três esferas são autônomas e independentes. Isso significa que é possível que o Cade investigue um cartel – prática tipificada ao mesmo tempo como ilícito administrativo e criminal[24] –, sem que esteja em curso ação penal sobre o mesmo tema, ou vice-versa. Nesse mesmo sentido, não é necessário que o Cade aguarde uma decisão no âmbito criminal para proferir sua decisão.

---

22. Acerca do conceito de Constituição dirigente e do estabelecimento, pela Constituição Federal de 1988, de uma nova ordem econômica, ver GRAU, Eros Roberto. *A ordem econômica na Constituição de 1988.* 5. ed. São Paulo: Malheiros, 2000, p. 60-62; 199-200.
23. GRAU, Eros Roberto. *A ordem econômica na Constituição de 1988.* 5. ed. São Paulo: Malheiros, 2000, p. 225-241.
24. A Lei 8.137/1990 prevê, em seu art. 4º, os crimes contra a ordem econômica:
    Art. 4º Constitui crime contra a ordem econômica: I – abusar do poder econômico, dominando o mercado ou eliminando, total ou parcialmente, a concorrência mediante qualquer forma de ajuste ou acordo de empresas; II – formar acordo, convênio, ajuste ou aliança entre ofertantes, visando: a) à fixação artificial de preços ou quantidades vendidas ou produzidas; b) ao controle regionalizado do mercado por empresa ou grupo de empresas; c) ao controle, em detrimento da concorrência, de rede de distribuição ou de fornecedores. Pena – reclusão, de 2 (dois) a 5 (cinco) anos e multa.

Ainda, a Lei 12.529/2011 prevê ainda, em seu art. 47,[25] que os prejudicados por uma infração à ordem econômica poderão ingressar em juízo, em nome próprio ou pelos legitimados referidos no art. 82[26] da Lei 8.078/1990 (Código de Defesa do Consumidor), para obter a cessação de práticas que constituam infração da ordem econômica, bem como o recebimento de indenização por perdas e danos sofridos, independentemente do inquérito ou processo administrativo, que não será suspenso em virtude do ajuizamento de ação.[27] É possível que a ação civil seja proposta pelo particular por meio de uma ação individual, ou ainda que seu ajuizamento se dê por meio de uma ação coletiva.[28]

É importante destacar que em nenhum dos casos há falar-se em *bis in idem*,[29] uma vez que a multa imposta pelo Cade é fundamentalmente distinta daquela imposta pelo Poder Judiciário em aspectos formais e materiais. Do ponto de vista formal, enquanto a primeira configura uma sanção administrativa, a decisão judicial configura uma condenação judicial. Sob o ponto de vista material, a multa do Cade possui uma ação fundamentalmente dissuasória, com vistas a desestimular a prática da conduta pelo agente econômico, ao passo que a condenação judicial possui natureza eminentemente reparatória dos prejuízos causados por

---

25. Art. 47. Os prejudicados, por si ou pelos legitimados referidos no art. 82 da Lei 8.078, de 11 de setembro de 1990, poderão ingressar em juízo para, em defesa de seus interesses individuais ou individuais homogêneos, obter a cessação de práticas que constituam infração da ordem econômica, bem como o recebimento de indenização por perdas e danos sofridos, independentemente do inquérito ou processo administrativo, que não será suspenso em virtude do ajuizamento de ação.

26. Art. 82. Para os fins do art. 81, parágrafo único, são legitimados concorrentemente: I – o Ministério Público, II – a União, os Estados, os Municípios e o Distrito Federal; III – as entidades e órgãos da Administração Pública, direta ou indireta, ainda que sem personalidade jurídica, especificamente destinados à defesa dos interesses e direitos protegidos por este código; IV – as associações legalmente constituídas há pelo menos um ano e que incluam entre seus fins institucionais a defesa dos interesses e direitos protegidos por este código, dispensada a autorização assemblear.

27. Cabe ressalvar que apesar de as esferas serem independentes entre si, a esfera penal pode apresentar reflexos no âmbito das demandas cíveis. Isso porque a absolvição penal com reconhecimento categórico da inexistência material do fato impede a propositura de ação privada, mesmo que o autor não tenha participado da ação penal, nos termos do art. 66 Código de Processo Penal. Ademais, o art. 935 do Código Civil Brasileiro impede que o réu discuta na ação cível a materialidade e autoria do fato, quando estas questões já se acharem decididas no juízo criminal. GOUVÊA, Marcus de Freitas. Aplicação Privada da Lei Antitruste no Brasil. *Revista de Defesa da Concorrência*. v. 5, n. 1, p. 211-212, maio 2017. Disponível em: http://revista.cade.gov.br/index.php/revistadedefesadaconcorrencia/article/view/294. Acesso em: 21 nov. 2017.

28. Vale destacar a existência de relevante discussão acerca das possíveis relações entre Direito da Concorrência e Arbitragem. Sobre o assunto, ver BECKER, Bruno Bastos. Concorrência e arbitragem no direito brasileiro. Hipóteses de incidência de questões concorrenciais em arbitragens. *RJLB*, ano I, n. 2, 2015, fls. 239-270. Disponível em: http://www.cidp.pt/revistas/rjlb/2015/2/2015_02_0239_0270.pdf. Acesso em: 15 fev. 2020.

29. Entendido como a repetição de uma sanção sobre o mesmo fato.

aquela conduta concreta.[30] Nesse sentido, o Superior Tribunal de Justiça (STJ) já reconheceu que a existência de condenações nas esferas administrativa e cível não configura *bis in idem*.[31]

Essa estruturação por meio de três diferentes frentes (cível, administrativa e penal) consiste em um importante mecanismo para atribuir força ao Direito da Concorrência, seja por meio da existência de mais de uma esfera de repressão, seja por meio da importante dinâmica de compartilhamento e empréstimo de provas entre essas esferas.

6.1 *Private enforcement* e *public enforcement*

Ainda que a estruturação da defesa da concorrência por meio de um tripé envolvendo direito administrativo, civil e penal seja bastante importante para seu fortalecimento, cabem alguns apontamentos acerca da relação entre as esferas administrativa e cível.

No âmbito administrativo, diz-se que a atuação do Estado se dá no sentido de um fortalecimento por meio de uma atuação pública (*public enforcement*), ou seja, por meio de uma atuação do Estado visando tutelar um bem difuso, de titularidade da coletividade. Tanto é assim que as multas arrecadadas pelo Cade são destinadas ao Fundo de Defesa de Direitos Difusos (FDD).[32]

Por outro lado, a atuação no âmbito cível por meio da reparação de danos depende da iniciativa de um particular lesado pela conduta, consistindo em um mecanismo de fortalecimento da concorrência que perpassa por uma relação privada (*private enforcement*). No Brasil, a existência desse tipo de ação é ainda bastante incipiente quando comparada a países da Europa ou aos Estados Unidos.

7. SISTEMA BRASILEIRO DE DEFESA DA CONCORRÊNCIA: LEI 12.529/2011

A edição da Lei 12.529/2011 trouxe importantes alterações à defesa da concorrência no Brasil. A Lei reestruturou o SBDC, que passou a ser composto pelo Cade e pela Secretaria de Acompanhamento Econômico do Ministério da Fazenda

---

30. PFEIFFER, Roberto Augusto Castellanos. Tutela da Livre Concorrência. Revista dos Tribunais Online. *Revista de Direito do Consumidor*, v. 24, p. 6, jan./mar. 2004.
31. Recurso Especial 1.181.643 – RS (2010/0028927-4). Relator Ministro Herman Benjamin. Julgado em 09.08.2011.
32. Art. 28. Constituem receitas próprias do Cade: [...] § 3º O produto da arrecadação das multas aplicadas pelo Cade, inscritas ou não em dívida ativa, será destinado ao Fundo de Defesa de Direitos Difusos de que trata o art. 13 da Lei 7.347, de 24 de julho de 1985, e a Lei 9.008, de 21 de março de 1995.

(Seae).[33] Como resultado, o Cade passou a concentrar as funções de investigação e julgamento por meio de seus dois órgãos internos, a Superintendência-Geral (SG) e o Tribunal Administrativo.

Além da reestruturação do SBDC, a Lei 12.529/2011 trouxe outras importantes mudanças, como a necessidade de notificação prévia de Atos de Concentração – que será tratada mais adiante –, o aumento do poder da Administração Pública, especialmente para realização de investigações, a modificação da forma de cálculo das multas por infração à ordem econômica, além do aumento dos recursos materiais à disposição do Cade.[34] As alterações trazidas pela Lei e seus dispositivos detalhados nos tópicos seguintes.

8. ANÁLISE DE ESTRUTURAS E DE CONDUTAS

O Direito da Concorrência deve atuar, ao mesmo tempo, por meio dos instrumentos de tutela preventiva (estrutural) e repressiva (educativa ou comportamental). A tutela preventiva ou estrutural do Direito da Concorrência está ligada à ideia da análise de estruturas de mercado, de grupos econômicos e da verificação de razoabilidade econômica de concentrações. Já a tutela repressiva ou comportamental se configura por meio de uma atuação mais rígida e dura de repressão a condutas sabidamente anticompetitivas.[35]

Nesse contexto e a partir da configuração dada ao SBDC, cumpre ao Cade, na esfera de sua atuação enquanto autoridade administrativa de defesa da concorrência, uma atuação que pode ser dividida em duas principais frentes.

Em uma primeira frente, o Cade possui competência a análise dos chamados Atos de Concentração, ou seja, operações de concentração econômica (tais como como fusões e aquisições) entre empresas que necessitam ser previamente notificadas, analisadas e autorizadas pela autoridade para que possam ser concretizadas, de modo a evitar ou diminuir potenciais riscos e prejuízos delas decorrentes. Em uma segunda frente, cabe ao Cade a investigação, análise e eventual punição de agentes econômicos por condutas anticompetitivas, tais como carteis e condutas unilaterais de abuso de posição dominante (*e.g.*, preços discriminatórios, exclusividade, fixação de preços de revenda).[36] Essas duas frentes serão detalhadas nos

---

33. Lei 12.529/2011, Art. 3º O SBDC é formado pelo Conselho Administrativo de Defesa Econômica – CADE e pela Secretaria de Acompanhamento Econômico do Ministério da Fazenda, com as atribuições previstas nesta Lei.
34. FORGIONI, Paula A. *Os fundamentos do antitruste*. 8. ed. São Paulo: Ed. RT, 2015, p. 123-124.
35. SALOMÃO FILHO, Calixto. *Direito Concorrencial*. São Paulo: Malheiros, 2013, p. 121-138.
36. Acerca das relações entre as duas frentes de atuação do Cade, ver: Acerca dos diferentes possíveis efeitos resultantes de um Ato de Concentração, ver: PENEREIRO, Stephanie Vendemiatto. *Condutas*

tópicos seguintes. Antes, entretanto, faz-se necessária uma breve compreensão acerca da estrutura do Cade.

B. CONSELHO ADMINISTRATIVO DE DEFESA ECONÔMICA

1. ATUAÇÃO E FINALIDADE

O Cade é uma autarquia federal vinculada ao Ministério da Justiça, com sede e foro no Distrito Federal e jurisdição em todo o território nacional.[37] O Cade possui como atribuições (i) a análise e aprovação ou não de Atos de Concentração econômica, (ii) a investigação de condutas prejudiciais à livre concorrência e, se o caso, aplicação punições aos infratores; e (iii) a disseminação da cultura da livre concorrência.

Como se trata de uma instância administrativa, naturalmente as decisões do Cade são passíveis de revisão judicial.[38]

2. ESTRUTURA E ORGANIZAÇÃO INTERNA

Conforme prevê o art. 5º da Lei 12.529/2011,[39] o Cade é constituído pelos seguintes órgãos (i) Superintendência-Geral; (ii) Tribunal Administrativo; e (iii) Departamento de Estudos Econômicos. Além desses três órgãos, destaca-se também a atuação (iv) da Procuradoria Federal junto ao Cade; e (v) do Ministério Público Federal junto ao Cade, com importantes papéis na instrução processual, negociação e fiscalização do cumprimento de acordos.

2.1 Superintendência-Geral

A Superintendência-Geral do Cade (SG) é o órgão responsável por realizar a instauração e instrução processual de todos os processos que tramitam no Cade, sejam eles Atos de Concentração ou Processos Administrativos. Ao final

---

anticompetitivas e a crescente concentração de mercado autorizada pelo Cade. 2022. 475 f., il. Dissertação (Mestrado em Direito) – Universidade de Brasília, Brasília, 2022.

37. Lei 12.529/2011, Art. 4º O Cade é entidade judicante com jurisdição em todo o território nacional, que se constitui em autarquia federal, vinculada ao Ministério da Justiça, com sede e foro no Distrito Federal, e competências previstas nesta Lei.

38. Por se tratar de autoridade administrativa, a própria Lei 12.529/2011 prevê, em seu art. 115 a aplicação subsidiária do Código de Processo Civil e da Lei 9.784/1999 aos processos em tramitação no Cade.

39. Art. 3º O Cade é constituído pelos seguintes órgãos: I – Tribunal Administrativo de Defesa Econômica; II – Superintendência-Geral; e III – Departamento de Estudos Econômicos.

da instrução processual, a SG emite um parecer opinativo, que pode ser acatado ou não pelo Tribunal em sua decisão final.

A SG é liderada pelo Superintendente-Geral, com mandato de dois anos, podendo ser reconduzido uma vez.

2.2   Tribunal Administrativo

Ao Tribunal Administrativo compete o julgamento dos processos em tramitação no Cade, com a aplicação de eventuais penalidades, bem como a autorização ou não para concretização de operações entre agentes econômicos. O Tribunal é composto por um Presidente e seis Conselheiros, todos indicados pelo Presidente da República e sabatinados pelo Senado Federal,[40] com mandatos de quatro anos, vedada a recondução. Os Conselheiros geralmente possuem formação superior nas áreas do Direito e/ou da Economia. Em caso de empate na votação sobre determinado caso concreto em julgamento, o Presidente possui o poder de decisão final.

As Sessões de Julgamento do Cade são realizadas preferencialmente às quartas-feiras, conforme calendário semestral, e são públicas, salvo em situações em que haja determinação para tratamento sigiloso.

2.3   Departamento de Estudos Econômicos

O Departamento de Estudos Econômicos do Cade (DEE) é dirigido por um Economista-Chefe, a quem cabe a elaboração de estudos e pareceres econômicos, de ofício ou por solicitação do Plenário, do Presidente, do Conselheiro-Relator ou do Superintendente-Geral, zelando pelo rigor e atualização técnica e científica das decisões do órgão. O Economista-Chefe é nomeado conjuntamente pelo Superintendente-Geral e pelo Presidente do Tribunal, dentre brasileiros de ilibada reputação e notório conhecimento econômico, podendo participar das Sessões de Julgamento, mas sem direito a voto. Além dos estudos requeridos por outros órgãos do Cade, o DEE pode desenvolver e publicar estudos por iniciativa própria.[41-42]

---

40. Assim como o Superintendente-Geral e o Procurador-Chefe.

41. Os estudos e pareceres desenvolvidos pelo DEE estão disponíveis no site do Cade, em https://www. gov.br/cade/pt-br/centrais-de-conteudo/publicacoes-institucionais/estudos-economicos. Acesso em: 19 dez. 2023.

42. Nesse sentido, por exemplo, os estudos do DEE sobre o mercado de aplicativos de transporte individual de passageiros. Sobre o tema, ver PENEREIRO, Stephanie Vendemiatto. Sharing economy platforms and competition: empirical analysis of ridesharing apps regulation in Brazil. *Revista de Defesa da Concorrência*, v. 7, p. 122-148, 2019. Disponível em: https://revista.cade.gov.br/index.php/revistade-defesadaconcorrencia/article/view/415. Acesso em: 19 dez. 2023.

2.4 Procuradoria Federal Especializada junto ao Cade

A Procuradoria Federal Especializada junto ao Cade (PFE-Cade) é o órgão da Advocacia Geral da União (AGU) responsável pela consultoria, assessoramento jurídico e representação judicial/extrajudicial do Cade. Assim, cabe à PFE-Cade a emissão de pareceres jurídicos ao longo da instrução processual interna em processos no Cade e a representação do órgão em Juízo em casos de questionamento de decisões do órgão no judiciário, ou para garantir a execução de acordos firmados pelo Cade e sanções aplicadas. A PFE-Cade é dirigida por um Procurador-Chefe, com um mandato de dois anos, permitida sua recondução para um único período.

2.5 Ministério Público Federal junto ao Cade

Nos termos do que estabelece o art. 20 da Lei 12.529/2011, o Procurador-Geral da República, ouvido o Conselho Superior, designará membro do Ministério Público Federal para, nesta qualidade, emitir parecer nos processos administrativos para imposição de sanções administrativas por infrações à ordem econômica, de ofício ou a requerimento do Conselheiro-Relator. Nesse sentido, o Ministério Público Federal possui atuação nos processos analisados pelo Cade por meio da elaboração de pareceres opinativos e não vinculativos ao Tribunal, atuando como *custos legis*.[43-44]

C. CONCEITOS IMPORTANTES PARA ANÁLISE ECONÔMICA

1. MODELO DE CONCORRÊNCIA PERFEITA

Nesse tópico, serão traçadas breves explicações sobre alguns conceitos econômicos importantes a partir dos quais a análise antitruste se desenvolve.

A análise econômica dos mercados muitas vezes se dá tendo como base um referencial comparativo do que seria um mercado com condições concor-

---

43. Art. 20. O Procurador-Geral da República, ouvido o Conselho Superior, designará membro do Ministério Público Federal para, nesta qualidade, emitir parecer, nos processos administrativos para imposição de sanções administrativas por infrações à ordem econômica, de ofício ou a requerimento do Conselheiro-Relator.

    Regimento Interno do Cade, art. 157. Recebido o processo, o Presidente do Tribunal o distribuirá, por sorteio, ao Conselheiro-Relator, que solicitará a manifestação do Ministério Público Federal e da Procuradoria Federal Especializada junto ao Cade.

44. Para uma análise mais completa acerca da atuação do MPF-Cade, ver: PENEREIRO, Stephanie Vendemiatto; ARMANI, W. J. P. A Atuação do Ministério Público na Defesa da Concorrência Brasileira. *Revista de Defesa da Concorrência*, v. 10, p. 24-44, 2022. Disponível em: https://revista.cade.gov.br/index.php/revistadedefesadaconcorrencia/article/view/968. Acesso em: 19 dez. 2023.

renciais perfeitas. Em um cenário de concorrência perfeita, ou em um mercado perfeitamente competitivo, (i) há muitos compradores e vendedores; e (ii) os bens oferecidos pelos diversos vendedores são, em grande escala, os mesmos. Em função dessas condições, as ações de um comprador ou vendedor não têm, individualmente, impacto relevante nos preços do mercado, que são tomados por todos como dados. Dessa forma, os preços de um produto são formados pela própria dinâmica do mercado e tendem a estar próximos ao seu custo de produção.[45]

2. MONOPÓLIOS

Em oposição ao modelo de concorrência perfeita,[46] configura-se tradicionalmente um monopólio quando uma única empresa detém a totalidade de mercado de um determinado produto ou serviço, podendo arbitrar livremente os preços do bem por ela comercializado. Nessas situações, um determinado agente possui demasiado poder econômico, podendo influir sobre a curva de oferta e demanda, resultando em consequências para a dinâmica do mercado como um todo, entre as quais a existência do chamado "peso-morto" e o impacto na distribuição da renda social.[47]

Por fim, é possível que os monopólios tenham ainda efeitos como o desestímulo à inovação e à eficiência, a depender é claro das necessidades de investimento do monopolista para se manter em tal posição. Observa-se, assim, que os monopólios consistem em um modelo de concorrência imperfeita.

Há de se ressalvar hipóteses de criação de monopólios estatais, ou seja, monopólios criados pela legislação que centralizam no Estado a exploração de determinada atividade, tendo como base algum objetivo de política econômica. Ainda, há os chamados monopólios naturais, situações em que a existência de apenas um agente no mercado ocasiona a oferta de produtos ou serviços por preços menores que em um modelo de competição entre agentes, por razões de economia de escala e escopo, como é o caso do abastecimento de água ou de energia elétrica. Nesses casos, a regulação do mercado em questão poderá ser necessária.[48]

---

45. Sobre o tema, ver MANKIW, N. Gregory. *Introdução à economia (Principles of economics)*. Trad. Allan Vidigal Hastings, Elisete Paes e Lima, Ez2 Translate; Revisão técnica Manuel José Nunes Pinto. São Paulo: Cengage Learning, 2013, p. 261-280.
46. É importante lembrar que tanto concorrência perfeita quanto monopólios são conceitos teóricos.
47. Acerca dos conceitos e teoria econômica que embasam a teoria do monopolista e do peso-morto (*deadweight loss*), ver: HOVENKAMP, Herbert. *Federal Antitrust Policy*: the law of competition and its practice. 3. ed. Minnesota: Thomson West, 2005, p. 12-26 e SALOMÃO FILHO, Calixto. *Direito Concorrencial*. São Paulo: Malheiros, 2013, p. 191.
48. Para maior aprofundamento no tema, ver SALOMÃO FILHO, Calixto. *Direito Concorrencial*. São Paulo: Malheiros, 2013, p. 256 e ss.

3. OLIGOPÓLIOS

Na maior parte dos casos, o funcionamento dos chamados mercados de competição imperfeita envolve elementos tanto de um cenário de concorrência perfeita quanto de monopólio. Um desses tipos de mercado é o oligopólio, situações em que apenas alguns fornecedores oferecem produtos similares ou idênticos aos oferecidos por outros vendedores, ou seja, em que poucos agentes detêm uma grande parcela do mercado.[49] Como há poucos vendedores, as ações de qualquer vendedor podem ter grande impacto sobre o lucro dos demais. Para maximizar seu lucro, os oligopolistas frequentemente se articulam por meio de cartéis, agindo em conjunto como se fossem um único agente, e, portanto, simulando a situação de um monopólio no mercado.[50]

4. MONOPSÔNIO

Consiste em uma situação semelhante ao monopólio, mas ocorre pelo lado da demanda e não da oferta, ou seja, pelo lado do consumidor. Fala-se em poder de monopsônio quando há apenas um comprador para um determinado bem ou serviço, e diferentes ofertantes. Nessa situação, esse único comprador possui grande poder frente aos vendedores, que precisam vender para ele para se manter no mercado. Assim como no caso do monopólio, essa situação pode ocasionar perdas para a sociedade, gerando impactos artificiais nos preços das mercadorias.

5. PRODUTOS CONCORRENTES/SUBSTITUTOS

São aqueles que podem vir a substituir o produto principal se ofertados a preços mais baixos ou em condições mais benéficas.

6. PRODUTOS VERTICALMENTE RELACIONADOS

São aqueles que possuem relação por estarem localizados em diferentes elos de uma mesma cadeia produtiva. Pensando na produção de um automóvel, por exemplo, o automóvel e o pneu podem ser considerações produtos verticalmente relacionados.

---

49. MANKIW, N. Gregory. *Introdução à economia (Principles of economics)*. Trad. Allan Vidigal Hastings, Elisete Paes e Lima, Ez2 Translate; Revisão técnica Manuel José Nunes Pinto. São Paulo: Cengage Learning, 2013, p. 312.

50. Para mais informações sobre oligopólios, ver MANKIW, N. Gregory. *Introdução à economia (Principles of economics)*. Trad. Allan Vidigal Hastings, Elisete Paes e Lima, Ez2 Translate; Revisão técnica Manuel José Nunes Pinto. São Paulo: Cengage Learning, 2013, p. 329-350.

7. PRODUTOS COMPLEMENTARES

São aqueles que são consumidos em conjunto com outro bem. Um possível resultado dessa relação, por exemplo, é que o aumento do consumo de um produto A pode resultar em um aumento do consumo de um produto B.

8. POSIÇÃO DOMINANTE

De acordo com a Lei 12.529/2011, presume-se posição dominante quando uma empresa ou grupo de empresas controla parcela substancial de mercado relevante, sendo capaz de alterar as condições desse mercado de forma deliberada e unilateral. Nos termos da referida Lei, presume-se que uma empresa ou grupo possui posição dominante quando controlar 20% ou mais do mercado relevante, podendo esse limite ser alterado para setores específicos da economia.[51]

9. PODER DE MERCADO

Em um ambiente competitivo, não é possível que uma empresa fixe preços em nível superior ao praticado pelo mercado, pois os consumidores poderão procurar outro fornecedor para aquele produto, com preço mais baixo. É possível pensar, entretanto, em diversos casos em que uma empresa é capaz de manter seus preços sistematicamente acima do nível competitivo do mercado sem perder seus clientes por isso. Nesse caso, diz-se que a empresa possui poder de mercado. O poder de mercado não necessariamente está relacionado à participação de mercado (parcela de mercado, número de vendas) que uma empresa possui. A posição dominante é uma condição necessária, mas não é suficiente para que o poder de mercado exista. O poder de mercado envolve análise complexa de diversos outros fatores que permitam medir a probabilidade de seu exercício, tais como existência de dificuldade (barreiras) à entrada de outros agentes naquele mercado, possibilidade de importações e efetividade de competição (rivalidade) entre empresas. Se uma empresa tiver posição dominante e, ainda assim, não for capaz de aumentar unilateralmente os preços sem que seja contestada por seus concorrentes, não haverá que se falar em poder de mercado.

---

51. Art. 36. Constituem infração da ordem econômica, independentemente de culpa, os atos sob qualquer forma manifestados, que tenham por objeto ou possam produzir os seguintes efeitos, ainda que não sejam alcançados: IV - exercer de forma abusiva posição dominante. § 1º A conquista de mercado resultante de processo natural fundado na maior eficiência de agente econômico em relação a seus competidores não caracteriza o ilícito previsto no inciso II do *caput* deste artigo. § 2º Presume-se posição dominante sempre que uma empresa ou grupo de empresas for capaz de alterar unilateral ou coordenadamente as condições de mercado ou quando controlar 20% (vinte por cento) ou mais do mercado relevante, podendo este percentual ser alterado pelo Cade para setores específicos da economia.

10. ABUSO DE PODER ECONÔMICO

O simples fato de uma empresa ou grupo possuir poder econômico não é considerado uma infração à ordem econômica pela legislação brasileira. Para tanto, é necessário que o agente se utilize desse poder para praticar condutas anticompetitivas, como será tratado mais adiante no tópico E.

D. ATOS DE CONCENTRAÇÃO

1. CONCEITO

Nos termos do art. 90 da Lei 12.529/2011, realiza-se um Ato de Concentração em casos de: (i) fusão de empresas até então independentes; (ii) aquisições de controle, participações societárias, títulos, valores mobiliários e ativos; (iii) incorporações; (iv) celebração de contratos associativos; (v) consórcios; ou (vi) *joint ventures*.[52] Com exceção dos contratos associativos,[53] consórcios e *joint ventures*,[54] as demais operações já foram exploradas na presente obra.[55] Os chamados Atos de Concentração são, portanto, operações realizadas entre empresas que podem resultar em aumento das concentrações de mercado e, por consequência, provocar alterações em sua organização e funcionamento.

---

52. Art. 90. Para os efeitos do art. 88 desta Lei, realiza-se um Ato de Concentração quando: I – 2 (duas) ou mais empresas anteriormente independentes se fundem; II – 1 (uma) ou mais empresas adquirem, direta ou indiretamente, por compra ou permuta de ações, quotas, títulos ou valores mobiliários conversíveis em ações, ou ativos, tangíveis ou intangíveis, por via contratual ou por qualquer outro meio ou forma, o controle ou partes de uma ou outras empresas; III – 1 (uma) ou mais empresas incorporam outra ou outras empresas; ou IV – 2 (duas) ou mais empresas celebram contrato associativo, consórcio ou joint venture. Parágrafo único. Não serão considerados Atos de Concentração, para os efeitos do disposto no art. 88 desta Lei, os descritos no inciso IV do *caput*, quando destinados às licitações promovidas pela administração pública direta e indireta e aos contratos delas decorrentes.

53. Os contratos associativos foram disciplinados pela Resolução Cade 17/2016, que dispõe, em seu art. 2º, que "Art. 2º Considera-se associativos quaisquer contratos com duração igual ou superior a 2 (dois) anos que estabeleçam empreendimento comum para exploração de atividade econômica, desde que, cumulativamente: I – o contrato estabeleça o compartilhamento dos riscos e resultados da atividade econômica que constitua o seu objeto; e II – as partes contratantes sejam concorrentes no mercado relevante objeto do contrato. §1º Para os efeitos desta Resolução, considera-se atividade econômica a aquisição ou a oferta de bens ou serviços no mercado, ainda que sem propósito lucrativo, desde que, nessa hipótese, a atividade possa, ao menos em tese, ser explorada por empresa privada com o propósito de lucro". Disponível em: https://cdn.cade.gov.br/Portal/centrais-de-conteudo/publicacoes/normas-e-legislacao/resolucoes/Resolu%C3%A7%C3%A3o%20n%C2%BA%2017_18-10-2016.pdf. Acesso em: 19 dez. 2023.

54. Fala-se em uma *joint venture* para definir uma associação entre dois ou mais agentes econômicos visando a criação de um novo agente, sem que haja a extinção dos agentes que lhe originaram, podendo esse novo agente atuar no mesmo mercado que as empresas ou em mercado distinto.

55. ARMANI, Wagner José Penereiro; FERREIRA, Rodrigo Eduardo; JOVETTA, Diogo Cressoni. *Direito Comercial* – Teoria Geral da Empresa & Direito das Sociedades. Campinas: AFJ. 2018, v. 1, p. 485-502.

Fala-se em um Ato de Concentração horizontal se os agentes envolvidos comercializam produtos ou serviços substitutos entre si (sobreposições horizontais) e em concentração vertical (integração vertical) quando a operação envolve agentes que ofertam serviços pertencentes a etapas diferentes de uma mesma cadeia de produção. Além desses efeitos, é possível pensar em efeitos conglomerais, casos em que as atividades dos agentes econômicos não guardam relação entre si e, quando muito, são complementares.[56] Uma mesma operação de concentração econômica pode resultar em mais de um desses tipos de efeitos, não sendo eles excludentes entre si.[57-58]

2. NOTIFICAÇÃO PRÉVIA

Alguns Atos de Concentração devem ser notificados ao Cade para avaliação e autorização da autoridade para sua concretização, observados alguns requisitos. Até a vigência da Lei 8.884/1994, as empresas poderiam notificar suas operações ao Cade *a posteriori*, ou seja, em até quinze dias úteis após sua realização.[59] Esse prazo para notificação posterior à concretização das operações originava diversos problemas e complicações. Em uma situação, por exemplo, que a autoridade entendesse que a operação não poderia acontecer porque seria prejudicial ao mercado, precisando ser desfeita, seria muito mais complicado separar novamente os ativos e operações, retornando ao estado anterior, do que se as partes precisassem aguardar a decisão do Cade antes de implementá-la. Além disso, há que se pensar nas informações sensíveis e sigilosas que já poderiam ter sido trocada entre empresas, não havendo como retornar ao *status* anterior.[60] Seria o equivalente, como ilustram alguns autores, à dificuldade de separar ovos depois de já quebrados e misturados.[61] Visando solucionar essas questões, a partir da edição da Lei 12.529/2011, a notificação de Atos de Concentração ao Cade passou a ser necessariamente prévia à concretização da operação, estando as empresas que não seguirem essa determinação sujeitas a

---

56. SALOMÃO FILHO, Calixto. *Direito Concorrencial*. São Paulo: Malheiros, 2013, p. 324-325.
57. FRAZÃO, Ana. *Direito da concorrência*: pressupostos e perspectivas. São Paulo: Saraiva, 2017, p. 117.
58. Acerca dos diferentes possíveis efeitos resultantes de um Ato de Concentração, ver: PENEREIRO, Stephanie Vendemiatto. *Condutas anticompetitivas e a crescente concentração de mercado autorizada pelo Cade*. 2022. 475 f., il. Dissertação (Mestrado em Direito) – Universidade de Brasília, Brasília, 2022.
59. Art. 54, § 4º Os atos de que trata o caput deverão ser apresentados para exame, previamente ou no prazo máximo de quinze dias úteis de sua realização, mediante encaminhamento da respectiva documentação em três vias à SDE, que imediatamente enviará uma via ao CADE e outra à Seae.
60. Acerca das problemáticas trazidas pela previsão feita pela Lei 8.884/1994, ver GABAN, Eduardo Molan; DOMINGUES, Juliana Oliveira. *Direito Antitruste*. 4. ed. São Paulo: Saraiva, 2016, p. 135-137.
61. SILVEIRA, Paulo Burnier da. *Direito da concorrência*. Rio de Janeiro: Forense, 2021, p. 9-10.

sanções.[62-63] Analisando o Ato de Concentração, o Cade poderá decidir: (i) pela sua aprovação sem restrições; (ii) pela sua aprovação com restrições; ou (iii) pela reprovação da operação, como será visto em detalhes mais adiante. Nem todas as operações acima listadas, entretanto, são de notificação obrigatória ao Cade. Com base em uma escolha racional de critérios, o legislador elencou os requisitos que devem ser observados para a exigência de notificação, a seguir expostos.[64]

2.1 *Gun jumping*

Caso as empresas ignorem a proibição de consumar uma operação de notificação obrigatória do Cade antes do trânsito em julgado da decisão final da autoridade, estarão incorrendo na prática conhecida como *gun jumping* (em tradução literal, "queimar a largada"). Essa prática é vedada pelo §3º do art. 88 da Lei 12.529/2011, sob pena de nulidade da operação e imposição de multa de valor entre R$ 60.000,00 (sessenta mil reais) e R$ 60.000.000,00 (sessenta milhões de reais), variando de acordo com a condição econômica das partes, dolo, má-fé, potencial anticompetitivo do ato, entre outros.[65-66] Vale destacar que a necessidade

---

62. Art. 88. Serão submetidos ao Cade pelas partes envolvidas na operação os Atos de Concentração econômica em que, cumulativamente: [...] § 2º O controle dos Atos de Concentração de que trata o caput deste artigo será prévio e realizado em, no máximo, 240 (duzentos e quarenta) dias, a contar do protocolo de petição ou de sua emenda. § 3º Os atos que se subsumirem ao disposto no caput deste artigo não podem ser consumados antes de apreciados, nos termos deste artigo e do procedimento previsto no Capítulo II do Título VI desta Lei, sob pena de nulidade, sendo ainda imposta multa pecuniária, de valor não inferior a R$ 60.000,00 (sessenta mil reais) nem superior a R$ 60.000.000,00 (sessenta milhões de reais), a ser aplicada nos termos da regulamentação, sem prejuízo da abertura de processo administrativo, nos termos do art. 69 desta Lei. § 4º Até a decisão final sobre a operação, deverão ser preservadas as condições de concorrência entre as empresas envolvidas, sob pena de aplicação das sanções previstas no § 3º deste artigo.

63. Sobre o tema e sobre o momento de fechamento das operações, ver ROSENBERG, Barbara; BERARDO, José Carlos da Matta; BECKER, Bruno Bastos. Apontamentos introdutórios sobre o controle de concentrações econômicas na lei brasileira. In: COUTINHO, Diogo R. (Atual); COUTINHO, Diogo R., ROCHA, Jeal Paul Veiga da; SCHAPIRO, Mario G. (Coord.). *Direito Econômico*. Rio de Janeiro, Forense; São Paulo, Método, 2015. p. 203-225.

64. Ainda que a Lei determine requisitos objetivos para a obrigatoriedade de notificação de Atos de Concentração, o § 7º do art. 88 da Lei 12.529/2011 estabelece que "§ 7º É facultado ao Cade, no prazo de 1 (um) ano a contar da respectiva data de consumação, requerer a submissão dos Atos de Concentração que não se enquadrem no disposto neste artigo".

65. Art. 88. Serão submetidos ao Cade pelas partes envolvidas na operação os Atos de Concentração econômica em que, cumulativamente: [...] § 3º Os atos que se subsumirem ao disposto no caput deste artigo não podem ser consumados antes de apreciados, nos termos deste artigo e do procedimento previsto no Capítulo II do Título VI desta Lei, sob pena de nulidade, sendo ainda imposta multa pecuniária, de valor não inferior a R$ 60.000,00 (sessenta mil reais) nem superior a R$ 60.000.000,00 (sessenta milhões de reais), a ser aplicada nos termos da regulamentação, sem prejuízo da abertura de processo administrativo, nos termos do art. 69 desta Lei. § 4º Até a decisão final sobre a operação, deverão ser preservadas as condições de concorrência entre as empresas envolvidas, sob pena de aplicação das sanções previstas no § 3º deste artigo.

66. O Cade, por meio da Resolução Cade 24/2019, disciplinou os procedimentos para Apuração de Atos de Concentração e aplicação de sanções. Disponível em: https://sei.cade.gov.br/sei/modulos/pesquisa/

da preservação das condições de concorrência anteriores à operação perpassa pela ausência de troca de informações que podem ser consideradas concorrencialmente sensíveis. A depender da situação, a troca dessas informações poderá configurar, por si só, *gun jumping*. Nesse sentido, é bastante importante que as partes sejam orientadas sobre quais informações podem ser trocadas, bem como que estruturem mecanismos para evitar essas trocas, tais como *clean teams*, *parlor rooms* e comitês executivos.[67]

3. REQUISITOS DE NOTIFICAÇÃO

Os requisitos que determinam a obrigatoriedade de notificação de uma operação para aprovação prévia do Cade são previstos pela Lei 12.529/2011, bem como pela Resolução Cade 33/2022.[68] Para que uma operação seja de notificação obrigatória perante a autoridade brasileira, primeiramente é necessário que possua efeitos no Brasil. Nesse caso, além do recolhimento da taxa processual,[69] outros três requisitos centrais devem ser observados: critérios de faturamento mínimo, tipo da operação e forma de notificação.[70]

3.1 Quem precisa notificar: critérios de faturamento

Somente necessitam ser notificados ao Cade os Atos de Concentração em que, cumulativamente, (i) pelo menos um dos grupos econômicos envolvidos na operação tenha registrado, no último balanço, faturamento bruto anual ou volume de negócios total no País, no ano anterior à operação, equivalente ou superior a R$ 750.000.000,00 (setecentos e cinquenta milhões de reais); e (ii)

---

md_pesq_documento_consulta_externa.php?DZ2uWeaYicbuRZEFhBt-n3BfPLlu9u7akQAh8m-pB9yO5RrijG9RkET6zcTOuRswuqKMVhLlJQGfBcrJ8Z9UIiW2b8UgA_ZdZL9vA4W3TPQm-bWnRELU7feqYjaB3zGS4L. Acesso em: 19 dez. 2023.

67. O Cade também possui um Guia para Análise da Consumação Prévia de Atos de Concentração Econômica, em que estão disponíveis todas essas informações e recomendações. O Guia pode ser acessado em https://cdn.cade.gov.br/Portal/centrais-de-conteudo/publicacoes/guias-do-cade/gun--jumping-versao-final.pdf. Acesso em: 19 dez. 2023.

68. Disponível em https://sei.cade.gov.br/sei/modulos/pesquisa/md_pesq_documento_consulta_externa.php?11fcbFkN81DNKUdhz4iilnqI5_uKxXOK06JWeBzhMdu1o7VqyXeq9tKSSC3I_YlnBX8Qjt-099g7spbtEu5Ayy1J7fZ6z5AK-E7JynVgVAYniczU5wqJ6a4at3XodqUOL. Acesso em: 19 dez. 2023.

69. A submissão de um pedido de análise de um Ato de Concentração ao Cade gera uma taxa processual de R$ 85.000,00 (oitenta e cinco mil reais).

70. Quando uma operação não é de notificação obrigatória e mesmo assim é notificada à autoridade, o Cade proferirá decisão não conhecendo do Ato de Concentração. Nesses casos, o Cade vem entendendo pela manutenção do pagamento da taxa recolhida para a análise. Para maior aprofundamento sobre esses precedentes, ver: PENEREIRO, Stephanie Vendemiatto; KASTRUP, Gustavo H. Navegando em Águas Desconhecidas: Sete Anos de Discussões de Não Conhecimento no Controle de Concentrações Econômicas sob a Vigência da Lei 12.529/2011. *Revista do IBRAC*, v. 1, p. 88-109, 2020.

CAPÍTULO XI • DIREITO DA CONCORRÊNCIA – INFRAÇÃO À ORDEM ECONÔMICA 297

pelo menos um outro grupo envolvido na operação tenha registrado, no último balanço, faturamento bruto anual ou volume de negócios total no País, no ano anterior à operação, equivalente ou superior a R$ 75.000.000,00 (setenta e cinco milhões de reais).[71] Dessa forma, operações em que os grupos econômicos das empresas envolvidas apresentem faturamentos inferiores a esses critérios não serão de notificação obrigatória à autoridade de defesa da concorrência.[72]

3.2   O que precisa ser notificado: Atos de Concentração

Conforme previamente exposto, devem ser notificadas ao Cade operações enquadradas nas hipóteses previstas pelo art. 90 da Lei 12.529/2011.

3.3   Como notificar: ritos de análise pelo Cade

Conforme prevê a Resolução Cade 33/2022, há dois ritos de análise de Atos de Concentração pelo Cade: sumário e ordinário. Em ambos os casos, é necessário que as requerentes realizem o pagamento da taxa processual por meio de Guia de Recolhimento da União e realizem protocolo online, no site do Cade, encaminhando: (i) o comprovante de pagamento; (ii) petição de encaminhamento do pedido; (iii) formulário de análise de Ato de Concentração preenchido e acompanhado de todos os documentos pertinentes; e (iv) procuração.

O rito sumário, mais simples e célere, é aplicado em casos em que (i) seja formada uma *joint venture* que atue em mercado não relacionado às atividades das partes; (ii) haja simples substituição de agente econômico; (iii) a operação resulte em uma participação de mercado somada das partes inferior a 20%; (iv) quando nenhuma empresa controlar parcela superior a 30% de mercados verticalmente relacionados; (v) não haja nexo de causalidade; e (vi) outras hipóteses em que a Superintendência-Geral determine.[73] Nessas hipóteses, as requerentes deverão fazer

---

71. Os valores inicialmente previstos pelo art. 88 da Lei 12.529/2011 eram, respectivamente, de R$ 400.000.000,00 (quatrocentos milhões de reais) e R$ 30.000.000,00 (trinta milhões de reais). Entretanto, tais valores foram alterados pela Portaria Interministerial 994/2012, disponível em https://cdn.cade. gov.br/Portal/centrais-de-conteudo/publicacoes/normas-e-legislacao/portarias/Portaria%20994. pdf. Acesso em: 19 dez. 2023. Verifica-se, portanto, a possibilidade de que tais critérios variem com o tempo.

72. A definição de grupo econômico e os requisitos para verificação de sua configuração encontram-se determinados na Resolução Cade 33/2022.

73. Art. 8º São hipóteses enquadráveis no Procedimento Sumário, as seguintes operações: I – *Joint-Ventures* clássicas ou cooperativas: casos de associação de duas ou mais empresas separadas para a formação de nova empresa, sob controle comum, que visa única e exclusivamente à participação em um mercado cujos produtos/serviços não estejam horizontal ou verticalmente relacionados; II – Substituição de agente econômico: situações em que a empresa adquirente ou seu grupo não participava, antes do ato, do mercado envolvido, ou dos mercados verticalmente relacionados e, tampouco, de outros mercados nos quais atuava a adquirida ou seu grupo; III – Baixa participação de mercado com sobreposição horizontal: as

uso de um formulário de submissão mais simples (anexo II da referida Resolução) e a operação deverá ser analisada pela autoridade no prazo máximo de 30 dias. Para os demais casos, que envolvam operações mais complexas e com maior potencial de impactar a concorrência, o prazo de análise é de 240 dias, podendo ser prorrogado por mais 90 dias, como determina a Lei 12.529/2011,[74] devendo ser utilizado o formulário de submissão para atos ordinários (anexo I da Resolução Cade 33/2022). Com o objetivo de transparência de seus mecanismos da análise, o Cade publicou um Guia de análise de concentrações horizontais (Guia H), que estabelece um passo a passo seguido pela autoridade para a análise de concentrações.[75]

4. PROCEDIMENTO E TRAMITAÇÃO

Os Atos de Concentração notificados ao Cade, tanto pelo rito sumário quanto pelo rito ordinário, são recebidos e instruídos pela Superintendência-Geral. Durante a instrução, a SG poderá requisitar às partes informações complementares, bem como realizar os chamados testes de mercado (*market test*), com o objetivo de checar informações e dados acerca do mercado envolvido na operação com outros agentes atuantes naquele segmento. Ao final da instrução, a SG emitirá um parecer, recomendando: (i) a aprovação da operação sem restrições; (ii) a aprovação da operação com restrições; ou (iii) a reprovação da operação.[76] No caso de aprovação sem restrições, ou seja, da aprovação integral da operação, a decisão da SG será final assim que transitada em

---

situações em que a operação gerar o controle de parcela do mercado relevante comprovadamente abaixo de 20%, a critério da Superintendência-Geral, de forma a não deixar dúvidas quanto à irrelevância da operação do ponto de vista concorrencial; IV – Baixa participação de mercado com integração vertical: nas situações em que nenhuma das requerentes ou seu grupo econômico comprovadamente 5 controlar parcela superior a 30% de quaisquer dos mercados relevantes verticalmente integrados; V – Ausência de nexo de causalidade: concentrações horizontais que resultem em variação de HHI inferior a 200 desde que a operação não gere o controle de parcela de mercado relevante superior a 50%; VI – Outros casos: casos que, apesar de não abrangidos pelas categorias anteriores, forem considerados simples o suficiente, a critério da Superintendência-Geral, a ponto de não merecerem uma análise mais aprofundada.

74. Art. 88. Serão submetidos ao Cade pelas partes envolvidas na operação os Atos de Concentração econômica em que, cumulativamente: [...] § 2º O controle dos Atos de Concentração de que trata o caput deste artigo será prévio e realizado em, no máximo, 240 (duzentos e quarenta) dias, a contar do protocolo de petição ou de sua emenda. [...] § 9º O prazo mencionado no § 2º deste artigo somente poderá ser dilatado: I – por até 60 (sessenta) dias, improrrogáveis, mediante requisição das partes envolvidas na operação; ou II – por até 90 (noventa) dias, mediante decisão fundamentada do Tribunal, em que sejam especificados as razões para a extensão, o prazo da prorrogação, que será não renovável, e as providências cuja realização seja necessária para o julgamento do processo.

75. O Guia H está disponível no site do Cade assim como outros guias editados pela autoridade, podendo ser acesso em https://cdn.cade.gov.br/Portal/centrais-de-conteudo/publicacoes/guias-do-cade/guia-para-analise-de-atos-de-concentracao-horizontal.pdf. Acesso em: 19 dez. 2023.

76. Regimento Interno do Cade, art. 121. Concluídas as instruções complementares no âmbito da Superintendência-Geral, esta: I – proferirá decisão aprovando o ato sem restrições; ou II – oferecerá impugnação perante o Tribunal, caso entenda que o ato deva ser rejeitado, aprovado com restrições, aprovado mediante acordo em controle de concentrações, ou que não existam elementos conclusivos quanto aos seus efeitos no mercado.

CAPÍTULO XI • DIREITO DA CONCORRÊNCIA – INFRAÇÃO À ORDEM ECONÔMICA

julgado, ou seja, a menos que haja recurso de terceiros ao Tribunal, ou que algum membro do Tribunal avoque o caso. Já nas hipóteses de aprovação com restrições (detalhadas mais a frente) ou de reprovação, o caso deverá necessariamente passar pela avaliação do Tribunal, que proferirá a decisão final do Cade.[77]

5. DEFINIÇÃO DE MERCADO RELEVANTE

O conceito de mercado relevante consiste em um instrumento utilizado pelo Cade para avaliar o impacto potencial da operação naquele mercado. Para definir o mercado relevante impactado por uma operação, é necessário ter em mente a busca pela definição do menor espaço em que não seja possível substituir um produto por outro, seja porque não há substitutos ou porque não há como obtê-los naquele local. Esse é o chamado teste do monopolista hipotético. Esse teste possui como finalidade avaliar, na ausência de substitutos, a elasticidade da demanda em uma hipótese de monopólio.

O mercado relevante é, portanto, definido como um produto ou grupo de produtos em uma área geográfica em que tais produtos são produzidos ou vendidos, consistindo no menor mercado em que os critérios acima elencados sejam satisfeitos. Note-se que a definição do mercado relevante perpassa por ao menos duas dimensões: (i) do produto; e (ii) geográfica. Para definir o mercado relevante, o produto e a área geográfica devem ser delimitados de forma que um monopolista poderia impor um pequeno, mas significativo e não transitório aumento de preços, sem que isso fizesse com que os consumidores mudassem para o consumo de outro produto ou buscassem comprá-lo em outra região.[78] É nesse espaço que a análise das condições competitivas será feita pelo Cade, a partir da mensuração de poder de mercado e de sua variação a partir do Ato de Concentração em questão.

6. ANÁLISE DE ATOS DE CONCENTRAÇÃO

Nos termos do § 5º do art. 88 da Lei 12.529/2011,[79] serão proibidos os Atos de Concentração que implicarem eliminação da concorrência em parte substancial

---

77. O procedimento completo da tramitação de Atos de Concentração encontra-se detalhado no Regimento interno do Cade, disponível em: https://cdn.cade.gov.br/Portal/centrais-de-conteudo/regimento-interno/Regimento-interno-Cade-versao-14-04-2023.pdf. Acesso em: 19 dez. 2023.

78. Nesse sentido, ver o Guia H, disponível em: https://cdn.cade.gov.br/Portal/centrais-de-conteudo/publicacoes/guias-do-cade/guia-para-analise-de-atos-de-concentracao-horizontal.pdf. Acesso em: 19 dez. 2023.

79. § 5º Serão proibidos os Atos de Concentração que impliquem eliminação da concorrência em parte substancial de mercado relevante, que possam criar ou reforçar uma posição dominante ou que possam resultar na dominação de mercado relevante de bens ou serviços, ressalvado o disposto no § 6º deste artigo.

de mercado relevante, que possam criar ou reforçar uma posição dominante ou que possam resultar na dominação de mercado relevante de bens ou serviços. É necessário, portanto, que a autoridade verifique os efeitos da operação no escopo do mercado relevante definido.

6.1 Análise de participações resultantes

Após a definição do mercado relevante, o primeiro mecanismo de verificação utilizado pelo Cade é a soma das participações de mercado que ambas as partes possuem (*market share*). No caso de uma concentração horizontal, presume-se que, caso essa soma seja inferior a 20%, a operação não resultará em prejuízos competitivos ao mercado, podendo ser aprovada sem restrições. No caso das concentrações verticais, se a participação de cada empresa em cada mercado verticalmente relacionado for igual ou inferior a 30%, a operação também se presume que a operação não resultará em prejuízos competitivos ao mercado.

6.2 Cálculos de variação de HHI

Além das participações de mercado, é possível que o Cade verifique o grau de concentração dos mercados por meio do Índice *Herfindahl-Hirschman* (HHI), que é calculado com base no somatório do quadrado das participações de mercado de todas as empresas de um determinado mercado. O HHI pode chegar até 10.000 pontos, hipótese em que há um monopólio. Para compreender melhor o HHI, considera-se um exemplo de um mercado em que há 5 empresas, em que o agente A possui participação de 40%, B de 35%, C de 15%, e D e E de 5%. O HHI será calculado da seguinte forma:

$$HHI = \text{Participação de } A^2 + \text{Participação de } B^2 + \text{Participação de } C^2 + \text{Participação de } D^2 + \text{Participação de } E^2$$

No exemplo, tem-se que:

$$HHI = 40^2 + 35^2 + 15^2 + 5^2 + 5^2$$

$$HHI = 3.100 \text{ pontos}$$

No caso de um monopólio, $HHI = 100^2$; atingindo o valor máximo de 10.000 pontos. De acordo com esse modelo, compreende-se que os mercados são:

(i) não concentrados: com HHI abaixo de 1.500 pontos;

(ii) moderadamente concentrados: com HHI entre 1.500 e 2.500 pontos;

(iii) altamente concentrados: com HHI acima de 2.500 pontos.

Ademais, esse índice é também utilizado para medir a alteração da concentração provocada por uma operação (variação HHI, ou ΔHHI). Dessa forma, mede-se a diferença entre o HHI final e inicial naquele mercado. Com relação às variações de HHI, tem-se que:

(i) ΔHHI < 100 – pequena alteração na concentração, provavelmente sem que haja efeitos anticompetitivos;

(ii) ΔHHI > 100 – concentrações que geram preocupações em mercados moderadamente concentrados, sendo recomendável análise mais detalhada;

(iii) 100 ≤ ΔHHI ≤ 200 – concentrações que geram preocupações em mercados altamente concentrados, tornando necessária análise mais detalhada.[80]

A variação de HHI indica, portanto, o impacto da operação no mercado, ou o nexo de causalidade entre aquela operação e a concentração do mercado.

A utilização desses instrumentos e indicativos é importante para balizar a análise da autoridade, mas não consistem nos únicos instrumentos e etapas dessa avaliação e nem originam resultados absolutos. Assim, mesmo quando os indicadores de concentração e participação de mercado indicam preocupações, a autoridade pode avaliar outras características do mercado e efeitos da operação, como condições de entrada, rivalidade, possibilidade de importações, existência de eficiências e possibilidade de exercício de poder coordenado.

6.3   Entrada e Rivalidade

A depender das participações de mercado das requerentes e das condições do mercado envolvido na operação, a análise da autoridade concorrencial pode perpassar por outros fatores, como a análise da probabilidade de exercício de poder de mercado, a qual levará em conta fatores como a avaliação das condições para que um novo agente passe a ofertar produtos ou serviços naquele mercado (condições de entrada) e as condições de competição existentes entre os agentes já nele atuantes (rivalidade). Essas análises possuem como objetivo verificar se outros agentes econômicos seriam capazes de frear uma eventual tentativa de exercício de poder de mercado após a concentração econômica sob análise.

---

80. As informações sobre cálculo e variação de HHI estão disponíveis no Guia H, disponível em: https://cdn.cade.gov.br/Portal/centrais-de-conteudo/publicacoes/guias-do-cade/guia-para-analise-de-atos-de-concentracao-horizontal.pdf. Acesso em: 19 dez. 2023.

7. EFICIÊNCIAS ECONÔMICAS

As operações de concentração econômica podem resultar em aumento de eficiência dos agentes econômicos, por exemplo, por meio da redução de custos produtivos ou ganhos de escala, mas, ao mesmo tempo, podem elevar a probabilidade de práticas anticompetitivas unilaterais ou coordenadas. A Lei 12.529/2011 prevê que, mesmo quando uma operação possuir efeitos negativos, tais efeitos devem ser ponderados frente às eficiências específicas trazidas por aquela operação (efeito líquido não negativo). Nesse sentido, nos termos do que dispõe o § 6º do art. 88 da Lei 12.529/2011, os Atos de Concentração poderão ser autorizados, desde que, (i) cumulada ou alternativamente: a) aumentem a produtividade ou competitividade; b) melhorem a qualidade de bens ou serviços; ou c) propiciem a eficiência e o desenvolvimento tecnológico; e (ii) seja repassada aos consumidores parte relevante dos benefícios decorrentes.[81] O Cade adota alguns critérios para avaliar esses efeitos, tais como serem os benefícios prováveis e verificáveis, a análise das condições de bem-estar do consumidor, as eficiências serem específicas da realização daquela operação (não podendo ser obtidas a não ser por meio dela), e a existência de externalidades, ou seja, efeitos produzidos sobre terceiros.[82]

8. CLÁUSULA DE NÃO CONCORRÊNCIA

Além da análise dos fatores previamente indicados, o Cade também verifica a existência de cláusulas contratuais de não concorrência e seus possíveis impactos ao mercado. As chamadas cláusulas de não concorrência consistem em proibições contratuais de que agentes envolvidos em uma operação venham a concorrer no mercado em momento posterior à sua concretização. O Cade entende que essas cláusulas – bastante comuns em contratos empresariais – podem impor uma restrição ao livre mercado e à livre iniciativa, ainda que não sejam, *a priori*, proibidas. Por esse motivo, entende a autoridade que a cláusula deve se restringir ao mercado objeto do contrato e estar limitado ao prazo de 5 anos ou durante a duração da *joint venture*, podendo ser reduzido ou estendido a depender de condições específicas.

---

81. § 6º Os atos a que se refere o § 5º deste artigo poderão ser autorizados, desde que sejam observados os limites estritamente necessários para atingir os seguintes objetivos: I – cumulada ou alternativamente: a) aumentar a produtividade ou a competitividade; b) melhorar a qualidade de bens ou serviços; ou c) propiciar a eficiência e o desenvolvimento tecnológico ou econômico; e II – sejam repassados aos consumidores parte relevante dos benefícios decorrentes.

82. Nesse sentido, ver o Guia H, disponível em: https://cdn.cade.gov.br/Portal/centrais-de-conteudo/publicacoes/guias-do-cade/guia-para-analise-de-atos-de-concentracao-horizontal.pdf. Acesso em: 19 dez. 2023.

CAPÍTULO XI • DIREITO DA CONCORRÊNCIA – INFRAÇÃO À ORDEM ECONÔMICA

9. INTERVENÇÃO DE TERCEIROS

Em respeito aos princípios do contraditório e da ampla defesa, a Lei admite a participação de terceiros interessados cujos interesses possam ser afetados pelo Ato de Concentração. Nos termos no art. 118 no Regimento Interno do Cade, tal pedido deve ser apresentado no prazo de 15 dias da publicidade do edital do Ato de Concentração, contendo todos os documentos e pareceres necessários para tanto.[83] Os terceiros interessados poderão se manifestar no curso do processo, bem como interpor recursos ao Tribunal caso a operação seja aprovada sem restrições pela SG. Vale lembrar que, ainda que não se habilitem como terceiros interessados, diferentes agentes atuantes nos mercados afetados por uma operação poderão ser oficiados pelo Cade para apresentaram informações, sob pena de multa.

10. JULGAMENTO E CONSUMAÇÃO DE OPERAÇÕES

Conforme previamente exposto, o Cade poderá decidir a análise de um Ato de Concentração de três formas. Caso o ato seja aprovado sem restrições, a operação poderá ser concretizada da forma como proposta pelas partes requerentes. Caso seja reprovado, a operação não poderá ser implementada. Há ainda a possibilidade de a autoridade aprovar a operação com restrições, ou seja, condicionada a solução de alguns problemas identificados. Nesse caso, haverá a aplicação dos chamados remédios.

11. REMÉDIOS EM CONCENTRAÇÕES

Caso o Cade verifique que um Ato de Concentração pode ser aprovado somente se realizados ajustes e/ou mediante a imposição de medidas adicionais, poderá impor esses remédios de forma unilateral às partes, ou poderá firmar com as partes um Acordo em Controle de Concentrações (ACC). Esses remédios podem ser remédios estruturais (tais como a venda de ativos) ou comportamentais (compromisso de não discriminação, fornecimento de relatórios periódicos à autoridade, entre outros).[84]

---

83. O pedido de intervenção de terceiro interessado cujos interesses possam ser afetados pelo ato de concentração econômica deverá ser apresentado no prazo de 15 (quinze) dias da publicação do edital previsto no parágrafo único do art. 111, e será analisado nos termos do art. 43. § 1º O pedido de intervenção deverá conter, no momento de sua apresentação, todos os documentos e pareceres necessários para comprovação de suas alegações, sob pena de indeferimento.

84. O Cade possui um Guia de Remédios, que contém explicações e informações detalhadas sobre sua forma de aplicação. O Guia encontra-se disponível em: https://cdn.cade.gov.br/Portal/centrais-de--conteudo/publicacoes/guias-do-cade/guia-remedios.pdf. Acesso em: 19 dez. 2023.

E. CONDUTAS

1. MECANISMOS DE DENÚNCIA E RITOS PROCESSUAIS

Conforme previamente exposto, o Cade possui, além de uma atuação preventiva de análise prévia de Atos de Concentração, uma atuação prioritariamente repressiva[85] de punição de condutas anticompetitivas. São consideradas condutas anticompetitivas aquelas que, independentemente de culpa, tenham por objeto ou possam produzir os seguintes efeitos, ainda que não alcançados concretamente: (i) limitar, falsear ou de qualquer forma prejudicar a livre concorrência ou a livre iniciativa; (ii) dominar mercado relevante de bens ou serviços; (iii) aumentar arbitrariamente os lucros; e (iv) exercer de forma abusiva posição dominante. Em seu art. 36, a Lei 12.529/2011 prevê algumas possíveis infrações à ordem econômica, mas esse rol é exemplificativo e não exaustivo. Nesse capítulo, serão abordadas as principais condutas anticompetitivas, as quais podem ser divididas entre (i) condutas coordenadas (ou colusivas), e (ii) condutas unilaterais (ou abuso de poder econômico).

As investigações realizadas pelo Cade podem ter início a partir de investigações internas da autoridade (*ex officio*), de denúncias realizadas por terceiros (anônimas ou representações formais identificadas), ou da celebração de Acordos de Leniência (detalhados mais adiante). Recebida a denúncia e verificada sua pertinência, a autoridade poderá proceder: (i) à instauração de Procedimento Preparatório, se houver necessidade de verificação da competência do Cade para atuar sobre aquela matéria; (ii) Inquérito Administrativo, para apurar a existência de indícios de materialidade suficientes que possam ensejar a instauração de um Processo Administrativo; ou (iii) Processo Administrativo, quando já existirem indícios suficientes da prática, para apurar a participação de cada representado e aplicar as sanções cabíveis, se o caso. Ainda que a autoridade possa se utilizar desses três tipos processuais, não é necessário que siga a os três procedimentos em todos os casos, podendo instaurar diretamente um Inquérito ou Processo Administrativo, desde que fundamente sua decisão.

---

85. Aqui utiliza-se o termo "prioritariamente repressiva", pois, como destaca Ana Frazão, não se pode ignorar a função dissuasória do controle de condutas. Nesse sentido, ver: FRAZÃO, Ana. *Direito da concorrência*: pressupostos e perspectivas. São Paulo: Saraiva, 2017, p. 113.

2. CONDUTAS COORDENADAS

2.1 Cartéis

Denomina-se cartel qualquer tipo de acordo ou prática concertada entre concorrentes para fixar preços, dividir mercados, restringir a produção, combinar atuação em licitações públicas ou qualquer outro tipo de acordo que tenha por objeto variáveis concorrencialmente sensíveis. Por meio desses acordos, concorrentes combinam, por exemplo, de aumentar artificialmente preços dos produtos, de modo que o consumidor será obrigado a pagar mais por aquele bem ou serviço, já que não possuirá opções de preço mais baixos. Ainda, é possível que empresas combinem entre si quais cidades ou regiões cada uma abastecerá, mantendo as demais concorrentes fora daquele local e reduzindo as opções de escolha do consumidor. Nessas condições, os agentes agem como se fossem monopolistas, ou seja, como um único agente. Os cartéis, portanto, implicam aumentos de preços, restrições na oferta de produtos e ainda desestimulam a melhoria dos produtos e serviços ofertados, já que não há competição. Por não possuírem nenhum benefício econômico compensatório desses danos, os cartéis causam graves prejuízos aos consumidores, tornando bens e serviços inacessíveis para alguns e desnecessariamente caros para outros. Por essas razões, são considerados a mais grave infração à ordem econômica.[86] Os cartéis podem ser estruturados de maneira institucionalizada e sedimentada (cartel clássico) ou difusa e ocasional (cartel difuso).[87]

2.1.1 Características de mercado facilitadoras da colusão

Alguns mercados possuem características próprias que podem facilitar a ocorrência de um acordo entre agentes. Tais características são, por exemplo: a homogeneidade do produto vendido e do serviço prestado (produtos semelhantes tendem a ter preços semelhantes), estruturas de custos produtivos semelhantes entre os concorrentes, a transparência dos preços, o histórico de tabelamento governamental de preços do setor, a existência de barreiras institucionais à entrada (tais como requisitos e exigências regulatórias), a ausência de produtos substitutos próximos e a inelasticidade da demanda.[88] Isso não significa que mercados com essas características necessariamente sejam cartelizados, mas esses fatores podem servir como importantes indicativos aptos a atrair a atenção da autoridade.

---

86. MARTINEZ, Ana Paula. *Repressão a Cartéis*: Interface entre Direito Administrativo e Direito Penal. São Paulo: Singular, 2013, p. 36-41.

87. MENDES, Francisco Schertel. CARVALHO, Vinicius Marques de. *Compliance*: concorrência e combate à corrupção. São Paulo: Trevisan Editora, 2017, p. 56.

88. Disponível em: https://cdn.cade.gov.br/Portal/centrais-de-conteudo/publicacoes/estudos-economicos/cadernos-do-cade/varejo-de-gasolina-2014.pdf. Acesso em :19 dez. 2023.

2.1.2 Cartéis em licitações

Os cartéis em licitações ocorrem quando as empresas participantes de uma licitação pública fazem um acordo para definir quem será o vencedor ou dividir entre si diferentes lotes, por exemplo, podendo, para tanto, definir previamente o valor dos lances, apresentação de propostas propositalmente superiores, entre outras estratégias. Nesses casos, o cartel resulta em aquisição de produtos e serviços em condições de desvantagem pela Administração Pública, fazendo com que maiores quantidades de recursos públicos dos cidadãos sejam desnecessariamente transferidos para as empresas participantes do acordo.[89]

2.1.3 Cartéis internacionais

Em algumas situações, é possível que os agentes de um determinado mercado articulem um acordo de preços ou uma divisão de mercado que ocorra em âmbito internacional, ou seja, abrangendo mais de um país. Nesses casos, quando o Brasil for diretamente incluído pelos agentes nessa divisão ou fixação, não há dúvidas que tal conduta tem potencial de produzir efeitos no Brasil e, portanto, é passível de punição em território nacional. O Cade possui entendimento no sentido de que também são passíveis de punição os potenciais efeitos indiretos de um cartel internacional, que ocorrem, por exemplo, no caso de um produto cartelizado no exterior que foi importado pelo Brasil durante o período daquela conduta, ou que compunha parte de outro produto final que tenha sido importado.[90] Nesses casos, a multa deverá ser calculada levando-se em consideração os potenciais efeitos no Brasil.

2.1.4 Padrão probatório

Para demonstrar a existência de acordos colusivos, a autoridade de defesa da concorrência pode se utilizar tanto de provas diretas (documentos que comprovam a existência material do acordo, tais como atas de reuniões, escutas e interceptações telefônicas, mensagens e e-mails trocados entre concorrentes), quanto de provas indiretas. O uso de provas indiretas é comum e possui grande importância, por exemplo, em cartéis em licitações, sendo exemplos desse tipo de prova: apresentação de propostas com erros de grafia semelhantes, rodízio de

---

89. Para maiores informações, verificar o Guia de Combate a cartéis em licitação do Cade. Disponível em: https://cdn.cade.gov.br/Portal/centrais-de-conteudo/publicacoes/guias-do-cade/guia-de-combate--a-carteis-em-licitacao-versao-final-1.pdf. Acesso em: 19 dez. 2023.

90. Nesse sentido, ver o julgamento do cartel de transistores de película fina para painéis de cristal líquido (TFT-LCD). Processo Administrativo 08012.011980/2008-12.

CAPÍTULO XI • DIREITO DA CONCORRÊNCIA – INFRAÇÃO À ORDEM ECONÔMICA | **307**

vencedores entre concorrentes e verificação de um padrão na margem de preço das propostas apresentadas.[91]

2.1.5   Ilícito por efeitos *vs*. Ilícito pelo objeto

Conforme previamente exposto, o art. 36 da Lei 12.529/2011 estabelece que as infrações à ordem econômica são configuradas "independente de culpa" e quando "tenham por objeto ou possam produzir os seguintes efeitos, ainda que não alcançados". Em razão dessa previsão, e considerando que os cartéis são condutas presumivelmente lesivas dais quais não resultam quaisquer efeitos pró-competitivos, entende-se que devem ser analisados pelo como ilícitos por objeto. Dessa forma, em linha com a jurisprudência do Cade, para que um cartel seja condenado pela autoridade, basta que reste comprovada a existência do acordo, sem que seja necessária a comprovação de sua efetiva implementação e/ou a produção de efeitos concretos, pois a produção de efeitos negativos é presumida nesses casos.[92] Diferentemente dos cartéis, as demais condutas exigem a comprovação da produção de efeitos anticompetitivos no mercado.

2.2   Troca de informações concorrencialmente sensíveis

Há situações em que empresas atuantes em um determinado mercado não realizam propriamente um acordo, mas compartilham informações consideradas concorrencialmente sensíveis. A troca desse tipo de informações pode ocorrer também no âmbito de sindicatos e associações. São exemplos de informações concorrencialmente sensíveis: (i) informações específicas (não agregadas); (ii) atuais ou futuras (não históricas, com menos de 3 meses de ocorrência); e (iii) que versam sobre as atividades-fim dos agentes econômicos. Essas informações podem consistir, por exemplo em: estruturas de custo dos produtos ou serviços, níveis de capacidade e planos de expansão, estratégias de marketing, precificação de produtos, principais clientes e descontos, salários de funcionários, principais fornecedores e termos de contratos com eles, informações não públicas sobre marcas, patentes e pesquisa e desenvolvimento, planos de aquisições futuras,

---

91. Para maiores informações, verificar o Guia de Combate a cartéis em licitação do Cade. Disponível em: https://cdn.cade.gov.br/Portal/centrais-de-conteudo/publicacoes/guias-do-cade/guia-de-combate--a-carteis-em-licitacao-versao-final-1.pdf. Acesso em: 19 dez. 2023.

92. Discussão semelhante ocorre nos Estados Unidos, em que se discute a análise da conduta pela chamada regra da razão (que seria semelhante à análise por efeitos) e pela regra *per se* (semelhante ao ilícito pelo objeto).

estratégias competitivas, entre outros.[93] O compartilhamento desse tipo de informação pode ensejar a condenação de empresas por práticas anticompetitivas, a depender a situação concreta.[94]

2.3 INFLUÊNCIA À ADOÇÃO DE CONDUTA UNIFORME

Essa conduta ocorre quando um agente atua com o objetivo de uniformizar a atuação de concorrentes em um determinado mercado. Essa prática pode ser desempenhada por associações e sindicatos, ou por agentes que atuam em mercados verticalmente relacionados, por exemplo.[95]

3. CONDUTAS UNILATERAIS

As chamadas condutas unilaterais consistem em condutas anticompetitivas praticadas por um agente que abusa de seu poder econômico. Nesses casos, a configuração da conduta depende da comprovação da existência de poder de mercado (presumida quando o agente detiver 20% ou mais do mercado relevante) e da produção de efeitos negativos. Dessa forma, a análise da conduta deve perpassar pelas seguintes etapas: (i) definição do mercado relevante; (ii) verificação da detenção de posição dominante no mercado relevante; e (iii) análise da capacidade da prática de afetar de forma negativa o mercado relevante.[96] Há diversos tipos de conduta unilateral que podem gerar efeitos anticompetitivos nos mercados. A seguir serão listados alguns exemplos.

---

93. Disponível em: https://cdn.cade.gov.br/Portal/centrais-de-conteudo/publicacoes/guias-do-cade/gun-jumping-versao-final.pdf. Acesso em: 19 dez. 2023.

94. A depender da situação, a troca de informações sensíveis antes da aprovação de uma operação de concentração econômica pelo Cade também pode configurar a prática de *gun jumping*, previamente apresentada nesse capítulo.

95. Em casos envolvendo mercados verticalmente relacionados, discute-se também a configuração dos chamados cartéis *hub-and-spoke*, em que o acordo ocorre por meio da troca de informações. Nesses casos, é mais comum que a troca de informações confidenciais ocorra entre distribuidores concorrentes por meio de um fornecedor comum, ainda que o contrário também seja possível. Não há, em regra, contato direto entre esses concorrentes, exercendo o *hub* um papel de destaque para viabilizar a conduta. Sobre o tema, ver GALVÃO, Luiz Antonio. *Troca indireta de informações entre concorrentes: os limites do ilícito concorrencial*. Janeiro de 2018. 174 p. Mestrado – Faculdade de Direito, Universidade de São Paulo, São Paulo, 2018.

96. MENDES, Francisco Schertel. CARVALHO, Vinicius Marques de. *Compliance*: concorrência e combate à corrupção. São Paulo: Trevisan Editora, 2017, p. 61.

3.1 Preços predatórios

A prática de preços predatórios consiste na venda deliberada de bens ou serviços abaixo do preço de custo, visando eliminar concorrentes para, em momento posterior, explorar o mercado a preços mais altos. Assim, a empresa pode eliminar seus concorrentes e obter lucros maiores a médio/longo prazo.

3.2 Fixação de preços de revenda

Ocorre quando um produtor/fornecedor estabelece um preço mínimo ou exato a ser praticado por distribuidores ou revendedores. Essa fixação pode implicar preços acima do valor de mercado e limitar a concorrência entre os próprios distribuidores e revendedores. Um tipo de restrição semelhante pode ocorrer territorialmente, quando o produtor/fornecedor estabelece os limites de atuação de cada revendedor/distribuidor.

3.3 Acordos de exclusividade

Os acordos de exclusividade ocorrem quando os compradores de um bem ou serviço se comprometem a adquiri-lo apenas de um vendedor, ou quando um vendedor se compromete a vender apenas para um comprador, excluindo-se os demais competidores. A depender da situação e das características do mercado, esse tipo de acordo pode resultar efeitos anticompetitivos e fechamento de mercado.

3.4 Preços discriminatórios

Ocorrem quando um vendedor se utiliza de seu poder de mercado para fixar preços diferentes para um mesmo produto, discriminando compradores com perfis semelhantes sem justificativas econômicas ou jurídicas razoáveis. Essa prática pode despertar preocupações relevantes em mercados verticalmente relacionados, em que um fornecedor prioriza um distribuidor/revendedor integrante de seu próprio grupo econômico em detrimento dos demais.[97]

3.5 Recusa de contratar

Ocorre quando um agente se recusa a contratar com outro agente econômico de forma injustificada, ou seja, se recusa a comercializar um bem ou serviço den-

---

97. Em mercados digitais, há interessante debate relacionado à auto preferência (*self-preferencing*) sendo traçado pela doutrina e pela jurisprudência antitruste. Sobre o tema, ver: PENEREIRO, Stephanie Vendemiatto; KASTRUP, Gustavo H. BARBOSA, Vitor Jardim Machado. My game, my rules? O enforcement concorrencial do Brasil e do mundo relacionado ao self-preferencing. *Revista do IBRAC*, v. 1, p. 59-86, 2023.

tro dos parâmetros comumente praticados naquele mercado sem justificativas econômicas ou jurídicas razoáveis.

3.6 Venda casada

No caso da venda casada, o vendedor impõe como condição de venda de um produto, que o comprador adquira um outro bem ou serviço. Nessa situação, é possível que um agente se utilize de sua posição já consolidada em um mercado para alavancar sua posição em outro mercado.

3.7 *Sham litigation*

É o chamado abuso do direito petição, ou litigância predatória. Nesse tipo de conduta, o agente se utiliza de seu poder econômico para, por meio do ajuizamento de diversas ações em diversas esferas, ou por notificações judiciais e/ou extrajudiciais infundadas, impor dificuldades ao seu concorrente.[98]

4. SANÇÕES

Conforme prevê o art. 37 da Lei 12.529/2011, ao cometer qualquer tipo de infração à ordem econômica, a empresa poderá estar sujeita a pagar multa de 0,1% a 20% do valor do faturamento bruto da empresa, grupo ou conglomerado, no último exercício anterior à instauração do processo administrativo, no ramo de atividade empresarial em que ocorreu a infração, a qual nunca será inferior à vantagem auferida, quando for possível sua estimação. Por sua vez, os administradores da empresa direta ou indiretamente envolvidos no ilícito podem ser condenados a pagar multas entre 1% a 20% daquela aplicada à empresa. Outras penas acessórias também podem ser impostas, tais como a proibição de contratar com instituições financeiras oficiais, de parcelar débitos fiscais, e de participar de licitações promovidas pela Administração Pública, além da aplicação das penas em dobro em casos de reincidência.[99] A prática de cartel configura tanto um ilícito administrativo como um ilícito criminal, nos termos do art. 4º da Lei 8.137/1990. No âmbito criminal, o cartel consiste em crime passível de punição com pena de 2 a 5 anos de reclusão e multa.

---

98. Acerca dos diferentes incentivos econômicos para a prática de *sham litigation*, ver: PENEREIRO, Stephanie Vendemiatto. *Sham Litigation*: o exame dos incentivos econômicos como instrumento complementar de analise antitruste. In: ATHAYDE, Amanda; MAIOLINO, Isabela; SILVEIRA, Paulo Burnier da. (Org.). *Comércio Internacional e Concorrência*: Desafios e Perspectivas Atuais. Brasília: Faculdade de Direito – UnB, 2019, v. II, p. 298-322.
99. Há ainda outras possíveis penalidades acessórias e penas para as demais pessoas físicas ou jurídicas que integrarem a conduta, todas previstas no art. 37 da Lei 12.529/2011.

CAPÍTULO XI • DIREITO DA CONCORRÊNCIA – INFRAÇÃO À ORDEM ECONÔMICA **311**

F. POLÍTICA DE LENIÊNCIA E TERMOS DE COMPROMISSO DE CESSAÇÃO

1. ACORDOS DE LENIÊNCIA E TERMOS DE COMPROMISSO DE CESSAÇÃO

As autoridades de defesa da concorrência desenvolveram mecanismos para incentivar a descoberta e a colaboração em casos de cartel. Dessa forma, para obter ciência acerca da existência de acordos e para obter documentos da materialidade de condutas anticompetitivas, as autoridades negociam acordos e oferecem, em troca, benefícios. No Brasil, há duas formas de acordos que podem ser celebrados com o Cade em casos de condutas: os Acordos de Leniência e os Termos de Compromisso de Cessação.

2. ACORDOS DE LENIÊNCIA NO ÂMBITO DO CADE

A empresa pode denunciar a prática de cartel ao Cade utilizando-se do chamado Acordo de Leniência, caso seja a primeira a fazê-lo. De acordo com o art. 86 da Lei 12.529/2011,[100] o Cade, por meio da Superintendência-Geral, poderá celebrar acordo que preveja a extinção da ação punitiva da administração pública (nas esferas administrativa e criminal) com a pessoa jurídica e pessoas físicas que trouxerem ao conhecimento da autoridade uma conduta que ainda não era por ela investigada, comprometendo-se a cessá-la e a cooperar com as investigações, apresentando, inclusive, documentos. Assim, o programa de Leniência permite que a autoridade identifique a existência de condutas anticompetitivas complexas, oferecendo como atrativo benefícios nas esferas administrativa e criminal à empresa denunciante. Esse tipo de programa não apenas facilita a identificação das condutas pela autoridade, mas também insere mais um mecanismo de instabilidade aos cartéis, pois os agentes sabem que, a qualquer momento, qualquer das empresas participantes da conduta pode revelar sua existência à autoridade, tendo benefícios relevantes para ser a primeira a fazê-lo.[101] Ainda, caso o Cade já tenha conhecimento prévio sobre a conduta, mas não possua provas, é possível a celebração de uma leniência parcial, em que os

---

100. Art. 86. O Cade, por intermédio da Superintendência-Geral, poderá celebrar acordo de leniência, com a extinção da ação punitiva da administração pública ou a redução de 1 (um) a 2/3 (dois terços) da penalidade aplicável, nos termos deste artigo, com pessoas físicas e jurídicas que forem autoras de infração à ordem econômica, desde que colaborem efetivamente com as investigações e o processo administrativo e que dessa colaboração resulte: I – a identificação dos demais envolvidos na infração; e II – a obtenção de informações e documentos que comprovem a infração noticiada ou sob investigação.

101. Sobre o tema, ver MARTINEZ, Ana Paula. *Repressão a Cartéis*: Interface entre Direito Administrativo e Direito Penal. São Paulo: Singular, 2013, p. 260-262.

signatários do acordo farão jus à redução de 1/3 a 2/3 da penalidade aplicável.[102] A partir da celebração, o processo ficará suspenso em face dos signatários, até que, no momento do julgamento, seja verificado o cumprimento integral do Acordo, inclusive do dever de colaboração durante a instrução.

3. TERMOS DE COMPROMISSO DE CESSAÇÃO

Caso já tenha sido firmado um Acordo de Leniência ou caso as investigações já estejam avançadas, é possível que as empresas celebrem com a autoridade um Termo de Compromisso de Cessação (TCC). Em casos de cartel, a empresa e/ou as pessoas físicas devem cumprir os seguintes requisitos: (i) reconhecer sua participação na conduta; (ii) se comprometer a não mais praticá-la; (iii) colaborar com a autoridade durante a tramitação do processo, inclusive com documentos, se houver; e (iv) recolher uma contribuição pecuniária. Em troca, o compromissário receberá um desconto de até 50% na contribuição pecuniária a ser paga, calculada em relação à multa que poderia ser aplicada. Os valores de desconto variam de acordo, por exemplo, com o momento da propositura do acordo, a relevância da contribuição e quantos acordos já foram firmados naquele caso anteriormente. É possível também celebrar TCCs em casos de conduta unilateral, hipótese em que a contribuição pecuniária poderá ser dispensada.[103] Em todos os casos, a celebração do TCC perpassa por uma análise de conveniência e oportunidade da autoridade. Assim como no caso da Leniência, a partir da celebração do TCC o processo ficará suspenso em face dos compromissários, até que, no momento do julgamento, seja verificado o cumprimento integral do Termo, inclusive do dever de colaboração durante a instrução.

4. LENIÊNCIA *PLUS*

Há ainda a possibilidade de celebração da chamada leniência *plus*, benefício de redução em um terço da penalidade aplicável à empresa e/ou à pessoa física que fornece informações acerca de um novo cartel sobre o qual o Cade não tinha conhecimento prévio, quando essa mesma empresa e/ou pessoa física não se qualificar para um Acordo de Leniência com relação a um outro cartel do qual tenha participado. Seria o caso, por exemplo, de uma empresa e/ou pessoa física, já investigada por cartel em um mercado (1º cartel), que não se habilita para a negociação de Acordo

---

102. O Cade possui um Guia sobre seu Programa da Leniência. Disponível em: https://cdn.cade.gov.br/Portal/centrais-de-conteudo/publicacoes/guias-do-cade/Guia-do-Programa-de-Leniencia-do-Cade_Vers%C3%A3o_Atualizada.pdf. Acesso em: 19 dez. 2023.

103. Para maiores informações sobre a celebração de TCCs e a política de descontos seguida pelo Cade, ver o Guia do Cade para celebração de TCCs. Disponível em: https://cdn.cade.gov.br/Portal/centrais-de--conteudo/publicacoes/guias-do-cade/guia-tcc-atualizado-11-09-17.pdf. Acesso em: 19 dez. 2023.

de Leniência. Se essa empresa e/ou pessoa física tiver interesse em colaborar com a investigação nesse 1º mercado, poderá fazê-lo por meio de um TCC. Para além disso, essa empresa e/ou pessoa física pode reportar ao Cade a existência de outro cartel, em outro mercado (2º cartel), do qual o Cade ainda não tenha qualquer conhecimento prévio. Neste caso, além de obter todos os benefícios do Acordo de Leniência com relação ao 2º cartel, a empresa poderá obter uma redução de um terço da penalidade aplicável no 1º cartel (leniência *plus*).[104]

G. DEFESA DA CONCORRÊNCIA E DIREITO COMERCIAL

1. RELAÇÕES COM O DIREITO SOCIETÁRIO

A relação entre Direito da Concorrência e Direito Societário é extremamente relevante. Conforme detalhado nos tópicos anteriores, algumas operações societárias podem configurar Atos de Concentração de notificação obrigatória ao CADE, ou seja, para que possam ser implementadas dependem de prévia aprovação pela autoridade de defesa da concorrência. Ainda, os contratos estruturados entre particulares – objeto do direito societário – conformam uma verdadeira teia mercadológica. Tanto sob o viés estruturalista quanto sob o viés comportamental, a autoridade de defesa da concorrência atuará disciplinando o funcionamento desses mercados, analisando e podendo impor limites à conformação dessas relações societárias.

2. DIREITO CONCORRENCIAL E *COMPLIANCE*

Da mesma forma, o Direito da Concorrência possui importante relação com as práticas de *compliance* na medida em que os programas de *compliance* visam impedir ou minimizar os riscos de que empresas, organizações e pessoas físicas violem a Lei de Defesa da Concorrência e cometam infrações à ordem econômica. Nesse sentido, a criação de programa de *compliance* efetivo perpassa pela compreensão do que são condutas anticompetitivas e como evitá-las, de modo a mitigar riscos e possíveis sanções futuras.[105]

---

104. Para maiores informações, ver o Guia Programa de Leniência Antitruste do Cade. Disponível em: https://cdn.cade.gov.br/Portal/centrais-de-conteudo/publicacoes/guias-do-cade/Guia-do-Programa-de-Leniencia-do-Cade_Vers%C3%A3o_Atualizada.pdf. Acesso em: 19 dez. 2023.

105. Um detalhamento maior acerca dos pontos que devem ser abordados por um programa de *compliance* encontra-se disponível no Guia do Cade para Programas de *Compliance*. Disponível em: https://cdn.cade.gov.br/Portal/centrais-de-conteudo/publicacoes/guias-do-cade/guia-compliance-versao-oficial.pdf. Acesso em: 19 dez. 2023. Acerca do tema, ver também MENDES, Francisco Schertel. CARVALHO, Vinicius Marques de. *Compliance*: concorrência e combate à corrupção. São Paulo: Trevisan Editora, 2017.

QUADROS EXPLICATIVOS – TRAMITAÇÃO PROCESSUAL NO CADE
(Elaboração própria, com base nas disposições legais)

QUADRO I – Atos de Concentração

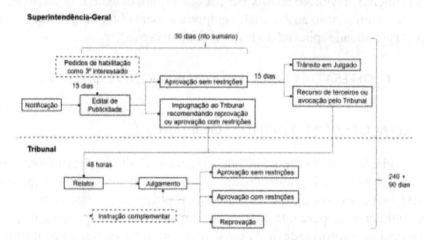

QUADRO II – Procedimento Preparatório

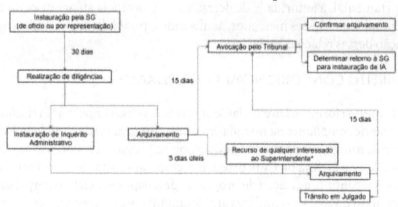

* Da decisão de arquivamento pela SG, é possível tanto a avocação pelo Tribunal quanto a interposição de recurso por terceiros ao Superintendente. Após a decisão do Superintendente, caso mantido o arquivamento, ainda assim poderá haver a avocação por algum membro do Tribunal.

QUADRO III – Inquérito Administrativo

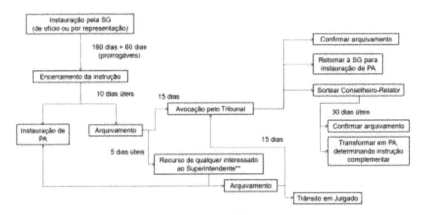

** Da decisão de arquivamento pela SG, é possível tanto a avocação pelo Tribunal quanto a interposição de recurso por terceiros ao Superintendente. Após a decisão do Superintendente, caso mantido o arquivamento, ainda assim poderá haver a avocação por algum membro do Tribunal.

QUADRO IV – Processo Administrativo

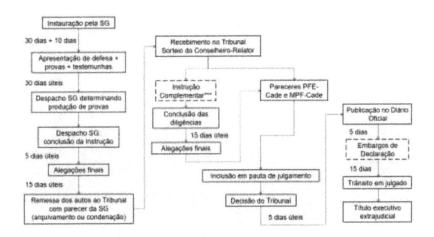

*** É facultada ao Conselheiro-Relator a realização ou não de instrução complementar.

Capítulo XII
FUNDO DE INVESTIMENTO

A. FUNDO DE INVESTIMENTO

1. INTRODUÇÃO

O fundo de investimento foi introduzido no Código Civil por meio da Declaração de Direitos de Liberdade Econômica (Lei 13.874/2019) com a justificativa "(...) de facilitar a canalização de recursos poupados para a economia real, a proposta assegura a legalidade de responsabilidade limitada para fundos de investimento, o que deverá aumentar a segurança da modalidade por meio dessas estruturas. Contribui-se, assim, para um ambiente mais competitivo e atrativo que beneficiará inclusive os grandes programas de desestatizações, outro assunto emergencial que justifica a existência desta Medida. Espera-se que, ao equacionarmos nosso ambiente com o resto do mundo desenvolvido, abrindo a possibilidade desse tipo de fundo, conforme futura regulamentação da Comissão de Valores Mobiliários, consigamos um aumento de investimentos em geral. Importante consequência desse aumento é a tendência de uma valorização maior dos ativos a serem desestatizados, o que ocasionará, ao fim e ao cabo, que mais recursos estejam disponíveis à Administração para a realização de políticas públicas de saúde e educação, por exemplo".[1]

2. FUNDO DE INVESTIMENTO[2]

O fundo de investimento é uma modalidade de investimento coletivo,[3] uma comunhão de recursos, constituído sob a forma de condomínio de natureza es-

---

1. Exposição de motivos da Medida Provisória 881/2019 https://www2.camara.leg.br/legin/fed/medpro/2019/medidaprovisoria-881-30-abril-2019-788037-exposicaodemotivos-157846-pe.html. Acesso em: 05 out. 2019.
2. As informações deste capítulo foram extraídas, principalmente, do Portal do Investidor. Para mais informações: https://www.investidor.gov.br/ portaldoinvestidor/export/sites/portaldoinvestidor/publicacao/Cadernos/CVM-Caderno-3.pdf. Acesso em: 06 out. 2019.
3. Disponível em: http://www.cvm.gov.br/menu/regulados/fundos/sobre.html. Acesso em: 05 out. 2019.

pecial, destinado à aplicação em ativos financeiros, bens e direitos de qualquer natureza (art. 1.368-C, CC[4]). Trata-se de uma estrutura formal de investimento coletivo, em que diversos investidores reúnem seus recursos para investir de forma conjunta no mercado financeiro.

A maior parte das operações no mercado financeiro está sujeita a taxas. O fundo de investimento, trabalhando com grande volume de recursos, pode obter condições mais favoráveis do que investidores operando individualmente.

Cabe a Comissão de Valores Mobiliários (CVM), autarquia federal, vinculada ao Ministério da Fazenda, fiscalizar e disciplinar o mercado de capitais, incluindo, entre outros, os fundos de investimentos (art. 1.368-C, § 2º, CC[5]).

O fundo de investimento constituído por lei específica e regulamentado pela Comissão de Valores Mobiliários deverá, no que couber, seguir as disposições do Código Civil (art. 1.368-F, CC[6]).

Os principais fundos estruturados são: (i) Fundos de Investimento Imobiliário – FII (Lei 8.668/1993); (ii) Fundos de Investimento em Direitos Creditórios – FIDC e FIDC-NP; (iii) Fundos de Investimento em Participações – FIP; e (iv) Fundos de Financiamento da Indústria Cinematográfica Nacional – FUNCINE.

3. NATUREZA JURÍDICA

O fundo de investimento tem natureza jurídica de condomínio de natureza especial, não possuindo personalidade jurídica, sendo um sujeito de direito da espécie ente despersonificado.

Em que pese ser classificado como espécie de condomínio, ao fundo de investimento não se aplicam as regras gerais sobre condomínio dos artigos 1.314 ao 1.358-A, do Código Civil (art. 1.368-C, § 1º, CC).

---

4. Art. 1.368-C. O fundo de investimento é uma comunhão de recursos, constituído sob a forma de condomínio de natureza especial, destinado à aplicação em ativos financeiros, bens e direitos de qualquer natureza. § 1º Não se aplicam ao fundo de investimento as disposições constantes dos arts. 1.314 ao 1.358-A deste Código. § 2º Competirá à Comissão de Valores Mobiliários disciplinar o disposto no *caput* deste artigo. § 3º O registro dos regulamentos dos fundos de investimentos na Comissão de Valores Mobiliários é condição suficiente para garantir a sua publicidade e a oponibilidade de efeitos em relação a terceiros.

5. Art. 1.368-C. § 2º Competirá à Comissão de Valores Mobiliários disciplinar o disposto no caput deste artigo.

6. Art. 1.368-F. O fundo de investimento constituído por lei específica e regulamentado pela Comissão de Valores Mobiliários deverá, no que couber, seguir as disposições deste Capítulo.

4. FUNDOS ABERTOS OU FECHADOS

Os fundos de investimento podem ser formados como condomínios abertos, em que o resgate das cotas pode ser solicitado a qualquer tempo, ou fechados, em que o resgate só se dá no término do prazo de duração do fundo. Essa classificação determina, de certa maneira, os diferentes modos de como investir no fundo, pois determina a aplicação e resgate de recursos.

Ao contrário do que ocorre com os fundos abertos, nos fundos fechados a entrada e a saída de cotistas não pode ser realizada a qualquer momento.

Após o período de captação de recursos pelo fundo fechado, não são admitidos novos cotistas nem novos investimentos pelos antigos cotistas (embora possam ser abertas novas fases de investimento, conhecidas no mercado como "rodadas de investimento").

Como também não é admitido o resgate de cotas por decisão do cotista, ele tem que vender suas cotas a terceiros se quiser receber o seu valor antes do prazo de encerramento do fundo. Por este motivo, diversos fundos passaram a ser negociados em mercados organizados de bolsa ou balcão, facilitando a "revenda" dessas cotas a outros investidores interessados.

5. ADMINISTRADOR

O administrador é quem cria o fundo. É ele quem define as suas principais características, objetivos e políticas de investimento, que devem constar do documento de constituição, o regulamento.

Somente pessoa jurídica autorizada pela CVM para o exercício profissional de administração de carteira pode ser administrador de fundo de investimento.

Usualmente o administrador de fundo de investimento é uma instituição financeira, que formalmente o constitui e define os seus objetivos, políticas de investimento, as categorias de ativos financeiros em que poderá investir, taxas que cobrará pelos serviços e outras regras gerais de participação e organização. Todas essas informações são reunidas em um documento, o *regulamento*.

Cabe ao administrador, também, a prestação ou a contratação de outros serviços relacionados ao funcionamento do fundo, como a prestação de informações periódicas e eventuais e atendimento aos cotistas.

Muitas decisões do fundo são tomadas pelo próprio administrador e pelo gestor, mas algumas só podem ser deliberadas pelos próprios cotistas, os investidores, que, para isso, reúnem-se periodicamente em assembleia geral.

As decisões são tomadas pela maioria dos votos e cada investidor tem direito a um voto por cota.

O administrador é responsável pela elaboração e divulgação das informações periódicas e eventuais. Nesse sentido, cabe a ele contratar obrigatoriamente um auditor independente, que deverá ser registrado na CVM, para auditar as demonstrações contábeis do fundo.

Também é obrigação do administrador manter serviço de atendimento ao cotista, para prestar esclarecimentos e responder às reclamações. Nos informativos enviados aos investidores deve constar o endereço e o número do telefone desse serviço.

A taxa de administração remunera o administrador pelos serviços de administração e gestão da carteira.

6. ATO CONSTITUTIVO E DOCUMENTOS

O fundo de investimento possui 3 (três) principais documentos (a) regulamento; (b) prospecto e; (iii) lâmina de informações essenciais.

a) Regulamento

No momento da constituição de um fundo, o administrador elabora e aprova o seu regulamento, documento que formalmente "dá vida" ao fundo, e contém as regras que servem de base para o seu funcionamento.

O regulamento é um documento de natureza mais estática, pois não sofre alterações constantes, e possui uma linguagem com caráter bastante formal.

As principais informações presentes no regulamento são: (i) política de investimento, que caracteriza a classe do fundo; (ii) espécie, se aberto ou fechado; (iii) taxas cobradas; (iv) condições para aplicação e resgate de cotas; (v) público--alvo; (vi) fatores de risco; (vii) qualificação do administrador, do custodiante e, quando for o caso, do gestor da carteira do fundo.

As alterações feitas no regulamento podem implicar em significativas alterações nas condições de funcionamento do fundo. Por isso, devem ser aprovadas pela assembleia geral de cotistas.

b) Prospecto

O prospecto é o documento que apresenta as informações mais relevantes para o investidor, como as relativas à política de investimento do fundo, aos riscos envolvidos, às taxas e aos principais direitos e responsabilidades dos cotistas e administradores. Ele possui um formato bem mais detalhado do que o regulamento, em uma linguagem mais clara e acessível e apresenta as seguintes informações: (i) Metas, objetivos e público-alvo; (ii) Política de investimento; (iii) Especificação, de forma clara, das taxas e demais despesas do fundo; (iv) Condições de compra e de resgate das cotas; (v) Identificação dos riscos assumidos pelo fundo; (vi) Informação sobre a tributação aplicável ao fundo e aos cotistas.

Durante todo o período de distribuição do fundo, o prospecto atualizado deve estar à disposição dos interessados, em todos os locais em que o fundo for oferecido.

Além disso, ao decidir ingressar no fundo, o investidor deve atestar que recebeu o regulamento e o prospecto e que está ciente da política de investimento e dos riscos.

c) Lâmina de informações essenciais

A lâmina de informações essenciais é um documento que tem como objetivo simplificar a apresentação das principais informações constantes do regulamento e do prospecto. Ela é apresentada em um formato simples, reduzido e deve seguir um padrão e uma sequência pré-definidos.

A lâmina contém, por exemplo, a rentabilidade dos últimos cinco anos, a composição da carteira e, de forma muito clara, as taxas cobradas e o nível de risco do fundo.

Além disso, é atualizada mensalmente e com frequência apresenta as informações em gráficos e tabelas, facilitando a compreensão das informações.

Embora não substitua a leitura do prospecto, a lâmina é muito utilizada para apresentação aos interessados nos pontos de venda de varejo, como as agências bancárias.

Por ser um resumo das principais informações, pode ser útil para realizar uma triagem inicial dos fundos que mais interessam e, depois, verificar no prospecto as informações detalhadas.

7. REGISTRO

O registro dos regulamentos dos fundos de investimentos é feito mediante protocolo do regulamento na Comissão de Valores Mobiliários (CVM), sendo condição suficiente para garantir a sua publicidade e a oponibilidade de efeitos em relação a terceiros (art. 1.368-C, § 3º, CC). Após o deferimento pela CVM, o fundo de investimento procederá sua inscrição no Cadastro Nacional da Pessoa Jurídica (CNPJ).

8. APLICAÇÕES

Em seguida, o fundo de investimento é aberto para aplicações. Isso é feito com o apoio de instituições financeiras, como os bancos, distribuidoras e corretoras, ligadas ou não ao administrador, que oferecem o investimento aos seus clientes. É a partir desse momento que os investidores interessados aplicam seu dinheiro. Para isso, esses investidores têm à sua disposição outros documentos, como o prospecto, que apresenta todas as informações do fundo e da oferta, e a lâmina de informações essenciais, que resume apenas as principais.

9. COTISTAS

A soma dos recursos aplicados pelos investidores forma o patrimônio do fundo de investimento, que por sua vez é dividido em cotas. Portanto, quando um investidor realiza o investimento, ele está adquirindo cotas do fundo de investimento na proporção do capital aplicado. Suponha, por exemplo, que um fundo de investimento tenha um patrimônio de R$ 100.000,00, e que seja dividido em 10.000 cotas, cada uma valendo R$ 10,00. Se alguém investe R$ 500,00 neste fundo de investimento, estará adquirindo 50 cotas.

Com o patrimônio formado, o fundo de investimento investirá os recursos no mercado financeiro e de capitais, por intermédio de um profissional especializado, o gestor da carteira, que pode ser o próprio administrador ou um terceiro contratado. Esses investimentos são realizados com base em objetivos e políticas de investimentos pré-definidos e poderão valorizar ou não. É isso que definirá a valorização ou a desvalorização das cotas e, por consequência, a rentabilidade dos cotistas.

10. ASSEMBLEIA DE COTISTAS

A maior parte das decisões administrativas e de investimento dos fundos pode ser tomada pelo próprio administrador ou gestor da carteira. Existem questões, porém, sobre as quais somente os cotistas podem deliberar. Para isso, reúnem-se em assembleia geral.

Essa assembleia é realizada entre os cotistas do fundo, com o objetivo de tomar decisões importantes quanto à administração, como alterações na política de investimento e no regulamento do fundo, aumento ou alteração na forma de cálculo das taxas de administração, de performance, de entrada e saída, substituição do administrador, gestor ou custodiante, entre outras.

Anualmente, em até 120 (cento e vinte) dias após o término do exercício social, a assembleia geral deve se reunir para deliberar sobre as demonstrações

CAPÍTULO XII • FUNDO DE INVESTIMENTO **323**

contábeis do fundo. Essa reunião anual dos cotistas é conhecida no mercado como assembleia geral ordinária. Poderá ser convocada também, a qualquer tempo, assembleia geral, comumente chamada de extraordinária, para deliberar sobre outros assuntos de interesse do fundo ou dos cotistas.

Todos os cotistas devem ser convocados por correspondência que contenha no mínimo os assuntos a serem deliberados e o local, a data e a hora da assembleia. A convocação deve ser feita com pelo menos 10 (dez) dias de antecedência. A assembleia pode ser instalada com a presença de qualquer número de cotistas, sendo que cada cota dá direito a um voto e as deliberações são tomadas por maioria de votos. Entretanto, para algumas matérias, o regulamento poderá estabelecer quórum qualificado.

Os cotistas podem votar por comunicação escrita ou eletrônica, desde que recebidas pelo Administrador antes do início da Assembleia. Por outro lado, são proibidos de votar nas assembleias gerais: o administrador, o gestor, seus sócios, diretores e funcionários, as empresas ligadas a qualquer desses, assim como os prestadores de serviço do fundo, seus sócios, diretores e funcionários.

O resumo das decisões da assembleia geral deve ser enviado a todos os cotistas no prazo de até 30 (trinta) dias, podendo ser utilizado para esse fim o extrato de conta mensal.

11. RESPONSABILIDADES

O regulamento do fundo de investimento poderá, observado o disposto na regulamentação da Comissão de Valores Mobiliários, prever (i) a limitação da responsabilidade de cada investidor ao valor de suas cotas; (ii) a limitação da responsabilidade, bem como parâmetros de sua aferição, dos prestadores de serviços do fundo de investimento, perante o condomínio e entre si, ao cumprimento dos deveres particulares de cada um, sem solidariedade; e (iii) classes de cotas com direitos e obrigações distintos, com possibilidade de constituir patrimônio segregado para cada classe (art. 1.368-D, CC[7]).

---

7. Art. 1.368-D. O regulamento do fundo de investimento poderá, observado o disposto na regulamentação a que se refere o § 2º do art. 1.368-C desta Lei, estabelecer: I – a limitação da responsabilidade de cada investidor ao valor de suas cotas; II – a limitação da responsabilidade, bem como parâmetros de sua aferição, dos prestadores de serviços do fundo de investimento, perante o condomínio e entre si, ao cumprimento dos deveres particulares de cada um, sem solidariedade; e III – classes de cotas com direitos e obrigações distintos, com possibilidade de constituir patrimônio segregado para cada classe. § 1º A adoção da responsabilidade limitada por fundo de investimento constituído sem a limitação de responsabilidade somente abrangerá fatos ocorridos após a respectiva mudança em seu regulamento. § 2º A avaliação de responsabilidade dos prestadores de serviço deverá levar sempre em consideração os riscos inerentes às aplicações nos mercados de atuação do fundo de investimento e a natureza de

A adoção da responsabilidade limitada por fundo de investimento constituído sem a limitação de responsabilidade somente abrangerá fatos ocorridos após a respectiva mudança em seu regulamento. A avaliação de responsabilidade dos prestadores de serviço deverá levar sempre em consideração os riscos inerentes às aplicações nos mercados de atuação do fundo de investimento e a natureza de obrigação de meio de seus serviços.

O patrimônio segregado só responderá por obrigações vinculadas à classe respectiva, nos termos do regulamento.

Os fundos de investimento respondem diretamente pelas obrigações legais e contratuais por eles assumidas, e os prestadores de serviço não respondem por essas obrigações, mas respondem pelos prejuízos que causarem quando procederem com dolo ou má-fé (art. 1.368-E, CC[8]).

Se o fundo de investimento com limitação de responsabilidade não possuir patrimônio suficiente para responder por suas dívidas, aplicam-se as regras de insolvência previstas nos artigos 955 a 965 do Código Civil.

A insolvência pode ser requerida judicialmente por credores, por deliberação própria dos cotistas do fundo de investimento, nos termos de seu regulamento, ou pela Comissão de Valores Mobiliários.

---

obrigação de meio de seus serviços. § 3º O patrimônio segregado referido no inciso III do caput deste artigo só responderá por obrigações vinculadas à classe respectiva, nos termos do regulamento.

8. Art. 1.368-E. Os fundos de investimento respondem diretamente pelas obrigações legais e contratuais por eles assumidas, e os prestadores de serviço não respondem por essas obrigações, mas respondem pelos prejuízos que causarem quando procederem com dolo ou má-fé. § 1º Se o fundo de investimento com limitação de responsabilidade não possuir patrimônio suficiente para responder por suas dívidas, aplicam-se as regras de insolvência previstas nos arts. 955 a 965 deste Código. § 2º A insolvência pode ser requerida judicialmente por credores, por deliberação própria dos cotistas do fundo de investimento, nos termos de seu regulamento, ou pela Comissão de Valores Mobiliários. § 3º Caso o regulamento do fundo estabeleça classes de cotas com direitos e obrigações distintos, nos termos do inciso III do caput do art. 1.368-D deste Código, aplica-se o disposto neste artigo a cada classe de cotas, individualmente considerada.

REFERÊNCIAS

ANDERS, Eduardo Caminati. PAGOTTO, Leopoldo. BAGNOLI, Vicente. *Comentários à nova Lei de Defesa da Concorrência*: Lei 12.529, de 30 de novembro de 2011. Rio de Janeiro: Forense; São Paulo: Método, 2012.

ARMANI, Wagner José Penereiro. *Dissolução parcial de sociedade profissional*. Tese de Doutorado em Direito Comercial. Faculdade de Direito da Pontifícia Universidade Católica de São Paulo. São Paulo. 2017.

ARMANI, Wagner José Penereiro. *Dissolução Parcial de Sociedade Profissional* – Análise Crítica e Questões Práticas. Curitiba: Editora Juruá. 2019.

ARMANI, Wagner José Peneireiro; JUNIOR SUPIONI, Claudemir. O incidente de desconsideração da personalidade jurídica e sua aplicação na justiça do trabalho. *Revista de Direito do Trabalho*, São Paulo, ano 42, n. 42, jul./ago. 2016.

ARMANI, Wagner José Penereiro; JOVETTA, Diogo Cressoni. *Teoria e Prática da Desconsideração da Personalidade Jurídica no Brasil – Piercing the corporate veil*. São Paulo: Editora AJF, 2019.

ARMANI, Wagner José Penereiro; FERREIRA, Rodrigo Eduardo; JOVETTA. Diogo Cressoni. *Direito Comercial* – Teoria Geral da Empresa & Direito das Sociedades. Campinas: AFJ. 2018. v. I.

ASCARELLI, Tullio. *Os problemas das sociedades anônimas e direito comparado*. São Paulo: Quorum, 2008.

BARROS NETO, Geraldo Fonseca de. *Exclusão de sócio por falta grave na sociedade limitada bipessoal*. Tese de Doutorado em Direito Processual Civil. Faculdade de Direito da Pontifícia Universidade Católica de São Paulo. São Paulo, 2019.

BECKER, Bruno Bastos. Concorrência e arbitragem no direito brasileiro. Hipóteses de incidência de questões concorrenciais em arbitragens. *RJLB*, ano I, n. 2, 2015, fls. 239-270. Disponível em: http://www.cidp.pt/revistas/rjlb/2015/2/2015_02_0239_0270.pdf. Acesso em: 15 fev. 2020.

BECKER, Bruno Bastos; MASSARO, Anna Binotto. *How Does Brazil Review Multi-Jurisdictional Merger Cases? An Empirical Study from the Competition Authority's Perspective* (March 31, 2017). Brazilian Antitrust Law (Law 12.529/11): 5 years (IBRAC), 2017. Disponível em SSRN: https://ssrn.com/abstract=2944112. Acesso em: 19 dez. 2023.

BERTOLDI, Marcelo. *Curso avançado de Direito Comercial*. 4. ed. rev., atual. e ampl. São Paulo: Ed. RT, 2008.

BERTOLDI, Marcelo. *Curso avançado de direito comercial*. 3. ed. São Paulo. Ed. RT, 2006.

BOITEUX, Fernando Netto. *Responsabilidade Civil do acionista controlador e da sociedade controladora*. Rio de Janeiro: Forense, 1988.

BOTREL, Sérgio. Ato constitutivo das sociedades. In: COELHO, Fábio Ulhoa (Org.). *Tratado de Direito Comercial*. São Paulo: Saraiva, 2015. v. 1: introdução ao direito comercial e teoria geral das sociedades.

BRANCHER, Paulo M.R. Sociedade em Conta de Participação. In: COELHO, Fabio Ulhoa (Coord.). *Tratado de Direito Comercial*. São Paulo: Saraiva, 2015. v. 2. Tipos societários, sociedade limitada e sociedade anônima.

BULGARELLI, Waldirio. *Manual das sociedades anônimas*. 12. ed. São Paulo: Atlas, 2000.

CALÇAS, Manoel de Queiroz Pereira. *Sociedade limitada no novo Código Civil*. São Paulo: Atlas, 2003.

CÂMARA, Alexandre Freitas. Do incidente de desconsideração da personalidade jurídica. In: NERY, Nelson Junior; NERY, Rosa Maria de Andrade. *Comentários ao Código de Processo Civil*. São Paulo: Ed. RT, 2015.

CAMPINHO, Sérgio. *O direito de empresa à luz do novo Código Civil*. 4. ed. ampliada e revisada. Rio de Janeiro: Forense, 2004.

CARVALHOSA, Modesto. *Comentários à Lei de Sociedade Anônima*: Lei 6.404, de 15 de dezembro de 1976, com as modificações das Leis 9.457, de 5 de maio de 1997, e 10.303, de 31 de outubro de 2001. São Paulo: Saraiva, 2002.

CARVALHOSA, Modesto. *Comentários ao Código Civil. Parte Especial – Do Direito da Empresa* (arts. 1.052 a 1.195). São Paulo: Saraiva, 2005. v. 13.

CARVALHOSA, Modesto; KUYVEN, Luiz Fernando Martins. *Tratado de Direito Empresarial*: Sociedades Anônimas. São Paulo: Ed. RT, 2016. v. III

COELHO, Fábio Ulhoa. A alocação de riscos e a segurança jurídica na proteção do investimento privado. *Revista de Direito Brasileira*, São Paulo, v. 16, n. 7, p. 291-304, jan./abr. 2017.

COELHO, Fábio Ulhoa. *Comentários à Nova Lei de Falências e de Recuperação de Empresas*. São Paulo: Saraiva, 2005.

COELHO, Fábio Ulhoa. *Curso de direito civil*: parte geral. 5. ed. São Paulo: Saraiva, 2012. v. 1.

COELHO, Fábio Ulhoa. *Curso de direito civil*: parte geral. 5. ed. São Paulo: Saraiva, 2012. v. 2.

COELHO, Fábio Ulhoa. *Curso de Direito Comercial*. 14. ed. São Paulo: Saraiva, 2010. v. 2: Direito de Empresa.

COELHO, Fábio Ulhoa. *Curso de Direito Comercial*. 15. ed. São Paulo: Saraiva, 2011, v. 2: direito de empresa.

COELHO, Fabio Ulhoa. *Curso de Direito Comercial*. 19. ed. São Paulo: Saraiva, 2015. v. 2: direito de empresa.

COELHO, Fábio Ulhoa. *Curso de Direito Comercial*: Direito de Empresa. 16. ed. São Paulo: Saraiva, 2012. v. II.

COELHO, Fabio Ulhoa. *Manual de Direito Comercial*: direito de empresa. 20. ed. São Paulo: Saraiva, 2008.

COELHO, Fábio Ulhoa. *Manual de Direito Comercial*: Direito de Empresa. 25. ed. São Paulo: Saraiva, 2013.

COMPARATO, Fábio Konder. *O poder de controle na sociedade anônima*. 3. ed. Rio de Janeiro: Forense, 1983.

CORDOVIL, Leonor; CARVALHO, Vinicius Marques de; BAGNOLI, Vicente; ANDERS, Eduardo Caminati. *Nova Lei de Defesa da Concorrência Comentada* – Lei 12.529, de 30 de novembro de 2011. São Paulo: Ed. RT, 2011.

COSTA, Carlos Celso Orcesi da. Controle externo nas companhias. *Revista de Direito Mercantil, Industrial, Econômico e Financeiro*, São Paulo, n. 144, p. 74, out./dez. 1981.

DE ALMEIDA, Marcus Elidius Michelli. Sociedade Limitada: causas de dissolução parcial e apuração de haveres. In: BRUSHI, Gilberto Gomes (Coord.). *Direito Processual Empresarial*: estudos em homenagem ao professor Manoel de Queiroz Pereira Calças. Rio de Janeiro: Elsevier, 2012.

DE ALMEIDA, Marcus Elidius Michelli de; ROVAI, Armando Luiz. Problemas societários e exclusão extrajudicial. *Valor econômico*. Legislação & Tributos/SP – E2. São Paulo, 09 jan. 2015.

DINIZ, Maria Helena. *Direito de empresa. Curso de direito civil brasileiro*. São Paulo: Saraiva, 2008. 8.v.

ESTRELLA, Hernani. *Apuração de haveres de sócio*. 5. ed. atual. por Roberto Papini Ed. Rio de Janeiro: Forense, 2010.

FARIA, Yasmin Anna Paula Renzo. As golden shares detidas pela união no capital da Embraer S.A. e Vale S.A. *Revista de Direito Bancário e Mercado de Capitais*, v. 69, p. 277-295, jul./set. 2015.

FAZZIO JUNIOR, Waldo. *Sociedades Limitadas*. São Paulo: Ed. Atlas S.A, 2003.

FÉRES, Marcelo Andrade, *Sociedade em Comum*: disciplina jurídica e institutos afins. São Paulo: Saraiva, 2011.

FINKELSTEIN, Maria Eugênia. *Manual de direito empresarial*. 8. ed. rev., ampl. e reform. São Paulo: Atlas, 2016.

FONSECA, Priscila M. P. Corrêa da. *Dissolução parcial, retirada e exclusão de sócio no Novo Código Civil*. 3. ed. São Paulo: Atlas, 2005.

FORGIONI, Paula A. *A evolução do direito comercial brasileiro*: da mercancia ao mercado. 3. ed. rev., atual. e ampl. São Paulo: Ed. RT, 2016.

FORGIONI, Paula A. *Os fundamentos do antitruste*. 8. ed. São Paulo: Ws. RT, 2015.

FRANZOLIN, Cláudio José. *O princípio da boa-fé objetiva na relação jurídico-contratual*. Dissertação (Mestrado) – Pontifícia Universidade Católica de São Paulo, São Paulo, 2004.

FRAZÃO, Ana. *Direito da concorrência*: pressupostos e perspectivas. São Paulo: Saraiva, 2017.

FÜHRER, Maximilianus Cláudio Américo. *Resumo de Direito Comercial (Empresarial)*. 38. ed. Malheiros Editores. 2018.

GABAN, Eduardo Molan; DOMINGUES, Juliana Oliveira. *Direito Antitruste*. 4. ed. São Paulo: Saraiva, 2016.

GAGGINI, Fernando Schwarz. *A Responsabilidade dos Sócios nas Sociedades Empresárias*. LEUD – Livraria e Editora Universitária de Direito. 2013.

GALVÃO, Luiz Antonio. *Troca indireta de informações entre concorrentes: os limites do ilícito concorrencial*. Janeiro de 2018. 174 p. Mestrado – Faculdade de Direito, Universidade de São Paulo, São Paulo, 2018.

GIANCOTTI, Thaís Ruggeri. *A dissolução de sociedades anônimas*. Trabalho de conclusão de curso de Direito. Faculdade de Direito da Pontifícia Universidade Católica de Campinas. Campinas, 2018.

GONÇALVES NETO, Alfredo de Assis. *Lições de Direito Societário*. 2. ed. São Paulo: Juarez de Freitas, n. 24, 2004.

GONÇALVES NETO, Alfredo de Assis. *Direito de Empresa*: comentários aos artigos 966 a 1.195 do Código Civil. 6. ed. São Paulo: Ed. RT, 2016.

GONÇALVES, Carlos Roberto. *Direito Civil Brasileiro: Parte Geral*. 6. ed. São Paulo: Saraiva, 2011. v. 1.

GOUVÊA, Marcus de Freitas. Aplicação Privada da Lei Antitruste no Brasil. *Revista de Defesa da Concorrência*. v. 5, n. 1, p. 211-212, maio 2017. Disponível em: http://revista.cade.gov. br/index.php/revistadedefesadaconcorrencia/article/view/294. Acesso em: 21 nov. 2017.

GRAU, Eros Roberto. *A ordem econômica na Constituição de 1988*. 5. ed. São Paulo: Malheiros, 2000, p. 60-62

HOOG, Wilson Alberto Zappa. *Balanço especial para apuração de haveres e reembolso de ações*. 3. ed. Curitiba: Juruá, 2014.

HOVENKAMP, Herbert. *Federal Antitrust Policy*: the law of competition and its practice. 3. ed. Minnesota: Thomson West, 2005.

JOVETTA, Diogo Cressoni. Cisão Parcial: Responsabilidade Tributária. *Revista Dialética de Direito Tributário*, v. 1, p. 31-43, 2013.

JOVETTA, Diogo Cressoni. *A natureza jurídica do poder de controle de sociedade anônima*. Tese de Doutorado em Direito Comercial. Faculdade de Direito da Pontifícia Universidade Católica de São Paulo. São Paulo. 2016.

LEMOS Jr., Eloy Pereira; SILVA, Raul Sebastião Vasconcelos. Reorganização societária e blindagem patrimonial por meio de constituição de *holding*. *Scientia Iuris*, Londrina, v. 18, n. 2, p. 61, dez. 2014.

LIPPERT, Marcia Mallmann. *O 'elemento de empresa' como fator de reinclusão das atividades de natureza científica, literária ou artística na definição das atividades empresariais*. Faculdade de Direito da Universidade Federal do Rio Grande do Sul: Porto Alegre, 2009.

LUCENA, José Waldecy. *Comentários à Lei das Sociedades Anônimas*. Rio de Janeiro: Renovar, 2012. v. III.

MACEDO, Ricardo Ferreira de. Limites de efetividade do direito societário na repressão ao uso disfuncional do poder de controle nas sociedades anônimas. *Revista de Direito Mercantil, Industrial, Econômico e Financeiro*. São Paulo, n. 118, p. 173, abr./jun. 2000.

MACHIONI, Jarbas Andrade. Aspectos jurídicos da sociedade limitada. In: DE ALMEIDA, Marcus Elidius Michelli. *Aspectos jurídicos da sociedade limitada*. São Paulo: Quartier Latin, 2004.

MAMEDE, Gladston. *Direito empresarial brasileiro*: direito societário: sociedades simples e empresárias. 4. ed. São Paulo: Atlas, 2010. v. 2.

MANKIW, N. Gregory. *Introdução à economia (Principles of economics)*. Trad. Allan Vidigal Hastings, Elisete Paes e Lima, Ez2 Translate; Revisão técnica Manuel José Nunes Pinto. São Paulo: Cengage Learning, 2013.

MARQUES, Evy Cynthia. *O direito de retirada de sócios de sociedade simples e sociedade limitada*. Dissertação (Mestrado) – Faculdade de Direito da Universidade de São Paulo, 2010.

MARTINEZ, Ana Paula. *Repressão a Cartéis*: Interface entre Direito Administrativo e Direito Penal. São Paulo: Singular, 2013.

MENDES, Francisco Schertel. CARVALHO, Vinicius Marques de. *Compliance*: concorrência e combate à corrupção. São Paulo: Trevisan Editora, 2017.

MENDES, Rodrigo Octávio Broglia. Administração da sociedade limitada. In: COELHO, Fabio Ulhoa (Coord.). *Tratado de Direito Comercial*. São Paulo: Saraiva, 2015. v. 2. Tipos societários, sociedade limitada e sociedade anônima.

MIRANDA, Pontes de. *Tratado de direito privado*. 3. ed. São Paulo: Ed. RT, 1984. v. 49.

NUNES, Marcelo Guedes. *Jurimetria aplicada ao direito societário*: um estudo estatístico da dissolução de sociedade no Brasil. Tese (Doutorado) – Pontifícia Universidade Católica de São Paulo, 2012.

PENEREIRO, Stephanie Vendemiatto. *Condutas anticompetitivas e a crescente concentração de mercado autorizada pelo Cade*. 2022. 475 f., il. Dissertação (Mestrado em Direito) – Universidade de Brasília, Brasília, 2022.

PENEREIRO, Stephanie Vendemiatto; KASTRUP, Gustavo H. Navegando em Águas Desconhecidas: Sete Anos de Discussões de Não Conhecimento no Controle de Concentrações Econômicas sob a Vigência da Lei 12.529/2011. *Revista do IBRAC*, v. 1, p. 88-109, 2020.

PENEREIRO, Stephanie Vendemiatto; KASTRUP, Gustavo H. BARBOSA, Vitor Jardim Machado. My game, my rules? O enforcement concorrencial do Brasil e do mundo relacionado ao self-preferencing. *Revista do IBRAC*, v. 1, p. 59-86, 2023.

PENEREIRO, Stephanie Vendemiatto. *Sham Litigation*: o exame dos incentivos econômicos como instrumento complementar de analise antitruste. In: ATHAYDE, Amanda; MAIOLINO, Isabela; SILVEIRA, Paulo Burnier da. (Org.). *Comércio Internacional e Concorrência*: Desafios e Perspectivas Atuais. Brasília: Faculdade de Direito – UnB, 2019. v. II.

PENEREIRO, Stephanie Vendemiatto. Sharing economy platforms and competition: empirical analysis of ridesharing apps regulation in Brazil. *Revista de Defesa da Concorrência*, v. 7, p. 122-148, 2019. Disponível em: https://revista.cade.gov.br/index.php/revistadedefesa-daconcorrencia/article/view/415.

PFEIFFER, Roberto Augusto Castellanos. Tutela da Livre Concorrência. Revista dos Tribunais Online. *Revista de Direito do Consumidor*, v. 24, p. 6, jan./mar. 2004.

PENEREIRO, Stephanie Vendemiatto; ARMANI, W. J. P. A Atuação do Ministério Público na Defesa da Concorrência Brasileira. *Revista de Defesa da Concorrência*, v. 10, p. 24-44, 2022. Disponível em: https://revista.cade.gov.br/index.php/revistadedefesadaconcorrencia/article/view/968. Acesso em: 19 dez. 2023.

PROENÇA, José Marcelo Martins. A exclusão de sócio nas sociedades limitadas. In: FINKELS-TEIN. Maria Eugênia Reis; PROENÇA, José Marcelo Martins (Coord.). *Direito Societário: tipos societários*. São Paulo: Saraiva, 2009.

RAMOS, André Luiz Santa Cruz. *Direito empresarial esquematizado*. Rio de Janeiro: Forense; São Paulo: Método, 2010.

REQUIÃO, Rubens. Abuso de direito e fraude através da personalidade jurídica *(disregard doctrine)*. *Revista dos Tribunais*. São Paulo: Ed. RT, v. 410, p 12-24, 1969.

REQUIÃO, Rubens. *Curso de direito comercial*. 23. ed. São Paulo: Saraiva, 1998. v. 1.

REQUIÃO, Rubens. *Curso de Direito Comercial*. 26 ed. São Paulo, 2005. v. 1.

REQUIÃO, Rubens. *Curso de Direito Comercial*. 31. ed. São Paulo: Saraiva, 2012. v. 1.

REQUIÃO, Rubens. *Notas sobre o projeto do Código de Obrigações* (Projeto 3.264/65). Curitiba: Universidade do Paraná, 1966.

RESTIFFE, Paulo Sérgio. *Dissolução de sociedades*. São Paulo: Saraiva, 2011.

REYES, Francisco. *Direito Societário Americano* – Estudo Comparativo. São Paulo: Quartier Latin, 2013.

RESTIFFE, Paulo Sérgio. *Buyout and Relase Agreement* – Antecipação de Eventos de Dissolução Societária e Seus Efeitos. In: BRUSCHI, Gilberto Gomes (Coord.). *Direito Processual Empresarial*: estudos em homenagem ao professor Manoel de Queiroz Pereira Calças. Rio de Janeiro: Elsevier, 2012

RIBAS, Roberta de Oliveira e Corvo. Apuração de haveres na sociedade empresaria limitada. In: COELHO, Fabio Ulhoa (Coord.). *Tratado de Direito Comercial*. São Paulo: Saraiva, 2015, v. 2. Tipos societários, sociedade limitada e sociedade anônima.

ROQUE, Sebastião José. *Da sociedade simples*. São Paulo: Ícone, 2011.

ROSENBERG, Barbara; BERARDO, José Carlos da Matta; BECKER, Bruno Bastos. Apontamentos introdutórios sobre o controle de concentrações econômicas na lei brasileira. In: COUTINHO, Diogo R. (Atual); COUTINHO, Diogo R., ROCHA, Jeal Paul Veiga da; SCHAPIRO, Mario G. (Coord.). *Direito Econômico*. Rio de Janeiro, Forense; São Paulo, Método. 2015.

ROVAI, Armando Luiz. *Impacto do Código Civil de 2002 no registro de empresa na era da globalização*. Tese (Doutorado) – Pontifícia Universidade Católica de São Paulo, 2006.

ROVAI, Armando Luiz. *Impacto do Código Civil de 2002 no registro de empresa na era da globalização*. Tese de doutorado – Pontifícia Universidade Católica de São Paulo. 2006.

ROVAI, Armando Luiz. Pontos polêmicos da exclusão extrajudicial e morte de sócio, hipóteses de resolução de sociedade em relação a um sócio. *Revista Jurídica Luso Brasileira*, ano 1, n. 5, p. 199-200, 2015.

SACRAMONE, Marcelo Barbosa. *Administradores de sociedades anônimas*: relação jurídica entre o administrador e a sociedade. São Paulo: Almedina, 2014.

SACRAMONE, Marcelo Barbosa. *Direito Empresarial*: Nível Superior. São Paulo, Saraiva, 2014.

SAGGEE, Francesco Laviano i PEPE, Iolanda. Del Lavoro. *Codice Civile. Illustrato con dottrina, giurisprudenza, schemi, mappe e materiali*, 2010.

SALOMÃO FILHO, Calixto. *Direito Concorrencial*. São Paulo: Malheiros, 2013.

SALOMÃO NETO, Eduardo. *O trust e o direito brasileiro*. São Paulo: Trevisan, 2016 [livro eletrônico].

SILVA, Fernando Cândido da. *Sociedade Simples*: da natureza jurídica ao tipo societário. São Paulo: LCTE, 2009.

SILVEIRA, Paulo Burnier da. *Direito da concorrência*. Rio de Janeiro: Forense, 2021.

SZTAJN, Rachel. *Teoria Jurídica da Empresa*: atividade empresária e mercados. 2. ed. São Paulo: Atlas, 2010.

SZTAJN, Rachel. Reorganização societária e concorrência. *Revista de Direito Mercantil, Industrial, Econômico e Financeiro*. n. 164-165, p. 07, jan. 2013.

TELLES JUNIOR, Goffredo. *Iniciação na ciência do direito*. São Paulo: Saraiva, 2001.

TOLKIEN, John Ronald Reuel. *O Senhor dos Anéis*: A Sociedade do Anel. São Paulo: Martins Editora, 2012.

TOMAZETTE, Marlon. *Curso de direito empresarial*: teoria geral e direito societário. 6. ed. São Paulo: Atlas, 20114. v. 1.

VERÇOSA, Haroldo Malheiros Duclerc e BRASSO, Zanon de Paula. A recepção do 'drop down' no direito brasileiro. *Revista de Direito Mercantil, Industrial, Econômico e Financeiro*, n. 125, p. 41-47, jan. 2002.

WALD, Arnaldo. *Das sociedades simples e empresárias*. Questões relacionadas ao regime jurídico da sociedade simples e seu registro. Disponível em: http://www.irtdpjbrasil.com.br/NEWSITE/ParecerWald.pdf. Acesso em: 25 jul. 2016.

ANOTAÇÕES

ANOTACIONES